建筑企业文化培训教程

建筑企业文化与管理

主　编　陈津生
副主编　徐家华
顾　问　刘海英

中国建筑工业出版社

图书在版编目（CIP）数据

建筑企业文化与管理/陈津生主编. —北京：中国建筑工业出版社，2006
（建筑企业文化培训教程）
ISBN 7-112-08448-2

Ⅰ.建... Ⅱ.陈... Ⅲ.建筑企业-企业文化 Ⅳ.F407.96

中国版本图书馆 CIP 数据核字（2006）第 073616 号

责任编辑：马　彦
责任设计：董建平
责任校对：邵鸣军　张　虹

建筑企业文化培训教程
建筑企业文化与管理
主　编　陈津生
副主编　徐家华
顾　问　刘海英

*

中国建筑工业出版社出版、发行（北京西郊百万庄）
新华书店经销
北京嘉泰利德公司制版
世界知识印刷厂印刷

*

开本：787×960 毫米　1/16　印张：27　字数：559 千字
2006 年 10 月第一版　2006 年 10 月第一次印刷
印数：1—3000 册　　定价：**55.00** 元
ISBN 7-112-08448-2
（15112）

版权所有　翻印必究
如有印装质量问题，可寄本社退换
（邮政编码 100037）

本社网址：http://www.cabp.com.cn
网上书店：http://www.china-building.com.cn

前　言

一、本书从建筑行业特征和实际出发，对中国建筑企业文化进行初步探讨。内容涵盖企业文化的主要内容，涉及到建筑企业文化的各个层面，旨在为建筑行业广大企业文化建设者搭建一个互动的平台。重在启发，意在激发大家对企业文化研究的参与意识，为行业企业文化的实践提供一些有价值的参考。

二、本书编著期间承蒙许多领导、专家的大力指导与支持，特别感谢中央纪委驻建设部纪检组组长、建设部党组成员姚兵同志允以文章代序；尤其感谢中国建设职工思想政治工作协会副会长刘海英同志的热情指导，以及建设部干部学院领导的关注与支持。同时，得到中国建筑工业出版社有关同志的鼎力协助，在此一并表示感谢。

三、由于成书时间、资料收集、编者水平有限，本书有错漏之处，敬请广大读者批评指正。

编　者

2006 年 5 月 8 日

序

《建筑企业文化与管理》一书编者要我为之作序,我阅读该书的目录后乐为之。一是我崇尚研究,曾多次演讲过《企业文化的以人为本原则》。企业文化研究是动态、与时俱进的。企业文化研究要紧紧围绕着时代精神进行,如坚持科学发展观,构建和谐社会,树立社会主义荣辱观等科学理论。企业文化研究要紧紧围绕企业的可持续发展的前沿理论进行,如企业自主创新机制、知识管理、信息技术等。二是我崇尚实践,我演讲过企业文化《贵在创新、重在建设》。研究的目的在于应用,在于企业的健康发展,树立形象,建立品牌,在于制定落实企业的发展战略,使企业做大做强。由此不另写序,以我的两篇讲话代之。衷心希望该书能引起更多的读者关注,有更多的专家学者投入到研究的行列,有更多的同仁志士投入到企业文化建设的伟大实践中。

姚兵
10/5/06.

(附两篇讲话)

现代企业文化的以人为本原则

——姚兵同志在中国建设职工政研会第五次会员代表大会（八次年会）上的讲话

（2004年7月25日）

党的十六届三中全会明确提出"坚持以人为本，树立全面、协调、可持续的科学发展观，促进经济社会和人的全面发展"，我理解，科学发展观的本质是以人为本，基本内容是全面协调可持续发展，它要求做到：正确处理速度、结构、质量、效益的关系，正确处理社会、人口、资源和环境的关系，正确处理经济发展、社会发展和人的全面发展的关系，正确处理政治文明、物质文明和精神文明三个文明建设的关系。科学发展观的根本要求是"五个统筹"，就是统筹城乡发展、统筹区域发展、统筹经济与社会发展、统筹人与自然和谐发展、统筹国内发展和对外开放。落实"五个统筹"要求调动一切积极因素，妥善处理各种利益关系，注意各种发展的良性互动，着力加强经济社会发展的薄弱环节。

今天我在会议上要着重讲的是现代企业文化。和科学发展观对应起来说，现代企业文化的根本基点，也即其本质特征就是以人为本。文化是民族的魂，文化可以创造生产力、提高竞争力、增强吸引力、形成凝聚力，是综合国力的组成部分。企业文化是在一定的社会经济条件下，通过社会实践所形成的并为全体成员所遵循的共同意识、价值观念、职业道德、行为规范和准则的总和。全党要树立的科学发展观，我们要大力发展的现代企业文化，核心问题都是以人为本。什么叫"以人为本"？简单说有两个方面，第一，做一切事情的宗旨是满足人的需求，我们搞一切事业都要从人的物质和文化生活的需要出发，为了造就一代新人出发。第二，干一切事情都要依靠人，依靠人的主观能动性，充分调动人的积极性、创造性。概括地讲，干工作为了人，干工作依靠人，这就是以人为本。下面，我就现代企业文化的以人为本原则讲四个方面，与同志们一起交流。

一、企业价值文化与人的需求

企业价值文化要体现和坚持以人为本的原则，就是要从人的需求出发。我们办企业是为了什么？是为了人。企业是企业文化、企业精神的载体，有远见卓识的企业家都会利用这个载体，塑造和弘扬企业文化，在企业持续发展的基础上，企业员工在这片沃土上不断提高素质，塑造自己的人生之路。优秀的企业文化是领先于竞争对手的关键性力量，文化的缺憾必将带来企业的畸形，文化的丢失必然带来企业生存权的丧失。这说明企业与员工关系密切，员工的人生价值与企业价值之间相互依存、相得益彰。具体表现在企业对内和对外两个方面。

（一）企业对内不断满足员工的需求

企业的价值观是企业文化的核心内容，是企业文化建设的基石，是企业成功的精髓，这就是融组织发展与个人进步为一体的价值观。职工是企业效益的创造者，企业是职工获取人生财富、实现人生价值的场所和舞台。企业因有受过良好培训的员工而得益匪浅，而个人则因增加了某项技能、提高了素质而受益。要确立企业发展与员工受益为一体的价值观，就要树立企业的家庭观念，人一方面是生活在自己的家庭里，享有亲情，还有一部分的时间在单位工作，生活在企业的大家庭当中。在企业这个大家庭里，从事某种工作，要尽自己的技能，同时也在单位增进和提高了自己的技能。比尔·盖茨说过："我给员工最大的福利就是给员工以支持，给予员工培训。"我们说的福利，一般就是给套房子或给些钱，他不是这样的，他说给员工最大的福利是给予员工支持，给予员工智慧，这很值得深思。企业文化在经营宗旨上、在企业与员工的相互作用上表现为环境变化的适应性，鼓励竞争、进取的平等性，调整人际关系、加强信息沟通的协调性，正确解决刚柔矛盾的灵活性，创造良好工作氛围的愉悦性。企业文化能保证员工在企业的大家庭之中，生活得很有价值，有归属感、愉悦感和成就感。

世界上兴起一个 EPA（Employee Assistance Program）员工帮助计划。它是通过专业人员对组织的诊断、建议和对员工及其直属亲人提供的专业指导、培训和咨询，旨在帮助解决员工及其家庭成员的各种心理和行为问题，提高员工在企业中的工作绩效，这就是现代企业的"爱抚"管理。企业这个大家庭的每一个成员都需要"爱抚"。我们知道，企业的成长首先是原始资本的积累，企业要靠原始资本的积累才能发展、成长，而企业原始资本积累的过程在一定意义上说也是牺牲员工眼前利益的过程，如果企业把赚的钱都花掉，这个企业就不能发展。解决这些利益矛盾需要企业对员工进行"爱抚"管理，这是一种关心的管理。企业价值文化对于企业内部来讲，就是要满足企业员工在物质上、文化上的不断增长的需求和全面提高员工素质，造就一代新人。

（二）企业对外以用户为中心

在企业外部，以人为本就是以用户为中心，或者说以用户为上帝。市场经济发展到今天，在一定意义上讲，惟命是从不再是成功的保证，埋头苦干不再成为美德，因为一切要为顾客着想。企业是为用户、客户服务的。当顾客成为上帝的时候，如果只会埋头苦干，对于客户的需求及其变化不求甚解、缺乏热情和灵活，必然导致企业管理的失败。导致公司破产、工人下岗的本质原因是什么？是用户。企业没有市场了，是用户不需要你了。所以说，顾客是上帝，顾客的需求和态度决定企业的生死存亡。

实现"以用户为中心"，不能将其当作一件新衣服，认为往身上一套就行了。要完成以产品为中心向以用户为中心的转变，需要从用户的角度出发，对公司的一切进行重新的思考，比如公司的性质、任务以及运作方式，最为关键的是应该以用户的眼光来看待自己的经营行为，按照用户的心理去体会公司自己提供的产品或服务留给他们的印象，经过这样的思考之后，公司才能重新规划自己的经营蓝图。企业与目前的用户群建立浓厚的感情和彼此的信任关系，不断为现在的用户群添加附加价值是长久保持他们满意、光顾和推荐的关键所在。

以用户为中心有六个原则：1. 对用户保持始终如一的态度，不能投机取巧，博其一时高兴，长年累月都要如此。2. 对用户价值进行细心分析。3. 预测用户需求。4. 提倡有亲近感的交往，讲究待客之道。5. 让用户自我服务。6. 要结合用户满意修订考核制度。相当部分企业没有树立起以用户为上帝的思想，就想着去赚钱，还有的更简单，像赌徒一样，捞一把算一把，不管以后的死活。企业的发展往往是一阵一阵的，今天想起来把客户当成上帝，明天忘了就把客户扔在一边，不能持之以恒地去考虑，没有把以人为本融入企业的经营理念、经营战略和经营道德之中，所以企业难以做到稳定、持续、健康发展。

二、企业经营文化与人力资源

企业经营的理念实际是一个文化的概念。有的外国人认为我们中国的企业有两个不会，一是不会资本经营管理，会财务会计管理；二是不会人力资源管理，会搞档案、人事管理。如企业设有财务科管预算、管财务收支，但不知道怎么进行以钱生钱的资本管理。有人事科或劳资科，管档案、工资、提拔、调动，不会开发人力资源，发掘和培养员工潜能。这些看法有些片面，但值得研究参考。

（一）人力资源开发理念与人才战略

企业有四大人才。一是企业家，企业家不是一个人而是一个群体，是负责决策决断的那些人。可以说，不重视企业家的民族是没有希望的民族。企业家是当今时代最缺少、最稀罕的人物，他们以经营企业为终身的职业，一定意义上是资本和市场的化身，也是拼搏和奉献的化身。当然，企业家也需要与时俱进，他们自身也有个可持续发展问题。有人对中国的民营企业家作过形象的概括，说中国的民营企业家分三代。改革开放初期，有相当的一批是"胆商"，胆子特别大，胆子大就发财了。特点是敢干，但是大部分都是垮掉的一代。大家可以回想一下，改革开放初期全国宣传的民营企业家现在大部分垮掉了。改革中期，我国实行价格双轨制，涌现出了一批"情商"，有关系的商人，与掌握公共资源的官员有交情、有关系的人就能发大财。如谁能弄到钢材批文，谁能拿到一块土地，转手一卖就可以赚一大笔钱。这部分"情商"现在叫挣扎的一代。20世纪末期以来涌现出的是"智商"，即高智能的，凭自己的知识去经营企业的商人。这是中国企业家崛起的一代，正在兴旺的一代，他们代表着中国民营企业家的希望。二是管理人才，从事企业人事管理、财务管理、项目管理、成本管理等方面的专家，这些人才在企业也相当缺乏。三是专门的技术人才，包括搞地下铁路、盾构、房屋的整体搬迁、整体爆破等，具有专业技能的技术人才。四是技工群体。那些农民工、技工群体也是人才。我们建筑行业的技工，要求是很严格的，有八级工资制。一个人，像我如考不上大学，我的父母亲就会让我去学瓦工，再不就学木工。我们江苏有句老话：你学什么，你人生才有本事。跟师傅学三年徒才能当个徒工，出了徒以后再学各种应知应会，才能得个一级工。聪明的人55周岁才能得个八级工。考应知应会，稍微差一点的，到了退休也就是个六级工。这些年来，我们也进行了民工方面的技术培训，但是确实存在着相当一部分农民刚刚扔下锄头，进城后就干八级工的工作的情况。前几年，北京万寿路盖了一幢部长楼，质量很差。中央领导同志曾经批评我们建设部的领导，说你们怎么整的，用农村盖"鸡窝"的人给我们盖部长楼。当时我说了这么一句话：现在搞建筑业确实离不开盖鸡窝的。不管多么大的建筑公司如果把农民工辞掉，你还能干什么？任何一个特级的、一级资质的企业，离开农民工就一事无成，问题不在于要不要用农民工，而在于怎么加强农民工的培训。应该说，农民工为我国当今建筑业的发展作出了极大的贡献，同时也存在需要继续培训、提高素质的问题。

合格的企业家不仅要有高智商、高情商、高胆商，同时还要拥有四种能力：创新能力、应变能力、公共能力、多元文化的协调能力。市场对企业家的要求是很高的。有一本书叫作《中国没有企业家》，不知你们看过没有，它的观念不完全正确，但是有些观点很有参考价值。企业家群体的成熟和完善确实需要一个过程。我说过，我国尽管有著名的企业家，像海尔的张瑞敏、联想的柳传志那样的，但不多，事实上中国有很多很多的人在从事企业家的工作。什么人是企业家，企业家是企业资本的拥有者和管理者，是企业的领导人。什么叫管理，管理就是指挥别人干活，很简单。近期报纸连载一本书，书名是《管理就是这么简单》，讲述你如何调动、指挥别人干活。自己干活不叫管理，叫操作。管理就是要使人跟随。后面没有人跟随，就不叫领导，就是孤家寡人。你走在前面而后面没有人跟随，做了决策没有人响应，就不能实现管理目标。企业的人力资源开发能力体现在四个方面的能力。

1. 人才的占有能力。就是说这个企业能吸引人才、鉴别人才、使用人才。我们研究以人为本就是研究人。我在建设部机关当司长也好，当总工也好，以前在地方当建委主任也好，多次说过这个道理。我们也跟企业一样，有领导者与被领导者，有同事，但你们要明白一个道理：人总是有缺点错误的。我们工作和生活就是与有缺点、有错误的人一起共事、一起合作的。我们说社会可以改造人，是靠环境去改造人，而不是靠人去改造人。我们认为同志之间是互相影响的，社会在影响着每一个人。企业用人，必须用人之所长，但是，又不能绝对化。有这么一个故事，说有一个演员，能为剧团赚很多的门票钱，只要他出场，看戏的人就多，剧团就兴旺。但是这个演员的手脚不干净，剧团的团长就把这个演员的手脚剁下来，不用他的手，只用他的嘴去唱歌。结果剁了他的手之后，他的嘴也就不能唱歌了。用他的嘴的同时，也要用他的手，就是说有的时候，你要用他的缺点和错误。目前在理论研究方面也有人提出用人之短。本来应该是用人之所长，用人之所长就是要让人最大限度地发挥优势。用人之所短，是让人的短处能在一定的范围内起到另外的作用，从而为企业创造效益。不管怎么说，人都有所长和所短，要研究与各有长短的人和谐共处。

2. 人才的优化能力。我们讲人力资源不能简单地认为人才加人才就叫人力资源。人才是各种类型、多种多样的。三国演义的三个主人公刘备、关羽、张飞，是不同性格的人，各有其优缺点。如果三个人都一样，那什么仗都打不成，它就需要刘、关、张这三个不同性格的人组成一个群体,所以我们领导班子万万不能闹不团结,都希望变成一样的人,那是不行的。班子要有优化组合的能力,使不同成员各展其所长。

3. 人才的开发能力。有人说,我们很重视人才,积极引进人才,这不错。但我最讨厌一句话,也因此批评过一些人。有些人跟我说,你交给我的工作任务非常重要,但是,我这个部门的人员素质太低,没法完成。我说你呀别说这话,就是你的素质太低,你不要说别人的素质太低,真正有本事的领导就是要把身边的人培养成人才,而不是说单位外面有人才,本单位无人才。古人云,三人行,必有吾师。如果充分调动自己周围、自己部属的积极性,发挥其作用,人人都可以成为人才,人人都有成材之道。所以,一个领导、一个企业家最大的能耐就是把自己的下属、自己周围的人培养成人才。

4. 人才激活能力。我们平时讲要感情留人、事业留人、待遇留人。待遇是一个方面,但更重要的是感情。现在有些单位引得进、用不好、留不住人才。它是花了高价钱、高待遇把外面的人才引进来了,但是用得不好,因而过段时间也留不住了。我跟我的小孩讲过,我们这一代人党叫干啥就干啥,干一行爱一行,干一行专一行。你们这一代人相当一部分人是爱一行干一行,跟我们这代是倒过来的。今天在这个企业干得好就好好干,这个企业不好了就又跑到另一个企业,从来没有想到过在一个企业呆上一辈子。我们是组织调动才走,组织没调动自己是没有想到过换一个地方,他们不一样了,时代进步了。顶尖的人力资源部门有两个显著职能:一是人力资源管理,包括工资管理、劳工关系、相关法律事务、规章制度。二是人力资源战略,包括招募人才的战略体系和步骤,保留、发展、吸引人力资本。要真正做到有爱才之心:从思想上重视人才、从感情上贴近人才;要有识才之智:善于发现人才、准确识别人才;要有容才之量:以开阔的眼光和广阔的胸怀选用人才;要有用才之艺:要拴心留人,充分调动各类人才的积极性和创造性。现在要搞资源节约型社会,其实,人的资源浪费是最大的浪费。人的才能没有充分调动起来,人的一生,包括你的一生、我的一生,都会感到委屈,感到无法伸展,自身资源被浪费了。作为领导者,为部属,为周围的人才创造充分发挥作用的条件,搭建各展所长的舞台,实在是太重要了。

(二)发展战略理念

企业发展战略是企业以现实为基础,以未来为导向,以全面提升竞争力优势为主线，由目标、意识以及为达到这些目的而制定的方针、政策、措施所综合形成的较长远的计划和发展模式。理论界对发展战略有不同看法，有的认为战略是手段，有的认为战略是计划，还有的认为战略是模式。不管怎么说，企业的发展战略是极为重要的。发达国家的企业花费时间最长、耗费资金最多的是研究战略问题，但是现在我们最不重视的往往是战略。一个企业得不到长远发展往往就是战略出了问题。我们国有企业在实行承包期间，出现大量的短期行为，致使一些企业走上破产的边缘，实质是企业改革战略研究不到位。

企业文化决定企业共同价值观、企业群体行为规范和企业形象，它与发展战略的关系主要表现在三个方面：一是文化为战略提供成功的动力。二是文化是战略实施的关键。战略措施再好，没有企业文化作保障，任何正确措施都很难以真正实施。三是文化与战略的适应和协调。无论是战略的制定还是战略的实施都要基于充分发挥人的主观能动性，使经营竞合和人才竞合相融通，使经营价值和人的价值相统一，使企业发展和人的成长相一致。

当前有一种趋势叫竞合，竞合指联盟，如知识联盟、产品联盟等。知识联盟比产品联盟具有更大的战略潜能。产品联盟可以帮助企业抓住时机保护自身，还可以通过其他伙伴快速大量地卖掉产品收回投资。知识联盟可以帮助企业扩展和改善其基本能力，有助于从战略上更新核心竞争能力或创造新的核心竞争能力。市场竞争是你死我活、残酷的，但这只是市场的一个方面。在更多的场合上，有时在某个项目上是竞争对手，而在其他项目上则是合作伙伴。所以现在强调伙伴关系经营，善于合作是更高层次的竞争。要激励经营上的竞合就要有人才上的竞合，要知识竞合和人才竞合相结合。因此，发展战略上要重视企业文化的发展和培育，重视企业文化对战略的制定、实施的制约和保障作用。

（三）可持续发展理念与人的全面发展

可持续发展包括环境的可持续发展、资源的可持续发展，更重要的是人的全面发展。人的全面发展有三层含义：一是价值规定，即未来理想社会的一种价值目标。建设中国特色的社会主义，实现全面小康，最根本的目标是人的全面发展。现阶段主要是满足人的物质和文化生活不断增长的需求，最终为人的躯体和精神以及社会关系上的全面解放、达到人自由而全面的发展。二是现实规定，人的全面发展是一种不断推进的历史过程。作为现实社会来讲，就是要逐步满足人的稳步提高的物质文化生活水平的需要，以此提高人的发展水平，为人的全面发展创造更好的条件。三是内容规定,人的平等和谐发展和自由发展。当今人的全面发展的实现形式和具体内容,主要表现在促进人的整体素质的提高和全面实现人的现代化。去年,也是我们政研会组织的一次企业文化讲座,我讲了企业文化与现代社会、企业文化与现代人、企业文化与现代企业之间的关系。总的来说,当今人的现代化要实现以下五个方面的转变。

在思想素质上,实现向"能力本位"的转变。要体现人的能力,增强人的能力。提高培养人的思想素质,或者说加强思想建设,落脚点应该是提高人认识自然、改造自然,认识社会、改造社会的能力。美国哈佛大学有位教授说过:我们培养的学生不是知识分子,是能力分子。他们千方百计、拼命地、疯狂地追求本企业的利润、追求本企业产品的质量,都是市场竞争的职业杀手。他说哈佛大学最大的缺点就是学生身价太高,没有几十万美金的薪金聘用不到我们的学生。正话反说,从反面表明有能力的人才非常宝贵。此话不尽正确,但还是有点思考价值。在能力素质上,实现向"思想型"、"管理型"的转变。讲能力要有操作能力,但更要有"思想型"、"管理型"人才的能力,洞察现实和未来即科学决策,带领员工实现战略目标的能力。中央党校培养高级干部,提出了要培养"世界眼光、战略思维"的人才,这是很有远见的,也是推进发展与改革伟大事业的迫切需要。在交往素质上,实现由封闭、短视的狭隘性交往向具有世界眼光、战略思维的开放型交往转变。我们跟世界所有的国家都交往,我们要总结人类一切先进文明的东西为我所用。要有这样的胸怀和眼光。在道德素质上,实现向以个人独立自主并承担社会责任的道德转变。在心理素质上,实现由注重"人情关系"向恪守规范制度转变。改变这种随意性,要懂得工作规范、生活规范和制度,按照制度和规范办事。这样,才能实现现阶段人的现代化,促进人的全面发展。

三、企业管理文化与人的能动性

前面我讲过,"以人为本"就是一切为了人,一切依靠人。那么企业管理靠谁去实现?靠人去管理,要发挥人的能动性。企业文化有两大基本属性:管理学属性和亚文化属性。管理学属性就是将企业文化,定位于运用文化所固有的特点实施有效管理。传统的企业管理,最早的是研究人的机械的动作管理,就是泰勒的古典管理。以后研究人的行为管理,如 X 行为、Y 行为、Z 行为等各种行为管理，再以后就是比较管理、多元管理，现在新一代管理，有的称第五代管理即知识管理或文化管理，企业文化有管理学属性和亚文化属性。

作为管理理论和管理方法来说，我们有很多很有价值的做法，体现以人为本的原则，调动人的主观能动性。例如，"鞍钢宪法"的"两参一改三结合"，就非常具有科学性，有强烈的企业文化色彩。法国有个企业提出把群众的合理化建议当成本企业的准宪法，群众提出的合理化建议管它有用没用，要给予奖励。宪法是最高权威。群众提出的合理化建议，也非常重要，是准宪法。我们的领导都要重视群众意见。我想起重庆垮塌的綦江大桥，綦江大桥的一个老电焊工，看到当时的电焊觉得不行，电焊没熔透，钢结构的大桥肯定不行，于是去找领导，领导觉得这老头太烦了，都退休了还这么烦。老头回家开了个家庭会，说知道这座桥要垮掉，以后谁也不能上这个桥，果然綦江大桥垮掉了。如果听了这位老焊工的话，40多人死亡的惨案就能够避免。但老焊工没有能力去避免，只好约束自己的家庭成员。有能力避免惨案的市领导却把群众的合理化建议当成了烦人的事情。我们企业也是这样的，领导者总想自己高明，而不知真正高明的是群众。我们要树立一个观点，就是要鼓励员工有想法，而不是鼓励员工成为奴隶、奴仆，叫怎么做就怎么做的"好"员工，有想法有思维就是英雄，要尊重他们的思维、想法。作为领导者来讲，要分析群众的思维和想法，集中群众正确的思维，从事我们伟大的事业。

从亚文化属性来说，企业文化有着文化属性，是体现在企业管理中的亚文化，是社会文化的一个重要支流。其他还有文化，如文学艺术是文化，法律、法规、道德的制定也是文化，企业文化是一种管理文化，它的重要职能是提高企业全员的综合素养。发展企业文化也是贯彻"三个代表"重要思想的一个部分，是社会主义文化建设的重要方面。主要包括：事业信仰、战略意识、经营哲学、企业精神、价值观念、思维方式、伦理意识、美学水平等。这都是文化的概念。我们研究企业文化要明确两点，一个是它的管理学属性，它是为我们的管理所用的，文化管理是当前先进的管理，或者说是当今管理科学的前沿理念和方法。第二个它具有亚文化属性，它是文化的一个支流，是社会主义先进文化的一个方面。我想从以下六方面来谈管理文化与人的能动性。

（一）社会责任体系管理（SA8000）

SA8000是指企业在赚取利益的同时要承担环境和利益相关者的责任，包括人群、劳工标准、环保三个主要领域,宗旨是"赋予市场经济以人道主义"。这个要求对劳动密集型行业显得非常突出。劳动密集型行业象我们建筑业,有大量的劳工群、民工群,西方国家妄图用社会责任体系来制约中国,我们建筑企业应对 SA8000 感到非常难。听说某个企业生产某个产品,在国外销售得非常好,人家了解了企业雇用了三个童工这个情况,就停止你的全部产品在世界的销售,说你这个企业对社会不负责任,违反社会责任道德。社会责任对企业是非常严肃的问题,我们很多企业现在忽略了这方面的问题,尤其是建筑企业,有的对民工采取粗暴、简单的管理方式,有些民营企业完全用封建家长式的管理,这都不符合社会责任体系管理。所以说要缓解劳资矛盾就要坚持劳工标准。如果企业有害于社会,有害于环境,你这个企业的产品也是不为社会所接受的。

(二) 质量管理体系(ISO9000)

专家用三句话来解释 ISO9000 的本质:一个企业说你应该说的,说到的应该做到,做到的必须记下来。这三句话还可以倒过来说,即记下你所做的,做你所说的,说你所应该说的。ISO9000 不那么简单,在一个企业,常常发生的该说的没有说,不该说的废话很多,说到的很多很多,做到的很少很少,说到做到不是那么容易,至于记下来更不那么容易,做了是不是都及时地记下来?哪个真正工作的记录是后补的?假的太多了。去年年底,我参加国务院的安全大检查,检查青海化工装置的安全记录,我下午 4:30 做的检查,他们把晚上 9:30 的生产记录表都填好了,什么各项仪表运转正常。时间还没到呢,怎么晚上 9:30 的记录都写好了呢?他们说你怎么看这个东西,我说我就看他们是否严格记录。ISO9000 执行不好将很难有稳定的优质产品。什么叫品牌工程,就是指通过相关质量标准体系认证取得商品注册权,具有较高的市场认知度、知名度以及消费者的诚信度,有较强的市场竞争力和较高的经济效益的工程。就工程质量的品牌来说主要有三个方面:一是工程的寿命质量,即工程能用多少年,如民用工程 50 年等;第二是工程的功能质量,即这个工程是干什么的,是住宅还是写字楼,看它的功能能不能满足需要;第三是工程的魅力质量,它的美学观念,有没有魅力,能不能中看,装修怎么样,设计造型怎么样,即它的魅力价值。这三方面质量主要决定于结构质量,所以我们特别重视它的结构质量,结构质量决定它的寿命质量,决定它的功能质量,也决定它的魅力质量。有人说"工程优不优,全部在装修,装修行不行,全靠一把泥",这叫什么话？必须高度重视结构质量。

（三）**环境管理体系（ISO14000）**

通常所指的环境就是指我们员工的居住环境、生活环境和工作的作业环境。过去，建筑工地离不开三个字"脏、乱、差"，往往是"工地越忙周围越遭了殃"，"建了一栋楼，毁了一条街"，评文明城市、先进城市，都是扣分的地方，周围老百姓怨声载道，受尽了苦头。这在香港是绝对不可能的，在香港，假如一个老太太在工地周边走，发现机器的噪音太大，一个电话打到律政署，律政署马上就把项目负责人叫去，先老老实实地交两万元罚金，然后再回来改正。居民有权举报你。近几年我们也做了很大的改进，上海的工地先打上水泥地面，实施硬地坪施工不至于下雨一层泥，晴天一层灰；而且搞密目式安全网，全部围挡封闭，有的在工地周围还摆上了鲜花。把工地变成城市的一道景观。我还看到有的工地民工住地周围全是剩饭、剩菜、垃圾等，苍蝇成群，这样不把民工当人能行吗？有个市长跟我说，他最怕的是民工，"天上有个雷公，地上有个民工"，说民工不服从教育。你不关心他们的生活，民工的怨言就较多，自然与城市生活、与市长有对立情绪。作为文明工地，包括材料的堆放等都有明文标准。我还到一个工地看过，卸红砖，用翻斗车，机械翻斗车卸下来损失40%，这不是胡干蛮干吗？我们过去卸红砖，四块砖一码，横竖存放，整整齐齐，哪像现在这么干的！现在就这么干，就这么回事。还有的项目，司机拖了一车水泥，到工地上，叫一声"水泥到了"，一个女孩子材料员出来签了字，水泥没卸又拉跑了。跑到第二个工地又签个字走了。签了字就是钱了，这就是工地的管理，可见粗放管理甚至野蛮管理到了什么程度。

从环境管理来讲，在更大的范围更前沿的理念是强调生态工程。所谓生态工程，指利用生物、微生物之间的相互依存关系，应用现代科学技术，保护、培植和利用自然资源塑造生态环境的工程。这是更高档的，我们工地还做不到这一条。当前的环境，从城市来讲，还是着重强调保护环境。

（四）**职业健康安全体系（OHSAS18001）**

安全文化的核心是人类的安全观，它决定着安全生产和安全生活的思维方式，用安全文化建造的社会系统或者企业系统似乎不是最直接的安全保障，但却是最持久的要素。一个企业，安全事故比较多，固然有很多原因，但事故经常发生，它就和安全文化有关系。什么叫不安全，不外乎两个状态，一个是人的不安全状态，一个是物的不安全状态。人的不安全状态与物的不安全状态在平行的时候，不发生安全事故，当这两个不安全状态处于交叉状态时，交叉点就是重大事故点。我到德国去，接待人员介绍他们的安全生产。电刨子在高速运转的时候，如果有人的手伸到电刨子里去，说明人处于不安全状态；但是人的手一伸进去，电刨子马上就停下来，这叫物处于安全状态，这就不会发生安全事故。又比如吊车，吊车在运作的时候，下面不应该站人，人如果站在吊车下面，那么人就处于不安全状态，如果这时恰恰吊车也不安全，吊着的重物掉下来了，那就死人。所以机械、物处于不安全状态时，人离得远远的，处于安全状态，那就没事了。两个不安全状态交叉就视为事故。任何事故对企业来讲，都有不安全征兆。有人计算过6万多个征兆加起来就是一个事故。要认真贯彻职业健康安全体系，就是要消除任何不安全的征兆，从而消除安全事故。国务院已经将治理安全事故上升为政府廉政建设的一个重要内容。今年召开的廉政工作会议上强调为群众谋安全，造成安全事故是一种不廉政的问题。

（五）各类技术规范、标准、规程

我们说人的全面发展的重要表现和内容，就是人的生产行为和生活行为要养成从随意性到遵守规范标准性的习惯。有一句话说得不一定准确，但确实有些道理，它是这样讲的，三流企业卖力气、卖劳力，二流企业卖产品，一流企业卖技术或者叫卖服务，超一流企业卖标准，或者说卖市场的游戏规划。标准包含着重要的技术创新，严格执行标准，不仅是安全生产的需要，也体现了促进技术进步。我们要求按规范标准做，当然不需要叫人家背标准，一字不差地背出来，差一个字要扣分那样死板。反过来，如果大致标准说不清楚，不学也不严格遵守，那就不行。当然，标准要随着技术的完善而不断地健全完善，老的标准规范也要进行不断地修改。当年宁波招宝山大桥快要建完的时候塌了，那段时间就争得一塌糊涂。设计院说了，我是按中国斜拉桥标准设计的，专家审查通过的，我没有问题。施工单位说，施工没问题，都是设计的问题。我在那里开了6个专家座谈会，最后得出一个结论：这是技术责任事故，设计院确实是按照标准和规范设计的，但是这座桥并不纯粹是斜拉桥，还有一段是平跨桥，这个桥是新型桥，完全按斜拉桥的规范设计，就不安全适用。因此标准需要不断完善，需要随着生产力的发展、科学技术的进步和人的增长的需求进行修改、充实和提高。

(六) 职业道德标准（诚信）

诚信是发展先进生产力的助推器，符合先进生产力的发展要求，不讲诚信是对先进生产力的破坏。诚信是传统文化的精华又是先进文化的重要内容，不讲诚信是对传统文化的亵渎，更与先进文化前进方向背道而驰。诚信体现了最广大人民群众的根本利益，不讲诚信严重损害人民群众利益。我这里讲了诚信与"三个代表"的关系，诚信与先进生产力的关系，诚信与先进文化的关系，诚信与人民根本利益之间的关系。诚信不仅是一种品性，更是一种责任；不仅是一种道义，更是一种准则；不仅是一种声誉，更是一种资源。就个人而言，诚信是高尚的人格力量；就企业而言，诚信是企业宝贵的无形资产；就社会而言，诚信是道德范畴和制度范畴的统一；就国家而言，诚信是良好的国际形象。可以说，诚信是我们企业文化的基石。企业诚信管理是把企业的诚信作为一种资源来对待，定期进行培育、维护和控制的过程。

现在不讲诚信的太多了。有的中小城市，开个饺子店不叫饺子店，叫饺子城；饺子店旁边，再开个大一点的饺子店，叫饺子城都嫌小了叫饺子世界；建个大楼不叫大楼，叫广场，再建个大一点的叫山庄，再建个大点的叫花园，哪来那么多的广场、山庄、花园。北京也是的，从天安门广场向东走没几步就来一个东方广场，东方广场是什么？天安门广场是全世界都有名的大广场，是我们的政治文化中心，东方广场就几栋楼，哪里有广场？我听说，当时北京的领导同志提出来，说别叫东方广场，改个名字，离天安门广场不远。当时投资者表示接受，说回去商量商量怎么改，没过两个月跑来了，说北京还有时代广场、世纪广场等几个广场，如果他们都改我也改，他们不改我也不改。

在医药上也有三假（质量虚假、价格虚假、广告虚假），农民叫它啥？叫看不上病、看不起病、看不好病。财务上有五假，假凭证、假数字、假报表、假审计、假评估等。一所会计学院要朱总理题词，总理题了四个大字"不做假账"。名不符实是人类最沮丧的事实。有人说实事求是之树，求真务实之树非得用某些东西来灌溉才能常青，何物？弄虚作假者的眼泪、冷汗甚至是鲜血。这话有点偏激，但很过瘾！实事求是不那么容易，求真务实不那么容易，讲真话也不那么容易。这里有品质问题也有勇气问题。综上六个方面所述：没有生态环境、职业道德就没有生命和文明，没有标准、技术、信息和社会责任就没有市场和效益，没有健康安全和品牌就没有资本和财富。

四、企业组织文化与人性化及人的事业

(一) 组织性质

所谓组织文化是要组织人性化，组织要与人的事业相联系。从组织性质来说，现在大量发展混合型组织。什么是混合型组织？十五年前、二十年前，创办一个企业，你的身份是特定的、惟一的，要么你是雇主，要么你是雇员，雇主与雇员之间的界限是非常清楚的。但是今天，一个人既在企业拥有自己的股份，又在本企业劳动，这就是股份合作制。股份是指拥有股份，合作就是指在本企业劳动，就叫股份合作制。那就是说，当你拥有本企业股份的时候，你是企业老板的一分子，但你在企业劳动的时候，你是本企业打工者的一分子，所以股份合作制体现"以人为本"，无论是股份以人为本，还是劳动以人为本。

就组织形式来说，任何组织都是信息不对称的，在信息不对称的情况下，冒出了新的组织机制，现代组织机制不再是垂直型的组织。我们过去在计划经济年代，我当过公司经理，公司组织结构是垂直型的。那时公司有一万三千多人，叫县团级的建筑公司，营连级的施工大队，跟军队差不多。公司有后勤服务公司，有主管后勤的副经理，有主管物资材料的副经理，层次很多，类似于现在的政府机构。现在的企业组织机构不是这样的，是项目式的，是扁平式。层次扁平化，直接领导型，联系网络化，指导咨询化，系统开放化。信息不对称是客观存在，现在很多博士研究生就专门研究信息不对称原理对决策的影响。要从组织形式上、机制上来解决信息的问题，建立新的企业形态。现代企业形态从国际范围来看有这样的突出特点：1. 外包成为企业生产的核心组成部分不再是补充成分。2. 联盟成为企业组织结构的重要环节不再是外在要素。没有一个企业不是联盟的，比如建筑公司，如果不和农民工联盟，不和材料供应商联盟，不和周围的邻居联盟，那就什么也做不成。现代科学技术发展到今天，任何一件事，任何一个成功，都不是一个人独自去做的结果。3. 合资合作企业，也成为组织结构的常见形式，不再是个人公司的延伸。企业组织信息不对称的方面有很多，只改善组织形式还是不够的。组织内部还有一些非正式组织和关系，比如老乡关系、同学关系，还有亲属关系、朋友关系，这种松散的组织在企业中起很大的作用。跟老乡之间讲的，跟同学之间讲的，跟朋友之间讲的，就大不一样。这类非正式关系不是组织形式能起作用的，而文化就能解决这个问题。企业的文化渗透在人们的

灵魂之中，使人们能够有统一的精神支柱。思想政治工作要起到这个作用。靠组织形式来解决信息不对称的问题，更要加强思想政治工作，要改变思想政治工作与经济工作的结合上存在的可有可无、可硬可软、可多可少、可深可浅的认识问题。还要解决老办法不管用、新办法不会用、软办法不顶用、硬办法不敢用的问题。实现思想政治工作、经济工作各要素之间相互联系、相互制约，以及整体功能的协调发展，要实现三个转变：1. 从以静态学习为载体到以动态活动为载体转变。不是老雷打不动，坐在那里学习、背条文，要真正学到脑子里去，学到思想里去。2. 从"单向灌输"的说教型教育到"双向交流"的疏导型转变。3. 从封闭设计的"板块型"到开放参与的渗透型转变。

（二）组织氛围（凝聚力即竞争力）

现在讲企业竞争力、核心竞争力、全球竞争力，与企业氛围关系十分密切。氛围是指周围的气氛和情调，良好的氛围是促进事物正常、健康和快速发展并趋于成功、兴旺和发达所必不可少的条件和环境。氛围非常关键，良好的氛围是人们想干事业、能干事业、干成事业的重要条件。在好的氛围下，懒惰的人变得勤快了，不干活的人变得干活了。有的人在另外一种氛围下，干活的人也变得不干活了。我以前当经理的时候就批评过一些很不负责任的人，他们呆在这个班组说这个班组不好，呆在这个大队说这个大队不好，呆在这个公司说这个公司不好，呆在这个省说这个省不好，呆在这个国家说这个国家不好。他就没有看好自己所在的组织和人与人相处的关系，比他强的人，他嫉妒，比他差的人，他又笑话，这样是不行的。

氛围对外就是公众形象，一个企业与众不同的能持久的发展基础就是公司的公众形象，公司的公众形象是顾客购买偏好的潜在因素之一。你的公司如果公众形象好，顾客就到你那儿去，如果公众形象不好，顾客就不去你那儿，你也没办法，由此只能员工下岗，企业破产。未来的成功企业里不应该是人们掩饰和错误地表达感情，现在很多人在企业之中，重视掩饰自己的感情，想说的不敢说，说出来的话都是经过加工的。我们当领导的应该听其音，观其行，听话听意。人们不能错误地表达感情，企业也不能在枯燥乏味和工作乐趣之间建立桥梁，一部分人觉得工作枯燥无味，另一部分小青年在寻找工作乐趣，企业得不到活力，得不到融洽。企业氛围也是企业的核心竞争力。企业核心竞争力是指为支撑企业可持续竞争优势而具有开发独特产品、发展特有技术和创造独特营销手段的能力，是企业在特定经营环境中的竞争能力和竞争优势的合力，是企业多方面技能和企业运行机制如技术系统和管理系统的有机融合。核心竞争力有三大功能焦点：客户价值、创造性和延展性。五个特点：1. 偷不去即不可模仿性。2. 买不来即不可交易性。3. 拆不开即资源的互补性。我们讲企业管理的要素：人、机械、材料、法律、环境，但是这些东西又是企业的资源，任何一个公司都具有开发的职能，所有的经理都是开发本公司资源的经理。上次会议上一个会长讲过，说我们都蕴藏着一个金矿，靠企业文化去开发。所以说，从管理学来讲，人是要素，从经营上来讲，人又是资源，经理要发挥资源开发的作用，而不造成浪费。4. 带不走即资源的归属性。5. 溜不掉即资源的延续性。企业精神是企业在生产经营过程中体现出来的经营作风、价值观念、职业道德等方面的集中体现，是企业凝聚和团结全体员工为实现企业目标而奋斗的共同信念和追求，是企业的灵魂和支柱。成功企业文化可以成就一个企业，失败企业文化可以毁掉一个企业。企业文化对企业的核心竞争力的影响是全面而又深刻的。适应时代、道德、历史发展规律的先进文化的建设将使企业的发展如虎添翼、如龙从云，使企业的发展更加充满活力、富有底蕴。对待组织氛围，我们要认真学习实践胡锦涛总书记的一段话：要着力营造聚精会神搞建设、一心一意谋发展的良好氛围；营造解放思想、实事求是、与时俱进的良好氛围；营造倍加顾全大局、倍加珍惜团结、倍加维护稳定的良好氛围；营造权为民所用、情为民所系、利为民所谋的良好氛围。

（三）学习型组织

1. 终生求知已经成为一种准则。人类最有价值的资产是知识，学习是一个人的真正看家本领，是人的第一特点、人的第一长处、人的第一智慧、人的第一本源，一切都是学习的结果，都是学习的恩泽。学习造就人才，学习是消除贫困的武器。学习是社会进步的推动力，学习是终身收益的投资，学习是我们每一个人乃至整个社会开启繁荣富裕的钥匙，学习是人不断自我完善、提供职业发展和改善生活的机会，学习是一种精神境界，学习是人生的质量。建设学习型社会的目的是提高人的创新能力，充分开发和利用人力资源（有文凭≠有水平，有学历≠有能力）。在世界排名前一百家企业中已经有40%的企业正在建设学习型组织，很多城市乃至国家也在快速推进。日本要把大阪建成"学习型城市"、新加坡要建立学习型政府、美国提出要成为"人人学习之国"，把社会变成大课堂。我们中国共产党也要办成学习型政党。企业文化处于不断的变革之中，我们要注意走出企业文化建设的误区，有人把企业文化建设看成是文化部门办的事情；看成是书记的事情。这是不对的，企业文化要坚持以人为本原则，要依靠全员来建设。企业要营造好企业文化建设的生态环境，企业文化也有生态环境，其实个人也有生态环境。举例说，我今天做了一件非常正确的事情，可是被领导批评了一顿，我非常生气，生气有两种态度：一种是不吭声，找个合适的时间和地点解释，然后再高高兴兴地工作；另一种是心里想，你怎么老批评我，我以后就和你对着干，更不好好干。更不好好干的话，会导致更多的批评，所以两种态度的结果不同，一种是良性循环，一种是恶性循环。所以文化也有生态环境，人与人之间的关系，也是一种生态环境。

2. 企业的健康发展与人的健康成长。我在建设部政研会当会长也好，当纪检组长也好，从一定意义上说都是为了这两个健康问题。纪检组组长是单位的"卫生所"所长，"卫生所"是干啥的？人家有个什么感冒头痛我可以帮你诊断一下；我可以找你谈谈话，思想上的小问题可以批评一下。但是大病我看不来，大病要到检察院去了。保健、体检就是起这么个作用，要保证健康成长、健康发展。我们追求的有"三优"：优质工程、优化管理、优秀人才，解决"老板抓、企业垮"、"工程上去了，干部下来了"的问题和现象。预防和惩治腐败是一种重要的执政能力。一些领导干部真不知是怎么想的，丧失了原动力，丧失了作人的文化，丧失了"以人为本"，信念垮了，导致了家破人亡、妻离子散、身败名裂，到了省一级的干部还如此。来路不明的钱放在家里怕偷，放在身上怕抢，放在银行怕查，活遭罪，这是何苦呢？来路不明的钱叫"时候未到，问题没报"，时候到了，都会遭报应。

企业反腐败成为商业伦理原则之一，已成为全球优秀企业家的共识。今年6月24日在纽约联合国总部举行的"全球契约领导人高峰会议"上，反腐败条约正式成为"全球契约"的第十项原则，企业反腐败已成为世界趋势。着重查处五个方面的问题：①投机钻营、公然侵吞，一边在企业当领导，一边将企业的财产转移到自己子女名下；②瞒天过海、混水摸鱼，乘改制侵吞国有资产；③假公济私、中饱私囊，吃回扣；④弄虚作假、套取财产作假账；⑤规避竞争、大肆行贿。现在最高检察院和我们共同开展将行贿企业制成名录，禁止该企业在一年内不得进入市场，从五个方面进行积极有效的反腐败斗争。当然，反腐败是一项长期的任务，是艰巨的工作，不仅仅是企业的事情。当前我们正处于经济体制转轨时期，各种法制还不健全，人们的观念没有完全统一到"三个代表"上来，在这个时候，腐败现象在建设领域仍然是高发、多发、易发，这就要求有清醒的认识。做人来讲，天地之大，房屋再多，一个晚上也就需要一张床那么大，粮食再多，一餐也就吃二两米，有的人说多挣钱，为了儿女的将来，事实上儿女将来挣的钱比你更多。这里最关键的是人的信念、人的价值、人的文化。要先做人再做事做官，人做不好，完蛋是迟早的事。

总的来说，企业需要文化，人也有一个文化的属性和特征，不具有这个文化，就具有那个文化，不具有先进文化，必然具有腐败文化。人处于两种文化的斗争中，企业也处于先进文化与落后文化的斗争过程中，在经营，在管理，在成长。现代企业文化的以人为本原则体现在现代企业价值文化上、企业经营文化上、企业管理文化上、企业组织文化上。发展企业文化就要牢固树立以人为本的理念，人是企业振兴的关键，把人置于企业施工、生产、经营、管理的中心。以人为本就是一切要从人的精神和物质需要出发，从造就一代新人出发，注重调动人的主观能动性、积极性和创造精神；以人为本就是要改变对人的管理，变"行为控制"为"自主管理"；变训导、驯服为"柔性和谐管理"；以人为本就是要强化人文关怀，通过人文精神的倡导、人文氛围的营造、人情的关爱、人道的关怀、人性的理解、人格的健全使经营管理的效率达到最佳；以人为本就是要加强人才开发，树立起"业绩出众就是人才，开拓创新就是精英"的人才观，用待遇、感情、事业吸引人才，留住人才；以人为本就是要注重人的学习，善于营造学习型组织，给员工一个领域、一片天地、一根杠杆、一个大有作为的舞台，精心致力于企业健康发展、员工健康成长，致力于人的全面发展。

最后，我就思想政治研究会的工作，再强调三点意见：

第一，思想政治工作是一门科学。这门科学的特点是既要弘扬又要创新。所谓弘扬，就是弘扬我们中华民族的伟大精神，弘扬我们共产党的优良传统和政治优势，弘扬我们老一代革命家、老同志以及同志们丰富的政治思想工作经验。同时还要创新，思想政治工作要紧紧围绕我党执政兴国的第一要务，服务于发展大局，特别是我们建设系统，为了我们城乡的发展，建设事业的发展，发挥应该发挥的作用，体现思想政治工作的有效性。研究这门科学的意义，主要是确保权为民所用。思想政治工作研究会要认真研究探索，形成我们建设系统思想政治工作的理论体系，建设一支高素质的队伍，成为建设系统具有号召力的组织者。

第二，思想政治工作是政治建设和文化建设的重要组成部分，是我党执政能力建设的重要内容，是实践三个代表重要思想的切实保证，也是政治文明、物质文明、精神文明三大文明建设的集成力，作为执政党来说，他体现着共产党利为民所谋。我们要积极开展培训、交流工作，作为一个智囊团，要成为建设系统具有价值服务的推动者。

第三，加强和改进思想政治工作是经济发展和深化改革进程中迫在眉睫的一项极为重要的任务。社会主义市场经济处在各种各样经济矛盾中，处在发展机遇和发展困难、发展条件的并存之中，如何确保我们建设事业健康发展，确保广大建设者健康成长，如何开展思想政治工作，对执政党来说，要体现情为民所系。我们一定要认真地研究工作目标，分阶段完成我们的各项工作任务，作为一个思想库，要成为建设系统具有影响力的传授者。本人作为会长，深感责任重大，我会继续和理事会以及我们在座各位，共同努力完成上述三个神圣的任务，努力达成既定的目标，那就是成为具有号召力的组织者、具有价值服务的推动者、具有影响力的传授者。我也衷心希望支持、渴望监督，监督也是一种支持。也希望创新，工作上有所创新。也盼望我们走向成功，希望我们同行的友谊地久天长。衷心祝愿我们思想政治工作研究会的各位代表、各个理事单位坚持以人为本，在建设现代企业的过程中开拓创新，使我们的企业能够健康发展，使我们的员工能够健康成长。

谢谢大家！

贵在创新　重在建设

——姚兵同志在全国建设系统企业文化建设现场推进会暨企业文化建设青岛论坛上的讲话

（2005年10月25日，根据录音整理）

党的十六届五中全会指出：要坚定不移地以科学发展观统领经济社会发展全局，坚持以人为本，转变发展观念、创新发展模式、提高发展质量，把经济社会发展切实转入全面协调可持续发展的轨道。

科学发展观凝练了发展的思想，更新了发展的观念，完善了发展的思路，提升了发展的境界，发展了科学社会主义理论。

小平同志讲，发展是硬道理。科学发展观是对马克思主义、毛泽东思想和"三个代表"重要思想的丰富和发展，是中国当代的马克思主义。企业文化建设要以科学发展观为统领。下面我讲三个问题：

一、建设系统先进企业文化建设的回顾与总结

建设系统在先进企业文化建设方面做了很多工作。企业文化应该有两个属性：一方面是个管理的概念，是讲文化管理，或叫知识管理。现在，世界上的管理理论已经发展到第五代。第一代是泰罗研究的动作管理。把工人动作进行分解，计算每个动作所需的时间，制定劳动定额。第二代是行为管理。人有五大需要，行为分成五种。首先需要生存、吃饭、穿衣、住房、安全，还要受到别人的尊重，最高的需要是自我实现。为了实现自己的目标，为了一项事业或一项工作，可以牺牲自己的个人利益，这叫事业的需要。第三代是比较管理。所谓比较管理，我们通常叫纵向比较、横向比较和实质性比较。纵向比较，就是拿我们现在和过去比较，进步多了。还要横向比较，就是跟世界最发达的国家比较。还有实质性比较，就是在某些方面，实质性地找出差距。第四代是多元管理。就是全方位、全过程、全员的管理。所谓第五代管理，就是当今的文化管理。或者叫知识管理。用知识去凝聚全员的思想，为企业的经营目标服务。

企业文化的第二个属性，或说另一方面是个文化的概念。企业文化应该是社会先进文化的一个支流，或叫亚文化，是先进文化的一个组成部分。

企业文化是从国外引进的现代企业管理理论，从20世纪80年代初开始受到中国企业界重视。此后20多年来，随着我国改革开放的不断深入，社会主义市场经济的不断发展，企业文化建设曾兴起三次大的浪潮，建设系统的企业文化建设与此相适应，从自发走上了自觉。

（一）1984年前后。我国开始由计划经济向市场经济过渡，解放思想、实事求是成为社会意识形态的主旋律。面对新的形势和任务，建设系统的思想政治工作者结合企业改革中的热点、难点和焦点问题，开始对企业文化进行研究与探索，力图通过企业文化建设把企业管理工作与思想政治工作有机结合起来。当时，企业文化建设最初表现为对企业价值观、企业精神的提炼。虽然当时提出的企业精神大都雷同，并带有口号的痕迹，但正是这种积极探索和大胆实践，使我们的企业文化建设迈出了可喜的第一步。

（二）1992年前后。邓小平南巡谈话促进了中国的第二次思想大解放。社会主义市场经济体制的确立，现代企业制度的建立，"建设优良的企业文化"的思想出现在十四大文件和中央领导同志的有关讲话中。在此期间，提高员工素质，塑造企业形象，适应市场竞争需要，成为当时企业文化建设的一种时尚。建设部从提高职工队伍整体素质入手，自1990年以来，先后颁布了三个"全国建设系统职业道德建设三年规划"；组织编写了两套覆盖11个行业的《全国建设系统职业道德丛书》。同时，对市政公用、房管、建筑等行业的关键部门、关键岗位、关键工种的关键人员进行了岗前培训。1996年以来，与中宣部、国务院纠风办以及相关地方党委和政府，先后推出了徐虎、李素丽、范玉恕、朱崇跃、荆建刚和徐州下水道四班、北京呼家楼液化气供应站、中建八局921—520工程项目部、烟台市建委社会服务承诺制等为代表的一大批全国先进典型。推出文明示范窗口295个，文明旅游景区示范点50个。中国建设职工政研会，还把企业文化建设列入重点课题，多次在北京、深圳等地举办研讨会和培训班。所有这些，表明建设系统企业文化建设已具雏形。

（三）2000年以后。随着中国加入世界贸易组织，申奥成功和知识经济时代的到来，特别是党的十六大召开，为繁荣和发展社会主义先进文化指明了前进方向，为企业文化建设营造了良好的社会氛围，注入了"文化建设激情"。探索文化管理模式，建设先进企业文化，提高企业综合竞争力，已成为新一轮企业文化建设关注的焦点问题。在繁荣和发展社会主义先进文化这一大的社会背景下，建设系统越来越多的企业意识到，加强企业文化建设是提高企业竞争力的重要手段和必然选择，增强了责任心和紧迫感。尤其是2003年2月，首届全国建设系统企业文化建设论坛以来，企业文化建设兴起了一个新的热潮，开始向纵深发展。

从总体上讲，建设系统的企业文化建设经过20多年的探索与实践，已经积累了不少的经验，取得了一定的效果。无论是抓职业道德建设，选树先进典型，开展精神文明创建活动，还是抓规范化服务达标，建立服务热线等等，都是企业文化建设的重要内容，都对促进行业和企业两个文明建设的协调发展起到了重要支撑作用。如北京城建集团的"文明四区"建设，上海隧道工程公司的"创建学习型组织"，中房集团辽宁置业有限公司的"打造百年中房的品牌理念"等，这些先进典型从不同的行业，不同的侧面展示了建设系统企业文化建设的成绩。尤其是青岛市市政公用局在市场经济条件下，不以垄断吃皇粮，而以市场求生存，不以"皇帝女儿不愁嫁"的优越条件过日子，而以优秀的品牌文化促发展，精心打造服务品牌，实现企业效益、社会效益、员工利益同步增长的好经验、好做法，很有推广价值；还有这次评出的73个企业文化建设先进单位，他们的经验和做法也都各具特色。这些事实表明，建设系统的企业文化建设如火如荼，方兴未艾。

二、先进企业文化建设的意义和原则

在肯定成绩的同时，我们也必须清醒地看到，建设系统的企业文化建设存在不少问题。主要是认识上不够到位，行动上不够自觉，发展也很不平衡。当前，企业文化建设的首要任务是深化认识，统一思想，增强共识。

（一）先进企业文化建设的意义

1. 加强企业文化建设，是贯彻党的十六大精神的具体行动。党的十六大报告指出："当今世界，文化与经济和政治相互交融，在综合国力竞争中的地位和作用越来越突出。文化的力量，深深熔铸在民族的生命力、创造力和凝聚力之中。"建设系统各行业，既有国民经济的支柱行业，又有与人民生活息息相关的窗口行业，在综合国力竞争中具有举足轻重的地位和作用。搞好建设系统的企业文化建设，对于促进国民经济的发展，提高综合国力至关重要。

2. 加强企业文化建设，是构建社会主义和谐社会的内在要求。构建和谐社会，首先就要在构建和谐建设系统、和谐行业、和谐企业上下功夫。建设系统的工作多是政策性、服务性和群众性很强的工作，城乡规划、房地产、市政公用设施建设与管理、工程建设与质量安全等都涉及到人民群众的切身利益，影响稳定的因素多，是社会矛盾易发、高发领域。加强建设系统企业文化建设，最大限度地构筑以人为本的社会"软环境"以及和谐共存的"精神生态"，对于维护人民群众的根本利益，保持社会稳定，集中精力搞建设，一心一意谋发展具有重要意义。

3. 加强企业文化建设，是提升企业核心竞争力的重要途径。在全球经济日益一体化的今天，企业之间已经逐步从价格竞争、质量竞争、服务竞争走向更高层次的文化竞争。企业文化在未来十年中将成为企业兴衰的关键因素。只有建设优秀且强势的企业文化，才能内强素质，外树形象，凝聚员工、赢得市场，有效提升核心竞争力。

4. 加强企业文化建设，是实现思想政治工作创新的突破口。多年来，建设系统广大政工干部就思想政治工作如何创新，如何更好地为经济建设服务进行了积极探索。长期实践证明，加强企业文化建设是在现代企业制度下对思想政治工作的创新。以此为载体，能够实现思想政治工作与经济工作、管理工作的有机结合，更好地为经济工作服务。

（二）先进企业文化建设的优势

1. 执政党领导的优势。我们党高度重视文化建设，明确了"三个代表"重要思想是党的指导思想。其中一个就是代表中国先进文化的前进方向。无论是先进生产力、先进文化，还是人民群众的根本利益，都与企业文化建设有着密切的关系。"三个代表"重要思想的指导，是我们建设企业文化的政治优势。我们的工作完全符合共产党的执政理念和人民群众的根本利益。

2. 中华民族精神的优势。中华民族精神包含了以下要素：①自强不息的奋斗精神。"天行健，君子以自强不息"成为无数仁人志士的人生信条，激励着人们为国家和民族的事业奋斗不息。②对正义价值的认可与执著追求。义无反顾、杀身成仁、舍生取义是中华民族精神的要义之一。③忧患意识。在感受忧患中超越忧患，并最终达到"不忧"、"不惑"、"不惧"的境界。"生于忧患，死于安乐"是激励人们奋发有为的普遍观念。④"天下兴亡，匹夫有责"的强烈责任感。在中国人的传统思想中，超越个人的衣食之利，以天下苍生为己任是一种主流意识。⑤"知行合一"是中国哲学中的重要命题，学以致用是中国文化中最受重视的部分。17年前许多国家聚集在法国巴黎并发表宣言，指出，"人类要在21世纪生存下去，必须回首到2500多年前，去汲取孔子的智慧"。在联合国大厅赫然写着"己所不欲，勿施于人"的中国格言。这说明，中华文化在中国乃至整个人类社会中发展地位之重要，影响之深远。

3. 科学发展观的贯彻落实优势。科学发展观提出了"五个统筹"，其中一个重要方面就是统筹经济社会协调发展。我们不能总是像小平批评的那样"一手硬，一手软"，我们要按照科学发展观的要求，大力发展企业文化建设，发展先进的建设系统文化，促进人的全面发展。

（三）先进企业文化建设面临的挑战

企业文化建设是一项艰巨、伟大的系统工程，面临着三个方面的挑战。

1. 观念的挑战。中华民族文化有它博大精深的一面，也有消极的一面。传统文化中有"官本位"思想，学而优则仕。有升官发财思想，有专制思想还有封建宗法思想等。如：当官的瞧不起企业，把机关的领导同志也称为"老板"。在人们的头脑中，"当官就有钱"，"一人当官，鸡犬升天"。福建有个干部说什么"当官不为财，请我都不来"。还说："政治是虚的，理想是远的，权力是硬的，票子是实的"。甚至说什么"要去掉虚的，扔掉远的，抓住硬的，捞住实的"。让这样的人当领导，那还了得！我们搞先进企业文化建设，就要改变这些旧的观念，摒弃传统文化中的负面影响。外来的文化，有精华，也有糟粕。建设先进的企业文化还要抵御外来文化中的拜金主义思想、享乐主义思想和极端个人主义思想，除传统文化和外来文化的消极文化外，还要正视市场经济负面影响引发的价值观念的矛盾和冲突，如市场经济的等价性容易侵蚀党和国家的政治生活，市场经济的求利性容易诱使一些人产生金钱万能的心理，市场经济的竞争性容易引发党内意志薄弱者的违法违纪行为等。

2. 社会的挑战。社会是复杂的。改革开放20多年来，人们的观念日新月异，社会思想呈现出多样、多元、多变的特点，从社会思想的内容上说，呈现出多样的形态。各种社会思潮应时而生，正确的与错误的彼此交织，积极的与消极的相互激荡。既有进步向上的思想又有反动落后的思想；既有正确科学的思想又有偏颇谬误的思想；既有积极健康的思想又有消极腐朽的思想；既有高尚文明的思想又有低级庸俗的思想。从社会思想的性质上来说，呈现出多元的格局，既有占主导地位的马克思主义思想也有各种非马克思主义思想意识还有一些反马克思主义的错误思想；既有社会主义的主流思想也有资本主义的腐朽思想和错误观念还有封建思想的残余。从社会思想的发展过程来说，呈现出多变的节奏和知识更新的周期在加快，人们思想观念的变化也越来越快，另一方面，随着对外开放的扩大和现代信息的传播手段的普及对人们的思想影响也会更大。

3. 能力的挑战。先进企业文化建设除了当前的客观存在的观念的挑战和社会的挑战外，还有一个很大的问题，对先进企业文化建设者来说是能力的挑战。可以说先进企业文化建设工作是一项政策性强、思想性深、群众性突出的工作，特别是我们既处在发展的黄金机遇期又处在改革的矛盾凸现期。对企业文化建设能力来说必定是有更新更高的要求。如文化多样性的认识能力、社会问题的分析能力、利益矛盾的化解能力、文化建设活动的组织能力、文化建设的协调能力、人力资源的激发能力、思想政治工作的艺术水平等等都很重要。企业文化建设很重要的是一个能力的问题。如你讲话、作报告，要让人听明白，要引人入胜，那你就需要有大量的知识作支撑，以正确顺畅的表达作基础。你能把道理讲清楚，让人接受，这本身就是一种能力。毛主席讲过："以其昏昏，使人昭昭是不行的。"我们党强调，要提高执政的能力，做好企业文化建设工作特别要强调加强企业文化建设的能力。

（四）先进企业文化建设的原则

1. 必须明确企业文化建设的指导思想——"三个代表"重要思想。当前，人们的思想呈现多元化，企业文化建设的指导思想则必须一元化，就是以"三个代表"重要思想作为企业文化建设的指导思想。企业文化建设要贯彻党的十六届五中全会精神，把"三个代表"重要思想和科学发展观贯彻到"十一五"规划中；贯彻到各项管理工作中；落实到构建和谐行业、和谐企业的事业中；体现到企业文化建设的方方面面。

2. 必须明确企业文化建设的基本内容—服从服务于第一要务。企业的经营业绩和发展状况，主要取决于企业有无科学的可持续发展的文化理念，以及在这种理念引领下形成的可持续发展的机制。发展是硬道理，企业大发展小困难、小发展大困难、不发展最困难。要用一元化的指导思想引领和整合多样性的社会意识和企业内部的思想观念，坚持在科学发展观的指导下创新。现在，要特别强调创新是企业文化建设的灵魂。要把企业文化的创新贯穿到企业机制创新、管理创新、技术创新、营销创新等各个环节，以创新促进发展，以科学的发展解决企业的困难。

3. 必须明确企业文化建设的基本要求——以人为本。要坚持群众利益高于一切和贴近群众、贴近生活、贴近实际的方针,将以人为本的理念贯穿于提炼企业精神、塑造企业形象的全过程,渗透到企业的岗位责任中,体现在员工的本职工作上。

4. 必须切实加强对企业文化建设的领导。做到全党动员,职工群众积极参与。企业党政领导要站在战略的高度,重视和加强企业文化建设,将其纳入重要的议事日程,与企业经营管理工作同部署、同检查、同考核、同奖惩。要明确企业文化建设的决策机构、主管部门和领导责任。各级建设行政主管部门要真正负起责任,"管行业必须管行业的思想政治工作",切实加强对企业文化建设的领导。

三、先进企业文化建设的十项重点工作

(一)重视教育、培训,创建学习型组织

1. 学习价值。要树立终身学习的理念。学习是人的第一特点、第一长处、人的第一智慧、第一才能;学习是一种精神境界,是完善自我、成就事业、实现自身价值的有效方法;学习是人们真正的看家本领,是开启繁荣富裕的钥匙,是改善生活、增进福利的最佳手段。美国的比尔·盖茨讲,我对员工的最大福利是送员工去培训,给员工以智慧。树立学习价值的理念是企业文化建设的要义所在。

2. 职业教育。要特别重视职业教育,注重职业训练,大量培养技术技能型人才、知识技能型人才和复合技能型人才,不断提高人员的整体素质和创业能力。我们要把职业教育作为经济社会发展的重要基础,企业文化建设的基石,企业发展国家振兴的战略来加深认识,做实做好工作。

3. 学习型组织。一个国家要成为学习型国家。一个政党要成为学习型政党,一个城市要成为学习型城市,一个企业要成为学习型企业。将学习型企业建设与加强职业教育紧密结合起来,树立和学习许振超式的先进典型,强化职业理念,提高职业技能,增强组织的核心竞争力。

(二)活跃群众性文化活动

1. 创作活动。包括文艺创作、演讲等,内容要健康,方式要多样,效果要

明显。

2. 舞台活动。包括文艺演出、演讲团的各种报告等。

3. 社会活动。包括红色旅游，各种演练活动、参观活动等。通过各种有益的活动，提高员工的生活质量和文化品位。

（三）培育具有鲜明特色的企业精神

1. 内化于心。将企业精神融化到企业的发展战略、经营理念和员工的价值观、思维方式、思想方法之中。

2. 外化于行。将企业精神体现到企业发展方式、经营模式、管理机制和员工的行为方式、服务模式之中。

3. 固化于制。将企业精神凝结到企业的主要规章制度和员工的基本行为准则之中。

4. 聚化于气。将企业精神凝聚到企业形象、标识、氛围和员工的精神、品位、情趣之中。

（四）强化知识主管和文化管理

1. 市场竞争力。优秀企业文化是企业经营管理的核心和灵魂。企业文化建设可以凝聚员工的力量，整合企业的内部资源，增强领导者的管理效能，提高企业的市场竞争力。

2. 科技进步力。企业文化建设可以提高企业的科学管理水平，提高员工的学习能力、职业技能及服务水准，提高企业的自主创新能力，促进企业的科技进步。

3. 持续发展力。企业文化建设可以克服经营上的短期行为，提高企业的社会信誉，增强抗风险的能力；增强员工的向心力和凝聚力，强化职业理念和职业操守，使企业不仅做大做强，实现企业跨越式发展，而且还能长期发展，持续成功。

（五）突出人力资源开发

1. 造就一代新人。通过企业文化建设培养适应新的历史条件、与时俱进的一代员工。使员工在企业中愉快工作，健康成长。

2. 有效激励员工。聪明的领导能够调动起各种类型人的积极性。通过各种激励机制，使职工的潜能得到有效发挥，愿意跟着你工作。

3. 优化人才价值。实现人才的优化组合，取长补短，优势互补。人都是有缺点的，我们每天都和优势不同、缺点不同的人打交道，要善于用人之所长，学人之所长。

（六）制定实施企业发展战略

1. 理念。企业文化很重要的方面，就是用先进理念统领企业的发展。
2. 制定。在先进理念的指导下制定一个好的发展战略。
3. 实施。带领全体员工把先进的理念和战略付诸实施。

（七）改进创新企业思想政治工作

1. 增强工作信念。要纠正思想政治工作可有可无、可硬可软、可多可少、可浅可深的模糊认识。有人说思想政治工作不好干，老办法不能用，新办法不可用，软办法不顶用，硬办法不敢用。自己缺乏信心，你还怎么去做别人的工作？要克服工作中的困难，必须增强信念，寻求突破。

2. 坚持改进创新。思想政治工作必须从内容上、方法上、队伍建设上改进与创新，企业文化建设为之提供了有效的载体、借鉴和契机。

（八）认真贯彻《实施纲要》，做好反腐倡廉各项工作

1. 教育。教育是基础。反腐败的重要方面是强化教育，改进教育。
2. 制度。制度是保证。要加强制度建设，从制度上对反腐倡廉给予保障。
3. 监督。监督是关键。建立健全监督机制。对权力必须有监督，离开监督的权力必然产生腐败。确保企业健康发展，员工健康成长。

在企业文化建设中，要认真贯彻教育、制度、监督并重的方针，有效地惩治与预防腐败。

（九）树立具有榜样力量的先进典型

1. 优选。建设系统有许多典型，要注意及时发现和优选新的典型。现在，我们正在宣传的四个典型：一是北京的出租车司机于凯及其车队；二是河南省平顶山市规划局局长荆建刚；三是峨眉山风景区的马元祝；四是北京的新鲁班典型赵正义。

2. 学习。学习典型模范的先进思想和突出事迹。先进模范人物是走在时代前列的先进分子，他们产生于并生活在职工之中，他们的事迹职工熟悉，易于学习，是最实在、最具体的教材。当前，一是要继续开展向徐虎、李素丽、范玉恕、朱崇跃、荆建刚、于凯等先进人物的学习活动；另一方面要学习全国将要表彰的文明城市、文明单位和先进个人。学习北京市东城区和上海市数字化城市管理的经验，学习青岛市市政公用局及下属的"热电"、"泰能"、"海润"、"12319热线"、"排水管理处"五个基层单位的经验。

（十）深入进行先进企业文化理论研究

1. 体制机制的研究。先进的企业文化，需要先进的体制和机制来支撑。要不断地自我总结，同时借鉴别人的经验教训，用先进的体制机制推进和保证企业文化的发展。

2. 职能作用的研究。深入研究企业文化在彰显企业形象、促进经营管理、凝聚员工思想、规范职工行为、改进群众工作等方面的职能作用，使之更加有效地为企业发展服务。

3. 总结交流。要及时总结交流经验。做到相互学习，相互借鉴，共同启发，共同提高。

企业文化建设，就指导思想而言，必须坚持用"三个代表"重要思想和科学发展观来统领。就工作方法和工作重点而言，贵在创新、重在建设。建设系统的企业文化建设，要在加强中改进，在改进中创新，在创新中发展。确保建设事业健康发展，各个企业健康发展，从业人员健康成长。

目 录

前言 …………………………………………………………………………… 3
序 ……………………………………………………………………………… 4
现代企业文化的以人为本原则 ………………………………………………… 5
贵在创新　重在建设 ………………………………………………………… 24

第一章　绪　论 ……………………………………………………………… 1
　　第一节　行业文化与企业文化 …………………………………………… 1
　　第二节　建筑企业文化 …………………………………………………… 6
　　第三节　中国建筑业发展历史回顾与各阶段文化特征 ………………… 12

第二章　建筑企业文化基本特征 …………………………………………… 25
　　第一节　内涵特质 ………………………………………………………… 25
　　第二节　外显特征 ………………………………………………………… 54
　　第三节　实践特色 ………………………………………………………… 57

第三章　建筑企业文化的创建与运行 ……………………………………… 62
　　第一节　企业文化创建模式 ……………………………………………… 62
　　第二节　建筑企业文化创建的主要环节 ………………………………… 67
　　第三节　企业文化培育的心理机制 ……………………………………… 73
　　第四节　努力创建学习型组织 …………………………………………… 79

第四章　经营战略与战略执行文化 ………………………………………… 88
　　第一节　经营战略概述 …………………………………………………… 88
　　第二节　战略经营模式 …………………………………………………… 91

第三节　战略执行文化 ………………………………………… 105

第五章　总部管理与项目管理文化 …………………………………… 115
　　第一节　工程总部管理文化 …………………………………… 115
　　第二节　项目管理文化 ………………………………………… 125
　　第三节　施工现场管理文化 …………………………………… 138
　　第四节　施工项目经理素质 …………………………………… 149

第六章　劳务管理与劳务保障文化 …………………………………… 152
　　第一节　劳务管理文化 ………………………………………… 152
　　第二节　劳务保障文化 ………………………………………… 157
　　第三节　劳务人员素质培养 …………………………………… 160

第七章　客户关系管理文化 …………………………………………… 166
　　第一节　客户关系管理的概念 ………………………………… 166
　　第二节　客户关系管理文化创建 ……………………………… 170
　　第三节　客户管理 CRM 系统建设 …………………………… 173

第八章　经营风险与风险管理文化 …………………………………… 178
　　第一节　经营风险概述 ………………………………………… 178
　　第二节　总承包项目经营风险管理 …………………………… 183
　　第三节　项目分包经营风险管理 ……………………………… 187
　　第四节　工程保险与担保文化 ………………………………… 194

第九章　建筑品牌与品牌文化 ………………………………………… 208
　　第一节　品牌概述 ……………………………………………… 208
　　第二节　建筑品牌文化的塑造 ………………………………… 215
　　第三节　品牌策略文化 ………………………………………… 224

第十章　民营企业与家族文化 ………………………………………… 232
　　第一节　民营企业概述 ………………………………………… 232

第二节　民营企业文化特征 …………………………………… 235
　　第三节　家族文化的影响与对策 ……………………………… 238
　　第四节　民营企业文化的营造 ………………………………… 241

第十一章　跨文化与跨文化管理 …………………………………… 252
　　第一节　跨文化与跨文化管理问题 …………………………… 252
　　第二节　跨文化管理 …………………………………………… 259
　　第三节　跨文化管理模式比较与改进 ………………………… 262

第十二章　建筑企业形象与 CI 策划 ……………………………… 272
　　第一节　企业形象的含义 ……………………………………… 272
　　第二节　CI 企业形象识别 ……………………………………… 278
　　第三节　企业形象与企业文化的关系 ………………………… 285
　　第四节　企业 CI 识别系统策划原则 ………………………… 289

第十三章　MI 企业理念识别系统策划 …………………………… 293
　　第一节　MI 系统概述 ………………………………………… 293
　　第二节　MI 设计的科学与艺术 ……………………………… 302
　　第三节　企业优秀理念的特点 ………………………………… 308
　　第四节　MI 理念设计案例 …………………………………… 312

第十四章　BI 企业行为识别系统策划 …………………………… 320
　　第一节　BI 系统概述 ………………………………………… 320
　　第二节　企业制度系统策划 …………………………………… 322
　　第三节　企业风俗系统策划 …………………………………… 325
　　第四节　企业员工行为策划 …………………………………… 328

第十五章　VI 企业视觉识别系统策划 …………………………… 334
　　第一节　VI 系统概述 ………………………………………… 334
　　第二节　VI 系统基础要素设计 ……………………………… 336

第三节　VI 视觉识别系统设计 …………………………………… 342
　　第四节　企业文化网络设计 ………………………………………… 345

第十六章　建筑企业 CI 导入效果测评 …………………………… 352
　　第一节　企业 CI 经济效益量化评估 ………………………………… 352
　　第二节　CI 导入要素设计效果评估 ………………………………… 360
　　第三节　CI 导入实际效果评估 ……………………………………… 365

附录一　建筑企业文化案例选编 ……………………………………… 371
附录二　关于加强全国建设系统企业文化建设的指导意见 ………… 388
附录三　建筑企业标识设计 …………………………………………… 392

第一章 绪 论

在我国加入 WTO 和市场经济体制不断完善的新形势下，中国的建筑企业面临着前所未有的发展机遇和挑战。企业要获得生存和发展，在国际、国内建筑市场占领一席之地，不断提高市场占有率，就必须以深化改革为动力，加强建筑行业的企业文化建设。这已成为广大建筑管理理论研究者和建筑企业家们的共识。

那么，中国建筑企业的决策者和文化建设的实际工作者，如何正确认识行业特点，立足行业实际，开展符合行业特色的文化创建、整合与再造，就是当前建筑企业文化建设所面临的首要课题。

第一节 行业文化与企业文化

众所周知，文化是人类在改造自然、改造社会和改造自己的过程中创造的物质财富和精神财富的总和，是一种群体的生活方式，包括人们的生活资料的获取、生活习惯、习俗、行为规范、价值取向、思想道德等，也是人类生活的一种环境。

文化有大小之分，诸如社会文化、行业文化、企业文化等等。创建具有行业特色的企业文化，就必须搞清楚行业文化的概念和特点、行业文化与企业文化建设的关系等问题。

一、行业文化概念

行业是指职业的类别，行业文化属于中观文化。社会进行物质生产，为便于指导和管理，总要按部门的性质、产品的种类对企业进行划分归类，每一个类别即一个行业。行业间虽然各不相同，但个性之中有共性，有其共同的制度文化、民族文化，各行业都根植于中国这块古老的土地之上，有着共同的发展历史和文化背景，从而形成共同的价值观念。但是，共性总是寄寓于个性之中，由于行业与行业之间存在经营运作、生产环境、产品性质、产品销售对象、人员素质结构等因素的差异，必然导致不同的文化氛围，形成行业各自的文化特色。行业文化是指不同的行业适应环境而产生的各种文化特色相互整合的核心特征，它不是全部的文化或文化元素的综合或集中，而是那些具有代表性的具有因果联系的特征，这种特征是与行业文化的结构相关，具有共同特性和行业职工心态上的联系。它代表着实践和发展水平，显示着行业之间的本质差别。

那么如何给行业文化下一个定义呢？所谓行业文化就是指某种行业在生产经营活动中逐步形成的、特有的、区别于其他行业的生存和发展的方式，包括行业内通行的价值观念、企业哲学、经营理念、道德行为规范和行业共同体现出的特征物质氛围的总合，是一种行业内群体特定的生活、生产方式和环境氛围。理解行业文化，应掌握以下两点：

1. 行业文化是行业之间文化形态体系的差异，是行业群体在历史上共同参与社会生产、生活中形成的结果。不同的行业依据一定的自然环境和社会环境共同参与劳动事务及社会事务，由于行业的性质、人员的构成、生产活动方式、产品和产品的销售对象的差异，使他们不仅创造了独具特征的物质设备状态、经济、生活方式和工艺技术水平，也创造了特殊的风格、习惯、生产关系及价值观、道德观、行为方式、企业制度等，这些共同构成了行业共有的文化。这些文化特征在历史的发展中不断实现功能上的整合，于是构成一种文化形态体系，形成行业共同体。作为一种历史留下的遗产，行业文化形态体系具有很大的独立性，由于历史的各种原因的交互作用，行业文化的形态体系的结构和功能有很大差异，形成各不相同的行业文化。

2. 行业文化具有价值形态、行为形态和物质形态。价值文化是行业文化形态体系最有特色，最能显示一种行业本质属性的文化特征，而不是它的全部文化特征的综合，价值文化在行业文化形态体系中处于核心、统领位置，我们谈论各种行业文化则更多的是指不同行业的价值取向及精神体系，这种价值取向和精神体系，是行业内企业所共有的与其他行业相区别的特有价值取向和特色精神文化。行业的行为文化与物质文化是特色价值文化引导下所形成的行业外显文化，处于从属地位，受行业价值文化的制约，也是行业文化形态体系重要的组成要素。

二、行业文化比较

行业文化是本行业内企业文化的集中、本质的综合表现。各行业的文化都各自具有鲜明的文化特色,同一个行业中,企业文化建设存在着明显的共性,不同行业的企业文化又具有各自不同的差异。通过分析比较中国各行业文化特征,我们可以充分认识建筑行业的文化特征与个性,这对构造建筑企业文化特色理论,确定建筑企业文化的着力点,提高企业文化建设的经济效益和社会效益具有重要的理论意义与现实意义。

1. 工业生产经营性文化

工业文化与商业文化、金融文化、旅游文化不同,它是以工业产品贡献于社会,服务用户的。因此,生产活动是工业企业的基本活动。工业文化是反映以产品为中心的价值观。工业企业之间的竞争归根结底是产品质量和成本的竞争,如果产品和价格缺乏竞争力,即使有高质量的售后服务也无法征服顾客。没有高明的经营和高质量的售后服务,就不能有效地推销产品,也就削弱了企业的竞争力。如果说生产是工业企业的身躯,那么经营则是工业企业的翅膀。因此,工业企业文化是生产经营性的文化。生产经营性文化基本价值观可以概括为质量意识、成本意识、创新意识和服务意识。

2. 商业流通经营性文化

商业企业不是直接从事产品的生产活动,而是在产品流通领域中层从事经营活动。他们是生产与用户之间的媒介,使企业产品尽快成为用户欢迎的商品,从而实现其使用价值。商业企业的具体业务是组织货源、进行推销、繁荣市场、保证供给。其企业文化是流通型的,其独具特色的文化内涵是市场意识、服务意识和信誉意识。

3. 旅游业服务经营性文化

旅游与工业行业不同,它没有生产活动,也与商业不同,它没有具体的商品。换言之,它的商品不是物质产品而是服务。因此旅游文化是服务经营性文化。由于它的经营活动是以服务为中心,与能否适应旅游者的文化心态与服务经营质量文化关系极大,因此服务意识和文化意识是旅游文化的主要特色。

4. 金融业资金经营型文化

金融业经营的对象不是商品而是资金,其经营的结果直接影响到企业界资金的来源，影响到老百姓资金的存取。因此金融业的企业文化是资金经营型企业文化。与之相应的价值观应更强调社会意识、信誉意识、廉洁意识和开拓意识。

5. 交通运输邮电业地域服务型文化

交通运输业的职能是将货物由一处运到另一处，邮电业的职能是将信息或邮件从一处传递到另一处。他们的共同点就是对人、物、信息提供跨越空间、地域的服务。因此，我们把这一行业的企业文化称之为地域服务型文化。安全、准确的信用观念，亲如一家的服务观念，严细、负责的纪律意识与无私奉献的精神则是该行业的主导价值观念。

6. 建筑行业服务经营型文化

建筑行业的职能是提供给社会或人民所需的居住、活动的场所。生产活动与工业相比，具有投资大、生产周期长、劳动强度高、流动性强的特殊性。建筑产品与一般工业产品相比，其产品的质量对社会和人民的影响更大，直接关系到国家与人民的生命财产安全，关系到社会稳定。因此，质量意识、安全意识、服务意识和经营意识已成为该行业文化的主要特色。

7. 信息业高科技经营型文化

信息行业是指提供给社会或个人传递消息、处理数据、辅助工作并具有准确、快速、高效功能的现代化产品的企业，包括计算机、电子通信企业等。由于提供的产品要求准确、可靠、快速、高效的标准，决定了它是高智能、高技术产业。它的生产活动是以科研生产相结合为特征，是高科技人员聚集的企业。投资大，产品更新换代快为其生产特征。因此，人才观念、竞争观念、服务观念、经营意识是信息产业文化的基本特征。

8. 教育行业培育型经营文化

中国的教育行业是向社会、国家提供符合社会主义四项基本原则，掌握现代科学文化知识和技术，适应社会主义市场经济建设的建设人才的行业。教育行业肩负着培养人才的重任，其产品是合格的人才。因此，其行业文化特征是科学的态度、严谨的作风、求实的精神，这三种精神凸现了教育行业文化的基本特征。例如，清华大学"自强不息、厚德载物"；北京大学"勤奋、严谨、求实、创新"；中国人民大学的"实事求是"；复旦大学的"博学而笃志、切问而近思"；中南大学的"气有浩然、学无止境"；北京交通大学的"知行"；南京大学的"诚朴雄伟，励学敦行"；中山大学"博学、审问、深思、明辨、笃行"；四川大学"精韧不怠,日进有功";中国海洋大学的"海纳百川、智仁智德"等等校训都集中反映了教育行业的经营文化特色。

三、行业文化与企业文化的关系

1. 行业文化是企业文化的指导思想

行业文化是行业历史发展的产物,既是社会政治和经济文化在行业内的集中、具体的反应,又是行业内所组成企业共性文化的浓缩、概括和总结,在文化体系中处于承上启下的作用。因此,行业文化成为行业企业价值观、组织、经济、制度等文化塑造的重要思想。行业文化与企业文化是相互联系、互相渗透的两种层次各异的文化力量,企业文化不可能脱离特定行业的载体而独立存在,而是根植于行业文化的土壤之中。

2. 企业文化受行业文化的影响与制约

行业文化的内涵是非常丰富的,包括精神文化、道德文化、制度文化和法律文化等等。从行业角度讲,为促进行业健康发展需要提倡培育某种行业精神、道德修养,开展适合行业特点的各种文化活动、精神文明建设;为维护行业市场秩序、高效率运作,需要建立各种组织、经济、文化的一系列管理体制;为规范行业内工作秩序和提高工作效率制定各种规章、条例、办法;为明确和确定工作方向而制定的路线方针、政策等等,形成一整套行业的文化体系。企业要在行业内存在和发展就必须服从行业的各种政策、规范、制度等的制约,否则将寸步难行、一事无成。因此,作为微观范畴的企业文化要受其所处行业文化与环境的影响,也就是说企业文化建设必须顺应行业文化建设的需要,背离行业发展目标和行业的文化要求去搞超行业的文化建设,只能使企业文化建设要么是事倍功半,要么成为空中楼阁。

3. 行业文化与企业文化的相互交融

毛泽东讲:"没有个性就没有共性,共性存在于个性之中"。行业文化的形成是建立在企业个性文化的基础之上的,是行业内所有企业共有的特征。"个性是共性的集中反映"。企业自身所形成的独特文化则是在这种中观文化熏陶下所创立、形成和发展的。换句话说,行业文化是影响企业文化形成的重要因素,任何企业的文化必含有行业文化的共有内容,没有行业共有文化的企业文化是缺乏生命力的。反之,只有行业共有文化而没有企业自身独特文化则企业缺少应有的竞争力，行业文化是企业文化的根基，独具特色的文化则是企业的活力所在。

4. 突出行业特色的企业文化才能充分发挥功能

"突出行业特色，立足企业实际"已成为当今建筑企业文化创建的口号。企业文化首先需要突出行业的特色，而不能不分行业性质、不顾行业特点的简单效仿、重复照抄。近年来，建筑企业文化建设的实践证明，优秀企业文化的形成都是在突出行业特色上下功夫。符合行业特点，突出行业特色、从企业自身实际出发所形成的企业文化才能够在企业中扎根、开花、结果，才能保持旺盛的生命力，企业文化才能充分发挥其导向、凝聚、激发、约束等特有的功能，促进企业健康快速发展。

第二节　建筑企业文化

一、建筑企业文化概念与含义

搞清建筑企业文化的概念，首先要搞清什么是"建筑行业"。我们说"建筑行业"是国民经济中一个独立的重要的物质生产部门。在社会生产活动中，农业、工业、建筑业直接生产物质产品，运输业和商业担负着产品生产过程继续的职能，也创造和追加一部分价值。这五个部门总产值之和就是社会总产值。在物质形态上，它分为生产过程中消耗掉的生产资料转移的价值和劳动者新创造的价值。在社会总价值中，扣除掉生产过程中消耗掉的生产资料（即物质消耗），剩下来的新创造的价值，叫净产值。农业、工业、建筑业、运输业和商业净产值之和就是国民收入。因此，建筑业是我国直接生产物质产品的三大部门之一，或者说是我国创造物质财富的五大部门之一。按照我国国民经济行业标准分类，建筑行业属于第二产业，建筑行业主要是从事房屋建筑与装饰装修，机器设备和各种器具的安装；为国民经济各部门提供办公室、厂房、道路、桥梁、水库等固定资产；为人民生活提供住宅、医院、教室、剧院、运动场和文化娱乐设施等企业的集合。也就是说主要包括房屋、土木工程建筑业、建筑安装业、建筑装饰业和其他建筑业等几方面。我们可以将建筑业划分为"广义建筑业"和"狭义建筑业"。"广义建筑业"既包括狭义的建筑含义，也包括与建筑业活动相关的建筑投资、规划、勘察、设计、咨询以及建筑管理、建筑教育等活动。"狭义建筑业"主要指建筑产品的生产，即施工活动。本书所指的建筑行业主要是指"传统建筑业"和流行于世的"狭义建筑业"即建筑施工企业的集合。

那么什么是"建筑企业文化"呢？从广义的文化概念出发，如果给建筑企业文化概念进行界定的话，建筑企业文化是指建筑企业在长期生产经营活动中，根据企业自身实际，由企业领导倡导的，经过企业经营实践逐步形成的、企业所特有的群体意识以及在这一群体意识指导下企业所特有的一种生存方式。既包括生产方式也包括生活方式。建筑企业文化的核心内容是企业的群体意识（理念层次）、企业的规章制度、行为规范等（制度层）和企业办公环境、员工服饰等（物质层），涵盖三个层次。

"建筑企业文化"具有六个特性即客观性、人本性、主创性、实践性、行业性、研究性。

1. "建筑企业文化"具有客观性。企业文化是一种客观现象。任何企业生存于特定的文化氛围之中，无论企业是否意识到了，只要企业存在，文化必然存在，企业与文化并存，文化与企业共生这是客观事实。建筑行业引入"企业文化"的概念较晚，但不能说以前建筑企业就没有文化存在了。企业文化是不以人的意识为标准的。

2. "建筑企业文化"具有人本性。企业文化的实质是"企业人化"，凡是经过人的劳动改变过的事物都同时留下了文化痕迹。企业人创造了企业文化，企业文化造就了企业人。人在企业文化中处于中心地位。因此，企业文化的评价必须坚持人的标准，看其是否有利于企业人的存在和发展。一种企业文化不管其自我评价如何，他的最终目的还是为了企业人。具体来说就是为了企业人的生存和发展。如果一种企业文化在这一点上迷失了自己，必然导致这种文化中的人萎缩，使这种企业文化自身走向衰落，甚至灭亡，作为建筑行业的企业文化来讲也是如此。

3. "建筑企业文化"的主创性。企业文化的形成与发展是企业主动倡导的结果，无论在"企业文化"概念引入之前也好，还是引入之后也好，企业文化都是由企业主动创造的。企业文化有优劣之分，企业文化不都是优良文化，也有落后、劣质的文化。在一个优秀的企业中存在的也不都是优秀的文化，往往是两种文化并存，只是谁占主导地位的问题。因此，企业应充分利用文化的主创性，积极开展优良企业文化的塑造，营造优良文化氛围，遏制劣质文化，促进优良文化的形成。

4. "建筑企业文化"的实践性。 企业文化产生于员工的劳动生产实践，劳动生产使员工的知识得到丰富、素质得到提高、技能得到增强；在劳动生产实践中员工创造了企业精神文明和物质文明成果，企业文化的创新发展也是在社会生产实践中实现的。因此，优秀的企业文化要靠企业在社会生产实践中有意识地不断加以培育和创新，脱离企业生产实践、与生产实践相违背的企业文化是不可能长期生存的，甚至会阻碍企业的健康发展。

5. "建筑企业文化"的行业性。 "建筑企业文化"具有与其他行业企业文化相同的一面，但它又具有与其他行业不同的一面。建筑企业文化建设必须符合行业性质、特征，符合建筑市场的交易特性和行业的发展实际，符合建筑企业的现代化生产方式、符合行业制定的发展规划和法律法规。否则企业文化就要受到行业文化的制约，企业文化的功能就不能得到有效发挥。

6. "建筑企业文化"的研究性。 目前，建筑企业文化建设缺乏适合行业特点的创建经验，处于摸索阶段。一些企业搞"拿来主义"，照抄照搬、不顾行业实际，大家同唱一首歌，同演一台戏，同打一副牌，出现精神相似、文化雷同、千企一面的局面。造成这种状况的主要原因是缺乏一套完整的行业创建理论指导，这一理论的形成则需要我们在实践中不断摸索、积累。因此，"建筑企业文化"指的又是一种研究活动，它是对建筑行业的企业文化建设特点、特征及其企业文化发展历史和发展规律的一种探讨和交流。

二、建筑企业文化与行业其他文化概念的关系

1. 建筑企业文化与建筑文化

建筑企业文化与建筑文化概念有所不同。建筑文化是对建筑或建筑群体的组合，建筑物形体、平面的布置、立体形式、结构方式、内外空间结构组织、装饰、色彩等多方面的处理所形成的一种文化，是设计艺术与工程技术的综合。建筑文化既指思想理念、施工技术，也指建筑物实体，建筑本身可以折射出历史与时代文化，是一部"石头"书写的历史。因此，建筑文化是指构造建筑本身的文化，是以建筑为其界定的，属于产品文化范畴。而建筑企业文化则是研究企业内部自身的文化现象，用文化去培育企业群体意识，用观念去规范职工行为，用思想去指导企业经营活动。企业文化是指企业整体文化，属于管理、营销范畴。作为产品文化的建筑文化是建设企业思想观念的折射和反映。例如，不同的建筑

设计企业会设计出各具特色的建筑形象，不同的建筑施工单位又会采取不同的工艺，营造出质量不尽相同的建筑。这与建设企业文化的影响是分不开的。因此，建筑文化是建筑企业文化的重要的组成部分。

2. 建筑企业文化与行业思想政治工作

企业文化与企业思想政治工作是既有区别，又密切联系的两个概念。其区别主要有以下几条：

（1）范畴不同。企业文化的本质属于建筑管理、经营文化范畴，企业思想政治工作则属于行业政治伦理教育范畴，主要解决企业职工思想意识方面的问题，是以职工思想、行为及其发展规律作为工作对象的。

（2）手段不同。企业文化注重于建筑职工的感情因素，通过文化的手段创造文化氛围，影响人的思想与人的行为，形成以企业价值观为核心的整体观念，塑造企业形象，提高企业竞争力。行业内的企业思想政治工作主要是利用各种宣传、教育、谈心、疏导、激励等方式，营造团结和谐、健康向上的气氛，解决建筑职工的现实思想问题。

（3）两者的着眼点不同，前者是围绕着企业的生存与发展，以企业为中心，调动职工积极性，侧重于搞好企业自身经营，取得较好的经营效益。而建设企业的思想政治工作则侧重于国家利益、社会责任，保证党的路线方针政策在企业中的实现。当前，在企业文化建设中存在将思想政治工作等同于企业文化建设的倾向，认为企业文化是西方企业界对思想政治工作的一种提法，所谓企业文化建设就是我国的思想政治工作。实际上这是一种错误认识。混淆两者界限，既不利于思想政治工作的加强，也不利于企业文化建设。但两种概念也有以下几个共同点：

第一，主题一致。无论企业文化建设还是思想政治工作，两者都强调以人为本，充分调动职工的积极性，都是把职工看成企业的主人，把尊重人、理解人、关心人作为工作指南。企业文化认为，人不仅是企业管理的对象，更是企业管理的主体。只有强化企业职工的主体地位，才能最大限度发挥全体职工的劳动积极性和创造性。而思想政治工作坚持党的群众路线，全心全意依靠工人阶级。强调职工是企业的主人，是企业改革和发展的主力。体现了社会主义的根本原则，也符合党的优良传统。

第二，虽然两者在着眼点上有区别，企业文化着眼于管理方式的研究，思想政治工作着眼于企业职工思想觉悟提高，但两者都重视人的素质提高，重视经济效益和社会效益的统一。

第三，内容部分重合。适合时代需要的企业文化和思想政治工作，要确立与整个社会的正确价值导向相符合的企业价值目标，培育富有时代特征和鲜明个性的企业精神，塑造良好的职工形象和企业形象，使两者与企业生产、经营、管理相结合得更加紧密。两者均重视制度建设，提倡融合的人际关系，领导、职工、管理人员共同参与企业决策和管理。思想政治工作是企业文化建设不可缺少的一部分，也是中国企业文化建设的优势所在。

3. 建筑企业文化与行业精神文明

从广义上讲，文明与文化没有多少区别。"文明，犹言文化"，但是狭义理解，文明的概念有别于文化。文明是指人类社会进步的一种状态，表现为一种成果，例如火的使用成为人类文明的起点，因为它标志着人类征服了一个强大的自然力，使火为人所用，是一个成果的概念。文化则不同，也可能是一种过程，文化不一定形成成果。文化在先，文明在后，文明是积极、健康文化发展的必然结果。文明是积极、健康的，而文化既有积极、健康的，也有颓废、消极的。

文明与文化的联系是指它们都具有物质与精神两个属性。例如火、蒸汽机的使用属于物质文明；人类在社会实践中创造的精神产品，如科技、哲学、宗教、法律、道德、文学、思想观念、审美情趣与心理意向等等，属于精神文明。文化也包括上述两个方面，例如建筑属于一种物质文化，电影、电视、娱乐活动等则属于精神文化。

当前所进行的精神文明建设是指以加强道德建设和发展教育科学文化建设为重点，以思想道德修养、科学教育水平、民主法制为主要内容，培育"四有"公民和"四有"干部为目的的创建活动。显然，精神文明建设的目的是提高全社会和全民族素质水平为目的的。企业文化建设则是企业内部的文明建设，企业精神文明建设是企业文化建设不可或缺的内容；精神文明建设的内容是社会主义企业文化建设内容的应有之义。企业文化建设与精神文明建设相结合是社会主义企业文化建设的一大特色。

三、建筑企业文化的类型特征

根据建筑企业经营活动所具有的风险程度、信息反馈速度以及员工工作的成效等方面的不同，企业文化具有不同的类型。了解不同的建筑文化类型对于把握本企业的文化特点，找准文化建设切入点，抑制落后文化的蔓延，具有一定意义。建筑企业文化可分为四种类型：

1. 风险型文化

风险型文化是一种经营风险大，信息反馈慢的文化。企业经营冒有很大风险，而且还需要较长时间才能得到其经营行为正确与否的反馈信息。例如：北京中关村科技开发区、北京金融街建设工程、北京CBD商业区项目，大到三峡水利工程、奥运会建设项目、承担世界性活动建设项目的企业均属于风险型文化。他们往往投资数十亿元巨款，冒有很大风险，稍有决策不慎，满盘皆输。他们要进行大规模的可行性研究、论证、开发工作，但需要经过数年时间才知道企业行为是否会产生效益的结果。这种企业文化的特征是注重未来，并为未来投资，注重吸引人才，善于协调人才之间的关系，注重科学发明与创造，并推动企业与国民经济的向前发展。由于周转期过长，往往资金的周转会发生问题，因此企业的融资观念十分强烈，成为该类型建筑企业文化的又一大特色。

2. 竞争型文化

竞争型文化是一种风险大、反馈快的文化，企业往往会冒一定风险，耗资几百万、上亿资金，投入或承包项目，一般工程建设期一年以上或两年内就可以知道企业效益的结果。这种文化以鼓励员工不断努力进取，鼓励竞争、开拓与创新，鼓励挑战与冒险为其特征。但这种企业由于资金的短缺，往往缺乏长远目标，从不把资金放在长期投资上，只注重短期行为，容易给企业带来不良后果。其表现是企业在竞争中往往容易把伦理道德抛在一边，产生急功近利的思想。这种文化难以建立起坚强而持久的文化体系。一般规模的建筑企业往往属于此类文化类型。

3. 服务型文化

服务型文化是指风险小、反馈快的文化。企业承担的风险较小，一般在几个月或一年内就可以得到反馈信息。这种文化主要存在于承包规模较小、以设计或以咨询为依托而形成的建筑企业集团。这种企业文化一般遵从行为至上的宗旨，认为行为压倒一切，只要坚持努力地工作就会达到企业经营目的。这种文化的价值观主要体现在顾客至上的理念上，"顾客是上帝"的理念深入人心，"经营就意味着服务"的企业信条是员工的行为宗旨。这种文化容易造成员工缺乏对问题的敏锐思考，因而后果堪忧。员工只忠于行为，而非忠于企业，一旦企业遭遇困难,他们就会另谋高就,跳槽出走,无法与企业患难与共。

4. 稳健型文化

稳健型文化是一种风险低、信息反馈慢的文化。通常存在于大型建筑企业集团所属的供水公司、排水公司、燃气供热公司等企业之中。这种企业容易造成因循守旧、墨守成规的负面文化,缺乏改革创新精神和朝气蓬勃的作风。企业往往注重工作应遵循的程序、工作如何具体操做,缺少工作结果的信息反馈。这种企业的文化容易造成员工"稳定"、"可靠"、"不求有功、但求无过"、"谨小慎微"、"小富即安"的普遍心理,"按工作程序行事"成为员工的信条。这样的组织容易成为滋生官僚主义作风的土壤,形成员工"惟命是从"的文化氛围。大型建筑企业集团在贯彻落实集团整体文化战略时,应对所属上述企业的负面文化加以引导,使集团文化战略得以执行。

第三节 中国建筑业发展历史回顾与各阶段文化特征

企业与文化紧密相联,企业从诞生那天起,就创造着文化。文化同时也塑造着企业,文化与企业共生、企业与文化并存,这是不以人的意识为转移的最基本的事实。中国建筑企业文化发展是与国家经济建设、行业发展历程息息相连。回顾中国建设企业发展历程,分析总结中国建筑企业文化创建经验,对于新时期继往开来,弘扬建筑行业传统文化,推动具有中国特色的建筑企业文化发展具有重要意义。

一、半封建半殖民地中国建筑企业的形成

建筑企业历史悠久。中国的建筑企业孕育于封建社会的泥木作坊,又叫营造厂,现在叫建筑公司(集团)。在漫长的中国封建社会里,许多朝代的政府都把从事手工业的工匠编入特种户口,对从事营造的泥瓦工匠实行"匠役"制度。由官府设立作坊,营造官府工程。匠户子孙按规定服役,手艺世代相传,不准转业。民间的一些泥瓦工匠,常年打散工,无工即务农或乞讨卖艺,社会地位极其低下。到了清顺治二年(公元1645年)废除工匠籍,匠户的活动不再受官府的限制,一些技艺高超者便纠集同行,以包工不包料的方式承建工程,这是中国早期的私立的泥木作坊。泥木作坊和以木结构为主体的中国传统建筑构造方式施工

技艺相适应，大多数建筑只用泥木两种材料即可落成。作坊主既是工匠，又是家长。通常以住家为店，前面作坊后面住家。一坊两用，三个学徒做帮手，并签订师徒合同，声明"生死存亡，各听天命。"三年期满举行出师仪式，并办酒席款待师傅及同行，这时的泥木作坊已正式形成行业。清代道光年间的汉口，把泥木工匠列为下八行之一。

随着西方产业革命的发生，各种新颖的建筑材料、先进的科学技术相续出现，建筑活动进入一个崭新的阶段。对建筑规模、建筑形式、建筑材料、建筑设备和建筑手段都提出了一系列新的要求，中国原有的泥木作坊已不适应新要求，以厂主、专门技术人员和雇工组成的具有竞争性质的营造厂开始出现。最早出现的并有一定实力的营造厂，创建于1880年前后，称为"杨瑞记营造厂"。据1921年《中国名人大字典》记载："杨斯盛川沙人，字锦春，业跨上海。光绪中叶（1891年）江海关建新房，税务司选最新之西式，招华人构筑，无敢应者，斯盛独之。落成，大为西人叹赏，业随日盛。"看来这是一位了不起的中国人。中国像样的营造厂可能就从他开始。

我国工商企业注册制度始于清光绪年间（1904年）。到1927年11月，北洋政府农商管辖批准注册的工商企业共有1650家次，其中经营建筑和房地产的有23家，直接服务于建筑工程的木场、砖瓦、石灰、水泥制品、玻璃等建材企业有43家。两项合计66家，占注册企业总数的4%。此后十年营造厂进一步发展，仅上海一地1935年就有477家，从业10万人，至1935年抗战初期营造厂逾500家。当时，承建外国人投资营造的工程，要到各国在中国的租界地区登记领照。1922年上海向英租界工部局登记领照的营造厂就有300多家。营造厂的兴起，受资本主义经营方式影响的直接结果是专业化，建筑设计与建筑施工分离、施工管理与施工操作分离，工种也不再是泥木两种，由泥木延伸出钢筋绑扎、混凝土、打桩等新工种。建筑技术也从过去的堆土吊装发展到简单机械吊装。

二、建国初期计划经济管理模式与单一性的企业文化（1949~1962年）

1. 行业初创阶段（1949~1957年）

1949年新中国成立，经过3年恢复期，自1952年起到1957年的一个五年计划，我国建筑行业处于初创阶段。旧中国的建筑行业基础贫弱，发展缓慢，营造水平很低，尚未形成独立的行业。新中国成立后建筑企业从分散到集中以各种形式组织起来并得到迅速发展。为迎接有计划的经济建设，中央人民政府于1952年8月成立了建筑工程部，国务院并对建筑工程部提出了要求：在国家集中统一的计划指导和各级党委共同努力下，组建了一支具有良好政治素质，具有高度技术的工业建设队伍。从此，我国有了一个统一的主管建筑业的主管部门。建筑工程部所属建筑队伍实行承包制，其他各部委所属的建筑队伍实行自营。1954年、1955年、1956年中央政府分别决定成立国家建委（主管基本建设项目的设计审查工作）、城市建设部（主管城市规划、勘察、设计、监督管理、公共事业）、建筑材料工业部（主管建筑材料工作），四大部委共同分口管理建设行业。为集中建设力量，保证国家重点计划项目的落实，1953年第一、二机械工业部管理的国营建筑企业划归建筑工程部领导。1954年全国六大行政区撤销，所属建筑企业划归建筑工程部领导。与此同时，建筑工程部对各省、市、自治区的建筑力量实行了归口管理，从而集权化管理进一步加强。此外，冶金、煤炭、电力、交通、铁道等部门组织和发展了各种专业力量，到1957年底，全国国营建筑企业总数增加到649个，职工增加到223.7万人；建工系统的直属规划勘察设计院有8个，直属职工已达到1.01万人。

2. 曲折前进阶段（1957~1966年）

1957~1966年我国建筑业处于曲折前进阶段。大跃进时期建筑业在"多、快、好、省"总路线的指导下，主要围绕"大干快上"、"快速施工"展开，这里既有成功的经验，也有失败的教训。国民经济调整时期，我国首先进行了经济改革的尝试。"一五"后期，中央集权过多，国家对企业管得过死的弊端逐步暴露，中央采取精简放权政策。1957年国务院颁布《关于改进工业管理体制的规定（草案）》，建筑行业对管理机构进行了调整。城市建设部、建筑材料工业部并到建筑工程部中去。同时要求各部委所管理的企业，除一些重要的、特殊的和试验性的以外，原则上一律下放给地方管理。这次改革对扩大地方建设能力起到一定作用。但时隔不久，由于权力过度分散国民经济比例失调，对集中力量完成国家重点工程建设产生了不利影响。为此，从1962年起国务院各部门又相继上交一部分企业，以加强统一调配管理，集权化管理又重新加强。

20世纪50年代末期，建筑行业出现一个声势浩大的技术革新和劳动竞赛运动。在北京、上海、河北、山东、江苏、吉林等23个省、市、自治区范围内的建设工地上广泛开展了放下扁担和杠棒，消灭肩挑人扛的技术革新运动，用上了手推车、滑轮等机具。并相继出现许多先进人物和单位，张百发、李瑞环、胡耀林青年队突击队是这一时期的先进代表。对这一历史性运动，中央给以了充分的肯定，指出"在建筑工程中开展技术革新运动的方向是正确的，可在各行各业试验推广"。

为迎接建国十周年中央决定在首都兴建十大工程，在全国各地支援下，人民大会堂、革命历史博物馆、民族文化宫、民族饭店、北京火车站、工人体育场、农业展览馆、迎宾馆和华侨大厦十大建筑于1958年2月破土动工，到1959年8月完工。这十大建筑建设速度之快、质量之好是我国建筑史上的创举，这种全国一盘棋的观念、技术革新和劳动竞赛活动为我国建设企业文化奠定了良好的基础和积累了丰富经验。

这一时期"左"的错误影响对建设业造成严重的冲击，特别需要提到的有三件事：一是1958年把行业大量推行的计件工资制作为物资刺激加以否定；二是1959年取消建筑企业的法定利润，一直延续到1980年；三是废除承包制，取消工地甲方乙方。这些违背价值规律的措施，给建筑业发展带来了严重损失，企业缺乏活力，生产大幅下降，对企业建设造成不利影响。

1960年冬，开始实行国民经济"调整、巩固、充实、提高"的方针。党中央总结了我国建国以来经济建设的经验和教训，毛泽东发表了《鞍钢宪法》，提出了"两参一改三结合"、"干部参加管理、工人参加管理"、"改革不合理的规章制度"、"领导干部、技术人员和工人三结合"的思想。《鞍钢宪法》对企业实行民主管理，对促进技术革新活动的开展起到了积极指导作用。由于受自然灾害影响，此时，我国基本建设投资大幅下降，1962年大规模精简职工，由557.3万减为193.3万。与此同时建筑工程部对这一时期的新建工程进行全面质量大检查，重新调整了力量部署，将直属企业组建为八个工程局；提出恢复承发包、包工包料和设计预算定额管理体制的方案、经济核算和财务管理等一系列规章制度；建立了以经理为首的生产行政指挥系统，设立了总工程师、总会计师和试行职工代表大会制度。新的管理制度，为建设企业文化增添了新内容，输入了新血液。

3. 单一性的文化特征

建国初期，我国意识形态主要受苏联的影响，建设事业是在缺乏现代经验的情况下投入的，一方面坚持党的领导和群众路线的工作方法，另一方面把学习苏联经验作为一项重要任务。从"一五"起苏联政府就派来了设计、施工方面专家到建设机关和建设工地工作，我国也多次派出代表团赴苏联考察学习。因此，我国的建设管理模式、建设技术、经济法规、建设规章制度和政策措施基本沿用苏联体系，采用高度集权的计划管理模式。国家对建设项目统一计划，建设资源国家统一调配，建设产品国家统一安排使用，建设企业一切由国家大包大揽，实行统包统配的用工制度、统收统支的核算制度、平均主义的分配制度、兵团式的组织管理等等。苏式管理体制的引入使我国建设行业管理体制僵化，中央各部委条条分割，地方块块重叠、纵横交错各成系统，使建设企业都依附自己主管部门，割裂了企业相互联系，造成同一地区各部直属企业"对面不相识"，全民、集体企业"老子不相往来"，省市县各级企业"祖宗三代不是一家人"。各企业成了"小媳妇"任凭"婆婆"安排，使建筑企业成为国家建设主管部门的"生产车间"，企业在单一的公有制管理模式下运转，企业没有自主权，职工没有积极性，企业缺少应有的活力。因此，这一时期我国建设企业文化呈现单一特征，这与计划经济、生产型、集权化管理模式相适应。

三、十年动乱时期极"左"路线和带有浓厚政治色彩的企业文化（1966～1976年）

1. 极"左"路线干扰的表现

1966～1976年十年动乱期间，我国经济建设遭到建国以来最严重的挫折，建设业也遭到巨大破坏。经济工作中极"左"的错误，在调整时期有些就未得到彻底纠正，"文化大革命"开始后又回潮泛滥起来。首先是行业管理基本停顿，从1967年12月起，各部直属建筑企业的"抓革命，促生产"工作一律交给地方管理。一些建筑企业内部分立两派，派性斗争激烈，企业管理混乱。1970年7月，中央决定，建筑工程部、建材工业部与国家建委合并，成立国家基本建设委员会。机关实行大规模精简，只留下少数人坚持工作。工作人员92.2%到"五七"干校劳动或调出。建筑施工、勘察设计、科学研究、大专院校等企事业单位大部分下放给地方或解散。建筑工程部原有38.2万人，下放29.1万人。各部委原有直属企业职工180万人，下放100万人。其次，建设行业在调整时期建立起来的一整套符合经济管理、价值规律的政策、制度、办法，统统当作"管、卡、压"进行批判。同时，废除了承发包制度，取消了施工取费制度。从1967年元旦至1973年3月底，实行了经常费用制度，即按照大体相同的标准由国家直接给施工队伍发工资和管理费，用超经济手段取代了经济管理，造成企业管理和施工生产的极度混乱，建设企业几乎陷入瘫痪，劳动生产率大幅下降。1973年到1976年建工系统企业亏损面达50%，吃国家财政补贴4.4亿元。

2. 极"左"路线产生的后果

十年动乱时期，由于极"左"路线和"四人帮"反革命集团的干扰和破坏，这一时期完成的工程建设周期普遍较长，过去建设一座投资5000万元的工程，3~4年即可竣工投产，这时需要7~8年，建筑工地难收尾的"胡子工程"遍地皆是，"豆腐渣工程"随处可见。工程造价提高50%，工程质量却普遍下降，房屋倒塌、路面塌陷、管线断裂、跑冒渗漏，事故之多实属建国以来所罕见，形成建国以来建筑工程质量的第二次滑坡。

3. 建筑行业艰难的发展

这一时期广大建设工作者顶着"四人帮"反革命集团的干扰破坏，在加强内地建设和支援第三世界方面仍然取得了一定进展，锻炼了我国建筑队伍。根据备战备荒的战略，中央作出建设后方战略的决定。全国建设项目、职工、设备从沿海迁往内地。从这时起到1972年国家把50%的投资、40%的勘察设计力量和50万建筑力量用于内地建设。1966年2月国家建委对全国300万人的施工队伍（集体所有制建筑企业除外），分期分批进行整顿和整编，进行军事化试点。冶金、建工、煤炭、水电各部一部分直属建筑队伍改编为基建工程兵，开始由各部自管。1978年成立兵种机关，并入中国人民解放军系列。这支队伍实施"劳武结合，能工能战、以工为主"的方针，大部分参加了国家内地建设，他们发扬了军队"艰苦奋斗、不怕牺牲"的优良革命传统，战天斗地，弘扬"爱国主义"的民族精神，全国绝大多数偏僻地区、条件艰苦的工程都是他们完成的，为我国内地开发建设做出了巨大贡献。

随着我国对外关系的发展，我国对外经济技术援助已由1960年代30多个国家，扩大到1970年代的70多个国家。从1957年到1982年建工系统共承担了42个国家的45个经援项目。房屋面积92万m^2，涉及轻工、纺织、农业、食品、机械、建材等十几个行业，建成的工程包括车站、码头、厂房、文化宫、体育馆、办公楼、住宅、医院、学校以及城市基础设施等。建设企业普遍把这种援助视为相互的和应尽的义务，他们发扬国际主义精神，以严肃认真的态度、精湛的技艺，勤劳的作风和简朴的生活，展示了中国建设行业优良的企业形象，受到友好国家的高度赞扬。

4. 企业文化浓厚的政治色彩特征

这一时期我国建设企业文化充分体现了"思想领先、政治挂帅、备战备荒、准备打仗"的政治特征，建筑企业文化带有鲜明的政治化印记。

四、改革开放初期"治理整顿、改革开放"路线与文化两元结构（1976～1994年）

1. "治理整顿、扩大企业自主权"阶段（1976～1985年）

粉碎"四人帮"以后，特别是1976年党的十一届三中全会，确立了"解放思想、实事求是"的思想路线后，我国进入历史的伟大转折时期，建筑业也逐步走上健康发展之路。建筑企业的治理整顿工作首先是从创全优工程开始，大力扭转工期长、质量差、亏损严重的混乱局面。1977年北京市第六建筑公司创出了第一个"全优工程"。全国总工会、国家建委和劳动总局抓住这个典型，于1978年11月召开大会，以竞赛形式把它推广到京、津、唐地区。原副总理谷牧到会讲话，给予充分肯定，要求把这一经验推广到全国去。以后，上海、南京、杭州、武汉、长沙、南宁、郑州、济南、合肥、沈阳、哈尔滨、长春等12个市，又相续组成四个赛区。把企业整顿寄于创全优工程活动中，创全优工程有力地推动了建筑企业管理的改善，为企业文化建设注入了生机。1979年5月经国务院批准，成立国家建筑工程总局。

为了发挥建筑企业经营管理的主动性和灵活性，1979年10月国家建工总局提出了扩大建设行业自主权的初步方案。1980年4月经中央财政领导小组同意，由国家建委、计委、财政部、劳动总局、物资总局联合下达，恢复国营施工企业2.5%的法定利润；地方国营企业按预算成本2.5%收取技术装备费，专款专用；实行降低成本留成。这一改革对改变企业吃国家"大锅饭"的状况产生了积极意义。同年建设企业和建设单位恢复了承发包制度，对工程预算办法也作了改进，调动了职工的积极性。建筑行业的改革，成为纺织、轻工行业的典范，被称为各行业的"大哥大姐"。

为进行建设性的整顿，提高经济效益。1982年初党中央作出《关于国营工业企业全面整顿的决定》，建筑行业经过三年整顿，建筑施工企业、勘察设计、科学研究、建筑教育等事业迅速恢复发展。1982年5月国家建筑工程总局与国家建委、城市建设总局、测绘总局、国务院环境办公室合并，组成城乡建设环境保护部（简称城乡建设部）。1984年底建工系统1047个建筑施工企业，已整改完734个，占70%。

这一时期，建筑行业出现了两个先进典型。一个是河北省邯郸市第二建筑工程公司，该公司在京津唐地区创全优工程活动中脱颖而出。自1979年参加援助唐山建设中以来，该公司发扬主人翁精神，艰苦奋斗，顽强拼搏，取得优异成绩。他们冲破大锅饭的老框框，讲究经济效益。1980年人均产值11000元，人均竣工面积$60m^2$，工程质量全优，企业各项主要经济指标创全国同行业最高。为此，该公司受到原副总理万里同志的表彰和胡耀邦同志的充分肯定。另一个是河南省漯河市东风建筑公司。该公司是一个只有300人的集体企业，但他们敢于冲破"左"的思想束缚，发挥街道集体经济的优势，不仅思想政治工作做得好，而且从实际出发创出经营管理特色。以"方便用户、信守合同"作为企业信条。公司实行经济责任制，讲究经济效果；建立工人能进能出，干部能上能下，工资能升能降的用人机制和奖优惩劣、赏罚分明的激励机制；实行民主管理，坚持走群众路线，领导带头实干，当好职工的领路人。在建筑企业管理上创造了先进经验。该公司自成立以来，向国家和地方政府缴税和利润6.7万元，企业累计27万元，支付职工工资63万元，利国利民，皆大欢喜。他们的经验得到中央领导的充分肯定，并由国家建工总局、国家建委、劳动总局联合转发了他们的经验，向全国推广。

2. "快速发展、深化改革"阶段（1985~1994年）

进入1980年代，建筑企业进入快速发展阶段。建设部于1983年初、1984年分别制定了《开创建筑业新局面工作纲要》和《发展建筑业纲要》文件。《开创建筑业新局面工作纲要》主要内容包括：改革管理体制；改革经济方式，实行施工队包工制；改革工资总额按人头核定的方法，实行百元产值含量包干；改革干部制度；改革落后的管理方法；把民主管理和科学管理结合起来；改革设计单位企业化管理等。《发展建筑业纲要》主要内容是：改革建筑业分配制度、推行各种形式的承包制、改革用工制度，国营建筑企业可保留骨干力量，可大量使用民工，允许民工进城包工等。同年9月8日国务院发出了《关于改革建筑业和基本建设管理体制若干问题的暂行规定》，建设业进入全面改革阶段。1986年城乡建设环境保护部发出了《关于建筑企业深化改革增强活力的若干问题》，国家计委也发出《关于改革国营施工企业经营机制的若干规定》。扩大全民所有制的经营权，实行所有权和经营权分离。此后，全民所有制建筑企业承包责任制、租赁制、股份制广泛发展起来。到 1988 年初大中型建设企业实行承包经营责任制的达 85.6%。改革的深入，调动了企业的积极性。广大职工的价值观念、市场观念、时间观念、竞争观念普遍树立，这些政策的实施有力地增加了建设企业的活力，建设业成为城市经济改革的突破口。

1980 年代中后期，随着改革的深入和对外开放，许多国家的先进管理经验进入我国。1985 年 10 月和 1986 年 12 月，建设部建筑管理司两次组织试点企业和有关单位进行总结经验、研究方案。第一次座谈会在上海市召开，重点介绍上海第一建筑公司 16 个方面企业管理现代化经验，会议确定了 10 个优秀企业为全国试点单位。第二次座谈会在洛阳市召开，总结试点企业的经验，拟定企业管理现代化与企业管理升级相结合的目标和措施。通过一系列活动，有力地推动了建设企业管理水平的提高。1987 年 5 月国家计委在全国推广鲁布革和水口水电站工程管理经验，在全国试行项目管理制度，建设监理制度、建筑工程质量监督制度和招投标制度。为进一步提高建设工程质量和建设施工技术，调动广大建设职工的积极性，建筑行业开展了"建筑工程鲁班奖"、"全国优质工程"等评选活动。

1988 年由原城乡建设环境保护部和国家计委主管工程的设计管理局、施工管理局和标准定额司合并组建建设部。过去曾规定，城乡建设环境保护部主管建筑业，同时国家计委也具有对设计、施工的管理职能（后转给国家计划委员会），两家共管建筑业。这次机构改革解决了上层多头领导，政出多门的问题，建设企业改革向深入发展。

3. 两元化结构的企业文化特征

"六五"、"七五"期间，建筑企业的改革是在极其艰苦的条件下进行的。虽然改革取得了很大进展，但建设业原是一个缺乏独立经营的行业，受旧体制束缚的程度比其他行业更为严重，改革的任务更加艰巨。过去僵化的管理体制不仅违背了价值规律而且也不符合行业的生产特点。但是这种僵化体制已盘根错节，运行了三十多年，形成了一种平衡。彻底改变它，非一朝一夕、一招一式所能奏效的。这一时期建筑市场放活了，而招标承包进展不快；以搞活企业为中心环节的改革展开了，而大中型企业的活力还受到严重阻力；工程质量监督机构建立了，而工程质量却出现了下降（1980 年代中期建设规模投资过热、建设工程市场秩序混乱,建设工程质量出现自 1958 年以来第二次严重滑坡。"六五"期间全国城乡系统共发生重大质量事故 2285 次,倒塌房屋 406 起,砸死 56 人,重伤 885 人,平均每四天半倒塌一幢房子)。两种体制均衡、对持共同作用,两种管理模式并存,经济运行出现矛盾。计划经济体制下所形成的企业文化与市场经济初期所形成的文化产生了强烈的碰撞,干部职工市场意识、竞争意识树立了,但传统、保守的价值观念仍根深蒂固。企业价值观开始转变,旧有的思想观念体系依旧存在,科学的市场观念则初见倪端,两种文化的共存是这一时期企业文化的基本特征。

五、深化改革时期社会主义市场经济理论与文化的多元化（1994 年以后）

如果说,1980 年代是建筑行业最活跃、创新发展、深化改革时期的话。那么,进入 1990 年代后,我国建筑行业则开始进入健康、成熟发展时期。1994 年 4 月党的十四届三中全会的《决定》,明确了国有企业改革的方向和目标是建立现代企业制度。1994 年 8 月,建设部下发了《关于进一步推进建设系统所有企业改革和发展的指导意见》,部署了建筑企业等行业建立现代企业制度工作,建设部确定把股份制改造作为企业产权改革的首选形式。自此,改革春风荡漾,建筑业吹响了向现代企业制度进军的号角。1995 年建设部确定 111 家作为现代企业制度的试点企业,其中 1 家进入全国百家试点。一些企业明晰了产权,建立了法人财产制度,完成了产权登记手续。改制企业建立了法人治理机制,形成了股东会、董事会、监理会和经理层相互制约的企业治理结构。到 1998 年,建筑业共有 12827 家企业进行了改制,占等级以上企业的 28%,其中股份有限公司占 844 家,有限责任公司 7833 家,股份合作制公司 1167 家,国有独资公司 933 家,企业集团 70 家,上市公司 23 家。形成集体企业、股份合作制企业、联营企业、私营企业、重围合资企业等多种制度并存局面。建筑企业以建立现代企业制度为契机,在管理体制、管理模式和用人制度、分配制度实施大刀阔斧的改革。提出"企业集团化、经营集约化、内部市场化、控制预算化、责任目标化、奖惩制度化"的原则,实行生产与经营分离,管理职能与经营职能分离,建立了集权与适度分权相结合、责权利相结合的经营管理模式即混合型经营管理模式（一企多制）。实现了产权结构的一元化向多元化的转变,由单一生产型管理模式向多种经营型管理模式转变,以固定的分配模式向灵活多元分配模式转变,增强了企业的活力和市场应变能力,企业的综合竞争能力进一步得到加强。1999年12月31日,建设部再一次制定了《关于进一步推进建设系统国有企业改革和发展的指导意见》,对建筑行业的发展战略进行了宏伟描述。

中央的一系列改革开放的政策,使中国建筑施工企业得到前所未有的发展,据中国统计年鉴资料显示,2002年我国有建筑施工企业47820个,其中国有企业占15.7%,集体企业占7.6%,港澳台商投资企业占1.3%,外商投资企业占0.5%,其他性质企业占54.7%,从业人员3893万,初步形成了产权多元化的格局,基本属于人力和劳动密集型行业。施工从业人员占全社会从业人员的5.28%,从业人数年均增长速度为1.6%,高于全国就业人数总数的同期增长速度1.2%,据2001年统计资料统计,施工业从业人员的76%来自于农村富余劳动力。2003年1至8月,全国固定资产投资完成2364.6亿元(不包括城乡集体与个人投资),比上半年同期增长32.4%,其中住宅完成投资4421.52亿元,增长26.5%,在固定资产投资中房地产开发投资566.48亿元,比去年同期增长约34%。在市场经济条件下,我国建筑施工企业随着企业改革的不断深化,焕发了青春,成为我国国民经济发展的重要支柱产业。

这一时期,建筑业的管理体制不断完善,法制不断健全。突出表现在建立了"四制"即:建设项目法人责任制、工程招投标制、工程质量监督制、工程建设监理制。工程招投标法、建设工程监理规范等法规相继建立。特别是有形建设市场的建立是在市场经济条件下加强行业管理的一个有益的、较为成功的尝试。

由于建筑企业的改革进入了健康、成熟时期,所有制结构、组织形式和产权结构出现多元化局面,为企业文化的形成提供了制度基础。各企业结合自身的组织形式、专业特点和企业实际,构建起独特的理念、组织和行为文化体系,建筑业文化建设呈现出五彩缤纷的文化格局。多元性是这一时期企业文化的特征。

回顾建国以来建筑企业发展史和文化特征的分析,我们看到中国建筑企业文化与建筑行业的发展息息相关,企业文化建设走过了一个怎样的曲折历程。今日所取得的文化成果确属来之不易。

六、中国建筑企业优秀文化的积淀

中国建筑企业文化建设尽管曾遇到僵化的计划管理体制束缚、极"左"路线的严重干扰,但是在建国以来的社会主义企业文化建设中,广大干部、职工仍然在实践中创造和积累了丰富的经验。

1. 形成了开展"技术革新、劳动竞赛"的优良传统

早在1950年代，中国建筑企业就广泛开展了技术革新、劳动竞赛、提合理化建议活动。如北京第三建筑公司革新能手李瑞环职工小组、胡耀林青年突击队都是这一时期中国建筑行业的典范。随后建立和开展的施工小组考核制度、施工小组评优活动、全国范围创全优工程活动、设立鲁班奖、詹天佑奖、梁思成奖、长城杯奖、安康奖等都是积极开展劳动竞赛优良传统的发扬和在新时期的发展。这一符合建筑行业特点的活动，有力地促进了企业管理的科学化、建筑技术的现代化，最大限度地调动了职工的积极性，集中体现了社会主义建设企业职工的主人翁精神，是推动生产力发展的有效方式。技术革新、劳动竞赛成为建筑行业企业文化建设的优秀组成部分和行业显著特色，为企业文化建设积累了宝贵的经验。

2. 培育了"自力更生、艰苦奋斗"的思想作风

中国社会主义经济建设，是在极其恶劣的国际环境下进行的。建国后，先是帝国主义的经济封锁，后是大国霸权主义的政治压力，使我国只能走自力更生、艰苦奋斗的道路。正因如此我国建设企业形成了艰苦创业和艰苦奋斗的优良传统。1960年代困难时期，霸权主义片面撕毁协议，撤走援华专家，拿走图纸，使我国许多建设项目下马。怎么办？能不能依靠自己的力量自行设计、自行施工把建设项目进行下去？中国建筑行业发扬了自力更生、艰苦奋斗的精神，使许多"半拉子"工程重新上马，胜利完工投入使用。在改革开放时期，许多建筑企业也正是继承和发扬了艰苦奋斗的精神，进行创业和第二次创业。例如，浙江中天建设集团，10年前，只是一家拥有400万元资产、2000万元产值，处于亏损状况的老建筑企业。这些年来，中天集团以"诚信、务实、创新、领先"为核心理念，以"真心缔造美好家园"为企业使命，为实现"品牌中天"的企业目标和"成为具有国际竞争力的大型建设集团"的企业愿景而励精图治，不懈追求、闯出了一条拓市场、强管理、创品牌的快速发展之路，现在已发展成为一家年经营规模超80亿元的公众持股、特色鲜明的大型企业集团。最后中天集团在全国10万个建设施工企业中脱颖而出，成为全国建筑行业继承者中建一局发展公司（2002年曾获奖）之后的第二家"全国质量管理奖"得主。中天集团的崛起和中天特色的企业文化都包含有艰苦创业的优良传统。

3. 摸索出发挥群众积极性的先进管理思想

尽管僵化管理体制的束缚和"左"的路线干扰,在党的领导下,中国工人阶级在几十年的社会主义经济建设中仍然摸索出许多行之有效、先进的管理思想。1960年毛泽东在《鞍钢宪法》中,提出"两参一改三结合"的思想;《鞍钢宪法》的基本内容不仅具有社会主义特色,而且体现了现代化大生产的要求,实践证明,"两参一改三结合"的管理方式是有益的和有效的。在日本,企业家看到了它的先进性并加以移植,形成日本"劳资一体自主管理制",除了党的领导这一条外,《鞍钢宪法》全部精神都借鉴了过去。美国在香港出版的《亚洲华尔街日报》曾发表了一篇文章,题为《东方教西方:从工人参加管理中得到利润》充分肯定了中国和日本企业让工人参加管理的做法。1961年党中央制定了《国营工业企业工作七十条》(简称工业七十条),工业七十条强调了要按科学规律办事,加强企业科学管理的思想,为中国建筑行业的企业管理工作奠定了思想基础。

4. 涌现出大批"爱岗如家、无私奉献"的英雄人物

建国以来,中国建筑行业涌现出许许多多模范英雄人物和先进工作者。老一代的模范人物有李瑞环、张百发、胡耀林等,他们为建筑行业留下了宝贵的精神财富和文化财富。在新的历史时期,又涌现出许多模范人物,例如:北京城建六公司王宝申、天津建筑集团三公司项目部经理范玉茹等,这些模范英雄人物在新时代的工作实践中形成独特的个人文化,成为建筑企业文化建设的重要组成部分。

5. 构筑了建筑企业产权多元化格局

产权多元化是形成企业文化的制度基础。建国五十多年来,中国建筑行业的改革不断深入,企业产权结构不断调整,国家公有、民营企业、国外独资、中外合资,产权结构呈现多元化,有限责任公司、股份有限责任公司、股份合伙人制等组织形式为中国建设企业文化建设奠定了制度基础。现代管理文化、管理技术相继传入我国,初步形成了具有中国建设特色的行业管理模式和企业管理体系,这一切又为创建建筑企业文化建设提供了坚实的基础。

第二章　建筑企业文化基本特征

企业文化作为一种文化现象，无论是建筑业的、工业的还是商业的都有相同点。然而，建筑企业文化同其他行业相比必然带有自己的特殊性，这是因为建筑业与其他行业相比发展历史不同、生产方式不同、传统习惯不同，因此，行业的特性决定了建筑企业文化必然带有其鲜明的行业特色。

第一节　内涵特质

中国建筑企业文化的内涵十分丰富，涉及到方方面面。其本质、突出的内涵特质主要表现在以下五点，这五点是建筑企业文化的重点内容，应成为建筑企业文化打造的着力点。

一、建筑质量文化

我们说，建筑企业的最终产品是建筑，建筑产品具有人居性。在我国古代，《易·系辞》说："上古穴而野处，后世圣人易之以宫时，上栋下宇，以待风雨。"老子《道德经》说："凿户牖以为室，当其无，有室之用。"古书《韩非·五蠹》记载："上古之时，人民少而禽兽众，人民不胜禽兽虫蛇。由省认作构目为学艺必群害，而民悦之使王天下。号之曰有巢氏"；《墨子·辞过》记载："古之民未知为室宫时，就陵阜而居，穴而处"。说明古人对建筑的认识是遮风雨、防寒暑，用以住人的。虽然随着社会的发展对建筑的概念不断延伸，但住宅仍是建筑内涵的主要内容。建筑的人居性是建筑产品不同于其他工业产品的重要特性，建筑产品与人民群众的安全和生活息息相关，质量的优劣关乎国家和人民生命财产安全，因此，质量理念成为建筑企业共同而且首要的文化内涵特质。

追求建筑坚固精美是中华民族的传统文化，是中国建筑企业文化的重要组成部分。中国是个历史悠久、人口众多、幅员辽阔的文明古国。古代劳动人民创造了光辉灿烂的建筑科学文化，为我们留下了丰富多彩的建筑遗产。认识历史上遗留下来的宝贵建筑遗产，对于继承和发扬民族传统，提高建筑质量具有重要意义。

历史是靠什么流传下来的？鲁迅说：文以传人，人以传文。也有人说：一是文字，二是建筑。他们讲得十分精辟。历史既靠文字记载，也靠物质。建筑既是物质也是文字，是用石头写成的史书。它既是工程又具有艺术的特征，在各种物质生产中占有特殊的重要地位。因为建筑的发展水平往往成为一个国家政治、经济、科学技术发展的标志，能体现出时代的风貌。看到古罗马城就想到罗马帝国的辉煌成就，要了解中国古代灿烂的科学文化，人们可以从北京、西安、南京、洛阳、苏州等地建筑中得到感受。那些宏伟的广场、壮丽的宫殿，精湛的雕塑，优美的园林都是当时文明的产物，传至今日，成为中国人民的骄傲。要看中国当代文明可以从大批北京的新建筑，特别是北京西客站、亚运村建筑群、金融街建筑群、中关村建筑群、CBD商务区建筑群工程中体味到浓厚的时代气息。

历史上治国明君和地方官吏无不关心建筑事业的发展，为自己树碑立传。汉丞相萧何建未央宫时，对刘邦说："夫天子以四海为家，非壮丽无以重威，且无令后世有所加也"。在萧何看来要"重威"，永久的"壮丽"，要后世有所"加"，就得搞点"壮丽"的建筑。这个结论也适合于今天，但有本质区别，前者是为封建统治者立传，后者则是为人民造福。正因为如此，现代化社会就应该建造出具有我国民族风格和地方特色的现代化建筑来。伟大的时代涌现出伟大的建筑，伟大的建筑又将作为历史的见证而流传百世。没有质量的建筑是完不成流传百世、传承文化的历史使命的。

大量史料说明，我国人民历来重视建筑，并以坚固精美著称于世。建筑能流芳百世自然离不开建造质量。不坚固何谈百世；不精美那有流芳？我国现存的古建筑，有的已经建造了几百年甚至具有上千年的历史。他们能够长久经受风雨寒暑侵袭，抗御战火和自然灾害而屹立于中华大地，除了后人不断加固维护外，最重要的是当初建造的质量比较好。许多文献资料在这方面留下了大量的有趣故事。据范文澜《中国通史简编》记载，杨贵妃的二姊虢国夫人营造第宅，中堂建成后，招工涂壁，工价二百万。完工后，工匠要求犒赏技艺，虢国夫人赏罗缎五百段，工匠嫌少连看也没看，说："请取蚂蚁放在中堂，过几时察看，如缺少一个，连工钱也不要。"一个大建筑物不许有蚂蚁容身之微隙，可见工程质量之好。

据刘义庆《世说新语》记载，三国曹魏时间的凌云台"楼观精巧，先称平众木轻重，然后造构，乃无锱铢相负揭。台虽高峻，常随风摇动而终无倾倒之理。"这里的"先称平众木轻重，然后构造"，是说整个用料的分布要有选择和计算。轻料在上，重料在下，木料密实的一端向下，轻疏的一端向上，使工程的中心尽量下降。所以"随风摇动终无倾倒之理。"沈括《梦溪笔谈》中有一段记载："延州故丰林县城，赫连勃勃所筑，至今谓之赫连城，紧密如石，砍之皆火出"。这是一座夯土城，所夯之土达到了岩石的硬度，砍之火出，质量之好无以复加。

大家熟悉的万里长城，是我国古代一项极为重要的军事工程。始建于战国，形成于秦朝，此后晋、隋、宋、元、明朝历代不断修筑，上下两千多年，至今大部分存留。工程艰巨浩大，一砖一石，一土一木，无不凝聚着中华民族坚强的毅力和聪明才智，反映了我国古代工程技术的伟大成就。早在二百年前英国特使马格尔尼认为："他的坚固几乎可以同鞑靼区域岩石山脉相提并论。"当然这里也包括着统治者残酷剥削广大劳动人民的一面，仅秦朝时就有几十万人维修长城而丧生于长城脚下，距北戴河三十公里的姜女庙，有副对联写道："秦皇安在哉万里长城筑怨，姜女未亡也千秋片石铭贞"。这幅对联已成为千古遗恨的见证。

建于隋朝工匠李春之手的安济桥也是中外驰名的工程。这是一座单孔石拱桥，全长 80.82m，跨度为 37.37m。在桥两边的石拱上，辟出两个"券洞"，也叫"敞肩拱"，是世界桥梁工程的首创，也是世界最大的敞肩拱。它既减轻了桥身自重，省工省料，又有利于洪水的排泄，减少水对石桥的冲击，增强了桥的耐久性。此桥已逾 1300 多年，至今仍卧于河北赵县。

山西应县木塔建于辽清宁二年（公元 1056 年），是我国现存最古老、最高的木构佛塔，也是我国古建筑中功能、技术和造型艺术取得完美、统一的优秀范例之一。木塔平面为八角形，全高 67.31 米，五层六檐，底层有三槽柱，各楼层建设有暗层，各明层外柱均立在下层外柱的梁柱上，并向塔心收回半柱径，从而构成塔身极为优美的收分曲线。在 900 多年的漫长的岁月中，这座木塔经受了强烈的塞北风雪的侵袭和经受了数次强烈地震的摇撼。军阀混战时期塔身被数发炮弹集中，但它安然无恙，成为建筑史上的奇迹。与此相辉映的西安小雁塔，全部用砖筑成。原建 15 层现存 13 层，高 54m，先于应县木塔 349 年建成（公元 707

年)。据史料记载,公元 1487 年地震时,他"自顶至足中裂尺许",而 34 年后的 1521 年再次发生地震时,一夜之间竟被震合,古人称之为"神合"的奇迹。小雁塔建成至今千余年历史,经历了 70 多次地震,塔顶虽毁但塔身屹立,结构质量之好堪称超群。

历史上还有著名的云南大理的三塔,主塔始建于 8 世纪,顶高 70 米,为 16 层密檐式方形砖塔。大理处于多发地震区,又多次遭受兵荒马乱,但三塔历千年而安然无恙,也说明造塔质量之好。山西的悬空寺堪称一绝,它是一组"悬挂"在半山腰的建筑,上栽危岩,下临深谷,三十多处殿、堂、楼、阁错落地镶嵌在翠屏峰的峭壁上,远远望去,惊险神奇,动人心魄,宛如座座仙阁从空中徐徐而降。悬空寺始建于北宋后期,金、远、明曾经重建,之所以经历了几百年风雨侵袭,数十次地震摇撼,至今完好无损,就是因为它的结构具有极为良好的稳定性,工程荷载分别由每层插入岩石上的木梁承担,而木梁与层间立柱以及嵌固在峭岩上的斜撑相互联成一体,结构完美实属首创。再举一个实例,汉代时,在西域设都户府,保护"丝绸之路",为防止匈奴的掠扰,构筑了许多烽火台。现存新疆库车附近的克孜尔朵哈烽火台,是夯土所筑,土层中加芦苇和树枝作筋。这座烽火台在狂风咆哮、飞沙走石的戈壁滩上经历了两千多年,至今耸入云霄。所有这些例证都说明,我国历来重视建造质量,并取得了经受历史考验的惊人效果,由此可见,坚固精美的建筑质量观念是中华建筑文化的传统。

其次,创建质量文化是市场经济发展的要求。质量是实现产品使用价值和价值的关键。江泽民同志讲:"按照经济学观点,产品有没有使用价值,首先在于这个产品能否满足某种现实的社会需要,也就是说要有一定的质量。如果质量十分低劣或者货不对路,生产出来的东西卖不出去,那么效益就没有前提。对整个社会来说,这就是极大的浪费"。这段话讲出了社会主义市场经济规律的问题。社会主义生产的目的就是要满足人民群众日益增长的物质和文化生活的需要。产品不好,使用价值不高或没有使用价值,就不能满足人们的需要。马克思主义认为,商品的"使用价值同时又是交换价值的物质承担者。"没有使用价值也就没有交换价值;使用价值不大,交换价值就不高,特别是投资巨大的建筑产品,如果工程质量不高,使用年限过短,就是对社会财富的极大浪费。提供劣质产品的企业是不会实现产品价值,为企业赢得利润的。

建筑质量是适应市场"优胜劣汰"规律的基本功。"优胜劣汰"是社会主义市场经济的基本规律之一,企业要在市场经济中得到生存和发展,就必须充分认识到这一基本规律,遵从这一规律,按规律办事,才能赢得市场,在市场竞争中占有一席之地。企业必须立足提高建筑质量,在产品质量上下功夫,这是建筑企业适应市场"优胜劣汰"法则的基本功。产品质量高,企业就会赢得业主的信任,就会有更多的消费者和合作伙伴,扩大企业知名度和美誉度,使企业立于不败之地。反之,产品质量低下,偷工减料、以次充好,只能得到一时的回报,但决不能长久,并且会削弱企业的竞争力,逐步失去建筑市场,甚至最终被市场所淘汰。因此,企业应顺应市场经济发展的要求,把质量文化建设看成关系企业生死攸关的大问题来抓。

  再次创建质量文化是国民经济发展战略的需要。1978 年中共十一届三中全会决定我国经济建设的战略部署大体分"三步走",第一步是解决温饱问题;第二步是达到小康;第三步是达到中等发达国家水平。当前,我国重要的是走好第二步,并为第三步作准备。党的十三大、十四大都充分肯定了这个构想,并在党的文件中正式表达出来。到 2000 年我国胜利实现了"三步走"战略的第一、第二步目标,全国人民总体上达到小康水平,进入全面建设小康社会阶段。2003 年党的十六大指出,完成全面建设小康社会目标必须发展一条"科技含量高、经济效益好、资源消耗小、环境污染少、人力资源优势"的工业化新路子。"科技含量高、经济效益好"也就是说必须使我国工业信息化,工业化带动信息化,信息化促进工业化的发展。企业必须从粗放型经营为主转到集约型经营为主的路子上来,才能有力提高生产力水平。生产力的提高,不仅反映在社会产品总量的增加上,而且更集中地反映到产品的质量上。从经济战略上讲,质量比产量更重要,是我们实现全面建设小康的动力,是实现我国经济发展战略目标的一个重要条件。许多工业化发达国家也都有这样一个进化的过程。

  第二次世界大战后,美国是世界上称生产技术水平最高,经济实力最强的国家,产品的质量和性能水平居世界领先地位,产品畅销世界,充斥国际市场,由于其质量好,美国货一时成为时髦货。美国不但在产品质量上领先于世界,而且在质量理论、管理和方法上也是世界的先驱。他们创造的质量理论和方法,把检验质量管理发展到统计质量控制与全面质量管理新阶段,许多国家向美国学习质量管理的理论和方法,都得到了巨大的好处,促进了本国产品质量的提高。

  20 世纪 70 时年代中期,日本的许多产品质量赶过或超过了美国。为什么日本获得了成功？美国为什么走向了"危机"？美国质量管理协会主席哈林顿博士有一个总结，他说，那时我们错误地认为，我们要干的事情是将产品打上"美国制造"的标记，就可以行销世界了。据美国专家们总结，美国在占领了产品质量优势之后，很多企业转向了追求短期利益，忽视长期利益方面，逐渐失去了很多产品的质量优势和竞争能力，不但在国际上失去了市场，大量外国产品反而大量涌向了美国。

20世纪30年代到40年代，日本的产品质量差，技术水平低，在国际上是有名的"东洋货"，成为了劣质品的代名词。他们在20世纪50年代初期、中期邀请美国质量专家戴明、朱兰博士到日本讲学，传授美国的质量管理理论与方法。从此，日本认真地坚持不懈地开展群众性的质量教育和质量管理活动，在实践中创造和发展成为有日本特色的全面质量管理。日本广大企业树立以全面质量管理为主的经营思想，引进新技术，不断改进新工艺，提高产品质量，以生产用户满意的产品为目标来扩大市场。他们经过二十多年的努力，把质量劣质的"东洋货"变成了畅销世界的"日本货"。在美国看来，日本的成功经验有三条：

一是日本产品升级快，废品率低。日本人年复一年地进行许许多多的产品质量改进，消除通病。通过一系列改革和消除，在相同的生产技术条件下，生产出数量更多、质量更好的产品。

二是日本人牢牢记住了美国质量专家戴明提高质量方面的讲话，并且在实践中不断提高，努力改进产品设计和生产技术，直到产品质量达到无可挑剔的地步。而戴明提高质量方面的讲话，则被美国人忘了。

三是日本工厂已形成了一种机制，这个机制能够保证生产出使用户满意的产品。美国人已意识到这个危机，说："现在是必须把质量问题摆到国家议事日程上来强调的时候了"。经总统批准，美国成立了专门委员会，商务部设立了国家质量奖，参议两院决议，将每年十月定为全国质量月，并授权总统在质量月发表演讲，同时提出向日本学习，力图东山再起。从美国和日本的经济发展来看，他们都是引用了先进的管理方法和先进的生产技术，力促提高产品质量，最终以优异的产品质量增强自己的竞争能力并进而占领世界市场。他山之石，可以攻玉。为实现我国经济的发展战略目标，我们也必须抓工程质量不放松，牢牢树立工程质量意识，积极引进先进管理经验与技术，进一步提高建筑工程质量。

最后，创建质量文化是参与国际建设市场竞争的需要。改革开放以后，我国逐步参与到国际市场之中，特别是近年来，贯彻"一业为主，多种经营"和"实业化、集团化、国际化"的方针以来，我国建设企业走出国门，对外建设队伍不断扩大，对外建设业务不断增加。到1995年底，我国从事国际承包、劳务合作和国际工程咨询的公司有578家，先后在157个国家和地区开展业务。累计签订经济合同金额达500.6亿美元，完成营业额321.4亿元美元，派出劳务人员共计10.4万人次。另一方面，自1980年代鲁布革水电站工程开始国际招标以来，我国建筑市场也逐步开放，至1994年，我国已经向287家境外建筑企业颁发了跨省市承包工程的施工企业资质证书，1300多家合资、合作企业给予了注册，其中有十多家是名列全球的225家国际最大的承包商。从美国《工程新闻纪要》的统计数据看，全球225家国际最大承包商中，91家在我国有营业额。200家国际最大的设计企业中，140家在我国有业务。可以说我国是境外承包商进入最多的国家。过去我们以通过种种限制把国外承包商拒在国门之外，国内企业可以安然无恙。入世后，合资、合作企业三年内开始享受国民待遇，五年内开始允许外商成立独资公司，这一承诺现正在兑现。我国建筑企业与国外承包商进行着正面交锋，市场竞争激烈程度越演越烈。企业要立足于世界民族之林，取得应有的地位，就必须参与国际竞争。

当前，我国对外承包工程与国外相比还有巨大差距，主要原因是工程质量差，不如人家的好。外国人来中国靠的是工程质量，中国到国外去靠的是工资低，外国到中国来主要干的是总承包业务，即设计、施工一体化的总承包。我们到国外去主要干的是以提供劳务为主，出卖劳动力，总承包业务不多。外国人到中国来赚的是大钱，我们到国外去赚的是小钱。外国企业到中国来搞的是质量管理与技术，而我们到国外去到的是提供劳务，干劳务活。据统计，1995年入选的国际最大承包商行列的13家中国企业的总营业额为30.07亿美元，仅占225家承包商总额的3.25%，这与我们的地位极不相称。中国的建筑企业应当自励，关键是要提高工程质量，提高建筑技术和管理水平。有一位美国质量管理专家说：现在全世界正在进行这一场"第三次世界大战"，这不是使用枪炮的流血战争，而是一场商业大战。这场战争的主要武器就是产品质量、价格便宜和周到的服务，哪个国家的产品物美价廉，就可以提高世界市场占有率，有效地占领世界市场。所以参与国际竞争说到底是产品质量和科学技术的竞争。

那么建筑企业如何开展建筑质量文化建设呢？笔者认为应从以下几个方面

入手：

1. 以质量理念为核心。企业经营者的质量理念是企业质量文化的直接取向，经营者的质量意识强是提高建筑质量的重要因素。北京住总集团六建公司董事长、经理、高级工程师王宝申作为企业的带头人，十分重视工程质量，努力用自己的理念打造质量文化，"精、严、细、实、快"是王宝申在长期管理实践中总结出来的管理口诀。他经常"小题大做"，如安装厨房吊柜，他要求贴木条线先抹胶，其实这也不是什么硬规矩，但没按他的规矩做的责任人就被下浮一级工资；他经常"胳膊肘往外扭"，中粮广场工程封顶后王宝申发现设计图纸没有全盘考虑楼盘的销售问题，在他的建议下，甲方请设计单位修改了图纸。甲方总工深有感慨地说："我在建筑业多年，合作过的施工单位也多了，在这个时候，正是讲条件、要索赔的机会，我谢谢王宝申。"他经常"自找麻烦"，偏要提出"企业标准必须高于行业标准"，为自己加砝码。北京住宅建设总公司第六建筑公司在他这种科学管理和务实精神的推动下，形成了具有特色的建筑质量文化体系。当然这样做的结果使工程外观漂亮了，建筑质量提高了，业主满意了。1995年该公司获得建设部颁发的全国施工企业优秀项目经理奖，1996年获国家建筑工程质量最高荣誉鲁班奖。职工们说："天还是那个天，地还是那个地，住六公司旧貌换了新颜。"王宝申常想，今天的"新颜"到明天就要成为"旧貌"，如何再换"新颜"？好在当初他提出的名言：视今天为落后、无功就是过、有为才有位、99个合格工程加1个不合格工程等于零、对工程质量终身负责，已铭刻在每个员工的心间，成为座右铭。

2. 以贯彻国标为依据。贯彻以 ISO9000、ISO14000、OHSAS18000 等国际标准是企业提高建筑质量的重要内容和依据。当前，我国对这些国际质量管理标准早已耳熟能详，全国建筑企业纷纷参与贯标，但是至今成效甚微，国际质量管理体系和企业实际"两张皮"的现象十分严重，企业对国外管理体系生搬硬套，导致企业认证走形式走过场。是何原因造成这种现象呢？我们说企业管理体系只是"筋皮骨"表层问题，而深层次的问题则源于企业的"文化"。"文化"是企业的"精气神"。中西方本来就处于两种不同的文化背景，如果一味地照搬西方的企业管理体系，势必产生"两张皮"的弊端。因此，国内在贯标过程中，应要先从"文化"的层面上"拿来"国外先进文化，融入到中国企业文化之中，不仅操练"筋骨皮"表层形式，而且更要融入国际先进标准中的"精气神"即其文化内涵中。

企业贯标实际上是一个文化观念上贯标的过程，必须抓住国际质量标准的文化实质和内涵，这就把住了贯标的关键。有人把国际标准中的文化内涵比喻做企业管理的"牛鼻子"是不无道理的。牵牛就要牵牛鼻子，如果单纯地引进国外的质量管理方法，贯标则如同只拉住了企业管理的"牛尾巴"。不但浪费了许多精力和财力，而且收不到良好的效果。因此，建筑企业要进行贯标，首先要变革企业的理念文化，在引进国际质量标准的过程中要积极吸收国外先进的文化精华，摒弃传统文化中的糟粕，结合中国建筑企业实际改造、提升企业文化品位，首先是文化理念品位。实际上 ISO9000、ISO14000、OHSAS18000 三套质量理论体系本身的基础就是一个完整的文化理念。

ISO9000 质量管理八项原则中强调的贯彻焦点、秩序改进、过程方法、系统方法等理论非常完整，中国建筑企业通过认证引入管理的过程，实际上首先是思想上"破旧立新"的过程，是改变领导和员工的理念，形成企业新的文化氛围的过程。深圳的纽科利公司前身仅仅是一个维修队，通过贯彻 ISO9000，前后花了一年左右的时间，建立了现代化的公司运作机制。在此基础上，他们与法国的法玛大公司组合成合资公司，从而完成了由维修队到现代化公司，再到大型合资公司的三级跳。目前他们已经成为国内核电建设维修方面的重要力量。代表他们的企业文化的锐意进取、顽强拼搏的精神就是抓住了改变文化的"牛鼻子"，在认证过程中练就了 ISO9000 文化理论的"精气神"。

贯彻建筑质量管理标准时，与国外管理上的差距，往往是文化理念上差距的表现。因此，应积极从文化理念上加以培育，文化理念培育主要分成以下几个步骤：

诊断。邀请顾问、专家给企业作诊断，找出企业病根在何处，和现代企业模式有哪些差距，文化理念的根源在哪里，以此为据，做出细化到每周工作任务的项目计划。

培训。一是对领导层进行培训，主要是向他们灌输最基本的理论知识，转变管理与经营观念。二是对中层干部的培训。内容一方面包括文化理念的培训，另一方面是灌输新的管理理念和管理手段的培训，使之转化成公司的具体措施，落实到人头，如落实到施工管理、人员管理、质量检验等等方面。三是对全体员工的培训，内容包括国际标准知识的培训和操作要求的培训。企业通过层层培训，不断更新各级领导与员工的文化理念,掌握新的管理方法与技能。

编写。对质量理管理体系文件的编写,主要是落实人员、事情、考核三个方面的工作。也就是说每个人都要明确所在岗位要做什么事情,如何规范地做事情,以及做的好坏会得到什么评价。"人"是企业管理的主轴(X轴),与"事"的轴(Y轴)构成企业日常活动的平台,"人、事、考"构成了企业管理体系的三维轴线,而不断考核的过程(Z轴)使这个平台不断提升。

实施。把建立起来的体系实施到每一个人。体系建立起来容易,但真正操作起来却比较难。涉及到的人越多,习惯阻力就越大,企业提升管理水平是一个长期积累的过程。要建立新观念、新流程、新操作方法。实现转变主要还是要依靠培训和检查两个手段。培训有集中培训、专业培训和及时培训等等,通过对管理体系的批判、反省,审视新的管理体系的适宜性、充分性和有效性,检查其每个过程的贯彻情况、体系运行是否见效,如发现问题,要做到及时改进。

3. 以精心策划为前提。提高建筑质量必须以精心策划为前提,精心策划才能产出好的品牌,才能出高质量的工程。要精心编制施工组织设计、施工方案、质量计划和作业指导书,并反复论证优化,建立管理网络;对新材料、新工艺、新技术加强开发、研究、推广和应用。例如,上海七建公司建立了以总工程师负责的策划中心,所有工程项目开工前,都要对关键工序和特殊部位重点策划和优化,并根据项目的规模、特点配好、配齐各类技术、质量管理人才,先后组织编制了200多条施工工艺标准、作业指导书和施工方法,用以指导施工,对建设高质量的建筑产品起到了重要的作用。

4. 以动态控制为重点。企业提高建筑质量要着重抓好技术交底、施工队伍选择监控和材料控制三个环节,建立控制中心,工程管理必须设立监控小组,项目建立监控员,对施工过程中实行全面监控,对质量的难点、关键点、薄弱环节进行重点监控和严格把关。工程质量控制的主要对象是工程实物质量管理和控制,而工程质量与其他产品质量有所不同,有其特殊的属性,它具有工期长、工序多、涉及使用的材料多等属性。因此,工程质量控制要以动态控制为重点,着重抓好上述三个环节,对施工全过程实施全面的监控,有效地保证工程实物质量目标的实现。

5. 以技术创新为保障。建筑质量要以不断创新来丰富提高。坚持以技术创新来推动质量文化的建设。积极引进世界先进的建筑新技术、新工艺、新材料,以先进技术为提高建筑质量的支撑，才能使产品质量永远处于社会发展的前沿。

6. 以用户满意为根本。建筑企业的根本目的是制造出用户满意的建筑产品。因此企业质量文化的建设要以用户满意为本。企业要建立想用户之所想，急用户之所急的质量服务宗旨。要建立竣工后的回访制度。委托质量协会对交付使用的建筑进行满意度的调查。通过评价掌握第一手资料，针对问题制定纠正预防措施，有效控制在建工程的质量通病。

7. 以全员参加为基础。提高建筑质量不仅要以经营者提倡为条件，更要以企业全体员工参加为基础，使质量理念变成每个员工的自觉行为。要积极广泛地开展质量意识教育、普及全面质量管理知识和贯彻 ISO9000 标准教育培训、开展群众性的合理化建议、QC 攻关活动等。从而使企业质量文化得到全体员工的高度认可，使提高建筑质量变成每个员工的自觉行动，有效地保证工程实物质量的不断提高。

二、施工安全文化

建筑产品体形庞大、具有固定性的特点使建筑企业形成流动性强、消耗活劳动大、劳动密集性高的特征。这一特征就决定了建筑企业成为我国国民经济部门中安全事故多发领域之一。因此，树立安全理念，突出安全生产文化建设成为建筑企业文化的第二个内涵特质。

第一、施工安全文化是生产实践活动的客观要求。"安全生产"是一个完整的概念，生产处于主导地位，生产是过程，是实践。没有生产就没有其他，就谈不到安全问题。搞生产必须首先抓安全、保安全，把安全放在生产之上。因为职工是生产活动的主体，是社会主义国家的主人，劳动者是生产要素中最积极最有活力的要素，是世界上最宝贵的首要资源。只有员工安全了，处于主导地位的生产才能有条不紊地进行，才能生产出产品，使企业获得预期的经济效益，企业才能生存与发展。在生产实践中，存在着安全与不安全两种因素。安全是首要因素，如一生产就发生伤人死人的事情，在这种条件下生产就没有意义了。另一方面，生产又是与自然界作斗争的实践过程，生产中有些规律在某一阶段尚不能完全掌握和控制，因此，从战略上讲，生产中的事故难以绝对避免，但企业的任务就是要想尽一切办法，包括法律法规的、科学技术的、劳动卫生的办法来尽可能克服生产中不安全因素，保障职工的人身安全，促进企业的发展。

安全生产文化是一门科学，是总结人在与自然界斗争中保护劳动者经验的科学文化。它包括三个方面的内容：安全管理文化、安全技术文化和劳动卫生文化。安全管理文化是研究如何通过法律法规建设和采取组织措施来加强安全生产管理的科学，确保劳动者的安全与健康；安全生产技术文化是针对生产劳动中的不安全因素从技术上研究如何采取控制措施加以预防的理论，预防工伤事故的发生；劳动卫生文化是研究如何在劳动中预防有害物质对员工健康产生的影响，防止引起员工中毒和职业病的分支理论。安全生产文化既然是一门科学，就应以科学的态度来对待。

第二、施工安全文化是建筑产品、生产方式的特性所决定的。建筑行业不同于其他行业，属于劳动密集型行业，具有产品体积大、生产材料重、劳动强度高、生产工艺复杂、高空交叉作业等特点。极易产生安全事故。

近年来，通过国家的法规政策的引导和企业自身实践，建筑企业的经营者逐步树立了"安全生产就是竞争力"、"安全是企业的隐性资源"的安全生产意识，从行业到企业建立了各项安全管理制度和责任制，使安全事故的发生得到有效的遏制。建筑企业的安全管理工作总的形势是好的，但是由于我国地域广大，各地区对安全生产的认识程度不同，使安全管理工作出现了不平衡状态，工程安全事故时时有发生，有时还有上升的趋势。据有关部门统计，从 1990 年到 1999 年我国建筑施工伤亡事故每年平均发生 1530 件，死亡 1560 人，重伤 718 人。2001 年建设部、监察部组织的执法大检查，在 274 项工程中，存在安全隐患的就有 13 项，占受检查工程的 4.7%；有 50%左右的工程不同程度地存在着违反安全法律法规、违反建筑强制性标准等问题。在安全生产方面，2001 年发生三级以上重大事故 30 起，死亡 149 人。2004 年 1 至 5 月份调查，全国共发生 289 件事故，死亡 360 人，其中一次死亡 3 人以上事故发生 14 期、死亡 70 人，与 2003 年同比分别上升 40%和 45.8%，工程安全生产形势不容乐观。

第三、安全生产文化是国家有关法规制度的要求。安全生产是人命关天的大事，关系到社会的改革、经济发展和国家的稳定。党和国家领导人历来十分重视安全生产工作，江泽民同志多次发表讲话强调，"隐患险于明火，防范甚于救灾，责任重于泰山"。朱镕基同志曾经也多次强调要把安全工作当作"人命关天的大事来抓"。安全生产是全国一切经济工作部门和生产企业的头等大事，提出了"安全第一，预防为主"的方针。建国 50 多年来，尤其是改革开放以来，国家与建设行政管理部门抓住深化改革的历史机遇，把安全生产建设的重点放在建立健全法规、管理和保障上来，初步形成建设安全生产的防御体系。

1998年我国《建筑法》的颁布实施，把建筑安全生产工作真正纳入到法制的轨道，开始实现建设安全生产监督管理工作向规范化、标准化过渡，形成了"纵向到底，横向到边"的建筑安全生产监督管理制度。这加大了安全生产监督检查力度，强化了建筑企业的安全生产意识，消除了大量的安全生产隐患，减少了安全生产事故的发生。近年来，国家和建设主管部门先后颁布了《建筑业安全卫生公约》、《特别重大安全事故调查程序暂行规定》、《施工企业伤亡事故报告和处理意见》、《国务院关于特大安全事故行政责任追究的规定》等等。近年来，建设部先后印发了有关专项治理的文件，以及各类建筑安全技术标准、规范，例如《建筑施工安全检查标准》、《建筑安全技术统一规范》、《建筑脚手架安全标准》等。2002年，国务院颁布了《中华人民共和国安全生产法》，标志着党和政府把安全生产作为一件国家重要的头等大事来抓，上升到法律的高度给予了充分重视。《中华人民共和国安全生产法》的颁布，把我国安全生产工作推向了高潮，带动了地方和行业安全生产法律法规的出台，有效地遏制了安全生产事故的蔓延。为进一步加强建设工程的安全生产监督管理，保障人民群众的生命财产安全，根据《中华人民共和国建筑法》、《中华人民共和国安全生产法》，于2003年12月国务院颁布了《建设工程安全生产管理条例》，把安全管理工作扩展到勘察、设计、施工、监理各个行业，并明确了各自的法律责任和惩罚制度，把建筑行业的安全管理工作推向了新高潮。贯彻行业法规需要企业对安全文化的研究与探讨。

为适应社会主义市场经济的需要，1993年国务院将原来的"国家监察，行政管理、群众监督"的安全生产管理制度发展和完善为"劳动者遵章守纪"、"企业负责、行业管理、国家监察、群众监督"。从根本上改变了以前安全生产管理由国家包办代替、企业不负责任的状况，明确了各行业的管理部门在各自工作职责范围内所必须行使的行业管理职能。赋予了工会及劳动者对企业安全生产的监督权，使企业员工能够做到更加自觉地做到不违规操作，而且国家安全生产监督机构以国家名义并运用国家权力对有关单位的安全生产、劳动保护工作进行依法监察、纠正和惩戒。

建筑行业制定了"管生产必须管安全"、"安全生产，人人有责"的原则，建立健全了安全生产责任制,认真落实重大安全事故行政责任追究制,把安全与生产从组织领导上统一起来,把管生产必须管安全的原则以制度形式进行细化量化,组建完整的安全监督管理系统,建立起建筑企业、项目经理和安全员资格审查制度,建立健全了建筑施工人员意外伤害保险制度和施工人员防护用具和机械设备使用制度、建筑工程安全施工证书制度。企业应遵循行业安全管理体制,根据自身实际建立安全管理文化。

1998年根据《建筑法》关于"建筑施工企业必须为从事危险作业的职工办理意外保险,支付保险费"的要求,按照市场经济的规律研究和探讨了社会化监督的新思路,充分发挥安全保险对事故的预防作用。建设部下发了《关于在建筑企业建立意外伤害保险工作的通知》等有关文件,推动建筑施工企业对意外保险工作的开展,把意外伤害保险与事故预防相结合,激励企业采取有效措施改善安全生产条件,我国建筑业初步形成建筑工程安全保障体系。执行行业安全保障制度,企业必须建立与之相适应的安全制度文化。

建筑企业安全生产事故的发生原因是多方面的,主要是教育培训不够,缺乏安全操作知识;有违反操作规程或劳动纪律,生产设备不符合安全要求;安全防护设施缺少或存在缺陷等。但事故的根本原因在于人的安全意识不够,导致不安全行为的发生。企业安全生产文化可以分为意识文化、行为文化、物质文化和环境文化。因此,建筑安全生产文化的培育与建设应从以下几个方面入手:

一是制定安全生产目标,建立安全生产管理组织。安全生产管理组织是指为建立安全目标体系和实现目标所需要的管理组织制度。安全生产管理组织制度详细地说,具有以下内容:1. 企业要建立高标准的安全生产目标。例如:实现"无重伤、无死亡、无塌方、无中毒、无火灾、无重大机械事故"等目标体系。2. 明确安全生产第一责任人,成立安全生产领导机构,并设立专门的安全生产管理部门。对于从事工程承包的单位,要使安全生产管理责任制层层落实,严格抓好参建队伍的管理,建立相应的安全生产管理规章制度,并与各参建单位签订责任书,落实安全生产责任考核指标。在合同上要明确安全生产施工的具体责任和严格的责任制度、教育制度、安全技术交底制度、检查制度、奖惩制度等一套严格的制度条款,坚决杜绝"三违"行为,做到"三不"即"不伤害自己、不伤害别人、不被别人伤害"。由此建立横到边、纵到底、专管成线、群管成网的安全管理体系,形成全员管理格局。3. 应从设立消防台账入手,完善动火审批制度、消防检查制度、奖惩制度、巡逻制度、仓库制度、火灾扑救及事故处理制度、危险品装运和使用规定，制定突发事件的应急方案，建立施工现场防火的管理规章制度，坚持不懈抓消防，对液化石油罐的运输、储存和使用时的防晒、防爆、防火等制定严密的措施，建立总承包项目安全第一责任人、分项目防火责任人、专业施工防火责任人、防火安全员巡（监）火员；义务消火队的五级消防管理框架，形成全员防御、全天候群防群治的消防网络。

二是确保重点，加大投入，构筑安全生产物质环境。工程安全生产需要一定的资金的投入，确保机械设备不断更新换代，始终保持在良好的运行状态中，为安全生产提供物质保证。在建筑企业中由于机械老化、维修不善等原因造成的工伤事故时有发生。因此，安全物质建设是安全生产建设的重要组成部分。建筑企业应做到以下几点：1. 在机械设备的安全性能上和维修管理上严格进行经常的性能检查，设备老化、超期服役、性能不达标的机械设备一律不得使用进场。严格机械设备就位后的安装调试，要建立设备卡，及时记录使用过程的故障、维修、保养情况，以保障设备的安全正常运行。对特殊的设备如吊塔、桩机等必须取得劳动监督部门的检查，合格方可使用。2. 要强化消防安全管理，消防投入虽然看不到直接经济效益，但应具有"安全就是效益"的观念，按有关消防管理条例，应不折不扣地配备消防器材和设施，合理设置消防设施，使整个消防设施布局达到最佳状态。对重点临时存放地点重点监控部位应设置消防设施，预防火灾事故发生。3. 建立施工现场用电制度，施工现场和施工阶段的变化，导致施工用电线路改动工作量的巨大，企业要严格执行建设部《施工现场临时用电安全技术规范》（JCJ—48—88）的要求，临时用电要针对不同施工阶段和不同专业特点，编制专项设计方案。在施工现场要设置防雷系统，保证施工作业及居住环境的防雷安全。

三是全面防御，重点监控，强化安全生产行为。在教育的基础上，要大力开展员工的安全教育和培训：1. 进场员工都要掌握必要的安全知识和安全技术，自觉遵守工作纪律和安全操作规程，达到"我懂安全、我要安全、从我做起、保证安全"的目的。2. 各种特殊工种坚持专业培训，实行考核颁发上岗合格证书制度。3. 要建立安全技术交底制度，有针对性地提出各个施工阶段的安全要求，包括禁止施工用电、深基坑维护、高支摸、高空吊装等专业设计和安全技术方案制定和下达雨期施工、防雷、防暑、防台风等季节性的专业安全措施。4. 制定有针对性的防范措施，下大力气解决存在的薄弱环节，严防坠落，对高支模、深基坑、大型机械设备、大负荷用电设施等部位，要定期检测、专人负责。对于高温、高湿、台风、易燃易爆等恶劣施工环境，制定周密的应急预案，管理到位，落实到人。5. 要结合工地的实际特点，制定相应的防护措施，重点抓好安全防护和落实安全生产责任制，对重点部位实行重点检查、危险部位反复检查制度；要查制度、查违章、查隐患，不断检查、督促、整改和落实，严查密检，确保人人、事事、时时处于良好状况，预防事故发生。

　　四是发动群众，创新模式，建立安全生产制度。制度是管理的保证。成熟、完善、科学的安全生产管理模式是保证企业安全生产的一个重要方面。企业在安全生产管理中，要积极发动群众，积极引入新的安全管理模式，加强安全制度文化建设。"一法三卡"就是群众创造的卓有成效的安全生产管理新模式，这是江苏省总工会向机械、冶金、化工等行业推出的一种全员劳动保护监督工作方法，后由全国总工会向全国推广的安全保护工作的一种创新制度，以其超前预防、源头查堵、全程监控、全程参与为特色。"一法"是指事故隐患和职业危害控制法，"三卡"包括安全检查提示卡、危险源点警示卡（事故隐患和职业危害监控卡）、有害有毒化学物质信息卡。其中要通过对危险源点进行排查、辨识、评估、确认等一系列方法，对生产场所和岗位中发生的事故隐患和危险，按其危险（危害）程度进行分级监控、实施日常管理和动态管理，促进事故隐患和危害的整改。例如，中铁十五局集团是最早引入这一管理模式的企业，集团五公司八分公司济焦路工地成为打造"一法三卡"建筑业版本的试验田。该公司制定了《一法三卡实施办法暨工作程序》黄皮书，在公司建立了组织机构、宣传动员教育制度、制定了相关职责、对危险源点排查、辨识、分类；对火隐患和危害监控点登记、评估、确定、制作了标识检查制度、检查提示卡并实施检查等完整的准备轨迹和操作流程。中铁十五局五公司推行"一法三卡"凸现群众监督检查与专业安全管理相结合的特点。在全员参与排查出的5大类12项504个危险源中，从大到机械相撞，漏电伤人，小到传染病、用订书器扎手，几乎包容了有可能发生、曾经发生、相关安全隐患的群众报案和直接观察到的所有可以预见的不安全因素。根据事故发生的概率、从伤亡和企业财产损失的程度及职业危害的大小，把事故隐患和危害监控点分为A级（公司级）、B级（分公司级）、C级（队、班组级）3个危险等级，与作业的名称、事故种类及图标、防护措施、责任人、检查周期等一起制作成醒目标志牌，挂在所有的作业场所和岗位。对有可能发生的事故，造成人身伤亡的、公司级的事故隐患和危害作业点，设立危险源点警示卡，并制定事故防范和救护预案。安全检查站站长、工会劳动保护监督检查委员会或小组检查员进行标准化、规范化、周期性的安全提示检查，逐条逐项地对照检查落实。违反标准、不符合安全要求的在表格中注明，并进行限时改正。

工程安全生产事故绝大多数发生在操作层。目前，建筑企业普遍采用的都是两层分离的项目管理运作模式，即管理层和操作层分离。这就是说，操作层都是由分包队伍来承担，而分包队伍安全生产意识普遍薄弱，是建筑企业安全生产管理的重中之重。对分包商的安全生产管理要从源头抓起，选择高素质的分包队伍是保证总承包企业安全生产管理工作是否落实的关键。对于整建制的分包队伍，要考察其近期内是否有不安全生产方面的不良记录，在与其他总承包企业的合作期间是否服从承包单位的管理，了解管理人员的素质和工作经历，作业人员的来源和素质、工作业绩和是否有安全生产方面的不良记录等。与分包商签订安全生产管理协议是总承包对分包商进行安全生产监督管理的依据。专项安全生产管理协议所规定的条款必须符合《安全生产法》、《建筑法》和《建筑工程安全生产管理条例》的相关规定，不能出现霸王条款，专项安全生产协议的内容应根据分包方式、工作内容等具体情况各异，总包的责任和义务、分包的责任和义务均应予以明确，不能只强调分包方的责任和义务，而不明确总包方应尽的责任和义务。

三、经营诚信文化

俗话说："经商诚为本，誉从信中来。"诚信是市场经济条件下企业发展壮大的不可缺少的要素之一。如果我们把品牌比作高楼，那么，诚信就是擎起高楼大厦的基石。建筑企业所提供的产品是关系到国计民生的大问题，关乎人民安居乐业、社会稳定，因此，诚信文化是建筑企业文化的第三个内涵特质。

江泽民同志强调指出："没有信用，就没有秩序，市场经济就不能发展。"朱镕基同志在九届全国人大五次会议的报告中也明确提出："要切实加强社会主义信用建设，逐步在全社会形成诚信为本、操守为重的良好风尚。"可见，在社会主义市场经济中，诚信理念的重要性和重建诚信体系的迫切性。

首先，诚信文化是中华民族的传统美德。何谓诚信？徐慎在《说文》中说：

"诚，信也"。"信，诚也"。二者在本义上是相通的。诚的基本概念就是诚实不欺，既不自欺，也不欺人，包含着真诚对待自己和诚实地对待他人的双重规定。而信的基本含义是信守诺言，它既是一种内在的道德品质，又是一种主客观互动关系中的行为规范。他要求人们说话真实，信守诺言，说到做到，相互履行向对方的承诺。"诚"是"信"的基础，"信"是"诚"的结果。可以说"信"字当头，"诚"也就在其中了。

"信"的观念在我国早已有之，但并不是为了维护等级从属制度，而是作为自身的道德修养。"忠信"后来逐步发展成为"忠孝节悌礼义廉耻"和"仁义礼智信"。作为人们道德修养的最高准则，仍然是泛指对所有人的人际关系。到了现代，又有人在 IQ（智商）、EQ（情商）、FQ（财商）、HQ（健商）之外，又提出了 RQ（律商）的概念，就是说在社会生活中，自律能力商数的高低，对成功也产生着重要影响。可见倡导诚信，把它作为道德修养从古到今就没有停止过，而且今后将要继续下去。中华民族素来守信诺，上至王者的"君无戏言"，下至黎民百姓的"言必信，行必果"。孔子在《论语》中告诫人们，要每日三省，其中"两省"就是诚信："为人谋而不忠乎？与朋友交不信乎？"数千年来，诚信一直被奉为立国之本，人们立业的重要道德品质。诚实守信已成为中国民族文明的基本原则，成为中国人民引以为骄傲的传统美德。

第二、诚信文化是企业生死存亡之基石。从企业自身讲，是否诚信关系到企业生死存亡。经济学诺贝尔奖得主诺思曾经说过："自由市场经济制度本身并不能保证效率，一个有效率的自由市场经济制度除了需要有一个有效的产权和法律制度相配合外，还需要在诚实正直、公正、正义等方面有良好道德的人和企业去操作这个市场。"这就是说，如果一个企业或社会"普遍缺乏道德感和人文关怀意识，普遍缺乏对经济规律和社会秩序的尊重，普遍缺乏对系统的敬业精神，那么这个社会和企业就必然存在"失败的基因"，失信发展到一定程度上就会造成社会经济秩序的失控。2001 年美国第七大公司安然公司正式申请破产，在商业发展史上，创下了美国的最大的破产纪录。而在此以前，人民很难想像到这样一家如此规模的大公司（近 5000 亿美元资产）、荣誉如此之多（业内公认的最具创造新能力）的企业会以如此之速度被市场抛弃（不到一年股价下跌 50%）。在《财富》刊登的《安然为何破产？》文章中说，开始以傲慢自负、继以贪婪欺诈的公司会是好企业吗？安然的下场靠告诉我们：现代企业经营的实践中，企业效益与企业的社会伦理道德责任具有内在的统一性，企业伦理已经成为关系到企业生死存亡、社会经济健康发展和精神文明建设的具有重大理论意义和实践意义的问题。安然公司的破产，引发整个华尔街的震荡与恐慌，投资者对股市失去了信息，他们也不知道能相信谁，不知道自己将要购买的股票会不会是第二个安然……由此可见，诚信伦理道德是关系到企业生存乃至社会经济正常运转的大问题。

对于任何一个企业、公司、商家乃至一个行业或地区来说，信用是资源、是企业的竞争力的综合表现，是企业进入社会经济市场的资格，也是支撑企业发展的重要支柱。任何组织形式的企业，或大或小其成败无不与信誉有关。消费者可以受骗于一时，但不可能受骗于一世。失信承诺会失去企业或行业乃至地区的不信任或反感，这时一个企业、行业的危机感可能已经降临。如果到了只有牵着牛现挤现卖奶，才能不被消费者怀疑奶里兑水的份上，企业的前景可想而知。失去诚信玩弄骗术搞欺诈，虽然能获利甚至或暴利于一时，但必定要为其付出极大的代价，影响企业长远的发展，甚至被市场所淘汰。2001年中秋前，南京冠生园"陈馅月饼"事件在全国掀起轩然大波，销售商已预订的月饼纷纷要求退货，企业生产出的月饼无人问津，企业不得不关门。一个有百年历史，拥有资产上亿元的南京老字号"冠生园"，就这样因丧失诚信而宣告破产。安然和冠生园企业的破产事实告诉我们，在市场竞争中当利润和诚信只能选择其一时，企业正确的选择应是：放弃利润，选择诚信。

第三、诚信文化是打造企业品牌的强势支撑。诚信不仅是表现在不欺不诈，货真价实，明码标价，不以次充好，不过张宣传，真实可信，不误导消费者，还表现在坦诚做人，言而有信，诚诚恳恳待客户，明明白白做生意。在激烈的市场竞争中，企业要立足于市场，不仅要有良好的产品质量、服务、品牌、宣传等，还要有良好的产品信益、企业的信益。否则再好的产品也是待字闺中，再优秀的品牌也会最终轰然倒塌。诚信是现代市场经济运行中的一种重要资本形态，是一个企业的精神财富和生命所在。人们需要诚信，企业需要诚信，社会需要诚信，市场需要诚信。我国海尔集团在确立了"首先卖信誉，其次卖产品。"的理念之后，制定了"海尔"创世界名牌战略，从而成就了中国家电行业的巨人形象。良好的信誉是企业的无形资产和无价之宝，是构筑百年企业的平台。

第四、诚信文化是企业外部合作的前提。现代市场经济的发展，社会分工越来越细，企业产品技术的综合性越来越强，社会对产品的质量、功能方面的要求越来越高，成为一项系统工程，需要方方面面的协同作战。作为一个企业讲，要完成一项生产，联系范围越来越广泛，需要同许多相关企业交往，关系越来越紧密。企业之间的合作的前提是诚信，没有诚信企业很难走到一起来。诚信是企业对外联系的基础与前提，企业失去了诚信，很难形成稳定的协作网络体系，就会使自己陷入孤独的境地。

第五、诚信文化是企业的社会责任和义务。在经济全球化进程逐步加快的新形势下，企业的对外影响和社会责任越来越大。一种产品的质量优良，一种服务是否尽到了责任，都体现了企业的诚信度，搞点虚假动作，得到点好处那是不能长久的。国外所有成功的企业家在这一点上都是要求极高的。没有诚信就谈不上社会责任，也就谈不到大众对企业的信任和支持。

第六、诚信文化是企业人格的综合表现。从现代经营理论看，人文在企业经营中的起到至关重要的作用。常见一些经济行家经营"秘诀"中有一句话"经济的一半是人文。"这里的人文是指人的素质、文化和思想道德。纵观当今世界经济的发展，可以看到有一种新的趋势：经济增长已不单纯依靠资本、技术等经济因素，还依靠非经济因素。据联合国教科文组织的一项调查统计表明：人文因素在经济增长方式中已占50%以上的份额。经济的增长方式是经营，那么经营活动中的非经济因素又如何构成呢？那就是"经营的一半是人格。"作为经营主体的现代人已越来越讲究人性、人格、做人之道。人性的善恶、人格的高低、为人的优劣直接或间接地影响着经营活动的成败。许多有眼光的经营家都把人格作为商战的"制高点"。力争在这个角度和高度上先胜一筹。"人格经营"不仅对国内，而且也对国外；不仅对个人而且也对社会。"诚信招商"、"童叟无欺"等古训早已道出了经营中人格的真谛。

美国哥伦比亚大学商学院"跨国公司竞争力"课题组在研究世界500强时发现，凡具有实力的企业核心理念几乎很少与商业利益有关。在这些公司看来，世界之外的东西诸如金钱、权力、还是法律制度，都不可能提供持续不断的力量源泉。企业可以将你的成功建立在员工对金钱、权力的屈从上，但是不可能从屈从中得到真正的创造力和对企业远景的忠诚。波特在《竞争战略》一书中从盈利能力角度揭示了企业的成败，他认为，企业战略是否成功主要通过利润的大小来判断，但是企业的竞争力取决于他的一系列建设中如何进行价值选择，企业具有诚信的理念才是企业竞争中的动力源。从这个意义上讲，企业理念才是最终意义上的第一核心竞争力，因此，企业伦理、企业信义、企业商誉是企业理念不可或缺的基本要素。如果一个企业把利润为其核心价值观，而把消费者的利益抛在一边，那么这个企业是不可能维持长久的。惟有诚信至上，才能造就百年企业。

第七、诚信文化是克服诚信缺失的客观需要。随着我国市场经济的发展，计划经济体制逐步被市场经济所代替。在社会经济转轨时期，由于体制原因和思想认识上的偏差，在一定程度上造成个人信用、企业信用乃至政府信用的缺失，成为当今社会经济生活中的一个突出问题。社会上伪劣产品横行；偷税漏税走私、骗税、合同违约、商业欺诈、欠款不还、三角债、报喜不报忧，凡此种种屡屡上演，令人触目惊心。国务院发展中心2002年在全国搞了一个中国企业信用的调查。该调查报告认为企业信用是一个很大的问题。调查显示：当前，认为买原材料或生产设备不放心的企业占购买企业总数的77.9%，62%的企业很担心受骗上当；63.6%的企业认为企业有欺骗、造假的职业道德问题；96%的人认为，企业信用问题与企业主要负责人的人品、操守、道德有直接关系。美国的上市公司欺骗股民影响了美国经济。中国的情况也是如此，如琼民源、猴王集团、郑百文、蓝田股份、活力28、银广联、中科创业等等都有类似问题。诚信问题不只是上市公司，成千上万个企业搞假冒伪劣的不在少数。根据有关研究统计，我国企业由于信用不高，造成的直接或间接经济损失达6000亿元。根据工商管理部门提供的不完全统计数据，每年订立的合同有40亿份左右，但平均合同履约率只有50%左右，企业间债务纠纷接连不断，贷款拖欠交纳、企业脱逃费税，屡见不鲜。据报道，目前在我国每次召开的大型商品交易会上，很多国内企业宁肯放弃大量定单和客户，也不愿意采取客户提出的信用结算方式，交易方式向现金交易、以货易货等更原始的方式退化、发展。而在欧美发达国家内，企业之间的信用支付方式已经占到80%以上，纯粹的陷阱交易已越来越少。信用的缺陷最终会导致交易效率的下降和交易成本的提高。

目前我国的信用危机已成为社会主义市场经济发展的瓶颈，严重阻碍和制约着我国经济建设顺利发展。近年来，建筑行业不诚信、不守信问题也比较突出。虚假招投标、拖欠工资款、建筑粗制滥造、承诺不兑现等现象十分普遍。这种诚信缺失的现象，日积月累就会造成市场经济秩序的失衡。这种破坏诚信的"病毒"具有很强的传递性,正如马克思所抨击的那样:"主动态一眨眼就变成了被动态。"被损害人想把损失传递到其他企业转嫁危机,这种转嫁链条一直延续下去,造成三角债。就像流感一样流传开来,最终导致交易行为倒退到"一手交钱,一手交货"的最原始状态,使整个社会信誉滑坡,市场经济秩序失衡。

第八、诚信文化是维护国家形象的要求。诚信文化有助于我国建筑企业的国际形象,有利于与国际接轨。我国已加入 WTO 参与国际全球化,一方面是我国建筑企业在更高的程度和更大范围内融入世界这个大的建筑市场内参与竞争。另一方面,也为我国建筑企业提出了更高的要求。世贸组织的原则,包括公平交易原则、透明度原则、非歧视原则、互惠互利原则等无不是建立在诚信的基础上。诚信在欧美法律里,被认为是高于一切的"帝王原则",违背了这一原则就等于犯了弥天大罪。所以国外企业无不把信誉看成是企业的生命。市场经济是信用经济,市场竞争是公平竞争,要在规范的秩序中进行,它拒绝欺诈,排斥投机取巧,鄙视一切不讲信用的行为。

建筑企业在文化建设中,如何树立诚信理念,培育诚信文化,塑造诚信企业,关键是要把"信用道德"建设好,应从以下几方面入手:

1. 抓认识,促提高,增强对诚信理念重要性认识。现代经济学理论告诉我们,中国的经济长期繁荣、企业的不断发展壮大的根本保证在于能否建立起一套最大可能地激发生产力和解放生产力的现代市场游戏规则,其核心是经济秩序和经济信用。企业决策者要牢牢把握信用这条生命线,惟一选择是必须在深入改革中增强信用观念,强化信用意识,树立"诚信重于金"、"无信难求益"、"招揽天下客,益从信中来"的理念。在企业文化建设中,企业领导往往忽视信用建设,没有把信用理念作为企业文化建设的重要内容来抓。许多企业都把"团结"、"奋进"、"拼搏"、"开拓"等作为企业追求的目标,作为企业文化的理念,而没有"诚信"二字。说明企业理念的建立是不完全的。"诚信"应作为社会主义文明建设和企业文化建设的重要内容。许多靠诚信取胜的企业已经在这方面给出了很好的答案。我国中天建设集团有限公司是一个组建于1949年的老建安企业,经历了50多年的风风雨雨,如今已发展成为拥有建筑、房地产、装饰、安装、市政设施、消防、涉外经济于一体的并具有综合承包和开发能力的大型一级企业。当回顾企业发展历程时,企业总裁楼永良说:"中天集团之所以有今天,很重要的一条就是依靠诚信经营赢得了市场,靠诚信的理念凝聚职工的心。"这一语道出了中天集团成功的秘诀和诚信理念的重要性。有什么理念就会引导企业向什么方向发展，美国安然公司的大厅里，有一条醒目的大标语，大意是"您来到世界上最好的公司"。这是一个"自大狂"的企业文化理念。从安然公司的垮台可以看出其根源在于其企业文化是建立在自大的基础之上。"自大狂"文化必然引导妄自尊大、决策失误，盲目扩张行为，企业一旦没有经济实力时就会弄虚作假，抛弃诚信，其结果企业必然被诚信所抛弃，最终被市场所抛弃。

2. 抓领导，做表率，提高操守职业道德的自觉性。据调查96％的人认为企业的诚信取决于一把手。以企业股票市场为例，美国的安然、安泰、安达信、世界通信，在股票市场上出现的问题都在企业的CEO和CFO身上，没有利润，财务作假账，他们虚报利润，虚报了以后市场股价上去了，他就趁机将股票卖出，大捞一把。等到股票市场价格下来，他们就早已脱手了。这都是CEO或CFO干的。总之，一把手对诚信的认识和对诚信的追求是至关重要的。古人云："政者，正也，子率以正，孰敢不正。""民无德不立，政无德不威。"企业领导干部的道德水准直接影响到整个企业乃至整个社会信用的建设。当前，有的企业领导干部贪污腐化、利欲熏心，利用手中的权力，与银行金融业相互勾结，大捞一把就跑到国外去了，失去了人格和民心，造成国家的巨大损失。如果领导都自身廉洁了，在企业内成为诚信的榜样，去影响他人，人们就会拥护你去合法经营、依法经营。因此，作为道德建设的领导者就必须树立起反腐倡廉的良好形象。以身作则，严于律己，自尊、自省、自警、自励，做到从政为民，清正廉明，务实高效，乐于奉献，这样才能以德树威，以廉取胜，得到职工的信任和群众的拥护，起到"德之崇，不求名之远，而名自远"的效果。

3. 抓教育，造舆论，提高诚信文化建设的说服力。"种树者必培其根，种德者必养其心。"加强诚信建设，不单纯是领导干部的事，也是企业职工的事，要形成广泛的诚信氛围，而教育是基础。在建筑企业内，通过教育使企业领导和职工逐步形成"诚信为本，操守为重"的良好氛围。懂得"君子爱财，取之有道"、获得"阳光下利润"的道理，不断提高企业整体诚心素质的人文环境。

4. 抓典型，树先进，拓宽信用道德建设的辐射力。抓典型、树先进、充分发挥先进典型的教育、示范、激励作用。建筑企业点多、面广、线长、流动性大，因此，一定要充分发挥先进典型的作用，善于发现、积极培养看得见、摸得着的身边的先进典型。认真总结、充分挖掘他们的思想，积极弘扬他们的精神，用先进的模范事迹、优秀品质、高尚情操来教育大家。

5. 抓载体，搞活动，扩大信誉文化建设的吸引力。信用道德建设的过程是教育和实践相结合的过程，因此企业要采取全方位、多角度的形式精心设计，充分运用那些丰富多彩、生动活泼、喜闻乐见的活动载体，把信用建设与行之有效的活动载体有机地结合起来，努力使信用道德由无形变为有形，变抽象为形象，变少数为多数，变单调为丰富，让大家在参与中受到启迪，潜移默化不断提高信用道德水平。

6. 学标准，促认证，认真贯彻国际 SA8000 标准。SA8000（Social Accountability）即社会责任8000，是国际规范组织道德行为的一个新标准。由总部设在美国的社会责任国际（SAI）发起并联合欧美部分跨国公司和其他一些国际组织制定的有关企业社会责任的认证标准，虽然尚未转化为 ISO 国际标准，却是继 ISO9000、ISO14000 之后的又一个重要的国际性标准文件。

人性化管理是企业的必然发展之路，"企业社会责任"把企业的行为纳入社会的大环境来定位，要求企业在重视经济利益的同时，注重企业行为的社会效益。企业不仅要为社会创造财富，提供物质产品，提高人民的生活水平，还要提供符合要求的劳动环境，教育员工在行为上符合社会公德，在生产方式上符合环境要求，引导企业家去关心社会、关爱社会、支持社会。SA8000 实施的意义就在于加强人性化管理，保证企业员工的合法权益，维护社会公共道德秩序，有效地帮助企业建立信用体系，对提升企业的形象具有重要推动作用。截止到 2003 年 8 月，全球 36 个国家共获得 SA8000 认证的企业共 259 家，这 259 家企业中，中国现有 42 家企业。诚信道德建设不再是道德的呼唤，已成为我国企业通向世界市场的必须遵循的游戏规则。

7. 抓规范，创机制，加大诚信道德建设的约束力。加强信用道德建设要坚持"规范是核心，机制是保证"的工作思路。一方面建筑企业要建立行之有效的企业内部财务信用管理机制。诚信缺乏往往与企业内部财务管理不健全有相当密切的关系。为有效地抵御外来诱惑的干扰，企业必须建立和加强有效的财务信用管理机制，建立严密的财务管理体系。例如：美国安然公司找到安达信为自己做审计，审计所得报酬一年也就是 2000 万美元。安然公司后来又请安达信作咨询，给安然出主意，年报酬竟高达 5000~6000 万美元。利益驱使安达信为讨好安然公司，置投资者利益不顾，欺骗投资者。在建筑领域中，道德腐败、贪污腐化、偷工减料、以次充好、质量低劣、违约合同、工期拖延、拖欠工资等现象都与企业管理机制缺失，管理体系不健全有关。因此建立健全信用管理机制和科学管理体系，是加强信用道德建设的保证。另一方面，建筑企业应制定简单明了的《企业信用道德规范条例》、《建筑职工道德规范》和《建筑职工文明守则》等，使企业与职工有章可循，有据可依，自我约束，相互监督。

四、开拓创新文化

江泽民同志在庆祝中国共产党成立八十周年大会上指出："敏锐地把握我国社会主义生产力发展趋势和要求，坚持以经济建设为中心，通过制定和实施正确的路线方针政策，采取切实的步骤，不断促进先进生产力的发展，这是我们党始终站在时代前列，保持先进性的根本体现和要求。"企业是生产力的主体，是经济发展的主要力量。因此，促进先进生产力的发展，必须进行企业创新。创新是现代企业文化建设的重要内容，也是促进企业文化建设发展的动力和源泉。

中国建筑行业是在一穷二白的基础上创建的，起步晚、发展时间短、底子薄、技术落后、人才短缺，属于朝阳产业。由于认识上的失误，在相当长的一段时间内，国家并没有把从事建筑的企业看成是一个独立的行业，缺乏应有的重视，我国又长期实行计划经济，闭关自守，缺乏与国际上的交流，建筑企业在管理、技术、观念上与世界先进水平有相当大的距离，与其他行业相比，在企业文化建设中培育创新理念，开展创新活动，更具有迫切性和重要意义，因此，创新成为建筑企业文化第四个内涵特质。

创新文化是企业生存与发展的基石。中国建筑企业创新文化的培育应把握好以下几个环节：

第一、企业文化的倡导者应对创新文化的涵义有一个全面、准确的认识。何为"创新"？创新是指企业在制度、组织、技术、理念等方面的更新、再造和发展的理念和行为。"创新"不同于"仿效"，那么两者有什么不同呢？创新主要有以下鲜明特征：1. 创新的核心是"新意"。从历史上看，在自然科学领域，哥白尼的"日心说"推翻了当时盛行的"地心说"，这就是创新；在军事领域，诸葛亮"草船借箭"以出奇制胜的方式，完成了周瑜交给诸葛亮在十天内营造三十万枝弓箭的任务，这也是创新；在社会政治领域，秦始皇统一六国后，开始着手统一文字，统一度量衡，在全国设立郡县制，这依然是创新，有新意就是创新。2. 创新的本质是"突破"。创新就是要突破旧有的思维方式，旧有的常规戒律，就是对前人前事的突破。在党的十一届三中全会前，我国搞的是计划经济，三中全会后，搞的是社会主义市场经济，这就是后者对前者的突破，是创新。3. 创新的基础是"信息"。获得成功的创新必须是以丰富而真实、有效的信息作基础，在充分占有大量信息的基础上，分析出事物发展的客观规律，采取新举措。有人曾用诗一般的语言赞誉信息："信息是经常提供重要情况的火花，点燃创造和发明人才的'火焰'"。那些无根据、缺乏信息基础，靠主观杜撰的"新点子"，是难以实现获得成功的。4. 创新的灵魂是"科学"。凡是创新的观点和行为都必须反映事物本质、内在联系，揭示客观事务的发展规律，具有科学的真理性。因此，创新应建立在科学的基础之上，符合科学性的原则，否则"创新"就是伪科学的东西，不可能长久地存在下去。5. 创新的价值是"效益"。任何一种创新都必须能够在实践中获得新成果，成果越丰富，这种创新的价值就越大。反之，如果创新的东西对企业不能产生任何社会效益和经济效益，那么这种"创新"就成为一种浪费，就不能称其为创新。

企业创新文化的内容是多方面的。主要包括制度创新、技术创新、组织创新、理念创新、核心战略创新、监督机制创新等等。

第二、宣传教育，牢固树立创新理念。理念创新是企业创新的先导，任何创新都起源于新理念、新思想的萌发和诞生。分析当前企业改革的难点，思想不够解放，观念滞后仍是最大的障碍，也是造成众多困难的重要原因。企业创新，首先要看企业的干部员工有没有强烈的创新意识，这是创新的动力。理念作为意识形态范畴，要决定于存在。必须认真分析企业所处的市场环境、任务状况、技术力量、管理现状等的种种压力，从企业现状中找出不足，这是改造旧事物的起点。面对改革应当树立两种观念，一是树立"岗位"观念，这是必然的也是必需的；二是树立"竞争"观念，计划经济体制下企业靠计划，靠命令；现代企业制度下，企业靠制度、靠竞争，还要靠信息、靠交流、靠沟通，总之靠企业的整体素质。只有确立了这两种观念，才能使全体人员的精力转移到提高企业市场竞争能力上来。通过开展各种活动，营造"发展靠管理，出路在市场，上岗靠竞争，收入靠贡献"的舆论氛围。使企业全体从上到下脑筋动起来，手脚动起来，人人出谋划策，这样企业才有希望。

第三、企业要做好创新的基础工作。基础工作是创新文化的前提。创新离不开继承，否则，就会成为无源之水，无本之木，甚至会带来风险。企业创新不能完全否定现有的基础和模式，必须坚持继承和发展的原则，保留现有的精华部分，针对企业薄弱环节，对于不符合市场经济的部分搞创新。如果企业的基础工作都很薄弱，就谈不上创新。

　　第四、积极吸收、引进、借鉴国内外先进思想、技术，开拓创新途径。建筑企业的领导者和管理者不能只埋头工作，应多看看别人是怎么搞管理的，是如何搞创新的。现在国内外先进企业行之有效的管理思想、方式、层出不穷。虽说国外的东西不可照搬，但肯定有其共性和借鉴意义，学习他人可以缩短探索周期，少走弯路。不仅为企业全方位地节约了人力、财力、物力，而且为我们的管理提供了高起点。另一方面，先进的企业管理模式毕竟有其特定的背景。因此，必须把吸收、引进同企业的自身实际相结合起来，创造出具有自身特点的管理方法和管理模式，逐渐缩小与先进企业的差距。企业总部作为管理的龙头，必须义不容辞地担当起引进的职责。现在企业机关上传下达的多，讲服务、监督的多，对本部门乃至企业在同行业中具有哪些管理优势则研究的少，缺乏与外界的交流。因此企业的管理干部和职能部门，在搞好本职工作的同时，应该走出去，看看基础好的企业，研究它们的经营之道，开开眼界，增强自身储备，一方面可以吸收、引进、对企业原有机制进行调整；另一方面可以启发创新思维和灵感。

　　第五、坚持"人本"原则，营造创新的良好氛围。企业搞创新，就必须调动广大员工的积极性和创造性，才能顺利进行。离开这一点，一切创新都免谈。因此必须"依靠人、激励人、培育人、关心人"，把职工个人的价值同企业的价值融为一体，为每一个职工的才智、个性的全面发展和实现自身价值创造良好的环境，从而使职工主动地、自觉地完成应当做的工作，创造出产生"工作狂"、"拼命三郎"的工作环境，为创新奠定人文氛围。

五、资源节约文化

　　《中共中央关于制定国民经济和社会发展第十一个五年规划的建议》中指出"坚持开发节约并重、节约优先、按照减量化、再利用、资源化的原则，大力推进节能节水节地节材，加强资源综合利用，完善再生利用资源回收利用体系，全面推进清洁生产，形成低收入、低消耗、低排放和高效率的节约型增长方式。"建筑行业肩负着城乡开发建设，创建社会主义现代化新城市、新农村的历史重任,在建设过程中,贯彻科学发展观,牢固树立建设资源节约观,是行业特殊地位和行业的特性所决定的,是历史和社会赋予建筑企业的责任。

第一、人均资源贫乏的基本国情使企业必须实施资源节约战略。建筑企业的生存与发展与国家的经济、资源状况紧密相关。我国人口众多、人均资源相对匮乏,煤炭、石油、天然气、可耕地、水资源和森林资源的人均拥有量仅为世界平均值的1/2、1/9、1/23、1/3、1/4和1/16。全国耕地只占国土面积的13%,目前人均耕地仅有1.43亩,且优质耕地少,后备资源严重不足。为保证国家领事安全,到2010年耕地保有量必须达到17.28亿亩,但目前仅有18.51亿亩。1993年到2002年城乡建设年均新增用地4389km^2,集约和节约使用土地、保护耕地的任务十分紧迫。我国水资源短缺,人均水支援拥有量1100m^3,北方和西部有的地区已处于工人的季度缺水的程度。6000多个城市中有2/3供水不足,其中1/6的城市严重缺水。石油对外依存度超过30%,重要矿产资源储备量不足。保证能源和重要资源的供应是发展经济和实现现代化目标的重要条件。我国资源相对短缺的基本国情使我国企业在建设中必须树立资源节约观念,开源节流、厉行节约。

第二、建筑行业粗放型经营造成巨大资源损失的现状决定了建筑企业必须走资源节约型发展之路。当前,城乡粗放型建设状况严重而带来建设资源的矛盾十分突出,转变经济增长方式,走资源节约型之路刻不容缓。在土地利用上,城乡建设用地持续增长,粗放用地十分普遍,根据有关统计资料初步分析,2002年城乡建设用地总量比1993年增长24.13%,年均增长2.43%;城乡人均建设用地从1993年的120m^2增加到2002年的141.5m^2,城市人均建设用地从54.9m^2,增加到82.3m^2,增长49.9%;村镇人均建设用地从147.8m^2,增加到167.7m^2,增长13.5%。大量圈地、营造大户型住宅十分普遍。

在节能方面,目前我国建筑摆阔浪费的现象比比皆是。建筑直接或间接消耗的能源已经占到全社会总能耗的46.7%。现有建筑中95%达不到节能标准,新建建筑中不达标的超过80%。建筑营造和使用中,建设资源消耗高,利用效率低,单位建筑能耗比同等气候条件下的发达国家高出2~3倍;建筑用钢高出10%~25%;每立方米混凝土多耗水泥80公斤;卫生洁具的耗水高出30%,而污水回用率仅为发达国家的25%。

在建筑材料利用上,一些城市或地方大量使用黏土砖;建筑营造中普遍使用低性能钢材，新型和再生建筑材料使用率低，循环利用率地，浪费资源。在建筑施工方面，施工现场材料管理不善，材料使用不科学、散失材料回用率低、建筑垃圾泛滥；水、电能资源疏忽管理，造成严重资源浪费；现场环境污染严重。

建筑资源的浪费，对社会造成了沉重的能源负担和严重的环境污染。据统计在环境总体污染中，与建筑有关的空气污染、光污染、电磁污染等就占据了34%；建筑垃圾则占人类活动产生垃圾总量的40%。有关专家指出：按照现在我国建设的经济增长方式，要达到美国人现在的生活水平、GDP水平，我们所需要的资源须由3个地球来提供。

第三、创建资源节约文化是建筑企业自身可持续发展的需要。当今的建筑市场竞争日趋激烈，承包任务不足、工期紧张、施工项目分散，企业需要投入大量的资金。随着建筑企业的发展，一业为主，多种经营已成为众多企业的选择。一个企业往往同时涉足投资、设计、施工、房地产、物业等多个行业。一些大型建筑企业形成"跳出建筑做建筑"的文化理念，其业务逐步扩大到商业、运输、工业、旅游等各个领域。企业扩张资金紧张，建筑所形成的价值链条随时都有断裂的危险。因此，无论对一业经营的企业还是多种经营的企业讲，资金短缺已成为制约企业发展的瓶颈。企业创建资源节约文化，开展节约活动，充分利用建筑资源，提高资源的利用率，可以有效地减少建设成本，为企业创造利润，增加资金后续储备，为企业的可持续发展创造条件。

建筑业相关的规划、设计等辅助企业要坚持可持续发展观，在"节地、节水、节能、节材"上下功夫外，建筑施工企业如何创建资源节约文化呢？我们认为施工企业的资源节约文化建设首先要从观念上入手，施工主体人员应牢固树立资源节约观念，如果观念不到位节约就只是一句空话。由于目前很企业认为资源节约是规划、设计的事，与施工企业关系不大，还没有真正意识到施工的节约问题或者对节约认识不到位，从而导致施工企业节约活动开展不够。很多施工工地虽然更换了节能灯、节水龙头，但仍然出现长明灯、长流水的现象，这与施工企业人员没有足够的节约意识有很大关系。二是创建节约制度文化，从点滴做起，严格要求。浙江乐清一位从事建筑业的私人老板认为：施工现场其实没有真正意义上的建筑垃圾，所谓建筑垃圾应该仅仅是在装修阶段的一些包装材料而已，工地真正做到资源节约时，一个工地只会产生一车垃圾。在他承建的北京第二外国语学院的工程里，整个工程建筑面积多达2万多平方米，从基础设施到结构完成再到装修结束,整个工程中只产生了不到一车的建筑垃圾。一次,这个老板在工地发现了一根焊条和两颗钉子,于是立即找来相关负责人并按照有关规定做出相应的处罚。三是重视相应激励机制文化的建设。目前建筑企业普遍没有形成一种节约的氛围,也没有一个节约与否的标准,政府、行业更没有一个合理的激励机制和制裁政策,因此企业结合自身实际加强资源节约激励机制和制裁机制的文化建设十分必要。四是坚持全过程节约观念的树立。建筑工地节约是一个系统的、延续性的过程,应该从工程规划设计阶段就开始,直至工程竣工验收,全方位地落实资源节约战略。五是积极开展资源节约活动,如落地灰二次利用、散失材料的回收利用、密目网等施工工具的保护再利用等增产节约活动。

第二节 外显特征

建筑施工企业由于是建筑实物这一特殊产品的最终完成者,属于劳动密集型和企业生产场地的流动性强的企业,这就决定了建筑施工企业文化的外显特征。

一、刚性管理

刚性管理——军队式的行为规范。建筑施工企业作为劳动密集型企业,工种繁多、员工来源复杂、文化素质相对较低,理性管理尚不完备,不可过分地强调文化的柔性因素。中国的建筑企业一般都把采取严治加情治的方式,即建立严格的行为规范,以强化纪律意识,严格管理,惩罚分明作为管理文化的重要组成部分,把集团军式的军队管理模式作为推行企业文化建设的第一步,充分体现出建筑企业文化的外显特征。北京田华建筑集团总经理兼党总支书记、全国劳动模范刘振元严格管理,惩罚分明。在田华集团内部"帽子"和"饭碗"是该公司严格管理的象征。在田华公司的管理人员和中层干部的办公室里,在醒目的地方悬挂着两张黄底的照片,一张照片上是一顶中式帽子,叫"在职票",是中层干部的在职标志。另一张照片上是一只倾斜的青花大瓷碗,叫"在岗票",是普通管理人员在岗的标志。如果考核不合格,两票就被取走,被考察人员就要离职和下岗。另外在各分公司的项目经理办公室的显目位置上,挂着两幅镶着木框的图形标志,一幅是田华荣获得ISO9000年国际质量认证图表,另一幅是田华集团公司的企徽。这两幅标志称为"两证"。对考核不合格者,收回"两证",被视为自动退出田华集团。"两票"、"两证"制度是无形制度上墙,像一面镜子,随时都能照出自己的不足,激励人奋进向上,提醒尽职尽责,不忘维护公司的利益。田华建筑集团的实践证明,以制度为保障,严格管理才能锻炼出一支过硬的队伍。像军队那样"军中无戏言"的管理,在赏罚分明的形势下,使规章制度内化为人的行为规范,从而维护了"原则"的尊严。

二、柔性爱抚

感情交流——兄长式的柔性爱抚。企业文化作为一种管理手段,强调组织力量,把一个企业强化成为一个坚强的实体。近年来,西方发达国家诞生了一门新的科学叫爱抚管理学。其核心内容是通过爱抚达到管理的最佳效果,即把全体员工的积极性最大限度地调动起来。这可谓管理在科学的道路上的一大进步,体现了管理的文明。建立在科学体系之上的企业管理,不应该只是一条条的规章制度,而是在协调生产经营的各个环节的过程中激发员工的工作热情和创造激情,以最大限度地发挥其才能,规章制度也是建立在这一基点之上的。从而达到企业最佳的整体效益,实现管理者的经营目标。从建筑行业的特征来讲,柔性爱抚管理则更显得必要。

建筑行业的特点之一是企业要大量使用外来工,这些外来工有大部分都来自外出务工的农民,离家遥远,往往夫妻孩子两地分居,长期奋斗在施工现场,任务重、工期短、劳动强度大、生活会遇到这样或那样的困难。因此,与其他行业相比较,建筑员工需要更多的关怀和抚爱。近年来,建筑企业的领导者和管理者充分认识到这一点,纷纷把柔性爱抚管理做为文化建设的重要内容,彰显建筑企业外显文化特色。北京田华建设集团不但在制度管理上十分严明,而且十分重视对员工的感情交流,公司内部科室闹矛盾,经常出现内部"战争",公司总经理刘振元与食堂打好招呼,对闹矛盾的科室负责人面授机宜,把闹矛盾的全科人员叫到食堂,集体包饺子搞"饺子工程"。你和面,我剁馅,这个擀皮,那个包馅,你让我,我让你,平时的隔阂不见了,人心凝聚了,步调一致了。"达人情,暖人心"是刘振元"抓心工程"的准则,给参加春节联欢晚会的15名职工的孩子发压岁钱,在职工心中留下不可磨灭的印象。每逢职工过生日,公司都送去蛋糕、鲜花。过节分东西时还给职工父母带上一份,再给150元的打车钱。有一对刚分配到公司的大学生结婚,刘振元前往送去彩电、冰箱等生活用品,还送去一双鞋,一再鼓励他们脚踏实地扎根田华。刘振元深有体会地说:"要想让职工爱厂如家,首先企业要有家的温暖,现代企业只靠金钱是留不住人的,而感情能留住人,事业能留住人。职工追求的不仅仅是干活吃饭的场所,还需要一个能得到尊重的场所。"田华集团就是靠着充满人味的行为聚拢人心,使企业面貌一新,公司有了永远不竭的动力。

三、盖楼育人

盖楼育人——学校式的素质教育。当前,建筑技术、工艺日新月异,建筑材料日益翻新,消费者随着社会发展对产品质量、功能提出了更高的要求。过去"水泥加瓦刀"式的技术水平已经远远不能满足社会的需要,而建筑企业员工素质参差不齐,"爬上岸的泥腿子就成为技术员"的现象有悖于与这一形势。企业员工需要不断学习,提高自身的素质。因此,盖楼育人成为建筑企业外显文化的另一特征。

北京田华集团有一不成文的规定,不时地突然下发各种考题内容,有建筑专业知识的、时事政治的等等。考得好的自然有奖,考砸的也有奖——"一只水壶"。寓意是考"糊"了。虽然站在领奖台上,但心里难受,脸上也挂不住。这种委婉的批评,比硬性组织政治学习管用,职工自觉读书看报的多了,掌握知识信息的多了。刘振元说:"思想的质量就是工作的质量,工作的质量就是工程的质量,要创优先要有优质人,要创建文明工地,先做文明人。"自1992年以来,田华集团不但连创出36项优质工程、158项文明工地,也带出了一批高素质的队伍,走出了一条"盖楼育人"、培养"经济人"与"道德人"相结合的路子。

当前,许多建筑企业对员工的素质教育给予高度重视,并把教育制度化。陕西化建有限责任公司是国家一级资质施工企业,企业领导认识到,企业要生存、要发展,必须培养一支高素质的工人队伍,没有高素质的员工队伍就出不了精品工程,企业也难于在市场经济中站稳脚跟。他们在公司和分公司成立了培训领导小组,充分发挥两级积极性。公司层层签订责任书,把培训纳入公司经济责任制和目标管理之中。并邀请专职教师100多人成立了培训中心,负责岗前培训、技术鉴定、取证,新项目、新技术、新工艺、特殊工种的培训。培训成绩归档,作为技术评定、晋升工资、提拔使用的重要依据之一。其培训方式多方位、多层次、形式多样,根据市场需要,承揽任务实际抓培训;结合新项目、新技术新工艺抓培训；利用施工间隙、见缝插针抓培训；利用岗位练兵、技术比武抓培训；结合工人技能鉴定抓练"兵"；借外出学习、参加省内外比赛促练"兵"。扎扎实实的培训工作促进了工人技术素质的提高，而高素质的施工队伍则干出了一个又一个高水平的精品工程。抓好员工的培训工作有利于企业共同价值观的形成，是施工企业文化建设的重要措施。

四、创优竞赛

创优竞赛——校场式的竞技活动，是中国建筑企业外显文化的又一特征。施工活动劳动强度大、技术要求高、工期短、任务重。因此，施工现场如"战场"，适合开展各种形式、专题的劳动竞赛、技术革新、产品创优活动，促进工程高质量高效率的完成。中国建筑企业具有开展劳动竞赛、技术革新、质量创优活动的优良传统，这一优良传统的形成不但与中国建筑企业特征密切相连，也是中国共产党"发动群众、组织群众、依靠群众"群众工作路线优良传统在建筑业的具体体现。我们在第一章中提到，早在建国初期，我国建筑企业就开展了多种形式的劳动竞赛、技术革新、工程创优活动，许多青年突击队活跃在建筑工地上，为社会主义建设作出了积极的贡献，有力地推动了我国建设事业的发展。通过开展活动使众多员工脱颖而出，成为国家、行业、企业建设的栋梁，为企业培养了大批优秀的领导、管理和技术人才。他们的精神和作风，又为企业员工树立了榜样，点燃了广大建设员工的激情，在企业中形成了良好的文化氛围。总之，这一优良传统已成为建设行业的无形资产和隐性资源，成为促进中国建筑企业发展的有力武器。建筑企业积极开展、参与社会、行业的创优活动，不仅能培养企业员工的"团队"的价值观和"艰苦奋斗"的作风，在实践中练就过硬的技术，而且是树立企业形象、扩大企业影响的最佳途径。在企业文化建设中，企业应充分利用建筑业这一文化优势，发扬行业的优良传统，彰显建筑企业文化内涵特质。

第三节 实践特色

建筑企业文化的实践特征是中国建筑企业自身实践经验的总结，是与行业实际、行业特色相结合的必然产物。近年来，建筑企业在开展企业文化活动中普遍做到四个紧密结合，凸显出建筑企业文化的实践特征。

一、企业文化与行业思想政治、精神文明相结合

上世纪80年代后期，中国的建筑业正处于由计划经济向市场经济转变时期，进行企业改革，建筑企业的党委和思想政治工作部门的骨干，紧密结合行业思想政治工作和建筑企业改革中的热点、难点问题，积极探索企业文化建设，改善建筑企业思想政治工作，探讨思想政治工作的新途径。1989年中央作出《加强社会主义精神文明建设》的决定，建设部成立了行业建设精神文明办公室，以建设"四有"职工为目标，以职业道德建设、精神文明创建和典型教育宣传为重点，开展了建设行业精神文明创建活动，先后颁布了"全国建设系统职业道德三个规划"，各省建设厅制定可实施细则并广泛开展了规范达标活动。1996年以来建设部、中宣部、国务院纠风办及有关地方政府，先后推出了中建八局921—520工程项目部、天津住宅建筑公司范玉茹等为代表的一大批全国的、省部级先进个人、先进集体和典型经验。按中宣部要求又先后推出文明示范窗口200多个，文明旅游风景区几十个，并宣传了一大批服务热线。同时，建设部颁布了《在全国开展创建施工文明工地的决定》，创建文明工地活动蓬勃开展起来。

90年代后，中国建设职工政研会把有关企业文化建设列入重要课题，多次在深圳组织研讨会、培训班。2002年10月中国建设企业文化建设协会在中国建设职工思想工作研究会基础上挂牌诞生。2003年2月首届《全国建设行业企业文化建设论坛》在北京隆重召开，来自全国有关省、自治区建委、直辖市建设厅（城建工委、建设党委）主管宣传思想工作、精神文明建设的领导以及中国建设职工政研会、行业分会的会长、秘书长、建筑企业文化建设起步较早的企事业单位董事、总经理、党委书记等约50人参加了此次论坛。建设部有关领导、行业文化协会负责人出席了会议，并作了重要讲话。此后，各省也相续召开有关会议，如吉林省建设厅组织全省建设系统企业有关人员在北京举办了首届吉林省建设系行业企业文化经验交流会，原建设部建筑管理司司长姚兵出席了大会。行业协会的诞生和论坛的举办说明建设部对企业文化建设的高度重视，是建设企业文化日趋成熟的标志，成为中国建设企业文化发展的重要里程碑。

从建筑企业文化实践的过程可以清楚地看出，中国建筑企业文化创建之初就把文化建设与行业的思想政治和精神文明建设紧密结合起来，使企业文化带有浓

厚的思想政治工作和精神文明建设的色彩，使企业文化超出了单纯的管理学的意义，把文化建设、思想政治工作、精神文明建设三者融于一体，以企业文化建设为载体、抓手，推动企业思想政治工作与精神文明活动的开展，这是企业文化实践经验的总结，彰显了建筑企业文化建设的实践特征。

二、企业文化与文体活动相结合

企业文化建设关键在于"实践"，开展各种方式的文体活动是企业文化建设的重要途径。建筑企业与其他行业人员结构相比较青年人占有相当大的比例，在企业文化建设实践中，建筑企业文化的倡导者普遍认识到这一行业特点，从青年人精力旺盛、求知欲强、积极好学、爱活动的特点出发，开展一系列文化娱乐活动，如摄影比赛、体育比赛、健身、书法、绘画等文化娱乐活动和社会服务实践活动，把企业文化建设寄予文化娱乐活动之中，企业文化与文体活动紧密结合，形成建筑行业文化建设的一道靓丽的风景线，显现建筑行业企业文化建设的又一实践特征。

安徽省三建公司是安徽省龙头建筑企业，营造了大批国家级省重点工程，曾四次捧回"鲁班奖"创两项国家优质样板工程。在企业文化建设中，积极开创文体窗口，形成较为健全的文体网络，不断强化各类文化阵地的服务功能，通过开展群众喜闻乐见的各种文体活动，营造健康、文明、向上的氛围，使群众之间、职工之间在共同的兴趣和爱好中陶冶情操，增进沟通和了解，融洽感情。它们适时地开展书法、绘画、摄影、文学创造等活动，培养出省级书法、摄影、文学创作协会会员；组建"三建"之星，艺术队、歌咏队、时装表演队、礼仪队；成立足球、篮球、桥牌、游泳等多支业余队伍，代表企业参加社会和同行业之间的比赛，为企业员工搭建充分展示个人风采的舞台，展示了安徽三建的精神风貌和良好的企业素质。他们还摄制了反映公司在改革开放进程中艰苦创业不断发展壮大的电视片《大业千秋》和反映公司在全国各地建设中骄人战绩的电视片《江淮建筑劲旅》，在职工和社会中巡回放映，在职工和社会中引起强烈的反响；创办《安徽三建报》，以生动的图文，全面迅速、准确地宣传企业"两个文明"建设的新经验、新成果，激励引导干部职工积极投入到企业改革之中；举办"三建青年文艺节"热情讴歌党的光辉历史和丰功伟绩，激励职工振奋精神、坚定信念、同心同德、开拓进取为安徽三建做出贡献。安徽三建寄教于各种文体活动中，不搞空洞说教，收到事半功倍的效果，使安徽三建企业文化建设始终保持旺盛活力。该公司连续五年荣获"安徽省思想政治工作优秀企业"称号；被国家教育部、全国妇联联合授予"全国家庭教育先进单位"称号；企业工会多次被安徽省总工会授予"模范职工之家"称号。

三、"以人为本"思想与"主人翁"精神相结合

企业文化理论认为"以人为本"是管理的核心。西方许多企业都把这一思想融入到企业管理之中。例如，美国沃尔玛公司，1950年成立时只是一个连锁商店，到2001年已经发展成为全世界500强企业之首。其成功的秘诀就是其强烈的人文关怀，公司明确提出"顾客就是可信任的老板、员工是有缘分的合作伙伴，供应商是共生共荣的亲兄弟。"这一价值观充分反映了公司与顾客、员工与老板、公司与供应商之间的和谐、发展关系，大大增强了整体的向心力、凝聚力、竞争力。企业文化的人本观点与中国传统的人本思想是一致的。无论是《孙子兵法》中的"建于天地之间，莫贵于人"的古训，还是《孟子》"君轻民贵"的主张都体现了这一思想。把这一思想引入现代管理中，就是要求管理者将人放在第一位，这一传统思想与现代企业文化中的人本观念是相一致的。

在建筑业现代化、产业化的进程中，尤其是在建设科技迅速发展的今天，中国的建筑企业必须充分发挥员工的积极性和创造性，体现人的主人翁地位，并不断提高人的素质，这是社会主义制度所决定的。紧紧依靠工人阶级，牢固树立工人阶级的主人翁地位是中国共产党的一贯路线。因此，建筑企业文化建设搞得比较好的，都把以人为本和主人翁精神的培育有机地结合起来，无不突出员工在社会主义制度下的主人翁地位。这主要表现在企业管理是对人情的关注，对人格的尊重，对人道的支持。例如，中铁二十局在企业文化建设中提出的"人格化管理"，为员工解危济困，尊重人、关心人；长春星宇有限责任公司培育"把生命作为第一股本献给企业"的员工理念；济南高新技术产业开发建设总公司的"经营资本、立德立人"的价值观，"人是建总最重要的资产"的人本观念等等，所有这些理念、措施都是围绕着"人"这个中心环节运作的，员工的主人翁地位得到了充分体现。

四、员工"个体差异"与企业"群体认同"相结合

中国的建筑业人员庞大，员工成份复杂，企业管理干部与员工来自四面八

方，在中外合资的建筑企业中还有来自不同国家与地区的工程管理人员和技术人员，他们有着不同的文化背景与思想观念。在人员结构复杂个体差异很大的"群体"中，要做到"求同存异"，就必须寻找和建立共同的价值观，寻求群体的认同。这一点在中国建筑行业企业文化建设实践中得到有益的经验。例如：有的建设企业通过绘制企业发展前景与员工的个人职业发展生涯计划紧密结合起来，达到调动职工的积极性，增强企业的凝聚力的目的；有的在建筑企业改制中通过职工"认股"，把员工的利益与企业的发展密切联系起来；有的建设企业搞"感情投资"，营造良好的企业文化环境；有的建筑企业尊重外来劳务人员的人格和权力，建立公平的竞争机制。把员工的个体差异与企业群体认同结合起来，把企业的利益同员工的切身利益紧密结合起来，收到较好的效果。这一点是企业文化理论内涵所应有的原则，也是中国建筑企业文化实践经验的总结。

第三章 建筑企业文化的创建与运行

企业如何开展企业文化建设，从何处入手？这是创建企业文化的首要问题。建筑企业文化创建与其他行业的创建模式具有同一性，没有特殊的模式。建筑企业应根据行业特点、企业自身实际而定。下面我们就一般意义的企业文化创建模式、主要环节、心理机制问题加以介绍，供建筑企业的领导者和建设者参考。

第一节 企业文化创建模式

企业文化的创建模式是从创建实践中来的并经过实践的检验。创建模式大体有三层次结构理论模式、一本三涵理论模式、英雄模范人物模式、CIS识别系统模式、用户满意工程模式、三维立体系统模式。现介绍如下。

一、三层次结构理论模式

1. 创建的理论依据

这种创建模式的理论依据是目前一般公认的企业文化三层次结构理论，即企业文化是由理念文化、制度文化和物质文化所组成的。根据企业文化三个层次理论的理解，开展企业文化的创建工作。海尔集团总裁张瑞敏认为：企业文化分为三个层次即表层文化（物质文化），表象的发展速度、产品、服务质量等等；中间层文化是制度行为文化，包括各项规章制度、行为规范等等；核心层文化是价值观，即精神文化。精神文化是核心，是企业文化的本质。从三层面全面统筹企业文化建设工作，推动企业文化的建设与发展。

2. 创建模式的实践

由于这一理论具有较高的公认度，因此，在企业文化中得到较多地运用。例如，在建筑行业中，河南林州建筑工程第九公司（简称林九公司）就是根据三层次理论开展企业文化建设的一个典型例子。林九公司领导班子对企业文化建设给予高度重视，他们充分认识到，在社会主义市场条件下，培育企业文化和企业精神，树立良好的企业形象，凝聚人心，比什么都重要。企业一旦形成上下默契、领导与干部员工形成共识，领导和决策层的意图很快就会形成员工的自觉行动。企业上下步调一致，高效快捷运转，这才是现代企业的精神境界。总经理董家旺把三层次理论比喻为"鸡蛋理论"，用这一通俗的理解把企业文化这一高深的理论轻松地解读了。"鸡蛋理论"认为，第一层是蛋黄部分，属于核心部分，指企业精神、价值观、管理理念等；第二层次是蛋清部分，即中间层文化指企业的组织形式、制度和规范等等；第三层次是蛋皮部分，指表层文化，指企业的环境、产品、名称、标识等。基于这种认识，林九公司在"鸡蛋理论"的指导下，全面开展企业文化建设，提出："以人为本，信誉立身，质量兴业，效益争先"、"以红旗渠精神打造林九品牌"具有特色的经营理念；同时公司注重员工的行为规范建设，要求职工做到"四讲"、"两发扬"。"讲政治，讲思想，讲纪律，讲奉献"，发扬"艰苦奋斗，艰苦创业"和"团结协作，无私奉献"的红旗渠精神。全体职工始终坚持"林九即我，我即林九"的信条，勤奋敬业，爱岗爱业，形成了"团结、争先、拼搏、创业、必胜"以及"艰苦创业，开拓进取，永不言败，敢争第一"的"林九精神"。董家旺清醒地认识到：企业文化和企业精神是提高企业质量的核心。在未来的市场竞争中，企业质量比产品质量更重要。企业质量除了提高企业管理层人员素质外，还有必须提高职工队伍的整体素质。为此，林九公司按"先培训，后输出，先持证，后上岗"的方针，以工程质量为中心，开展职工的素质教育和培训工作，采取三结合的方式："脱产与业余相结合"、"理论与实际相结合"、"前方与后方相结合"，有计划、有组织、有步骤地开展培训工作，公司前后分20批把员工轮训完毕。通过培训员工更新了知识，提高了技能，有力地推进了公司由粗放型经营向集约型经营，由劳动密集型向知识密集型的转换。

经过20多年的艰苦奋斗，林九公司已从25年前百人的小企业，400元起家闯郑州市场，现已发展到具有4000名职工，资产达8000万元，年利税1000多万元的国家一级企业。林九公司先后已荣获"中国全面质量管理优秀企业"、"全国百家建筑施工知名企业"称号，连续16年获得"郑州市先进建筑施工企业"，连续8年获得"河南省先进建筑施工企业"的荣誉。林九公司总经理董家旺面对这些荣誉深有感触地说："现在即使没有了一切，只要有这块牌子在，我们就什么都不怕。林九这块牌子是我们多年来培育企业文化、企业精神，塑造企业形象的无形资产，是我们的'金不换'"。

3. 创建模式的评价

由于创建工作的全面启动，会给企业员工一种巨大的动力，对社会外界产生强烈的冲击。但由于企业要对理念、制度和物质全方位的制订计划，投入人力、精力较多，耗资较大。因此，在实践中企业往往先从理念层入手，带动其他层面的文化建设。

二、一本三涵理论模式

一本三涵模式是由北京企业文化建设协会总结北京市企业文化实践提出的。他们从企业文化的实质出发，抓实质，带其他，用这样一个创建思路提出创建模式。"一本"指"以人为本"。体现了现代企业文化的管理主旨。"三涵"是指"讲究经营之道"，强调企业理念与经营战略的有机结合；"培育企业精神"，涵盖了企业规章制度、企业作风和企业道德的内容；"塑造企业形象"，提出产品形象、服务形象和员工形象建设的发展要求。"一本三涵"模式就是以上述认识为工作思路，"以人为本"为统领，以企业经营、企业精神、企业形象三个方面为突破口，启动文化建设。

三、英雄模范人物模式

1. 英雄人物的文化功能

企业的英雄模范人物是企业精神的化身，是企业组织力量的缩影，是强劲的企业文化的枢纽，是企业的象征与特性，"英雄人物"集中地体现了企业价值观念，"英雄人物"在企业内外具有巨大激励作用和辐射力，是企业绩效的源泉。基于这种认识，企业塑造和培育先进人物、先进典型，带动企业文化的全面启动和发展。抓先进典型以"英雄人物"作为企业文化的建设的起点，带动其他文化层面的建设则是一项行之有效的建设模式。

2. 英雄模范人物模式的实践

北京建工集团注重对"劳模"的培育，以"劳模"为切入点，带动企业文化的建设。在50年代，他们培育出李瑞环、张百发、刘敬民这样的"劳模"，在改革开放中培养出被誉为"立镏不倒"的电梯安装状元、全国劳动模范高占强；

被誉为"出图状元"北京市劳动模范、全国五一劳动奖章获得者张裕泉；被誉为"干挂王"、"中国第一石衣巨人"、闻名全国的劳模顺平利；近一时期，又培养出像李之会、郭延红、平贵祥等一些具有管理经验又有创业精神的劳模先进人物。北京建工集团走出一条培养和使用劳模，带动企业文化良性发展的道路，先进人物层出不穷，企业各条战线上涌现出一大批先进模范代表，这成为推动企业文化发展的不竭动力。据不完全统计，50年来，建工集团先后培养了全国、省部、市级劳模800多人次，成为全国有名的"劳模摇篮"企业。

3. 英雄模范人物模式的评价

英雄模范人物模式体现了抓一点带全局的哲学思想，企业文化策划者的工作思路显得较为清晰，便于开展工作。另一方面"英雄模范人物"模式使文化建设更加具体化、形象化。多年来企业文化建设的实践证明，从企业自身涌现出的先进群体身上锤炼出的团队精神，职工看得见，摸得着，对他有一种来自内心的认同感并会产生一种共鸣，容易产生较好的文化效应。但这种模式的运用也不是任何企业所能效仿的，因为，英雄劳模人物不是一朝一夕所能造就的，需要长期的培养和具有客观的人力资源基础。因此，这种模式适合于已经具备这种条件的企业运用，具有一定的局限性。

四、CIS识别系统模式

这一模式是广东太阳神集团提出和实践的模式。企业形象是指社会公众对企业总体的概括的、抽象的认识态度和评价。他是由企业行为创造的，有公众舆论评价的。企业形象的好坏已成为当今企业生存与发展的重大制约因素，千金买名、千金买誉已成为企业家普遍接受，塑造好企业形象被视为企业竞争制胜的重要法宝。因此，企业形象塑造成为企业文化建设的重要研究内容和组成部分。1988年广东太阳神集团在全国率先将CI导入自己的经营活动中，积极将理念识别、行为识别和视觉识别系统引进企业，以积极策划与实践CIS战略为突破口，把企业形象塑造与企业文化建设有机融合为一体，将企业营销战略提升为企业文化战略的高度。4年后这家默默无闻的乡镇企业，年产值由520万元跃升到12个亿，翻了200倍。1994年浙江杉杉集团导入CI，销售额从1993年的2.25亿元上升至1994年4.5亿和1995年8.49亿，实现了持续跳跃式发展。在此期间，"万宝"、"半球"、"健立宝"、"乐百氏"、"李宁"、"卓夫"、"三九胃泰"、"美菱"、"四通"、"联想"等一大批企业相续导入 CI，鲜明的企业文化形象，使他们在市场竞争中独领风骚。实践证明 CIS 模式是企业文化建设的行之有效的方法，对建设企业讲此种模式具有普遍性。

五、用户满意工程模式

1. 模式的涵义

用户满意工程模式是随着市场经济的发展，企业服务意识的逐步增强，员工群众创造的企业文化创建模式。他是将企业文化建设与企业经营活动紧密结合，以"用户满意工程"为载体，开展企业文化建设的一种模式。通过开展"用户满意工程"活动，不断创新服务理念、拓展服务内容，优化服务方式、完善服务手段，树立服务形象，在服务经济活动中，形成企业的共同价值观，达到增强企业的凝聚力和竞争力的目的。

2. 模式的实践

用户满意工程模式由于具有与企业经营服务活动紧密结合的特点，被广大企业所运用。上海宝钢集团在企业内开展"用户满意工程"，它是以企业服务理念为先导，以产品和服务满意为重点，将企业文化与精英文化融为一体。建筑行业在企业文化建设中也有不少的例子。中建一局建设发展公司（原中建一局四公司）是中建公司的龙头企业，具房建特一级资质，是目前建筑业惟一一家获得"国家质量管理奖"企业，中建一局建设发展公司的用户满意工程模式，成为该企业的一个亮点，被专家誉为公司独具的、不可复制的竞争优势之一。中建一局四公司早在 1996 年便开始实施"用户满意工程"模式，即"前期向导服务，过程精品服务，售后满意服务，后期延伸服务"的全过程服务模式，推动企业文化建设。该公司推崇"用户第一，客户至上，以诚取信，服务光荣"的经营理念，努力并坚持"创造绿色建筑，关怀社会人文"、"创造品牌建筑，提供超值服务"、"创造透明建筑，关怀最终用户"的服务理念，努力提高工程质量，减少施工污染，使建筑工程的最终用户有一个良好的工作和居住环境。近年来，公司获得六项建筑工程"鲁班奖"，省部级优质工程奖 40 余项，获得全国"用户满意施工企业奖"的第一名。

3. 模式的评价

"用户满意工程"模式体现了企业经营的终极目标和以"用户为本"的宗

旨，便于制度化、规范化，操作性较强，便于落实检查，能够较明显地取得良好效果。但这模式比较适合于服务性较强的企业，就建设行业讲，房地产开发企业、市政公用企业、物业管理企业等都很适用。

六、三维立体系统模式

三维立体模式是山东黄台火力发电厂企业文化的创建模式。以企业文化为主体，将厂区文化、社区文化和家庭文化三者结合为一体，全面启动文化建设，这种模式具有特殊性，即适用于厂区和社区相连接成为一体的企业。

北京城建集团成功的运用了这一创建模式。他们以"文明四区"为载体，开展企业文化建设。通过创建"文明施工区"、"文明办公区"、"文明职工家属区"、"文明民工生活区"的"文明四区"活动解决了文化建设的"盲区"和"真空带"，使文化建设全方位进行，"文明四区"活动的开展，使北京城建集团品牌形象遍布北京城的大街小巷，扩展到外阜和国外。

建筑企业由于具有流动性大的特点，施工现场往往远离办公区、职工家属区，建筑企业采用这一模式具有一定难度。因此，要结合本企业的实际情况而定。

第二节 建筑企业文化创建的主要环节

企业文化的创建工作千头万绪，我们认为主要应把握以下五个环节。

一、普及企业文化知识，提高企业家创建的自觉性

1. 企业家是文化的活水源头

正如张瑞敏造就了海尔文化，出现了海尔的腾飞；韦尔奇重塑了 GE 文化，引领通用称雄世界。在当今，任何一个企业要独树一帜、成功地驰骋于竞争市场，必须依靠优秀的企业文化。而企业文化的建树，首先依赖于企业家有相应的思想文化观念。可以说企业家是企业文化的"第一制造人"。

企业家是具有创新意识和精神，对企业的生产经营活动进行管理，承担相应风险与责任，以盈利为目的使企业资金增值，促经企业发展的特殊群体。企业家不仅能创造经济奇迹，而且也能创造各具特色的企业文化。企业家不仅是经济现象，也是文化现象。作为经济现象企业家是工业社会的主要产物；作为文化现象企业家属于现代社会群体中的一个特殊阶层，拥有一整套独特的价值观念、思维模式和行为方式，这些观念、思维、行为直接影响着企业文化的塑造和企业的兴衰。美国经济学家熊彼特多次提醒经济学家注意，企业家精神在西方工业化中的作用。企业家不但是经济权、人事权的领袖，而且是企业的精神领袖。所谓企业文化实际上就是企业主要领导人内心世界在企业的外化。美国企业文化专家斯坦雷·M. 戴维斯在其著作《企业文化的评估与管理》中指出："不论是企业的缔造者本人最早提出的主导信念，还是现任总经理授权中重新解释主导和提出的信念，企业的领导者总是文化的活水源头。如果企业领导是个有作为的人，他就会把充满生机的新理念注入企业之中。如果企业领导是个平庸之辈，那么企业的主导信念很可能会逐步退化，变得毫无生气。"

2. 企业家与企业文化的统一性

企业家和企业文化具有内在的统一性。企业文化是企业家的思想观念、价值取向、德才水平、人格魅力、创新精神的综合体，企业家在企业文化建设中的作用表现在以下几个方面：

企业家是企业文化的倡导者。企业家在企业中拥有统领企业经济行为和活动的地位，是把握企业决策的组织者、卓越的管理者和企业的思想领袖。当然，也是培育企业文化的主要倡导者和总设计师。

企业家是企业文化的塑造者。优秀的企业文化不会自发的产生，而是在长期实践活动中产生的。企业家只有把自己的经营哲学、经营理念、价值观、伦理观和风格融合成企业的经营宗旨、企业价值观、并被广大职工认同遵守、发展和完善，用自己的高尚人格去塑造企业文化，企业文化才能发挥其积极功能。

企业家又是企业文化的示范者。企业文化建设必须有企业家身体力行，示范推广才能出成绩。他不仅要做出表率，而且他要成为企业文化建设的楷模，通过企业家的感召力和示范作用，通过自己的良好形象和在职工中的模仿效应，才能有力地促进企业文化的建设与发展。有人说，企业文化就是企业家个人文化的综合，这句话是不无道理的。

企业家是企业文化的实践者。企业文化的建设必须有企业家的参与、支持和垂范，必须从企业家做起。国外企业文化的实践证明，企业文化的培育关键在于企业家对企业文化的认识、态度和行动。现在，许多企业没有形成自己的企业文化，其中一个重要因素就是这些企业领导没有认识到企业文化在企业管理中的重要作用，企业家的积极倡导是企业文化建设的关键。

3. 提高企业家创建自觉性的途径

理论学习。理论学习是企业家提高创建企业文化自觉性的最好形式。企业家要认真学习有关企业文化的理论和基本知识。通过参加各种专题研讨会、文化论坛会与经验交流会等，建立企业文化的交流平台，及时获取有关信息，不断提高自己对企业文化重要性的认识和实践企业文化的自觉性。

实地考察。向国内外现代企业进行实地考察是提高创建自觉性的又一重要途径。在实地考察中，企业家不但要考察其企业的组织结构、经营方式、管理模式，还要研究其背后的文化动因、文化特色、形成机制等等，进行文化层次的思考。实地考察可以增加更多的感性认识。从感性到理性，再从理性到感性，循环往复才能使认识不断深化，创建的自觉性才能够不断增强。

勤于总结。总结是对企业过去历史的反思，对企业未来的展望，企业家要善于思考，经常性地总结企业的管理经营经验，挖掘企业文化特色，分析文化与经济效益的关系，在自身经营管理中在自身的经验总结中，不断加强对企业文化重要性的认识，提高创建的自觉性。

二、整合组织部门力量，全方位投入文化建设

企业文化是一项系统工程，需要企业各方面组织齐抓共管，形成合力。企业有党委、行政、工会、共青团、妇女组织等等部门。

1. 行政部门。 在企业文化建设中行政部门要坚持"以人为本"，建立完善企业制度文化，创新管理理念、创新机制（包括用人机制、激励机制、管理机制等）、创新技术、创新工艺，把握企业经营发展战略与经营目标，充分发挥职工的主人翁意识，调动广大职工的生产积极性，努力提高生产效率。

2. 党委班子。 企业党的组织扎根于基层，党员扎根于群众之中，这是中国企业文化建设的优势所在，党委要积极支持开展企业文化建设工作，使党委处于企业文化建设的核心地位。党委要始终把握好现代企业文化建设的社会主义方向，保证现代企业文化建设的总体规划、具体内容和方法措施符合党的路线、方针、政策和国家法令。同时把传统的行之有效的思想政治工作、现代社会的精神文明建设任务融入企业文化建设之中，使思想政治工作与精神文明工作相得益

彰，相辅相成。

3. 工会组织。工会是企业文化建设的主力军，要充分发挥工会在企业文化建设中的作用。主要是发挥民主管理的职能，通过民主管理，参与企业重大决策，使职工当家作主，也使经理、书记真正感受到职工群众的智慧和力量，形成生产者和经营者相互支持、相互尊重的良好氛围。发挥工会的民主监督职能必须认真贯彻《工会法》坚持职工代表大会制度，审议企业重大决定制度；民主经济分析制度，组织职工积极参与企业管理；民主评议制度，为党委选拔干部提供依据。

4. 青妇团体。共青团、妇女组织是企业文化建设中不可或缺的力量。青年是社会主义经济建设的最有活力的生力军，是企业的主要依靠力量，当然也是企业文化的先锋。共青团和妇女组织要在企业文化建设中积极配合党政工部门做好青年妇女工作，积极鼓励他们参与到企业文化建设的实践之中去，为企业争荣誉，在岗位成才，通过他们的辛勤劳动向社会展示企业的精神风貌。

三、加强员工素质教育，创建良好文化氛围

企业文化是由企业领导倡导，在企业长期生产实践中逐步形成，被广大职工群众所认同、遵守的价值观念、经营理念、道德规范。因此，企业文化是一种群体文化。高素质的职工队伍往往容易对企业所倡导的文化所认同，反之，职工队伍文化素质低，技术水平参差不齐往往会成为价值观形成与培育的障碍。职工群体素质的高低往往决定着企业文化建设的起点，制约着企业文化的发展方向。因此，提高企业员工素质是企业文化建设的重要环节。

韩国企业勤于育人，为企业文化建设创造良好的素质氛围。韩国经济结构的显著特点是大企业主宰国家经济命脉。从一定意义上说，韩国经济腾飞是与韩国大企业迅速发展相伴随的。仅以"三星"为例，1983年创业之初是以贩卖干菜、水果为主的。而现在，他已经成为韩国乃至世界范围具有经济实力的大企业集团，在韩国具有举足轻重的地位和作用。正是像"三星"、"现代"、"大宇"等等一个个迅速成功的企业，推动了韩国经济的发展。而"三星"成功的秘诀之一就在于争创第一的企业文化。"三星"创始人李秉哲对其核心理念的内容进行了高度概括，这就是"人才第一"。"三星"是较早采用考试取才的企业。"三星"十分重视对于员工的培育，通过与国内大学联合培养精通理论和务实的

MBA人才。"三星"还十分重视在海外机构工作的当地员工的教育培训,帮助他们提高业务水平;对派驻海外的"三星"人则对其进行强化英语教育和派驻国经济、政治、文化概况教育。"三星"对分设在世界各地的子公司均设有研修机构,就近开展有针对性的教育培训。在中国的天津、苏州,"三星"还开展网际教育,着力营造学习型企业。正由于"三星"坚持了勤于育人的理念,才使"三星"提高了职工队伍素质,集聚一大批优秀人才,为企业文化的形成提供了良好的素质环境。"三星"已成为具有国际竞争力的著名企业,其彩色显像管、微波炉、CDMA手机分别占全球市场份额的22%、23%、26%,均居世界第一。

建筑行业劳动密集度高,人员平均素质较低,技术水平较差。因此,建筑行业提高职工素质问题比其他行业更加突出。当前在企业文化建设中,许多建筑企业已充分认识到,没有较高素质的职工队伍,企业领导所提倡的理念很难变成职工的自觉行动,把加强职工素质作为企业文化建设的一项重要内容。

长春星宇有限建设有限公司是我国500家最大规模建筑企业之一。在企业文化建设中十分重视教育,提高员工的整体素质,奠定了企业文化发展的基础。多年来,由于始终重视对员工进行专业技能知识与企业文化专业知识的培养,在企业下大力气构筑人才工程,特别是加大了对新员工的岗前培训教育,使他们了解企业精神、企业文化、企业规章及岗位知识,使员工尽快完成由"星(宇)外人"向"星(宇)内人"的转换,以提高员工职业技能为目标的岗位培训;以适应企业发展和阶段性中心工作而进行的临时培训;以增强高层领导与青年知识分子联系从而及时发现人才,合理任用人才的特殊培训——导师制研究班,都为人才的成长搭起绿色通道。同时,为实现把"星宇"建成"科技含量高,实力雄厚的百年企业"的战略发展目标,企业十分重视从科技人员的文化素质入手,坚持把培育科技人放在突出位置来抓,采取继续教育和适当引进相结合的形式,加速科技人员的在岗培训,促进科技队伍的发展壮大。职工队伍整体素质的提高,对企业文化的建设起到了积极的促进作用。

四、重视文化实践活动,培育共同价值观念

在现代化企业文化建设中,也可以根据各自的实际情况选择不同模式,但都离不开企业文化的实践活动,企业理念只有通过各种实践活动,才能在职工头脑中扎根、开花、结果。就建设行业而言,企业应重视以下几种实践活动:

1. 进行正面灌输教育活动

任何一种新思想、新观念如果要被广大社会所接受和认同，都离不开正面灌输教育。灌输是人们对新思想新观念认同的有效方式。要天天讲、月月讲、年年讲，才能使建筑企业文化在员工头脑中深深打下烙印。中国建筑企业文化建设要坚持正面灌输教育活动如建筑员工的入厂教育、经常性的思想政治工作教育、企业精神文明教育、企业文化知识教育、员工技术培训教育等等，都是文化建设有效的实践活动。通过正面教育的实践活动，使员工了解党的路线、方针、政策；了解建筑行业的方针政策、规范标准、技术更新；了解企业的经营战略和经营目标，了解企业文化的内涵和企业的规章制度，增加企业的向心力和凝聚力。

2. 开展工程创优、劳动竞赛活动

建筑企业经常性地开展劳动竞赛、合理化建议、工程创优活动符合行业实践特征和发展规律，是坚持群众路线的具体体现，是建筑行业的优良传统。现在活跃在建设第一线的青年突击队都开展合理化建议活动，开展创建鲁班奖、国家质量奖、青年精神文明奖等评奖活动，这是建筑行业在新时期对传统行业文化的继承和发展。劳动竞赛可以最大限度地激发员工主人翁的精神，提高员工的主动性和创造性，进一步提高生产效率。开展合理化建议活动，组织和引导员工出主意，想办法，提建议，搞革新，在技术和管理上取得重大突破，可给企业带来直接的经济效益。企业积极参与评奖活动，可以有效地提高企业员工的责任感和使命感，提高建筑工程质量和优化管理方式和创新管理模式。

3. 美化企业生态环境

企业的生态环境，对员工的心身影响是很大的。走进一个绿树成荫、鸟语花香的环境中，员工的爱厂、建厂、敬业、奉献之心就会油然而生。良好的生态环境又是企业文化的物质表现，因此，建设优美的生态环境是企业文化建设的重要内容。建设工地是企业员工生产与生活的经常性场所，工地现场的文明程度对于制约员工行为、塑造员工理念、培育员工精神具有潜移默化的作用。同时工地又是建设企业向社会展示形象的重要窗口，是企业精神文明程度的重要表现。因此，建设企业应把美化企业生态环境的重点放在工地环境建设上来，积极参加行业创建文明工地的活动，通过创建文明工地活动，改善工地环境，更好地展示企业形象，推动企业文化发展。

4. 举办有意义的文艺活动

企业可以举办各种活动，丰富职工生活，职工在娱乐中接受企业文化的熏陶，增强企业的凝聚力。例如举办艺术节、运动会、知识竞赛、歌咏比赛、演唱会、舞会、文艺晚会、读书会、书画活动等，通过这些活动可以陶冶员工情操，增加企业凝聚力、吸引力从而推动企业文化的发展。浙江中天建设集团近年来坚持以人为本的理念，重视开展企业文化的实践活动，他们创办了《中天人》杂志，不定期地举办建筑与文学的讲座或培训班。日前，与浙江作家协会、《建筑创作》杂志等单位联合，邀请中国工程院院士马国馨、戴复东、叶可明；建筑大师徐尚志、程泰宁；著名作家张抗抗、黄亚洲、邵燕祥、舒婷、芳芳等文学艺术界人士参加，成功举办了第二期"建筑与文学"研讨会。此外，中天集团先后还举办了浙江省"中天杯"评论文坛、在上海举办"中天杯"好新闻评奖等大型企业文化活动，从中提升企业文化的品位，营造了浓厚的企业文化氛围。

5. 联系媒介传播企业文化

媒介是企业信息的载体，企业信息只有通过媒介才能在社会公众中形成企业形象。在企业文化建设中要改变那种对企业形象重培育、轻展示的思想。企业要与媒体建立良好的关系，积极参加各种公益活动，要积极通过与各种媒体的交往和参与社会公益事业，使企业的信息得以宣传，企业的形象得以展示。媒介一般分为符号媒介、实物媒介、人体媒介、大众媒介和网络媒介。建筑企业讲，建筑产品就是最好的实物媒介。因此，建筑企业要在工程质量上下功夫，发挥实物媒体的传播作用。建设企业也应重视对人体媒介的利用，尤其要对社会名流、新闻人物以及能够影响社会舆论的巨大作用给予足够的认识。计算机网络是企业与社会进行交流的重要媒介，具有信息量大、传播快、可进行双向交流等优势，企业积极运用网络媒介（计算机网络）开展企业形象的传播，搭建起与社会双向交流的平台。

第三节 企业文化培育的心理机制

企业文化作为微观文化氛围，构成了企业内部的心理环境，有力地影响和制约着企业领导和员工的理念、追求、道德、感情和行为，发挥着凝聚、规范、激励和导向作用。当前，在企业文化建设中一些企业流于表面化、形式化，建设效率不高，企业理念没有深深扎根于职工之中，主要原因是企业领导者没有掌握企业文化建设的心理机制。研究和运用心理机制是塑造企业文化，是提高企业文化建设效率的有效途径，心理机制包括以下内容：

一、运用心理定势

人的心理活动具有一定的心理定势规律，这一心理定势具有一定的持续性和惯性，即人的前一个比较强烈（或微弱）的心理活动对随后进行的一个心理活动有一定的影响。因此，改变员工的心理定势是企业文化建设中的一个十分重要的问题。企业文化建设的重要手段是对员工的培训。在对新员工的培训上，心理定势作用十分突出。如何使新员工成为一个合格的职工？新员工应该具备怎样的理念、感情和作风？通过培训，不仅可以提高他们的业务能力，更重要的是可以把企业经营哲学、战略目标、价值观念、行为准则、道德规范以及企业的优良传统系统而详细地介绍给他们，并通过讨论、总结、实习，加深理解，入脑入心，完成由"自然人"向"企业人"的转变，从而使他们成为新员工、新干部，形成与企业文化相协调的心理定势，对其在今后的行动中可发挥心理指导和制约作用。

当前，我国建筑企业正处于制度深入改革阶段，企业相应地要调整、更新、改造原有的企业文化，例如企业的经营哲学、价值观念和行为规范必须加以调整和改变，这就要打破传统的心理定势，建立起与企业面临新形势相适应新的心理定势。事实证明，心理定势一经形成就具有相对的稳定性，这就要求企业领导率先转变观念，通过学习、培训、参观等多种方式，组织各级干部和员工理解和掌握新的企业文化，形成新的心理定势。许多企业的实践证明，这种学习和培训是完全有必要的和富有成效的。

二、重视心理强化

心理强化是使人的某种心理品质变得更加牢固的手段。所谓强化是指通过对一种行为的肯定或否定（奖励或惩罚），从而使行为得到重复或制止的过程。使人的行为重复发生的称为"强化"，制止人的行为重复的称为"负强化"。这种心理机制运用到企业文化建设上，就是及时表扬或奖励与企业文化相一致的思想和行为，及时批评或惩罚与企业文化相背离的思想和行为，使物质奖励或惩罚尽量成为企业精神培育的载体，使企业精神变成可见的、可感的现实因素。充分利用正负强化心理机制有利于促进企业价值观念的形成。

三、利用从众心理

从众心理是指个体由于受周围群体的影响而放弃个人的意见或主张,与大家保持行为一致的心理行为。从众心理的前提是实际存在或想像存在的群体压力,它不同于行政压力,不具有直接的强制性或威胁性。一般来讲,重视社会评价、社会舆论的人,情绪敏感、顾虑重重的人,文化水平较低的人,性格随和的人,以及独立性差的人,从众心理都较强。

在企业文化建设中如何利用从众心理机制呢?关键是要统一员工各种与企业文化相悖的舆论,使分散的舆论集中到企业文化所倡导的思想中来,在企业内部形成主导舆论。这就要动用一切舆论工具,大力宣传本企业所倡导的文化,主动利用从众心理,促成全体职工行为的一致。一旦这种行为一致的局面初步形成,对个别、小群体舆论就会构成一种群体压力,促使他们改变初衷,与大家一致起来,进而实现企业文化建设所需要的舆论与行为的良性循环。

四、培养认同心理

认同是指个体将自己和另外一个对象视为等同,引为同类,从而产生彼此密不可分的整体性感觉。初步的认同处于认知层次上,较深的认同进入情绪认同的层次,完全的认同则进入含有行为的成分。个体对他人、群体、组织的认同使个体与这些对象融为一体,休戚与共。

企业文化建设培养认同心理有两层含义。第一是企业领导要取得广大员工的认同,这是一项首要的任务。这就要求企业领导者办事公平、作风正派、以身作则、真诚坦率、待人热情、关心员工、善于沟通、具有民主精神。只要这样做了,员工就会把他视为良师益友,靠得住,信得过的"自家人",把他看成是他们的"精神领袖"。员工一旦对企业领导人产生了认同,就会甘心情愿地把他所倡导的价值观念、行为规范当作自己的价值观念和行为规范,从而形成企业负责人所期望的企业文化。第二还要培养员工对企业的认同感。在企业文化建设中,要充分尊重员工的主人翁地位,真诚地倾听群众的声音,充分发挥工会的民主管理职能,动员员工参与企业决策和管理工作。同时,尽量使企业目标与职工个人目标相协调一致,使企业利益与个人利益密切结合,并使员工深刻认识到这种利益上的一致性,使企业文化在广大员工中具有认同感,为企业文化建设奠定坚实的基础。

五、激发模仿心理

模仿是指个人受到社会刺激后而引起的一种按照别人行为相似方式行动的倾向，它是社会生活中的一种常见的人际互动现象。不言而喻，模仿是形成良好企业文化的一个重要的心理机制，榜样是模仿的前提和根据。首先，企业领导应该是企业的模范人物，是企业文化人格化的典型代表。作为企业文化的倡导者，他的一言一行都起着暗示和榜样的作用，对于个人观点的改变有重要意义。美国三角洲航空公司的高级经理在圣诞节期间到基层帮助行李搬运员干活，已成为该公司的传统，并至少每年与职工聚会一次，直接交换意见，以实践"增进公司的大家庭感情"的经营哲学。日本三菱电机公司总经理进藤贞和为了倡导"技术和销售两条车轮奔驰"的企业经营理念，改变过去重视技术轻销售的状况，亲自到公司营销店站柜台，宣传三菱产品，听取顾客的意见。日本住友银行总行长矶田一郎为了夺回"日本第一银行"的称号，每天只睡3小时，累得生了病还坚持不下"火线"。这些著名的企业家不但是企业文化的倡导者而且本人就是实践这些哲学的楷模。

企业领导要表彰劳动模范、先进生产者、技术革新能手，精神文明标兵、优秀党员、模范干部，使他们的先进事迹及其体现的企业文化精神深入人心，这样做可以在广大职工中激起模仿心理，掀起学先进、赶先进的热潮。激发模仿心理是企业文化建设的有效途径。

六、化解挫折心理

在企业经营活动中，上级与下级、领导与职工之间总会发生一些矛盾和冲突，领导与职工总会在工作和生活中遇到各种困难和挫折，这时他们就会产生挫折心理。这种挫折心理状态的存在不利于个人积极性的提高，不利于员工的团结，不利于工作中的协同努力，不利于企业文化的形成。如何化解员工中的挫折心理是企业文化建设中的重要问题。日本松下电器公司的各个下属企业，都有被称为"出气室"的"精神健康室"。当一个牢骚满腹的人走进"出气室"后，首先看到的是一排哈哈镜，看到哈哈镜后，哈哈大笑一番，接着出现经理、老板的塑像，旁边放着木棒。如果来者怒气未消，可操其木棒把"老板"痛打一顿。

最后是"恳谈室"，恳谈室内设有工作人员，工作人员以极其热情的态度询问来者有什么不满或意见和建议。中国是具有特色的社会主义国家，为化解员工挫折心理不必照抄日本松下公司的做法，但应积极借鉴他们重视员工心理保健的管理思想。

如何做好员工的心理保健工作呢？

1. 发挥思想工作优势，开展谈心活动。开展企业领导与职工的谈心活动是化解职工挫折心理的有效方法。谈心活动历来是党的优良传统，是强化和改进新时期党的思想政治工作不可或缺的一种好方式。领导干部与职工开展谈心活动既是职工学习的过程，更是领导干部体验民情、了解民意、集中民智、珍惜民力、赢得民心的过程。对于有挫折心理的职工，通过职工与领导面对面的交流，可以起到事半功倍的效果。另一方面，职工也感到领导对他们的关心和尊重，体验到当家作主的光荣和自豪。而且缩短了干群之间的距离，增进了干群之间的感情，在干群之间架起互相信任、相互理解、相互支持的桥梁。这对于化解职工心理矛盾、统一企业思想、树立良好的"公仆"形象无疑是有意义的。

党的十五届六中全会指出，加强和改善党的作风建设的核心问题是保持党和人民群众的血肉联系。因此，我们各级建筑企业领导干部务必发扬党的优良传统，把开展"谈心"活动作为密切党群关系、干群关系的一个重要环节来抓，真心实意地把自己置于群众之中，仔细听取群众呼声，与群众实现"心"与"心"的交流和沟通，使企业的上下级之间，领导与基层之间，干部与职工之间形成一种心往一处想、劲往一处使的良好风气。

当前，有些建设企业领导在思想上对于与职工谈心还存在一些模糊认识，认为工作太忙，哪有时间下工地去，工程质量与进度才是大事，与职工谈心顾不上。把谈心工作与完成工程任务对立起来。深入工地与职工谈心，是企业领导掌握职工思想脉搏，倾听群众呼声的最基本途径，及时听取、解决职工思想、工作、生活上的问题，及时采纳他们的合理化建议，对于发挥职工的工作热情，加强企业管理，提高工程质量，顺利完成施工任务具有重要意义。因此，企业领导工作再忙，也要抽出一定的时间到工地，走一走，看一看，与职工聊一聊，谈一谈，充分发挥党的思想政治工作的优良传统，形成领导与群众的良好关系。

2. 建立各种交流机制。建立各种交流机制，可以有效地化解挫折心理。沟通是一种情感的交流，"谈心"是化解挫折心理的重要方式，但不是化解挫折心理方式的全部，企业应建立各种交流机制，如：健全各种民主制度、工会代表大会制度、党团组织民生活制度、家访制度等方式，也可以建立"意见箱"，增加信息交流渠道。通过开展批评自我批评，解决矛盾，化解挫折心理，为企业文化建设创造和谐舒畅的心理环境。

七、满足需求心理

人是企业最重要的资源，实现企业目标要靠企业全体员工的干劲和智慧。在企业的管理中，员工的各种行为表现受其动机的影响，主要原因之一是员工自身的需要，而需要来自两方面：一是自身的需要不断发展，二是外部变化的刺激。在企业文化建设中，要研究员工的心理需要，尽量满足员工的心理需求，激励员工的积极性和企业共同价值观的形成。

企业员工是由不同类型人员所组成的集合体，这就决定了企业员工的需求及动机的多样性。针对企业实际，员工可分为欲望型、事业型、乐业型、奋斗型、自尊型、被动型这六种类型。年龄、文化、职业对员工需求层次的排列顺序影响最大。就文化程度来说，较低文化层次的员工重视物质报酬，较高层次的员工，要求能有更多发挥才能的机会和条件。成就动机是人的一个高层次需求，是对成功的期望，它意味着人们希望从事有意义的活动，并在活动中取得完满的结果。文化程度与员工的类型相关不紧密，往往与员工的经历和性格等因素有关，这一结论给我们研究员工的需要和动机有提示作用。可能都属于高层需要，但不同的人实现的方式是不同的。在同一个需求层面，都会存在一定的空间，这个空间就允许产生需求的区别。在某个层次上，由于每个员工的需求处在这个层次内的空间位置不同，就会形成实现其需求的方式和内容与其他员工的不同。企业是不同层次需要的不同类型的员工的集合体。这种集合把需求层次的平面问题扩展为一个立体问题，这就形成了企业员工工作动机的多层性、多重性、多种性。多层性是员工工作动机的高低不同；多重性是员工工作动机的相同；多种性是同一层次员工工作动机不同。正是这些特点相互交叉形成了员工工作动机的复杂性。

研究需求心理的目的是根据员工的需求了解和引导员工的工作动机，进一步实施对应的激励机制措施，调动员工的积极性。强调企业对社会的作用和意义，促进员工工作的动机正确、高尚并保持稳定性，在强调意义的同时，要根据不同人的思想觉悟、行为能力、逐步提高对员工的标准、要求，使员工的需要、动机循序渐进，不断提高。动机的变化是一种能量，变化带来行为的新驱动力，企业在这种不断变化的过程中才会发展。企业要根据员工的年龄、性别、职务以及性格、兴趣、爱好的不同，有针对性地加以引导，并把物质激励与精神激励结合起来。对乐观型的员工要加强工作动机强度；对自尊型的员工，要帮助他们树立亲和动机，引导与其他员工沟通、交流，形成良好的人际关系氛围；对奋斗型的员工为他们要安排更多的工作机会，鼓励学习，满足他们的工作和学习的需要；欲望型员工多半都来自重要岗位上，权力动机较强，应为其设立中等强度水平的权力动机，限制和制约一部分权力，加强监督和教育，以免他们在不正确的动机的指导下，会给企业带来危害。实际上企业不可能满足所有员工的需求，而员工需求是在不同时间、空间、内外部环境的作用下，不断变化的。在企业允许的情况下，尽量满足他们的需要，当员工的需要超出条件允许或需要有不合理的和不可能时，企业应该允许员工按事前约定的前提条件与企业脱离，来缓解企业与员工需求的矛盾。满足需求心理是企业文化建设的重要机制。

第四节 努力创建学习型组织

创建学习型组织是当世界发展的潮流，已成为企业发展的不竭动力和力量源泉，学习型组织为企业文化建设提供了有利的组织保证，是企业文化建设的重要组织支撑和文化建设的重要途径。

一、学习型组织的内涵与意义

1. 学习型组织的涵义

学习型组织的概念是美国管理学者彼得·圣吉在其著的《第五项修炼》一书中提出的，其真谛是把组织创建为"全体成员全身心投入并有能力不断学习的组织；让成员体会到工作中生命的意义的组织；通过学习创造自我、扩大创造未来的能量的组织"。彼得·圣吉指出五项修炼是创建学习型组织的捷径。五项修炼的主要内容为：

第一项修炼是"自我超越"。"自我超越"是指自己对学习不断理清并加深个人的真正愿望，集中精力培养耐心，善于客观观察问题的能力。它是学习型组织创建基础，是"终生学习"的愿望和能力。

第二项修炼是"改善心智模式"。"改善心智模式"就是改善思维模式，转变固有的旧观念、价值观、世界观和方法论，学会从不同的角度观察和思考问题，使思维方式更合理、更完善。

第三项修炼是"建立共同愿景"。"建立共同愿景"是指企业与员工共同追求的目标。有了共同的渴望实现的发展目标，全体员工才会努力学习，追求卓越。企业应把整体发展目标同员工个人的发展目标有机结合，把个人的愿景融入到团队的大愿景中，创造更大的动力。

第四项修炼是"团队学习"。团队整体智慧永远高于个人的智慧，培育团队学习的氛围与能力，不仅能够使团队产生出色的成绩，个人的成长速度也比其他学习方式快。提高团队整体智商，充分发挥综合思考优势，强化团队通过学习把智慧转化为实际生产力。团队学习的修炼是从"深度汇谈"开始，每一位成员说出自己的假设，而进入团队集体一起思考的能力。

第五项修炼是"系统思考"。系统思考强化其他每一项修炼，并不断地提醒我们：融合整体能得到大于各部分之和的效力。彼得·圣吉把书名定为《第五项修炼》其用意就在于此。通过前四项修炼，最终构筑企业整体系统思考的能力，是我们追求的目标。

2. 创建学习型组织的意义

创建学习型组织是顺应时代发展之举。当今世界科学技术突飞猛进，新事物、新知识层出不穷。统计资料表明，最近 30 年产生的知识总量相当于过去 2000 年产生的知识总量之和。到 2020 年，知识的总量是现在的 3~4 倍；到 2050 年，目前的知识总量只占知识总量的 1%。据专家分析，农业经济时代，只要 7~14 岁接受教育就足以应付往后 40 年的工作生涯的需要，工业经济时代，求学时间延伸为 15~22 岁；当今信息高度发展的知识经济时代，学习必须成为终身制，每个人在工作生涯中必须随时接受最新的教育，必须持续不断增强学习的能力。

创建学习型组织是企业的应变之道。在世界经济一体化的趋势下，资源的流动变得日益自由且迅速，非市场的保护和竞争优势日益弱化，企业的核心竞争优势更多地表现在企业的管理理念和管理水平上。加入 WTO 后，对正在失去政府保护的企业而言，迅速提升企业的管理水平、增强企业的竞争力，已成为关系自身存亡的关键问题。而解决这一问题的根本途径就是自我学习，不间断地学习，通过学习来提升管理水平,来获取竞争优势,这是企业的应变之道。通常来说,企业在成长的过程中要经过几个台阶:第一个台阶成为适应型企业,即企业能检测到瞬息万变的市场环境的变化,并根据外部环境的变化做出相应的调整。第二个台阶就是学习型企业,这是企业自身发展的一次飞跃。企业在进入学习型企业的行列后,通过一段时间的知识积累,就进入到企业成长阶段。第三个台阶是创建型企业。在这个阶段企业能够预见到市场上将要出现的机会,能够感受到用户需求的变化趋势以及背后的原因并能够根据企业的定位提前采取各种措施,真正实现有备无患。

二、学习型组织的基本特征

1. 发展愿景的一致性

所谓企业发展愿景是指在发展中主体的愿望或远景,即主体的发展目标。当发展主体是个人时,是个人愿景即个人目标;当发展主体是组织时,是组织愿景即组织目标。国外企业文化理论称愿景,也就是我们所讲的发展目标。所谓企业发展愿景的一致性是指组织愿景与个人愿景通过不断磨合、整合、融合而形成的趋于基本一致的共同愿景,这个共同愿景能够被组织及其成员共同接受,并能够鼓舞组织承认并为之共同努力。正如彼得·圣吉所说:"如果没有共同愿景,就不会有学习型组织。""当一群人真正奉献于一个共同愿景时,将会产生一股惊人的力量,他们能完成原本不可能完成的事情。"反言之,当个人与组织的愿景存在差异或大相径庭的时候,那么学习型组织就不可能形成和建立。

2. 个体学习的普遍性

学习科学认为:学习分为三个层次,首先是个体学习,其次是组织学习,最后是学习型组织。学习型组织的要求是:1. 组织必须拥有全员学习、终生学习、争创学习型人才的理念和机制;2. 组织必须有持续不断的学习力和终生学习的习惯,而且每一位组织成员必须知道如何从自己的经验中学习,如何从群体学习中学习得更多,如何使自己学习得更有效。

3. 组织学习的创造性

组织学习是有阶段性的。适应型学习是组织学习的起步阶段,创造型学习是组织学习的发展阶段。传统组织同样可能产生组织学习,但由于其内在组织先行,兼之组织学习会遇到传统组织无法克服的很多学习智障,因此,传统组织很难达到较高的发展阶段。而组织学习发展到创造型学习阶段，是一个组织成为学习型组织必要的条件，只有发展到组织学习的创造型学习阶段，组织学习的许多智障才会被排除。所谓组织学习的创造性是指通过组织的创造性学习而卓有成效地克服各种影响组织有效开展学习的智障，学习型组织特别强调组织学习的创造性，突出信息反馈、组织反思、成员共享，其目的是获得知识、感悟知识、整体协调；另一方面突出组织学习单位的创新，强调要从抓组织的有效团队的学习来带动组织的团队学习，进而有效地提升组织学习的层次。

4. 工作学习的融合性

所谓工作学习的融合性主要是指组织及其学习程序能够将工作与学习有机地融合起来，达到"工作学习化"和"学习工作化"的境界。所谓"工作学习化"即要把工作的过程看成是学习的过程。所谓"学习工作化"是指把学习过程看作工作过程一样。对学习提出要求、进行全面规划、认真检查、科学评估和严格考核。

5. 组织文化的先进性

所谓组织文化的先进性是指这个组织在与其他组织的竞争中，其组织文化不仅内涵丰富、体系完善、气氛浓厚，而且代表了现代先进组织文化的先进水平，对组织生存、竞争和发展有持续而有效地推进作用。学习型组织所推崇的组织文化核心是"以人为本、鼓励创新、全面发展"。

6. 个人潜能的超越性

所谓个人潜能的超越性是指对个人潜能的激发，对人生价值的超越提升，对个人潜能的充分挖掘和对人生价值的充分实现。学习型组织高度重视个人潜能的激发，其中主要目的是在不断提升组织绩效的同时，组织成员的人生价值也得到充分体现；其主要手段是运用柔性较强的、以人为本的民主管理模式，着眼于持续策动并增长组织及其成员实现共同愿景的学习力，使组织的决策层、管理层、操作层都充分认识到只有通过学习才能使工作与个人的潜能并进，从而提升人生价值，以充分自我实现。这样在学习型组织内部，组织成员不再持有"工具性"的工作观，而是追求"精神面"的工作观，追求工作的"内在价值"，组织员工不再抱着"遵从"的态度去工作，而是带着"奉献"的态度去工作。

7. 组织工作的系统性

所谓组织工作的系统性是指组织的决策、管理、操作等方面的动作都是建立在"系统思考"的基础之上,具有科学性、前瞻性、有效性等特点。其中,"系统思考"是看得见摸得着的一种整体组织动作模式,他要求组织中的各阶层习惯于运用系统的观点看待组织的发展,同时要习惯于从局部看到全局,从个别看到整体,从看事物的表面到洞察其变化背后的结构,从静态的分析认识各种因素的相互影响,使系统进入一种动态的平衡,达到信息全面快捷、沟通渠道畅通、系统思考科学、决策管理有效的效果。

8. 组织活力的持续性

所谓组织活力的持续性主要是指组织内部管理是保持一种持续的生存活力和发展活力,进而有助于组织在激烈的生存竞争中处于主动地位,有助于组织在发展竞争中立于不败之地。区别于传统组织,学习型组织是一种独特的管理模式,其内部管理具有精简、扁平、弹性等极具活力的特点。所谓精简是一种"学习型的精简"就是通过学习人员提高员工的素质,达到一专多能、一人多岗,从而达到减员减岗的积极精简。所谓扁平就是一种现代化管理模式,减少从决策层到操作层之间的层次,加快信息的传递速度,这是组织高效的关键之一。弹性是指面对复杂多变的外界环境具有灵活的应变能力,如在组织结构上不设置固定的正式组织而代之以临时性的、以任务为导向的团队组织。

以上学习型组织的八大特征既相对独立又紧密联系,形成学习型组织的特征体系。发展愿景的一致性是学习型组织的动力特征,他描述了未来发展的方面,为组织及其成员的学习与成长提供了焦点和能量。所谓学习型组织就是组织各项活动中,以实现个体学习型的普遍性、组织学习的创造性、工作学习的融合性为过程目标,以组织及其成员发展愿景的意志为动力,以组织文化的先进性、组织运作的系统性为载体和手段,努力达到实现个人潜能的超越性和组织活力的持续性的要求。使组织成员个体价值得到充分体现,组织绩效得以大幅度提高的组织。

三、学习型组织的构建策略

学习型组织是一项系统工程,又是一个因循渐进的过程。需要经过周密的计划、实施和检验,循环进行。通过学习使员工的学习技巧与能力得到提高(如系统思考能力、团队学习能力、凝聚共同愿景能力),借以改变员工的知识过程,推动员工的感觉层次、态度层次、价值层次的转变,进而改善行为,获得学习效果。如果学习获得实际效益，则会诱发员工的学习激情，进而能够持续学习，行为不断得到改进。当企业员工的价值观念转变后，将会改变企业的根本指导方针、组织结构等，进而更加促进员工的持续学习激情，加速员工行为的改变，形成企业持续学习、改变行为的良性循环。

1. 计划阶段

提出创建学习型企业的理念之后，设计创建学习型企业的行为方案，是整个循环的关键。

收集信息资料。准确了解企业的学习情况是创建企业学习型组织的基础。应调查以下几个方面的内容：①员工头脑中有没有企业愿景？是否积极主动地适应愿景需要。②领导有没有为员工提供资源和条件实现自我导向的学习？③有没有解决实际学习的计划？④员工对学习是要我学，还是我要学？⑤企业有没有做到鼓励员工分享学习的成果？通过分析找出制约企业学习的智障。⑥建构目标。在调查研究、找出员工学习智障的基础之上，根据企业的任务、管理情况、人员素质等因素，制定创建规划、年度计划，只有这样才能做到有的放矢，采取适合本企业特点的切入点，卓有成效地推动学习型组织的构建。

编制实施计划。将计划按要求的时间进度、数量和质量标准具体落实到承受机构和人员。计划要着眼于高标准、严要求、注重高层次性、以适应全球化竞争的需要。对计划的设计要改变过去听听报告、看看报纸、讲讲技术的老套路。应增强系统性和针对性。

2. 实施阶段

适合短式循环过程的实体部分要务求实际，全面铺开。学习型组织是自我超越，改善心智模式，建立共同愿景，团队学习和系统思考是通往五项修炼之路，没有明确的意图是不行的。每个团队都要开辟出一条："自己的路"。最重要的是要把握以下重点：

组建培训师资。设立知识主管，知识主管是企业学习机制的设计师，如同企业设立信息主管、业务主管一样。在20时世纪90年代，美国可口可乐、通用电气公司等大型公司都任命了一批高级经理即知识主管，有效地推动学习型企业的建构。学习型企业的培训师不仅要传道、授业、解惑，还要学会创建一种鼓励、支持学习，促进知识共享的学习环境，以帮助学习者有效地学习，这就要求培训师熟悉学习型组织的理论和修炼技巧，并能主动地应用到各种培训活动实践中去，在实践中不断反思和创新。

创新学习举措。把培养员工的学习能力、培养企业整体的学习能力作为学习宗旨，并把它渗透到培训工作中去。根据不同的培训对象和目标，设计师要设计出以能力为中心和个性化学习需要的教育培训内容体系。在教育培训方式上，要根据员工的心理特点和教育规律，采取开放、互动式的培训方法，在工作学习中，提倡员工自主管理。在教育培训手段上，提供多渠道、多层次、多时空、多媒体的学习机会和方式，真正调动起被培训者的求知欲望。

创建学习机制。企业开展培训往往重量轻质、重训轻练、重形轻神，往往使培训流于形式或浅尝辄止、半途而废。这些都是创建学习型组织的最大智障。强化对员工的培训是一项长期的工作，着眼营造员工终身学习的企业环境，将学习时时融在工作中，提倡"工作学习化，学习工作化"。要引入激励机制把培训工作与升迁、轮岗等激励机制挂起钩来，有效地调动员工的学习积极性。

建立共同愿景。如果没有共同愿景就不会有学习型组织。创新企业文化体系，引导员工把个人价值观与企业价值观融为一体，形成共同愿景以及激发新的思考与行为方式。要了解员工不同的需求与生涯规划，有系统地汇入企业共同愿景中，制定具体的策略、规划，让每个员工了解每天自己的工作生活和组织的状况，使员工逐步形成与组织目标相一致的共同愿景。有了衷心实现的愿景，员工会努力学习、追求卓越，不是因为要他们这样做，而是因为他们衷心想这样做。

改善心智模式。创建学习型组织要改善每个员工心智模式，促进心灵机制的转换，特别是对企业管理者的心智模式的改善。因此，首先必须解决管理者的认识问题，在企业中开展管理层团队学习的修炼，使管理者认识到创建学习型组织是为了适应企业生存的需要，是为了实现员工与工作的真正融合，是员工在组织内工作或延续生命意义的需要，从而自觉改变心智模式，产生自我超越的欲望，焕发探索的激情。在管理层改善心智的基础上，层层讨论层层推广，让员工自觉地接受并认可创建学习型组织的意义，使本人愿意成为组织的一员。上海隧道工程有限公司在创建学习型组织过程中，从设计使命故事入手，激励员工不断改善心智模式，为我们提供了有益的经验。该公司通过编写"快鱼吃慢鱼"的故事，改变员工"大鱼吃小鱼"的传统思想，树立市场竞争的心智模式；通过编写"水煮青蛙"的故事——青蛙直接放在沸水中可以逃生，放在冷水中慢慢加热青蛙必死无疑,克服员工"小富即安"的思想,树立勇于创新的心智模式;通过公司在一项工程招标中未能中标后,工程又处于困境之中,公司临危受命,二次受邀于业主的事情,编写了"好马也吃回头草"的故事,教育员工在市场竞争激烈的环境下,树立"抬头草"、"低头草"都要吃的心智模式;根据公司通过党内协调解决业主、公司与监理方之间矛盾的实事,编写了"党内不分甲方乙方"的故事,让员工学会系统地思考,更聪明地工作。寄"改善心智"于生动形象的故事之中,的确是一种值得推荐的好方法。

畅通信息渠道。企业内部的等级森严,这是创建学习型组织的障碍。因为它阻碍组织内部的信息交流和信息沟通。因此,要把机构的"扁平化"结构建设作为首要任务。20世纪90年代中期,出现的以计算机和网络通讯系统为标志的信息技术,不仅有助于学习资源的广泛利用,而且也使学习自主化、个性化得以实现。要加快企业信息化网络系统建设,完善"反馈系统、反思系统和资源共享系统"的建设,彻底消灭人与人之间的相互沟通的技术障碍。

3. 检验阶段

学习检验是学习活动的控制阀门,要求经常地对学习效果进行分析总结,并经过巩固与改进使循环过程达到自我完善阶段。

进行评估。企业应把评估活动作为是对本企业创建学习型组织活动的总结反思工作。要在内部自荐的基础上邀请社会上被公认的评价公司进行定性和定量的评估,特别是对第一阶段的评估应予高度重视。

进行修正。通过评估明确工作的进展,对于效果明显的制度、方法应予以巩固;对于实践中发现的薄弱环节则应予加强,对失效的制度则要加以改进,确定下一个学习努力的目标和方向。

四、学习型组织的衡量标准

彼得·圣吉在《第五项修炼》中指出:建立学习型组织是现代企业的迫切需要,而新世纪成功的企业将是学习型组织,因为未来惟一持久的竞争优势是有能力,比竞争对手学习的更快。那么什么是学习型组织呢?简言之,就是能够持久地坚持学习,以知识的组织为核心地学习。在理解学习型组织时可以把它看成一个有生命的个体。美国学者瑞万斯指出,一个有机体要想生存下来,其学习的速度〔L〕必须等于或大于其环境的变化〔C〕的速度,借用生态学的一个公式,

即 $L \geq C$。

因此，判断一个企业是否创建起了一个有效的学习型组织，必须符合上述生态公式。具体讲具有三个衡量标准。

1. 战略策略超前。组织能够及时与组织外界及时沟通信息，掌握外界事物发展的变化。就建筑企业讲，学习型组织就是要达到企业能及时了解世界建筑市场和国内建筑市场的发展动态和竞争对手的动态信息，了解其他建筑企业组织的发展战略、经营策略、产品更新、技术引进等方面的最新动态与细微变化，企业根据变化能及时制定、调整企业的发展战略、市场策略，提高企业市场竞争的应变能力。

2. 组织制度超前。组织能够通过组织文化和制度文化的建立，逐步形成组织系统，建立自觉学习机制，提高整个组织的学习能力和知识共享能力，不断地吸收处理外界知识和信息能力，包括国内外的建筑管理、经营方式、组织结构、建筑工艺、建筑新型材料、建筑先进技术等方面的发展、变化情况；及时调整自己存在的结构方式和内涵，以适应市场环境的急剧变化和自身发展的需要，最大限度地形成对环境的适应能力，最终确立组织发展的竞争优势。

3. 建筑产品超前。组织能够与合作伙伴保持有效的信息沟通，并能及时开发出适应市场需要的产品。建筑企业创建学习型组织要达到企业与业主、勘察设计商、承包商、材料供应商、工程监理公司、质量监督单位等方面充分交流信息，使企业不断提高服务质量、促进多方合作、优化企业内部资源配置。同时，能自觉主动地进行科研开发，及时采用新设计、新技术、新材料生产出新的建筑产品，满足国内外建筑市场客户的需求，用开发的新产品积极引导市场的消费。

第四章 经营战略与战略执行文化

经营战略是企业发展的生命线，但只有好的战略而不能很好地贯彻落实，经营战略也是一纸空文。这里就有一个执行文化的问题。本节先介绍经营战略的概念，然后介绍战略执行文化的培育。

第一节 经营战略概述

企业经营战略是指企业发展的谋划布局，企业经营战略的正确与否关系企业的生存与发展。宋新宇（被德国《时代》杂志誉为"第一个被晋升为德国国际管理咨询罗兰·贝格公司领导班子的中国人"）这样说："如果我们的企业失败了，最大的可能是我们的战略错了，而不是我们的能力有问题、市场环境不好或者我们没努力。"战略的重要性怎么评价也不过分。

一、经营战略的概念

战略研究典范我国自古有之。公元207年，诸葛亮在襄阳城西汉江边的隆中卧龙岗接受了刘备的战略咨询。向刘备提出了"占荆、益二州，安抚西南少数民族，整顿内政，联吴抗曹"的战略设想。建议刘备"北拒曹操，南让孙权，先取荆州为家后，即取西川建基业，以成鼎足之势，然后图中原"。这就是历史上的有名的"隆中对策"，后来的40多年的历史发展证明，诸葛亮的战略是惟一正确可行的。"隆中对策"2000多年来被中外历代政治家喻为中国古典战略的典范。

经营战略是企业在未来实践中的全局性、长期性、根本性的企业目标、企业发展方向、企业的经营原则和方法的谋划和布局。或者说，是企业长远经营目标和实现目标的基本措施。这里所说的全局是指各个部分的总和，是时间与空间的统一。用极限的概念来理解，此处所谓的全局是一个相对于特定系统的竞争性的极限范围的概念。经营战略可分为总战略和分战略，总战略是指企业经营发展的全面战略、总方向、总趋势、总目标。分战略是指各部门、经营各系统围绕着总战略的实现为指导本部门的工作而制定的战略。

二、经营战略的特点

经营战略具有如下特点：1. 全局性。经营战略以企业全局作为研究对象，是一种总体性影响整个企业生存与发展前途和命运的策略。2. 长期性。企业经营战略是为了谋求企业长远发展，开拓未来的前景，故经营战略是放在远期未来而非目前暂时的权宜之计。3. 应变性。企业经营战略绝非一成不变，它应根据企业外部和内部环境的变化而变化，加以适当的调整。

三、经营战略的内容

经营战略根据其竞争而采取的战略有：成本领先战略、产品差异战略、市场集中战略。为适应市场的需求又可分为发展战略、维持战略、转移战略和紧缩战略。

经营战略的正确与否决定企业的生存与发展。积极营造企业战略文化，有利于推动企业制度的深化改革和有利于企业各项工作的开展，经营战略是企业文化各项建设的最高文化统领，是全面开展文化建设的依据。

四、经营战略制定的指导思想

1. 系统分析的思想

企业系统具有特定的系统结构，处于外部大系统的包围之中，因此，战略制定者必须具有系统分析的思想，对系统内外进行优劣势分析，达到"知己"和"知彼"，这是经营战略的前提和条件。系统分析包括对企业外部环境的分析，如政治气候、社会环境、技术条件、经济环境等。竞争态势分析包括影响竞争的主要因素即建筑企业、建设投资者、材料供应商等因素、范围、地区的竞争对手情况分析；竞争层次（省内、国内、国际）分析与定位。系统内部分析即对企业内部的产品状况、开发能力、设备组织及人员情况进行系统分析，明确自身优势与劣势。综合分析对企业内外部条件进行综合比较，在尊重客观前提的条件下，充分发挥主观能动性，实现企业外部与内部的最佳结合，形成特定的企业经营战略。

2. 战略创新思想

创新是一个企业不断发展的内在动力。经营战略文化的制定必须坚持创新理念。我国著名"长虹集团"十分重视企业发展战略的创新。

"先王蜀而后天下"的战略：十多年前，老总倪志峰就要求中层干部看《三国演义》。当时长虹还十分弱小，刚刚从日本引进第一条电视生产线，也就是全国第 100 条即最后一条生产线，长虹在全国还是小字辈，偏居蜀地，何以王霸天下？倪志峰说："先王蜀，而后霸天下。"制定了占领四川，拓展西南，逐步走向全国，最终走向世界的发展战略。

独生子女战略：在中国几家大企业中，长虹在多元化发展方面最显得"保守"。时至今日，长虹仍然以彩电生产为主。这种思想早在读《三国演义》时就已确定，集中兵力打歼灭战。企业如家庭，集中财力养一个孩子，养得壮，到哪里都能打胜仗。孩子多了，营养跟不上，出去就要打败仗。

出其不意的降价战略：长虹的崛起与他的两次大幅度降价有关系，在中国的市场上，最先拿起降价武器，运用降价手段最熟练的就是长虹。总结长虹降价战略其实就是三个字"奇、新、特"，在别人不可能降价的时候，长虹率先降价，要降就降到别人降不起的价。长虹善打市场牌与长虹提倡读《三国演义》有很大关系。六年前，长虹羽翼丰满，家大业大。倪志峰推荐给中层干部的第二本书是《红楼梦》。他说："荣宁二府，家大业大，外面看上去热热闹闹，其实里面的亏损一天天大起来，终究垮台了。《红楼梦》里的管家的学问很大。企业做大了，管理跟得上才行，看《红楼梦》既可以正面学管理，也能负面取教训。"倪志峰对内是一个铁面无私的大管家，管理严格有加。长虹具有十几亿资产，每年进出资金 200 亿，却只有一个账户，凡超出 6000 元的支出，都必须由倪志峰签字。在长虹集团流传着两句话："长虹没有倪志峰不行"，"倪志峰当家让人受不了"。打天下时读"三国"，得天下后看"红楼"。倪志峰从中国传统文化中吸取管理营养。

战略创新文化是企业的灵魂，近年来，我国建筑企业为对应经济全球化发展，众多企业把战略创新作为企业文化建设的重要内容来抓，突出企业文化特色。

如中国建设工程总公司积极推进经营战略的创新，将经营战略目标定位为

"一最两跨"既要发展为最具有国际竞争力的中国建筑集团,在2000年前跨入世界五百强、海外经营跨入国际著名承包商前十名。根据这一国际化战略,公司积极推进国外国内一体化经营优势,推动海外业务发展;提供设计采购建造集成服务,改善经营结构,为业主提供项目管理PM和工程管理CM,设计管理DM和融资采购施工EPC一体化,建造运营转让BOT、建设转让BT、设计采购资金运营DPFO和订制建造监理BTs等建造服务模式;服务高端市场即"大市场、大业主、大项目",大力推进PIC商业模式。

山东建工集团在战略创新中迈出新步伐,他们引入多元化的市场,实施企业经营发展战略。首先实施外阜发展战略,以承揽外阜市场高大工程、地区标志性工程,突出抓好青岛、聊城、菏泽、泰安、东营等省内市场。同时实施"引进来"和"走出去"的发展战略,在更大范围、更广领域和更高层次上跨入国际市场,充分利用两个市场,拓宽自己发展的空间。

中国防化建设集团制定了具有自己特色的战略目标:"以投融资带动工程总承包"的经营战略目标,在此战略目标下他们的经营策略是:增值服务和项目融资为先导,取得工程总承包,以工程总承包带动相关业务的发展。充分发挥集团优势,为投资集团投资的项目提供可行性研究和相关的前期项目服务,力争取得工程的承包权。在确保投资收益的同时,获得工程承包利润,实现集团利润最大化。积极与金融机构结为战略伙伴关系,为银行服务,为其贷款的基础设施和房地产项目服务,降低银行贷款交易风险,达到双赢的目的。有条件的项目可以参与开发共担风险,与业主共同建立共同体,合作开发建设,努力为资产管理公司或业主提供盘活资产的项目策划和相应的技术支持,力争在盘活资产的建设中取得工程总承包。有条件的项目也可以投融资参与投资开发,与国际知名工程承包商合作,共同搭建融资平台,实现优势互补,资源共享、规模经营,把握引资政策,尝试以投资、建设、经营、转让的方式参与开发。对基础设施投资,积极探索使用BOT或BT方式,逐步使企业从垫资施工转向以投融资承揽建设业务,逐步向生产经营和资本经营相结合过渡,这一发展战略为建筑施工企业制定战略提供了很好的经验。

第二节 战略经营模式

随着中国加入WTO以及国际化进程的日益加快,建筑市场逐步开放,许多大型承包商纷纷进入中国的建筑市场,国内建筑企业面临着更为艰巨的挑战。因此,建筑企业要认真研究企业的经营战略和组建工程总承包组织体系和管理体系,企业的经营战略调整和承包模式的选择成为企业文化建设的重要内容,世界现代流行的建筑经营方式介绍如下:

一、战略联盟经营

战略联盟(Strategic alliance)是指企业在进行经营中为了提高企业的品位和竞争力,与其他企业本着优势互补的原则,实行战略上的联合行动组织。企业要在建筑市场竞争激烈加剧的环境中获得工程,必须采取新的经营战略和经营方式,而战略联盟则是一个有效的战略经营方式。组建战略联盟具有以下优势:1. 在工程实施过程中可以分担工程风险;2. 可以增强企业的融资能力;3. 为企业建设技术的交流提供更多的机会,强化和增加经验;4. 有利于通过资格预审和中标;5. 有利于开拓国际市场。尤其是第五点显得十分重要。因为在国际工程承包中,外国承包企业与工程所在国企业的联合经营有助于对当地国情民俗、法规条例的了解,方便办理各种手续,而且往往能够享受到所在国的一些优惠政策。战略联盟是横向的联盟,就是具有相同的经营业务的企业联合。通过联合,他们由竞争变为一种合作关系,增强了企业的竞争力,并创造了一种融洽的气氛。就一个项目而言,项目的业主、管理方、设计单位、材料供应商等等由于项目的参与各方各自有各自的利益,导致项目建设过程中产生许多矛盾和争议,甚至引起诉讼。据统计,美国每年发生的60亿元的诉讼费当中就有6亿美元是关于工程建设的。能否采用一种新的经营方式将传统项目建设中彼此之间的敌对、对抗关系转变为一个项目上的利益共同体,从而避免或减少争议和索赔呢?Partnering模式就是基于这种设想。80年代末在美国发展起来的Partnering建设模式定义为:它是业主与项目参与者之间为了取得最大的资源效益在相互信任、资源共享的基础上达成的一种长期的协定。这种协定突破了传统组织界限,在充分考虑参与各方利益的基础上通过确定共同的项目目标,建立工作小组,及时沟通以避免争议和诉讼的发生,培育相互合作的良好工作关系,共同解决项目中的问题,共同分担风险和成本,以促使在实现项目目标的同时也保证参与各方对于业主在投资、进度、质量控制方面有着非常显著的优越性,有着良好的应用前景。这种模式经过近10年的实践,已在美国、欧洲、澳大利亚、新加坡、香港等的工程项目建设中取得成功。

二、"虚拟"经营

近年来,西方企业界经营新策略层出不穷,各种经营新方法竞相亮相,"虚拟经营"就是其中一种。利用这种方式创业者不必依靠长年累月慢慢积累财富,而是依靠外力弥补自己的不足,大大缩短了成功所需要的时间。

1. "虚拟经营"的由来

"虚拟"一词来自于计算机产业,"虚拟"是计算机术语的一个常用名词,是指通过借用外部共同的信息网络及通道,提高信息数据存贮量和存取效率的一种方法。"虚拟"一词用到企业经营中来,实际上就是直接借用外部力量,整合外部资源的一种策略。虽然"虚拟经营"作为一种经营战略提出来的时间还不长,但是许多企业实际上早已自觉不自觉地加以运用。美国 IBM 公司在个人计算机(PC)市场上后来居上、反败为胜的例子就是典型。

上世纪 80 年代初期,IBM 公司由于对 PC 发展前景估计不足,错过发展良机,致使在竞争实力上大大弱于自己的苹果公司乘虚而入而一度成为个人计算机市场上的全球霸主。然而,作为计算机行业的"蓝色巨人",IBM 公司岂能甘居人后。经过 IBM 领导人一番决策之后,公司决定开发自己的 PC 机,重新夺回了在个人电脑上的领先地位。根据当时的情况,IBM 要实现其决策目标的途径主要有两条:一是按照传统的产业发展之路,集中本公司的人力、财力、物力等各种资源,全力投入 PC 机的设计、开发、生产及销售,一切依靠自己的力量,从头开始。二是根据 PC 及零件生产技术日趋成熟的现象,采取外部资源的策略,充分利用外部市场上的各种资源优势进行生产与销售,IBM 选择了后者。以后的实践证明 IBM 的选择是非常正确的。通过整合外部资源,例如从微软公司引入程序操作系统,从 Intel 公司购买微处理器芯片,IBM 公司节省了大量资金,而且还大大缩短了产品开发周期,其第一台 PC 机推出的时间仅为 15 个月。在销售过程中,IBM 也别具匠心,改变了原有的仅靠自身销售网络出售产品的模式,利用市场上已经完善的 PC 机销售网络来扩大自己的产品销售空间,仅在销售初期,销售网点就达 2000 个之多。由于采取了巧借外力的虚拟经营策略,IBM 公司仅仅用了三年就夺回了 PC 市场的主动权。1985 年其市场占有率由 1984 年的 26% 猛增至 41%,超过苹果公司,重新成为 PC 机市场的领袖。

2. "虚拟经营"的概念

通过 IBM 公司的例子，我们可以看出，虚拟经营战略的基本含义就是以各种方式借用外力，如购买、联合、兼并、外包等对企业外部的资源优势进行整合，实现聚变，创造出超常的优势。在这种经营模式中，企业可以获得诸如设计、生产、营销等具体的功能，但却不一定拥有上述功能相对应的实体组织，它可以通过外部力量来实现上述功能。进一步讲所谓"虚拟经营"是指两个或两个以上拥有核心能力的企业或项目组织，依托信息网络资源以业务包干形式联合完成某一任务，通过共享彼此的核心能力，使共同利益目标得以实现的统一体。在组织结构上，虚拟企业呈现虚拟化的特点。传统企业需要有完备的市场开发、材料采购、人员管理、财务等职能，其组织机构也是有形的。而虚拟企业尽管也具备生产、销售、人员管理、财务管理等职能，但在企业内部却不一定完整地拥有执行这些功能的组织；在管理模式上，虚拟企业突出了各组织的平等合作的关系。虚拟企业是建立在信息网络上，应用现代信息技术和通讯手段进行的两个或两个以上组织的合作。在经营策略上，虚拟企业采取了外部资源整合的战略，不再局限于企业内部资源。

"虚拟经营"是我国建筑企业改革发展的重要经营模式。企业要想生存和发展，就必须能够承揽到大的项目。当今客户日益要求企业为业主提供全面、高端的服务；规模庞大的集团化模式难以对多变的市场做出敏感的反应，难以承担巨大的经营风险，甚至有弱化企业突出优势之嫌，从而影响到企业的竞争能力。虚拟企业是一种以市场为导向强调速度和效益的管理方式和经营方式，是一种能够充分利用全社会最优秀资源的经营战略方式，将成为未来企业经营采纳的主要模式之一，是我国建筑行业改革与企业发展的必然选择。

3. "虚拟经营"的内容

人员虚拟。随着市场竞争的日趋加剧，科技含量等对经济增长的贡献程度越来越大。"虚拟经营"就是一种借脑集智的活动，例如，惠普公司常年聘请多位来自不同领域的技术专家和管理专家组成公司的高级智能团，参与企业的发展，筹划并保证解决生产经营过程中的具体问题，从而很好地发挥了企业内外人才互补和协同的作用，经营业绩大为改观。

功能虚拟。一般来说，任何企业的资源相对整个外部市场来说都是极其有限的，因而在企业内部总有一些部门的功能由于受到资源的限制显得相对弱一些，有时甚至会形成功能"真空"。例如有些企业技术力量的优势较为突出，但缺乏规模化生产条件；有的企业生产条件出众，但没有完善的营销机构。在这种情况下，企业可以采取功能虚拟的策略，也就是说借用外部力量来改进企业劣质部门的功能。与其他企业优势功能相互协同，比如由于某一部门功能弱化而影响企业的快速发展，企业就可以通过采取虚拟经营的方式来弥补这一功能缺陷。

企业虚拟。企业虚拟是企业间的一种暂时的联盟方式，也就是说，具有不同优势的企业可以通过组建"虚拟公司"，将各项优势结合起来，以充分发挥协调效应，保证联盟目标的实现。企业采取虚拟经营的策略，往往是追求一种超常目标，这种目标高于企业拥有自身资源可以达到的标准，具有突破企业自身实力界限的功效。在瞬息万变、产品技术含量越来越高的当今社会，企业单凭自己的力量往往难予赢得先导优势，因而汇集不同企业优势的"企业虚拟"策略得到越来越广泛的应用。

为了更好地理解"虚拟经营"的方式，我们有必要进一步探讨一下"虚拟公司"。"虚拟公司"是一种企业间的暂时的组织形式，不同的加盟公司，通过组建"虚拟公司"可以发挥自己的优势，共同开发一种或几种产品，最终把共同开发的产品迅速地推向市场。加盟公司共同分担所有的成本费用，并分享高技术，企业目标一旦完成，先前组建的"虚拟公司"就宣布解散；为了新的战略目标，新的合作伙伴有可能组建成新的"虚拟公司"。

4. 建筑施工企业实现虚拟经营的方法

建筑施工企业要实现"虚拟经营"应做到以下四点：

（1）整合和重塑原有的企业文化。建筑施工企业要重塑兼收并改造原有的企业文化，培育"虚拟企业"文化。这就要求企业在文化建设中，首先要牢固树立市场意识、竞争意识、协作意识、信用意识、团队精神等理念，为企业建立虚拟企业创造意识条件。

（2）搭建互联网数字化信息交流的平台。现代工程项目在工程质量、成本、工期等方面均要求达到最优，这就要求"虚拟企业"的总承包商、分包商、专业承包商做到同心协力，在各种问题上始终保持高度一致，沟通迅速，达到信息的高度共享。虚拟企业是以网络信息技术为基础，共享人力、咨询信息和先进的技术等资源，完全可以满足上述要求。在企业管理中，应积极进行企业的信息化改造，使企业间的信息传递做到时时互动、事事互动，提高企业对市场信息与其他企业信息的沟通和反馈效率。

（3）精简管理组织机构。虚拟企业没有中央办公室，没有正式的组织图，更不像传统的组织那样具有多层次的组织机构。"虚拟组织"通过分享市场机会和客户以实现供应的目的。因此，建筑企业要实现虚拟经营，就要建立适应虚拟经营的企业管理组织，打破传统的组织形式，组成适应虚拟组织的组织管理机构，提高企业组织的柔性，将职能交叉重复的机构撤销和合并，取消不必要的中间管理层次，利用虚拟组织构建自己的虚拟思想，只保持自己的核心优势，其他企业的机构和职能虚拟于企业的外部，通过互相合作，充分利用对方的优势资源。

（4）培育企业的核心竞争力的品牌。核心竞争能力和品牌优势是虚拟经营的基础。核心竞争力的有无，将是企业进行虚拟经营成败的关键。全球范围内的动态组合使合作伙伴之间难以进行十分详细的互相了解，品牌这种无形的资产就成了合作伙伴之间进行判断、确定是否合作以及如何合作的重要参考因素。

三、SVL 经营模式

1. SVL 经营模式概念

当前，许多大型建筑施工企业构建 SVL 组织模式，取得很大进展。所谓的 SVL 即战略联盟（Strategic alliance）+虚拟组织（Virtual organization）+学习型组织（Learning organization）模式。战略联盟和虚拟组织是针对组合外部而组建的，学习型组织是对组织的内部结构而组建的。战略联盟是与具有互补核心竞争力的企业外部进行的联盟，目的在于增强企业自身的核心竞争力，具有长期性的特点，关系相对稳定。虚拟组织也是具有互补核心竞争力的企业外部组合合作，目的在于借助外力共同完成企业的某一项任务目标，但具有短期性的特点。学习型组织是企业内部结构对企业采取战略联盟和虚拟组织两种模式的呼应。

大型建筑施工企业通过不断地分离、改制、重组，明确自身的核心竞争力（项目管理、技术创新等），然后与具有一定资质的设计单位、金融机构、材料设备供应企业以及与自己形成的互补竞争力的建设企业（包括国外的承包商）结成战略联盟，共同参与国际竞争。企业接到工程项目后，采用工程项目虚拟建设模式，通过竞标把工程项目分包给各专业承包商，企业自身主要从事项目管理工作。在此过程中，战略联盟和项目虚拟建设模式对企业的信息化提出了很高的要求，企业的信息化不再是原有业务的简单的电子化，它使企业内部的变革、以及企业向学习型组织转变成为理所当然。

2. SVL 组织设计原则

大型建筑施工企业 SVL 组织模式设计必须遵循以下几个原则：

（1）以互补核心能力为原则。企业发展到一定阶段，为了继续发展，最好的办法就是借助外力，谋求与外部组织的合作。正如组织发展的生命周期理论所提到的那样，企业在谋求向外部发展的过程中，一般来说都具备一定的核心竞争力，一定要选择与本身具有互补核心竞争力的企业，这样才能实现 1＋1＞2 的效果。如果两个企业的核心能力不具有互补性，或是说没有关联性，这样的合作只能给双方都带来负面的影响。关联性是 SVL 组织设计很关键的一条原则。

（2）借助外力原则。是指组织在寻求与外界组合做事时，要充分地利用外部的资源，谋求自身的最大发展。要做到这一点，最好先要对自身有一个充分的认识，了解自身已经具备了什么条件，缺乏什么能力，需要什么能力。这样才能准确地选择外部合作对象，从而充分地利用外部资源。

（3）信息沟通无障碍原则。信息沟通无障碍原则就是指企业与外部组织合作时，要做到各方之间信息的互通有无，知识共享，以便能及时、敏捷地对外部变化做出反应。这就要求企业内部必须具备完善的信息系统，并与外部组织的信息系统保持良好的接口。另外，企业之间的信息的交互不仅仅指的是一般信息，还应包括一个有效的知识的共享，这就需要一个有效的知识提炼机制，即把各方的显性知识、隐性知识都贡献出来。还有要做到信息互通无阻，企业必须保证在内部信息上畅通无阻，这就要求企业内部实现组织结构的扁平化、网络化。员工之间相互合作、知识共享，员工之间没有明显的界限。上级向下级授权，员工之间以团队形式工作。

四、特许经营模式

1. 特许经营模式的由来

"特许经营"英文"Franchise"，本意是指"特别的权利"。19 世纪末以来，"Franchise"应用到商业上，被赋予了新的含义。

19 世纪 40 年代，英国的一些啤酒酿造商将专卖权授予一些经营啤酒的小店铺。1851 年，胜家（Singer）缝纫机公司开始以特许经营的方式出售其缝纫机分销特许经营权，双方以特许经营协议书的方式构成双方的特许加盟关系。通过这种方式，他们很快组织成了特许经营网络，占有了美国缝纫机市场绝大部分的市场份额。胜家公司被认为是特许经营的鼻祖。

19世纪末至20世纪初，石油提炼公司和汽车制造商开始授权给一些人和企业销售他们的产品。例如福特公司要求其特许经销商必须按总部规定的销售方式和服务标准销售福特汽车。自此，特许经营具有了"授权分销制造商产品"的商业含义。

这一时期的特许经营被称为"第一代特许经营"，也叫"产品品牌特许经营"，现今，仍有许多制造商运用这一方式。

第二次世界大战以后，美国经济快速发展，其中，餐饮、旅馆等服务业的发展使特许经营在内容和形式上更加丰富。1937年，麦当劳兄弟，哥哥麦克·麦当劳和弟弟戴克·麦当劳在加利福尼亚州一条国道旁开了一家很普通的小吃店。当时正赶上美国开始进入汽车时代，店里的生意很好。1940年，他们将店铺迁移到洛杉矶东部80km的一个繁华住宅区，生意十分红火。经过十年的经营，兄弟俩积累了财富，但他们依然认为应该改变原有的思路和经营模式。他们关闭了经营了十年的餐厅，决定引进自助服务和快速提供食品的方式。与此同时，他们将自己开发并取得成功的体系命名为"快速服务系统"，以特许加盟的方式进行推广，即将食品制作技术和配方、餐厅的设计以及产品销售技巧等传授给加盟商，加盟商交纳一定数额的加盟费。

尽管兄弟俩非常热心于这一模式的推广，但却不热衷于加盟制度的管理和完善。真正使麦当劳在市场上快速发展起来的是麦当劳的一个的加盟商——莱·克罗克先生。克罗克先生是一位奶油冰激凌机推销员，当时，美国市场上开始流行软冰激凌，奶油冰激凌机的销售受到很大影响，恰在此时，他收到了麦当劳公司8台机器的订单，这是他收到的最大订单。出于好奇，他来到了麦当劳餐厅，当时尚未到正午，但是餐厅里三个柜台前排着长队，而且人越来越多，服务员们以每客15秒的速度提供食品。他在感到震惊的同时发现了其中蕴涵着的巨大商机。1961年，克罗克买入麦当劳商标权，开始全力投入麦当劳特许加盟发展模式的研究和开发。他提出QSC（质量、服务、清洁）的经营理念，并将其编写成了具体的指导手册，极大地促进了加盟店的发展和管理。在当时的美国，加盟连锁方式存在着特许商要求加盟商高价购买原材料，总部从中提取价差或中介费和高额加盟费的情况。但克罗克坚信，只有加盟商的成功才会有特许商的繁荣，并采取了一系列服务加盟者的措施和办法。5年后，加盟餐厅超过了250家。

无独有偶，另一家特许经营的代表肯德基公司也是在同一时期发展起来的。1955年，65岁的哈蓝先生到一家餐厅制作自己发明的肯德基炸鸡，随后在盐湖城开了第一家加盟店，1963年发展到600多家。

以麦当劳、肯德基为代表的第二代特许经营商比胜家、福特汽车等第一代特许经营商更强调"商标、经营技术和店铺设计"等以知识产权为核心的特许。

2. 特许经营模式的概念

特许经营是指特许者将自己所拥有的商标、商号、产品、专利和专有技术、经营模式等以特许经营合同的形式授予被特许者使用，被特许者按合同规定，在特许者统一的业务模式下从事经营活动，并向特许者支付相应的费用。由于特许企业的存在形式具有连锁经营统一形象、统一管理等基本特征，因此也称之为特许连锁。

特许经营是以特许经营权的转让为核心的一种经营方式，其本质特征可以从以下三个方面来理解：

（1）特许经营是利用自己的专有技术与他人的资本相结合来扩张经营规模的一种商业发展模式。因此，特许经营是技术和品牌价值的扩张而不是资本的扩张。

（2）特许经营是以经营管理权控制所有权的一种组织方式，被特许者投资特许加盟而被特许者对企业拥有所有权，但该企业的最终管理权仍由特许者掌握。

（3）成功的特许经营应该是双赢模式，只有让被特许者获得比单体经营更多的利益，特许经营关系才能有效维持。

3. 特许经营的类型

（1）特许经营按特许权的内容划分为以下几种类型：

较早出现特许方式被称为"产品品牌特许经营"，又称"产品分销特许"，是指特许者向被特许者转让某一特定品牌产品的制造权和经销权。特许者向被特许者提供技术、专利和商标等知识产权以及在规定范围内的使用权，对被特许者所从事的生产经营活动并不作严格的规定。这类特许经营形式的典型例子有商业的汽车经销商、饮料罐装、销售以及石油工业的加油站等。目前在国际上这种模式逐渐向经营模式——特许经营演化。

"经营模式特许经营"被称为第二代特许经营,目前人们通常所说的特许经营就是这种类型。它不仅要求加盟企业经营特许企业的产品和服务,质量标准、经营方针等也都要按照特许者规定的方式进行。被特许者缴纳加盟费和后继不断的权利金(特许权使用费),这些经费使特许者能够为被特许者提供培训、广告、研究开发和后续支持。这种模式目前正在国内外快速发展。

(2)特许经营按授予特许权的方式划分为以下几种类型:

单体特许。单体特许是指特许者赋予被特许者在某个地点开设一处加盟公司的权利。特许者与加盟者直接签订特许合同,被特许者亲自参与加盟公司的运营,加盟者的经济实力普遍较弱。目前,在该类被特许者中,相当一部分是在自己原有公司的基础上加盟。单体特许适用于在较小的空间区域内发展特许网点。优点:特许者直接控制加盟者;对加盟者的投资能力没有限制;没有区域独占;不会给特许者构成威胁。缺点:网点发展速度慢;总部支持管理加盟者的投入较大;限制了有实力的被特许者的加盟。

区域开发特许。特许者赋予被特许者在规定区域、规定时间开设规定数量的加盟网点的权利。由区域开发商投资、建立、拥有和经营加盟网点;该加盟者不得再行转让特许权;开发商要为获得区域开发权交纳一笔费用;开发商要遵守开发计划。该种方式运用得最为普遍,适用于在一定的区域(如一个地区、一个省乃至一个国家)发展特许网络。特许者与区域开发商首先签署开发合同,赋予开发商在规定区域、时间的开发权;当每个加盟网点达到特许者要求时,由特许者与开发商分别就每个网点签订特许合同。优点:有助于开发商尽快实现规模效益;发挥开发商的投资开发能力。

建筑企业采用特许经营模式进行经营已不是什么新鲜事情,在台湾、太平洋地区已较为普遍。建筑企业向特许经营公司运用自己企业的品牌,对被特许者进行指导,加盟公司按照特许者的运营模式进行经营,或由特许公司派出一支管理队伍去,按照自己的理念和方法进行管理,以维护特许公司的形象。

五、国际工程经营模式

经营方式是多种多样的,构建具有特色的服务方式主要取决于企业自身经营战略的思考和企业的组织结构、企业内外部实际情况。当前,国际流行的具体经营方式有以下几种:设计采购施工总承包(EPC)、交钥匙总承包(LSTK)、设计采购施工管理承包（EPCm）、设计施工监理承包（EPCs）、设计采购承包和施工咨询（EPCa）、设计采购承包（EP）、设计采购安装施工承包（EPIC）等形式。工程项目管理主要有项目管理承包（PMC）、项目管理组（PMT）、施工管理（CM）等形式。

1. 设计采购施工总承包方式（EPC：Engineering Procurement Construction）是指承包商负责工程项目的设计、采购、施工安装过程的总承包，并负责试运行（由业主进行试运行）。EPC服务方式可分为两种类型：EPC（max s/c）和EPC（self—perform construction）前者是EPC总承包最大限度地选择分承包商来协助完成工程项目，通常采用分包的形式将施工分包给承包商，其合同结构形式如图4-1所示；后者则是EPC总承包商选择出分包商完成少量工作任务外，自己要承担工程的设计、采购和施工任务，其合同结构形式如图4-2所示。

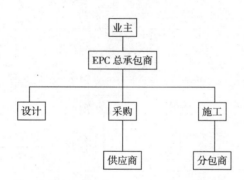

图4-1　EPC（max s/c）合同结构形式

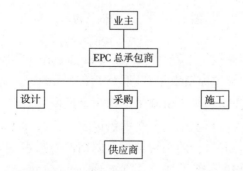

图4-2　EPC（self—perform construction）合同结构形式

2. 交钥匙总承包 LSTK（Lump Sum Turn Key）是指总承包商负责工程项目的设计、采购、施工安装和试运行服务全过程，向业主交付具有使用条件的工程。交钥匙总承包也可以分为两类，一种是总承包商选择分包商，分包施工工程；另一种是总承包商自行承担全部工程，除少量工作分包外，一般不进行分包。交钥匙总承包合同结构与 EPC 相同。

3. 设计、采购、施工管理承包 EPCm（Engineering Procurement Construction management）是指承包商负责工程项目的设计和采购，并负责施工项目的管理。施工承包商与业主签订承包合同，但接受设计、采购、施工管理承包商的管理。设计、采购、施工管理承包商对工程的进度质量全面负责。其合同结构如图4-3所示。

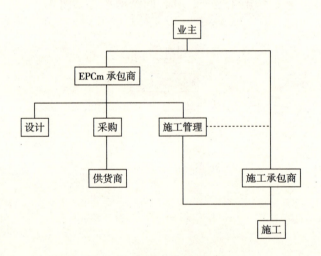

图 4-3　EPCm 合同结构形式

4. 设计、采购、施工监理承包 EPCs（Engineering Procurement Construction superintendence）是指承包商负责工程项目设计和采购，并监督施工承包商按照设计要求的标准、操作规程等进行施工，并满足进度的要求，同时负责物资的管理和试运行服务。施工监理费不包含在承包价中，按实际工时记取。业主与施工承包商签订承包合同，并进行施工管理，其同结构如图4-4所示。

5. 设计、采购承包和施工咨询 EPCa（Engineering Procurement Construction advisory）是指承包商对工程项目负责设计和采购，并在施工阶段向业主提供咨

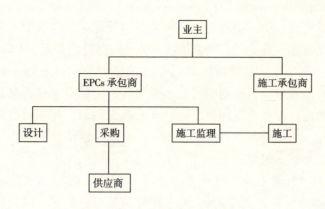

图 4-4　EPCs 合同结构形式

询服务。施工咨询费不含在承包价中，按实际工时计取。业主与施工承包签订合同，并进行施工管理，其合同结构如图 4-5 所示。

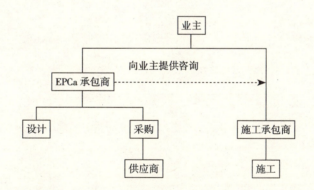

图 4-5　EPCa 合同结构形式

6. 项目管理承包 PMC（Project Management Contractor）是指项目管理承包商代表业主对工程项目进行全过程、全方位的项目管理，包括进行工程的整体规划、项目定义、工程招标、选择设计、采购、施工承包商，并对过程进行全面管理。但一般不直接参与项目的设计、采购、施工和试运行阶段的具体工作。PMC 的费用一般按"工时费用 + 利润 + 奖励"的方式记取。PMC 是业主机构的延伸，从定义阶段到投产进行全过程的总体规划和计划的执行，对业主负责，与业主的目标和利益保持一致。

对大型项目而言，由于项目组织比较复杂，技术、管理难度比较大，需要整体协调的工作比较多，业主往往都选择 PMC 承包商进行管理。PMC 承包商一般更注意根据自身经验，以系统与组织运作的手段，对项目进行多方面的计划管理。比如，有效地完成项目前期阶段的准备工作，协助业主获得项目融资；对技术来源方进行管理；对各装置间技术进行统一整合；对参与项目的众多承包商和供应商进行管理（尤其是界面协调和管理），确保一致性和互动性，力求项目整个生命周期内的总成本最低。

PMC 可分为三种类型：一是代表业主管理项目，同时还承担一些其他公共设施的 EPC 工作。这种方式的 PMC 风险高，而相对的利润、回报也较高；二是代表业主管理项目，同时完成一定阶段的所有工作，包括基础设施、±10% 的费用估算、进行工程招标、选择 EPC 承包商和主要设备供应商等；三是作为业主管理队伍的延伸，负责管理 EPC 而不承担任何 EPC 的工作，这种方式的风险和回报都比较小，其合同结构如图 4-6 所示。

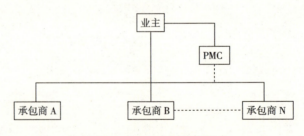

图 4-6 PMC 合同结构形式

7. 项目管理组 PMT（Project Management Team）是指工程公司或其他项目公司的项目管理人员与业主共同组织成一个项目管理组，对工程项目进行管理。在这种方式下，项目管理服务方更多的是作为业主的顾问，工程的进度、费用和质量控制的风险较小，其合同结构如图 4-7 所示。

8. 计划、采购承包 EP（Engineering Procurement）是指承包商对工程的设计和采购进行承包，施工则由其他承包商负责。

9. 施工管理 CM（Construction Management）是代表业主进行施工管理，其合同结构如图 4-8 所示。

10. 设计、采购、安装、施工承包 EPIC（Engineering Procurement Installation

Consturrction）是针对海上平台项目来说的，海上平台的安装工作比较复杂、工作量比较大，所以将安装从施工中分离出来，给予特别强调。它的承包内容和合同结构与 EPC 相似。

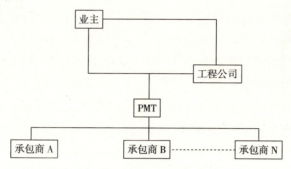

图 4-7　PMT 合同结构形式

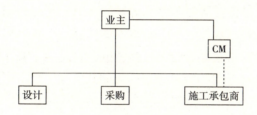

图 4-8　CM 合同结构形式

第三节　战略执行文化

当前，建筑施工企业正面临着前所未有的结构调整，企业战略制定了，但往往却无法将其变为现实，这是企业运行中常常遇到的问题，其实这就是企业执行能力的问题。"一打纲领比不上一步实际的行动。""执行"的重要性是不言而喻的。有了科学的决策却执行不力或者根本无人执行，决策就是空话。执行是一门学问，它是战略的基础，因此，执行能力是一个十分重要的问题。

一、执行是通向战略目标的桥梁

战略可以决定一个企业的方向，但是反过来说，正确的战略也不一定能够保证一个企业一定都能会成功，因为这里面还有一个执行的问题。如果在制定企业战略时不考虑企业执行能力问题，任何领导者都不可能制定出真正意义的战略。因此，对于不同的企业在不同的发展时期和阶段，应该各有侧重，在一个企业发展到关键的时候，要转型的时候，战略十分重要。但是，如果企业战略已经确定或基本确定，这时候执行就显得十分重要和关键了。而且在执行的过程中，可以进一步地修正、检验以及优化原来的决策，使得决策变得更好。现阶段，在我国大多数企业对战略的把握应该相差不多，由此看来执行就显得更为重要了。

从战略目标的确定到战略结果的实现是一个系统的过程，它一般要经过三个流程：战略流程、运营流程和人员流程。战略流程主要职责是"做正确的事"；运营流程主要职责是"把事情做好"；人员流程主要职责是"正确地做事"。三者形成有机的体系，任何一环缺失、断裂都将影响企业目标的实现。而将战略、人员、运营三个流程统筹协调起来的系统能力就是执行力。

1. 执行是对战略目标坚守的定力

执行通俗地讲就是按照既定战略、政策、方针、法令、决议、计划实行。谈执行必须指向一个明确的客体，执行什么？即明确一个具体的执行目标。讲战略执行力，其执行目标就是企业制定的具体战略，这是一个基本的前提。因此，战略目标一经确定，执行者就必须对企业的战略意图有一个清晰的了解，必须有咬紧牙关不放松的坚韧。在实现战略目标的过程中要凝神定气，抵制诱惑，善于放弃，使执行发挥其对战略目标的定力作用。

中建五局 2003 年在区域经营战略上提出了四个转变即变游击作战为阵地战，实现本土化经营；变盲目作战为打有准备之战，实现理性化经营；变单兵作战为整体作战，实现集团化经营；变刮金式经营为贴金式经营，实现品牌化经营。在具体布局上，局本部确定了 6+5 的经营格局，除了 6 个直营区域和 5 个委托经营区域，对其他地区的一般项目，始终坚持既定的原则，决不偏离目标轨道。通过有效的执行，加强了经营行为的理性和自律，集中了企业有限的资源和精力，有效提高了区域经营的整体成效。目前全局形成湖南、广州、浙江、贵州、安徽、四川、江西等多个稳定的区域产出点，为企业规模和效益的提升提供了有利的支撑，全局合同额突破 50 亿大关，集团保持 3 位数的高速增长，中建五局执行实践充分说明执行力是战略目标坚守的定力。

2. 执行是对运营流程掌控的能力

战略流程设定了战略目标和方向，具体如何运作？执行力就表现为一种实践的技巧和运营的能力了。通过何种途径达到目标？用何种方法、方式进行？与战略流程注重思想的深度和精度，强调"做正确的事"相比，运营流程则更注重行动的速度和力度，强调"把事情做正确"，有效的执行必须有操作层面的跟进和支撑，才能使战略变为现实。否则再好的战略就会成为镜中之花、水中之月。

运营流程的设计，首先应该尽可能的简捷，将复杂的事情简单化；应闭路化、有布置就有检查、评估、纠偏；程序化，通过建章立制，将其固定下来，以提高工作的效率，杜绝人为因素的干扰。

运营流程虽涉及的是战术层的问题，其影响力却不可小看。出色执行力的运营体系有时可以弥补战略上的某些缺陷。当一个企业的运营流程确定之后，不管领导在与不在，说与不说，整个运营体系都能自觉地、惯性地维持着一种高质量的运营状态，犹如与生俱来的本能，完全不需要外力的强制，那么这样的企业就不可能被一时的意外挤垮，因超强的执行力而使企业具备了良好的运营根基。由此可见，执行对企业运营流程具有掌控的能力。

3. 执行是对绩效追求过程中迸发的创造力

战略流程和运营流程最终要有人来操作。因此，谈执行力都必须归于执行的主体——人。执行不会是一帆风顺的，总会有荆棘和沟壑横亘在脚下，牵扯羁绊着我们执行的步伐。埋怨、等待都无济于事，惟有发挥人的主观能动性，劈荆斩棘、开山披路为自己搭建起一条通向目标的桥梁。这么一个执行的过程就是一个不断战胜困难、不断修正结果以达到目标的过程，在执行的过程中，可激发人的前所未有的心智和迸发出潜在的创造力。

一切成功的组织在执行的过程中必定强调发挥人的积极性和创造性，坚持绩效与薪酬挂钩，构建起一种注重结果导向的执行力文化，而这种文化一旦形成，必将为员工追求绩效提供不竭的源动力。

同时，建立有效的执行文化必将要通过政策引导营造有利于执行的制度氛围，从外部形成硬约束。这主要体现为"用人观"的变化，即"用人就必须用能执行的人"。"干成事"是我们衡量人才的一个最重要关键的因素。培育执行文化对提高企业人才的培养具有重要意义。

二、培育战略执行文化的方法

1. 领导者的垂范。执行是企业领导者的重要工作，企业要建立一种执行文化，企业的领导者就必须首先学会执行，领导者们必须对企业、员工和市场环境有着全面的综合了解，而且这种了解不是任何人所能代替的，领导者行为最终将成为整个企业的行为。因此，领导者行为是整个企业执行文化的基础。中国营销网专栏作者吴永法认为："高层领导的参与是提升执行文化的关键"。在一次事故咨询活动中，营销网客户总经理认为，此次事故原因在客户，终端方面不存在问题。吴永法就带着这个总经理直接去了北京12个店面查找问题，直到晚上九点多，发现在"细节上问题还是很多"。第二天，吴永法就召开会议部署改进，使问题得到了落实。"高层的关注，比解决具体的问题更重要的是对下属的引导，你的一言一行都在影响他们的方向。"但是，建立一种执行文化并不是说领导要进行微观管理，不是要领导者事必躬亲，也不是要收回一些管理人员的权利，它应该是领导人的积极参与，首先完成自己所应该完成的工作。现实中，一些企业领导往往忽视了"身教重于言传"的道理，只强调下属先去执行，而不是自己先去执行。那些善于执行的领导者们常常会从事一些非常具体、又很繁琐、非常关键的细节性工作，他们将企业存在的问题公布于众，并最终号召大家一起来解决这些问题。执行型的领导者会在企业中建立一个执行文化的结构，他会提拔那些能够、并更善于有效完成工作的人，并给他们更高的回报。在具有执行文化的企业中，当领导提出一些问题时，员工们自然就会知道自己的任务。领导讲清的每一件事情，实际上是在对员工进行教育，将自己的经验传递给他们，从而改变员工们那些与企业战略不符合的行为方式。这种做法实际上是在帮助每一个员工提高自己的能力。企业的领导者应有比较宏观的判断能力，并且经常地跟下面沟通。通过沟通，把需要做的事情一层一层往下推进，让大家都清楚最后要达到的目标是什么。沟通是一个企业家最基础的、应该要做的事情。西方MBA教育课程基本上都把沟通当成必修课，企业的主管也要有沟通的能力，才能够使得你的能力有机会往下扩散。

2. 创建执行文化机制。执行需要系统的流程设计。执行系统流程设计在于三个方面：战略流程、运营流程和人员流程。执行不是一句简单的口号和几次简单的培训，而是要通过行动，解决问题来实现目标的制度。整合三流程的过程，实际上也就是一个决策执行的过程，具有执行文化的企业都能深入而持久地开展这些流程的整合。具体落实谁来负责他们的工作，如何衡量他们的工作，如何进行责任分配？为了执行一项战略，企业需要进行哪些人力、技术、生产和资金方面的投入？一段时间以后，当战略发展到下一个阶段的时候，是否能够执行下去？由于这三个流程彼此紧密地联系在一起，所以人员之间也不应当存在任何的分割，而应当常常沟通。最为重要的是，企业的领导者和管理层必须亲自参与到这个过程之中。领导者应当是一项战略最重要的实践者。

3. 管理层执行文化是关键。中层管理者在执行中的位置是"承上启下"，肩负战术决策和实施职能。同时常常承担执行不力的指责。实际上，中层执行力的发挥不单单由自身能力所决定的，而且有赖于企业的整体环境、资源配置、领导行为、目标设定、纠错机制等许多环节的影响。

4. 形成创建企业执行文化的良好氛围。执行力是企业的经营管理要素，要把企业战略落实，把企业的任何一件事情办好，最重要的是在企业内部形成一种氛围、形成一种文化，否则再好的战略也不行。因此，执行文化应当是企业文化的一个重要的组成部分。当企业出现问题时，战略上的变革、结构上的调整给企业所带来的推动都是有限的。我们知道如果合适的软件（员工的信念和行为习惯）没有到位，硬件（企业战略和结构）就无法发挥作用。因此，必须改变员工的行为方式，真正建立起高效的执行文化。首先领导要使所有员工清楚企业的目标是什么，然后与大家一起讨论实现这些目标所应具备的条件，并同时把这作为指导这一过程的重要环节。经过一段时间，领导应对那些做过贡献的人进行奖励，如果它没有实现预定的目标，领导应给员工更多的指导，获取能力、调换工作岗位或者是让他们离开。在这个过程中，实际上已经建立了一种执行文化。

5. 重视群体执行文化形成的作用。企业执行文化是企业文化的一部分，在进行传统企业文化建设时要一起考虑到执行的地位和作用；并且企业中只有多数人懂得执行，执行的学问才会真正发挥作用。如果只有少数人执行的话，其结果往往是不尽人意的。近年来，许多知名企业的运营实践表明，树立执行文化的理念，探讨执行文化建设的有效途径是企业战略、计划能够落实，是推动企业改革和发展的有力保障，是现代企业战略建设的重要内容。

三、战略执行文化建设的八个关键

东北一家大型国有企业因为经营不善导致破产，后来被日本一家财团收购。厂里人都翘首以盼日本人能带来什么先进的管理方法。出乎意料的是，日本只派了几个人来，除了财务管理、技术等要害部门骨干及管理人员换成了日方人员外,其他的根本没动。制度没变,人员没变,机械设备没变。日方提出一个要求,把企业先前制定的制度坚定不移地执行下去。结果怎样?企业不到一年就扭转为赢了。日本人的绝招是什么?执行力,无条件地执行。

执行不好的原因有多方面的,企业在发展过程中影响执行力最为常见的问题,也是企业在解决执行力方面必须首先要解决的八个关键问题叙述如下。

1. 缺乏坚持性,不能始终如一

第一条是企业领导者没有常抓不懈,大的方面是对政策不能始终如一地执行,虎头蛇尾;小的方面是有布置没检查,检查时前紧后松,工作中宽己律人,自己没有做好表率等等。古人云:"己身不正,虽令不行。"就是这个道理。中国流传着一句古话:"上梁不正下梁歪"。一个企业出了问题,首先要看主要负责人。所以,企业要强化执行必须在每一个方案出台时,应引起管理者的高度重视,凡是牵扯到管理者的方面,一定身先士卒,做出表率才行。

在这里,我们不妨举一个反面的例子。作为建国后由国家投资兴建的第一座百货大楼——北京王府井百货大楼,在它几十年的经营中赢得了太多的荣誉,但在市场竞争日益激烈的今天,它已经失去了"中国第一店"的风采。1996 年,王府井高层在谋求变革的路上迈出了第一步,花巨资邀请了著名的咨询公司麦肯锡为其设计集团的主业连销店。同年,请安达信咨询公司开发计算机管理信息系统。但由于缺乏执行的持久性,没能把这一计划坚持到底,直到 1997 年,这一战略计划只是仅仅落实在纸上,没有落实在行动上,耗资 500 万由麦肯锡作的战略规划方案并没有贯彻的实践中去。这使得王府井集团失去了在市场重创"中国第一店"的机会。

2. 管理制度不严谨,朝令夕改

执行力不强的第二个原因就是管理者出台管理制度时不严谨,没有经过认真的论证就仓促出台,经常性的变脸,朝令夕改,让员工无所适从,最后导致再好的制度、再好的规定出台也得不到有效地执行。狼喊多了,等狼真来时就没人去救了,就是这个道理。解决这种问题可以从正反两方面入手,一是选其首恶,找一个能引起其他人警觉的人,杀鸡骇猴;二是树立正面典型,通过范例告诉大家公司的意图,通常的做法是大力鼓励表彰先进典型等等,以期达到改变执行者的意图。深圳华为公司的老总仁正非有个非常有名的理论:在引进先进管理体系时,要先僵化,后优化,再固化。用他在一次公司干部会上所讲的话作为解释最合适不过了：五年内不许你们进行管理体系的任何创新，不管你们说什么，用什么方法，即使你们认为它不合理，也不允许你们改。五年以后，把人家的东西用好了，我可以授权你们进行局部的改动，创新，那是十年以后的事。正是这种对制度的尊重和始终如一的精神，才创造了华为公司的今天。遇到这样的企业做客户，遇到这样的老总，咨询公司除了担心自身能力，惟恐辜负了企业厚望外，还有什么好担心的呢？

3. 制度制定不合理，没有针对性和可行性

经常遇到一些企业企图通过各种报表的填写来约束员工的行为，或者通过各种考核制度企图达到改善企业执行力的目的，但往往事与愿违。企业每订一个制度就是给执行者头上带一个紧箍咒，也进一步增加了执行者内心的逆反心理，最后员工敷衍了事，使企业的规定流于形式。说不定连有些本来很好的规定也受到牵扯。所以企业在设计相关的制度和规定时，一定要本着这样一个原则，就是所有制定的制度和规定是为了帮助员工更好地工作，是提供方便而不是为了约束，是为了规范其行为而不是一种负担。制定制度时一定要实用，有针对性，不能闭门造车，要向专业机构、同行请教，吸取别人的成功经验。另一方面，还要广泛征求广大员工的意见，与企业的实际结合。正如毛泽东所说的："人的思想从哪里来？是从天上掉下来的吗？是头脑里固有的吗？不是，人的正确思想是从社会实践中来。"这里的实践既包括间接的实践，又包括自身的实践。用现代通俗语言讲，要练好健美操，达到健身的目的，必须请教健美教练，同时还要结合自身的实际情况进行操练才行。

文学大师郭沫若说过：吃狗肉是为了长人肉，而不是为了长狗肉。现在一些企业对西方的一些管理制度和规章全盘照搬、生搬硬套，不顾企业的实际而盲目地引进，结果造成企业的水土不服。什么是最好的？适合自己才是最好的。针对性和可行性是制定制度时必须考虑的两个原则。

4. 执行流程繁琐，脱离客观实际

有研究显示，处理一个文件只需 7 分钟，但耽搁在中间环节的时间却能多达 4 天。有时需要各个部门进行审批，导致具体执行人员失去耐心而影响了执行的最终效果。不要忘记顾客不会理解我们内部程序的繁琐，他们只关心从他打电话投诉到具体执行完毕是多少时间。缩短非必要部门的中间审批环节，提高作业效率，进行科学的流程再造是制度有效执行的必要措施。

执行流程繁琐，导致企业失败的例子很多。曾是IT产业创新精神代表的施乐公司，最先发明了包括鼠标、图形用户界面、激光打印机等。但这些现在已经成为了历史，走向衰败的施乐公司不是因为缺乏创新或是战略决策，而是因为其庞大的官僚体制使得公司内部业务流程繁琐，不能迅速地使其先进的技术快速转化为现实的生产力，从而极大地影响整个制度的落实和战略执行，最终导致了产品开发落后，从而在创新上输给了竞争对手。

许多企业已开始注意对公司原有繁琐流程的改造。中国人寿保险公司青岛公司，以新单处理流程为其出单流程再造，核心内容是对新单出单涉及到的六个部门、环节分别设置了相应的岗位，形成流水线式的工作控制。流程再造前，出单需要5~7天，之后，出单缩短到两天，从而彻底改变了效率与质量问题。

5. 作业重复，缺少高效方法

执行力缺失的第五个原因是在作业的过程中缺少良好的方法。以咨询公司为例，通常遇到的一个客户咨询作业的时候，公司会组建一个项目小组，然后把工作进行分解，ABCD每人负责一摊活，然后进行汇总。这种作业没有把作业人员的能力形成合力，而是分散了作业实力。1+1没有大于2，甚至能不能等于2都是个问题。再就是作业的时候每一次都是从头去做，没有形成自己的作业工具模板。遇到这样的问题的企业，这样去做是否好些？一是充分发挥团队的作用，利用大家的智慧确定思路上原则性的东西，先保证大家努力的方向不会错，不会本来应该向东走，但开始的时候方向不确定，等人向西走了一公里后，才发现错了，再回来往东走。如果是治病救人的话，早就晚了三秋了。方向比距离和速度更重要。二是在作业过程中注意积累，建立自己的作业模板。比如企业在某地要招商，如果有标准的招商手册和程序文件的话，不用兴师动众就可以把事情办了。反之如果每次都从头开始制定就麻烦了，无形中大大降低了作业的效率和质量。喜欢旅游的人肯定会同意，如果先坐索道到半山腰，然后再向上走，肯定比从山脚下开始爬的人先到山顶。

6. 没有监督机制，监督方法不当

在执行中往往存在着两种情况，一是没人监督，二是监督的方法不科学。前者只要是做了就行，至于做的好坏就没人管了。或者是有些事情没有明确的规定，该哪些部门去做，哪些人员去做，职责不明确，所以无法考核。常见的如企业中的管理真空或者管理重叠问题，导致有些问题没有人去负责，监督机制缺

位。后者是监督考核机制不合理。1997年美国安然公司为了保证员工不断进步，采用了一套绩效评估程序：对同层次的员工进行了横向比较，按绩效将员工分为5个等级，这些级别将决定员工的奖金和命运。但是，事与愿违，这些级别实际上形成了个人重于团队的企业文化。有一位员工说："原因很简单，如果我和某人是竞争对手的话，那我为什么去帮助他呢？到后来，这种压力拉动型的绩效评估机制也就逐步转化为一种拉帮结派的官僚系统。有些经理开始捏造问题，篡改记录，赶走那些自己看不顺眼的员工，公司的衰败也就不可避免了。

7. 培训流于形式，不重实效

现在许多企业都十分重视员工的培训，从管理到技术，从技能到心态等等，无所不包。这反映了企业对提高员工能力增强企业凝聚力的重视，但问题是许多企业往往是培而不训，人为地减少了培训中的步骤，只讲解，不示范、演练和巩固。把培训的四个步骤简化为一个步骤。许多企业的培训工作可能就如此而已，具体到工作中效果如何就没人问津了。这也是许多企业培训后觉得没有什么效果的原因所在。好的培训不仅要讲怎么骑马，而且还要进行示范，最后再把你扶上马，让你去体验骑马的滋味，最后再送一程，看看你是否行了才算结束。再就是有时候很好的培训没有人愿意在工作中实践，造成这种现象的原因是缺乏有效的激励机制。举一个例子，对企业业务人员的培训，要求每天填写报表等等，可能实行不了几天就会开始流于形式了。但如果有相应的支持系统，效果可能就可能大不一样了。例如，公司明确规定职位空缺时都会先从公司内部进行招聘，而且明确规定各岗位应该具备的素质和能力。然后明确业务员，现在训练大家作销售公司经理，你们是公司在为快速扩张的市场培养后备人才，而且填写报表是作一位公司销售经理应该具备的基本素质和能力。这样业务人员就具有了心理刺激，会主动做好工作。为什么？这就像一个笑话里讲的，有头牛不出力耕地，怎么打都不走，怎么办？赶牛人想了一个好主意，把一束青草挂在牛头的前面，结果不用打牛，牛就拼命往前走了，这就是利益刺激法。企业在执行中要注意激励机制的建立，才能使员工在内心深处产生巨大源动力。

8. 理念尚未形成，企业缺乏凝聚力

前面说的都是关于通过外部刺激来改变执行者的行为，达到公司战略目标或某项目的完成。而企业理念文化则主要是通过执行者的意识来改变执行者的心态，最终使执行者自觉改变行为的一种做法，而且这是一种更为有效的做法。文

化理念的力量主要体现在两方面：一是监督力，二是止滑力。理念文化是一种群体的认同，假如企业已经形成了良好的文化氛围，如果有员工的行为与企业理念文化不符，就会有人提醒他，就会告诉他应该如何去做。这种善意的提醒就是一种融入日常生活的监督力。止滑力就像是人的健康一样，身体好的时候，人与人没有什么区别，但如果大家都感冒了，有的人可能三天就好，而有的人七天才好，这主要取决于人的抗感冒能力和自身的身体素质。特别是在企业遇到困难时，具有良好的企业理念就不会出现企业员工自愿退出企业，弃企业而当"逃兵"。海尔集团的员工认同了企业"真诚到永远"的理念，所以在为消费者提供服务时，觉得很应该主动去执行企业的规定。当企业遇到困难时，员工则能主动地帮助企业渡过难关，阻止企业下滑。这从一个侧面反映出理念对执行文化的影响力。要强化一个企业的执行力，必须从制度制定者到制度本身都进行加强，充分考虑企业环境对企业执行者的意识、心态的影响。最后还要对执行者进行正确的引导，才能使企业目标得以顺利执行。靠制度约束可以使执行者做到 60 分，如果注意了执行力的心理强化，同样的人、同样的条件、同样的方法、同样的时间可能会取得 80 分、90 分的效果。

第五章　总部管理与项目管理文化

总部管理与项目管理文化是建筑企业管理文化的重要组成部分。在这一章中，我们通过国外建筑企业与国内建筑企业管理文化的比较，找出国内外管理文化的差距，为中国的建筑企业管理文化建设提供可以借鉴的经验。

第一节　工程总部管理文化

在这一节里，我们先以美国柏克德（BECHTEL）公司、华盛顿集团、凯洛洛（KBR）公司、福斯特威勒（FOSTER WHEELER）公司、鲁姆斯（ABB LUMMUS）公司、福陆（FLOUR）等公司总部为例，分析其公司总部的组织结构，然后对中日建筑企业总部组织文化进行比较，展示国外总部组织文化特色，以寻中国建筑企业总部组织结构之不足。

一、国外总部组织结构

1. 总部组织基本结构

企业组织结构是组织内部各个有机组成要素相互作用的联系方式和形式，组织文化是实施企业经营战略目标的支撑。因此，为适应加入 WTO 的需要，我国大型建筑施工企业要走以工程总承包为主的服务形式，要结合自己的经营战略目标积极研究、调整、再造符合中国实际、适合国际建筑市场竞争的、具有特色的组织文化，与国际接轨。目前，国外大型工程公司业务十分广泛，包括基础设施、铁路、公路、电力、石油与化工、机场建设等等。这些公司总部大多采用事业部制的组织形式，各公司在世界各地业务领域建设若干专业分公司（执行中心或办公室），分公司在组织结构上基本相同，大都设有项目管理部、项目控制部、质量管理部、设计部及有关专业设计师、采购部、施工部等。图 5－1 是国外公司总部典型组织结构图；图 5－2 是美国鲁姆斯（ABB LUMMUS）公司总部组织结构图；图 5-3 是美国福斯特威勒（FOSTER WHEELER）公司休斯敦分公司的组织结构图；图 5-4 是美国华盛顿集团组织结构图。

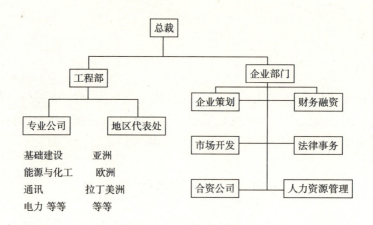

图 5-1　公司总部典型组织结构

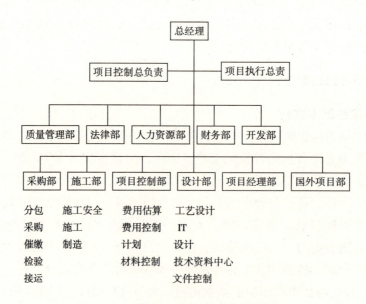

图 5-2　美国鲁姆斯公司总部组织结构

第五章　总部管理与项目管理文化

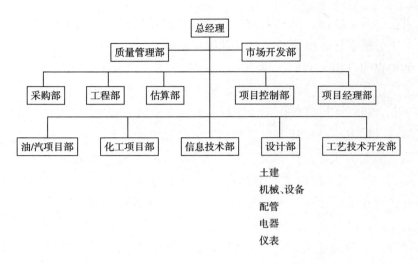

图 5-3　美国福斯特威勒公司休斯敦分公司的组织结构

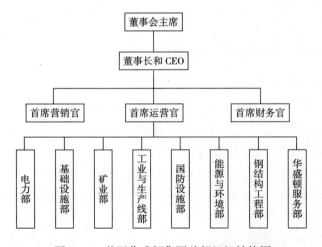

图 5-4　美国华盛顿集团总部组织结构图

2. 公司人员构成

公司人员构成可分为两类，一类是公司拥有自己的施工队伍，如柏克德（BECHTEL）和凯洛洛（KBR）公司除拥有采购、施工、运行、报价及相互管理等各类技术、管理人员外，还带有自己的施工队伍。另一类公司是没有自己的施工队伍，如福斯特威洛（FOSTER WHEELER）和福陆（FLOUR）休斯敦分公司均没有自己的施工队伍，但具有施工管理能力。他们以设计人员为主，由设计、采购、施工、试运行、报价及项目管理等专业技术、管理人员为骨干的专家群体组成。如柏克德（BECHTEL）公司是由铁路施工队伍起家的工程公司，拥有自己的施工队伍，具有自行设计、采购、施工的能力，员工50000人，其中白领人员30000人，蓝领人员20000人，分布在140多个国家和地区，以铁路建设为特色。凯洛洛（KBR）公司拥有自己的施工队伍和维护服务人员，具有自行完成设计、采购、施工的能力，拥有员工34000名，其中工程技术人员7000人，工人10000名，维护人员10000人，分布在60多个国家和地区，凯洛洛公司和福陆公司都具有运行和维护服务特色。福斯特威洛（FOSTER WHEELER）公司是以制作锅炉起家的，没有自己的施工队伍，所以不能自行完成施工，具有自行设计和采购并进行施工管理能力，并以锅炉制造为特色，拥有9000多工程技术人员。鲁姆斯（ABB LUMMUS）公司也没有自己的固定的施工队伍，通过雇用社会上的施工工人、租用施工机械完成施工，具有自行设计、采购、施工管理的能力，拥有员工6088人。

二、中日总部人才与组织结构的比较

比较才能鉴别，发现差距，弥补不足。下面我们以中日两个公司为例，对其总部组织结构加以比较。中建一局发展公司（以下简称"一局发展"）始建于1952年，隶属中国建筑工程总公司旗下的中建一局发展集团，原名中国建筑一局第四建筑公司，拥有国家房屋建筑总承包特级资质。一局发展坚持"立足北京、环绕中部、辐射西部"的经营发展战略，境内市场占81%，境外市场占19%，业务户主要集中在西南、华北和东北等地区。日本大成建设株式会社（以下简称"大成建设"）成立于1873年，总部位于日本东京，在本国设立了15个办事处，在海外17个国家和地区设立19个办事处，并在国内外设立了88个营业所，是日本五大超级建设公司之一。大成建设在日本属于综合总承包建筑公司，在ENR225家最大承包商中排名第7位。

1. 总部人才结构的比较

一局发展坚持人本管理，注重人才引进，为公司打造建筑品牌，提高社会信誉，奠定了坚实的人才基础。截至2002年底，公司员工总数2553人，人才结构得到进一步优化，年龄层次、专业分布、自治水平、学历水平都有显著的提高，在国内同行具有明显的优势。

大成建设目前总共有10451人，每年因员工退休等原因形成的自然减员有200人左右，同时每年招收200~300名毕业生，并在公司内部设立了较为完善的人才培养体系，形成了对外招收和对内开发相结合的人才培养机制。见表5-1所示。

一局发展与大成建设专业人才对比 表5-1

	员工总数	平均年龄	专业资格以上水平		专业分布								
					企业管理		房屋建筑		市场营销		技术研发		设计人员	
			人数	比例	人数	比例	人数	比例	人数	比例	人数	比例	人数	比例
一局发展	2553	38.5	1681	66%	380	15%	1302	51%	94	3.7%	~	~	~	~
大成建设	10451	42	9213	88%	3418	33%	4742	45%	1000	10%	210	2%	600	6%

2. 总部领导者素质的对比

企业竞争中，领导者的素质很大程度上决定了企业未来的发展。一局发展拥有一个高素质的领导团队，按照建立现代化企业制度的要求以及中建总公司精简职数、优化结构的要求，2002年1月，一局发展实施重大调整，由董事会、监事、总经理班子、党委班子、职工代表大会组成的公司模拟法人治理结构基本形成，高管团队领导有21人调整为9人，平均年龄41.16岁，学历结构也进一步得到优化，其中研究生2人，大学本科生4人，大专以下学历3人。总部部门经理平均年龄34.06岁，项目经理平均年龄40.45岁。

最高管理者是企业的核心，是企业的高层决策者和执行者，领导在企业的生存与发展过程中起到决定性的作用。大成建设对其领导层的素质要求非常严格，董事会由企业内部高层人员担任，每个董事都是大学毕业后直接进入大成建设，工龄基本为30年以上且均为日本或国际名牌毕业生、学位层次较高。

3. 公司劳动生产率的对比（见表5-2所示）

一局发展与大成建设劳动生产率的对比　　　　　　　表5-2

企业名称	劳动生产率
一局发展	123438.5 美元/人
大成建设	1312649 美元/人

注：此表为管理人员劳动生产率，采用人均产值表示劳动生产率，此表为2002年的产值。

4. 员工培训方面的对比

在人才培训方面，大成建设拥有一整套内部的人才培养体系，该培养体系主要由开展教育讲座、现场实际训练（包括岗位轮训）、聘请海内外留学和职工自我学习四部分组成。在自我学习方面，大成建设鼓励职工接受函授教育和取得各种资格，以及在职攻读博士学位，并在实践和费用上提供方便，招收新人时一般不确定其具体担任的工作，而是2~3年定期根据个人素质和志愿轮换岗位。从事研究开发的人员也是不断变换的，即岗位轮换职，该制度对于培养符合型的技术人才具有重要意义。

随着"以人为本"管理理念的提出，一局发展围绕集团战略发展目标，以市场为导向，以人才培养为目标，构建以每一个员工为基本单位，以职业生涯为主线的三维培训体系，建立培训、考核、开发三位一体的人力资源开发与管理循环系统，以及所施督导、所受督导和交叉联系的立体考核模式，将培训与考核进一步紧密结合在一起，并采取内部培训、鼓励自修、短期送培、脱产培训、出国考察等多种方式，提高员工管理和业务素质。同时，以公司中高层管理者为突破口，对中高层管理者和项目经理实施系列培训，并进一步拓展适应现代化企业人力资源要求的复合型人才培训课程。

5. 总部结构模式比较

一局发展机构本着扁平、高效的原则，初步实现了从原来的直线型的、一应俱有的行政管理的组织架构逐步向矩阵式的管理组织模式的转变。该矩阵模式主要由总部部门、京外项目管理部、子公司（含控股、参股）、为完成任务的各分公司及相关分支机构组成。一局发展总部机构的设置是根据业务和职责发展的需要以及建立现代企业制度和政体改革的需要，在把握市场领域、管理范围的基础上，本着整合、精简、高效的原则设计了总部部门岗位与职务，同时严格按照各部门岗位职务说明书的任职资格进行岗薪就位，旨在从组织结构上继承和完善工程总承包管理体制和项目管理模式，强化总部的集约化管理水平，从总部岗位设置上达到人员精干、优化结构、强化职能的目标。一局发展总部设有办公室、财务部、市场部等 17 个部门（不含社会综合部），共有员工 281 位，占公司总员工人数的 11%，其组织结构见图 5-5、图 5-6 所示。

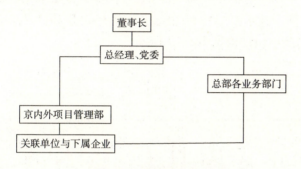

图 5-5　一局发展组织结构

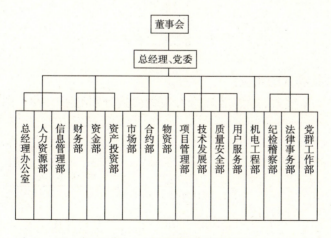

图 5-6　一局发展总部组织结构

大成建设公司是经历了百年发展壮大的企业集团，基本体制为股份制有限责任公司，通过上市募集资金，扩大业务领域和规模。决策更加民主化，坚守了经营风险和投资风险，形成了较完善的现代化的企业制度。大成集团的经营管理已完全社会化，其股东由政府、金融机构、证券机构、国内外法人和个人等组成，关联企业中有3家上市公司，大成建设拥有强大的总部，在主要承保业务方面保持着大型化、集约化的组织，在人力资源、财务资金、技术研发等方面发挥着强有力的指导和控制作用。同时，大成建设在国内外设了34处办事处，88个营业所，并同时拥有关联企业（子公司或会员公司）56家，其中控股50%以上的有8家，控股在20%以上左右的有8家。大成本部设有秘书处、社长室、管理本部、安全环境本部、技术中心登11个部门，共有员工2641人，占公司总员工人数的25.3%。本部组织结构见图5-7所示。

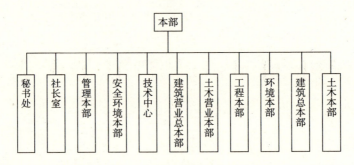

图5-7　大成建设株式会社本部结构图

6. 公司决策模式的比较

一局发展决策模式、大成发展会社决策模式分别见图5-8、图5-9所示。

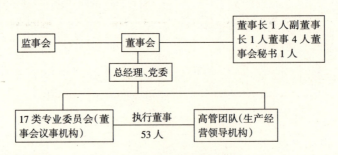

图5-8　一局发展决策模式

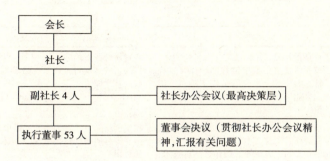

图 5-9　大成建设决策模式

7. 公司建设科技力的比较

科技力主要是指大型建筑企业的技术实力和技术创新能力。培育和发展核心技术，大力推进科技兴起和技术创新，始终是关系到企业未来长远发展的重要战略内容，科技力的比较主要指企业对技术进步重要性的认识、技术开发机构及研发方式、科技投入、技术创新能力、先进的技术装备、信息化水平等几个方面进行比较。对一局发展与大成建设的科技能力的比较见表 5-3。

一局发展与大成建设科技力的比较　　　　表 5-3

	大成建设	一局发展
对技术进步重要性的认识	大成建设是企业为"技术的大成"，把技术作为大成的生命，并使大成成为一个可以解决所有技术难题的集体实力的集团。	为支持业务领域拓展的需要，形成了技术创新能力、壮大机电、钢结构技术发展，发展设计、咨询和项目管理能力及实施信息化工程的科技发展目标，但对技术进步和研究开发的重点仍停留在施工技术及管理技术方面，对基础性、前瞻性的科技开发认识和投入不足，对现场管理和企业管理软件技术研究开发力度不够。
技术开发机构	设立专门技术研究中心，下设技术策划部、知识产权部、建筑技术研究所、土木技术研究所和土木技术开发部各部门，共有员工 210 人，负责技术研究和开发工作，真正能够起到开发、辅导应用的作用。	总部设有技术发展部，共有员工 23 人，主要从事技术系统监理、管理，以及对项目施工技术的支持和服务工作。由于没有专门从事技术开发和研究人力资源和物质资源，无法开展更广泛意义上的技术合作、开发、引进和推广。
科技投入	用于技术开发和研究的资金能够长期得到保证，每年投入 100 亿日元（0.85 亿美元，占营业额的 8%）。	仅在工程创优奖励中设有对公司科技示范工程、科技成果奖颁发的科技进步奖金。

续表

	大成建设	一局发展
研究开发方式	企业坚持自行开发、并积极与社会科研团体、高等院校等科技密集型单位共同合作开发各类高、精、尖技术，并应用于施工项目，使其技术成果能够迅速得到实际应用，实现其经济价值。	自行研究开发的实力还较弱，主要是应用建设部推广的新技术项目。还未能做到与科研院所合作开发新的技术成果。
技术创新能力和成果	创新领域涵盖工程施工、建筑材料、施工机械、节能研究、生物工程、计算机软件、设计优化等各方面，大空间的创作、抗震技术、环境技术、施工机器人、T-UP处于国际领先地位。	技术创新能力仅限于施工过程中部分工艺的小改革。由于没有明确的激励政策，技术人员缺乏主动创新的意识和行动。
信息化水平	开发G—NET网络平台，本部适时掌握各支部的关联企业的生产经营情况并进行控制监督，完全实现办公自动化和全方位的信息管理化管理；充分利用社会资源，计算机设备均从专门的计算机公司租用，并有专门的计算机公司进行系统管理。每3～5年更新一次设备，每年投入5亿人民币用于系统硬件和软件的更新。	2002年以来，加大信息化力度，提出3层次8大系统的信息化建设总体规划，并于改革管理紧密结合，推出总承包管理改革和业务流程再造。目前实现行政办公流程信息化。实现项目与总部的网络互联，正在推进基础数据库和统一的知识管理的平台的搭建以及各业务流程再造。截至目前累计投入4000余万元采购和维护计算机设备，在软件开发和应用方面取得一定成果。

三、中国总部组织文化发展方向

中国的建筑企业正在走向国际市场，由于长期受计划经济的影响，目前在企业经营方式上还是在企业组织结构上都与国外存在相当大的差距。为适应国际工程承包市场的竞争，中国建筑企业尤其是大型建筑企业必须深化改革，加强管理，创建具有中国特色的建筑企业经营组织结构逐步使企业成为国际化、现代化大型企业集团。主要的措施如下：

1. 积极推进企业产权结构的改革与调整。企业应广泛地吸收更多的社会资本。国有重要的骨干企业要向股权适度分散、股份来源多渠道的混合型所有制方向发展，要广泛吸收多种所有制资本，包括外资、民营资本和社会游资三种。可以考虑把部分子公司的产权卖给民营建筑企业或国际工程承包公司，应积极吸收企业高级经营管理人员、技术人员、项目管理经理和企业特殊岗位的员工参股，实现企业产权的多元化。

2. 拓宽企业经营领域，打造建筑企业航母。国有大型建筑企业和企业集团母公司应加大改革力度，不断扩展经营领域，发展成为综合性建筑公司，不断增强投资、勘察设计、建筑施工、设备采购、运行调试等多方面功能，实施工程建设全过程的总承包，使企业成为资金密集型、管理密集型、技术密集型，具备设计、施工一体化，投资、建设一体化，国内、国外一体化的龙头企业；必须逐步加大推行EPC、PMC、CM等投资开发功能，提高市场竞争力和国际工程承包市场占有份额。

3. 调整企业管理机制，壮大大型建筑企业集团实力。大型企业和企业集团要充分发挥企业集团内部技术优势互补的组合效应，提高分工协作的规模效应，资金集中运作的放大效应和整体效应。母公司要充分发挥资本经营和生产经营两方面的功能，逐步增强科技开发能力、人才开发能力、投资融资能力、工程总承包能力、多元化经营能力和跨国经营能力。应重视项目管理工作，总部要直接抓工程项目管理，进一步完善项目经理责任制。

4. 充分发挥企业特色，采取多种经营方式。中小建筑企业是我国建筑行业的重要力量。企业要加强特色经营文化建设，不断强化自己的独特文化，增强独特文化的科技含量，在经营中充分发挥自己的特殊功能和企业优势，要积极采取灵活机动的经营战略，例如：战略联盟、虚拟经营等多种经营方式，积极参与市场竞争，成为大型建筑企业的得力助手。另一方面，有条件的中型建筑企业也要不断壮大自己的实力，积极向大型建筑企业方向发展，努力使企业发展成为国内外市场竞争的劲旅。

5. 大力推进技术进步，提高企业经济增长的科技含量。企业要建立完善建筑企业技术创新的机制，全面提高企业技术创新能力。企业要建立健全企业技术机构或部门，大型建筑企业要建立技术中心或技术研究院，加速形成有利于技术创新和科技成果迅速转化的有效运行机制。企业应积极进行以市场为导向的技术改造，注重发挥已有的基础和潜力，注重高新技术开发短期与长远效益相结合，积极引进、吸收国外先进技术，提高工程建设的科技含量。

第二节　项目管理文化

施工项目是企业的生产对象，施工管理是建筑施工企业运用系统的观点、理论和方法对施工项目进行计划、组织、监督、控制、协调的全过程、全面的管理。项目管理的价值取向、观念、思想受企业文化的制约和影响，是企业文化在项目管理上的集中表现。

一、项目管理概述

1. 项目管理的发展

我国进行项目管理实践活动源远流长,至今有两千年的历史。我国许多伟大的工程,如都江堰水利工程、宋朝丁渭修复皇宫工程、北京故宫工程等都是名垂史册的施工项目管理的实践活动。其中许多工程运用了科学的思想和组织方法,反映了我国古代施工项目的水平和成就。新中国成立以来,随着我国经济的发展,建设事业得到了迅猛崛起,我国进行了数量更多、规模更大、成就更辉煌的施工项目管理的实践活动,如第一个五年计划的156项重点施工项目管理实践;第二个五年计划十年大庆工程项目管理的实践;还有长江大桥工程、长江葛洲坝水利工程、宝钢工程等都进行了成功的项目管理实践活动。但在改革开放前,我国大部分建设项目是按行政建制组织施工的,即以公司、工区、队等行政单位承担施工任务,人员、机械都不能流动,浪费大、效率低。

我国项目管理模式的发展,大致分为五个阶段:

1982年到1985年,开始进入学习鲁布革经验学习阶段。1982年我国正式引入项目管理模式,施工项目管理理论首先从西德和日本分别引进我国之后,其他发达国家,特别是美国和世界银行的项目管理理论和实践经验随着文化交流和项目建设,也陆续传入我国。鲁布革水电站引水工程是我国第一个利用世界银行贷款,并按世界银行规定进行国际竞争性招标和项目管理的工程。1984年11月正式开工,1988年7月竣工。在4年多的时间里,创造了著名的"鲁布革施工项目管理经验"。中央领导同志对该项目工程非常重视,并号召全国建筑业进行学习。

1986年到1992年,进入鲁布革经验研究试点阶段。根据国务院文件精神,建设部于1987年提出项目法施工理论,转换建筑施工企业经营机制,加强施工项目管理,这是进行企业经营机制方式和生产方式的变革。50家试点企业成为我国施工管理改革的先锋。

1993年到1998年,全国进入鲁布革经验推广阶段,项目管理法在全国建筑施工企业中全面推广。1994年建设部围绕建立现代企业制度,搞好"两制"建设:一是完善项目经理责任制度,解决好项目经理与企业法人之间,项目层与企业层之间的关系,企业层次要服务于项目层次,项目层次要服从于企业层次,企业层次对项目层次主要采取项目经理责任制。二是完善项目成本核算制,切实把企业经营管理和经济核算工作的中心落实到施工项目上。至此我国施工项目管理得到全面推广。

1998年到2001年，进入工程项目管理改革的完善阶段。根据我国施工项目管理的实践，进一步规范项目管理行为，作为标志性事件，2001年1月建设部颁布了《建设工程项目管理规范》，全面总结了十几年来建筑企业借鉴先进管理方法，推行施工项目管理体制改革的主要经验对项目管理的内容、程序、规划、经理责任制、经理部、项目进度、质量、安全、成本控制、项目现场管理、合同管理、信息管理、生产要素管理、组合条、竣工验收管理、考核评价、回访制度。

2002年起至今，进入到一个崭新的阶段，工程项目改革发展创新阶段。随着中国WTO的加入，经济全球化的进程加快，项目施工管理需要尽快与国际接轨。2004年建设部颁布了《关于进一步推进工程总承包与工程项目管理的指导意见》，中国建筑业协会出台了《关于开展工程总承包项目管理会议纪要》和《工程总承包项目管理试点方案》。中建八局、苏中建设集团、浙江建工集团等企业成为全国新一轮开展工程总承包试点的企业。

2. 项目管理的类型

当前，我国已加入WTO，使建筑产品的投资主体更趋多元化。企业要结合投资主体的不同，根据企业自身特点积极创建项目管理模式的多元化机制，增强对社会需求的适应性和灵活性。由于工程性质不同，业主要求不同，企业应具有以下项目管理模式的适应能力。

（1）工业工程项目管理模式

化工、电力、钢铁、石油等工程专业性较强，最终的建筑工程产品不是提供给人居住、办公，而是通过此类建筑工程产品生产出其他特定产品，其质量和生产能力都有明确的标准和目标。例如，是否能一次试车成功等。另外工程项目庞大、投资额高、工艺装置多、设备规格复杂，需要设计、供应商、施工企业相互协调。项目总承包模式既可以发挥承包商在设计、设备采购和项目管理的技术优势，又能使业主在设备采购和施工投标上拥有选择权，因此，EPC总承包模式成为此类项目管理模式的首选。

（2）基础工程项目管理模式

当前，我国城市基础设施投资体制正在不断深化改革，由上世纪80年代至90年代的以计划机制为主导到90年代中期以土地批租为主导，90年代后期则以资本运行为重点,将社会资金引入城市建设领域,形成了"政府引导、社会参与、市场运作"的投资格局。因此以特许权形式引入社会资本达到融资目的的 BOT 运作方式就成为城市建设的重要途径之一。BOT 的投资者最关心的是投入和产出,对于前期设计、施工、调试、验收交接等环节的工作管理得不是那么细。国际金融组织贷款基础设施项目通常由具备国际水平的咨询公司编制招标文件,设计方案确定后,承包商对工程进行承包,对业主提供的永久工程的设计和规范的质量问题,承包商不负责任。因此,此类项目的管理模式趋向于业主委托咨询设计完成基础设计,承包商从详细设计开始实施承包,以减少双方的风险,这是另一种总承包模式。

(3) 公用工程项目管理服务模式

随着经济全球化、信息化、各类要素流动速度的加快,公共建筑工程设计方法往往立足于最大可能满足建筑的功能和保证在空间使用上的可变性,为各种易变的功能要求和日新月异的技术与设备提供一个容纳性强的空间平台。公益性建筑工程项目,本着对社会公众负责的态度,日益成为标志性建筑的主要组成部分。市场成熟的地产项目要以特色吸引消费者,建筑师不但要研究吸取新的信息,提出新的设计理念,建立自己的建筑思想体系,还应发展到对工程整个过程全面跟踪服务,这种延伸服务实际上是对建筑设计创意的发展,从而保证建筑作品的完整性和品牌性。建筑作品的品牌性不仅要体现建筑设计的创意,而且要有施工阶段中不断延伸和发展方案阶段的创意。

(4) 预算内工程项目管理服务模式

长期以来,政府预算内投资工程项目管理方式粗放,存在着许多弊端。管理分散,建设与使用不分;管理班子是一次性、临时性,只有教训,没有经验。政府没有专业化的项目管理队伍,管理水平不高。目前,一些地方现已开始对政府预算投资工程项目管理的探索。例如深圳政府设立了工务局,专门负责政府投资的市政工程和其他重要的公共工程的建设管理,负责工程的组织协调和监督管理,对政府投资的工程一律实行"LSTK(Lump Sum Turn Key)"即"交钥匙"工程。

3. 项目管理的发展趋势

集成化。集成化管理(Integrated Management)是现代工程项目管理文化的发展趋势。传统的工程项目管理(Project Management,简称 PM)是指项目实施阶段的管理。集成化管理涵盖的范围包括设计准备阶段、动工前准备阶段、施工阶段和保修阶段。其工作内容包括组织协调、投资控制、进度控制、质量控制、合同管理、信息管理等。这些内容应成为我国工程监理工作的内容，但在我国工程监理的实际工作中这些内容没有得到完全体现。在国际上，工程项目管理已经延伸到项目的决策阶段（Decision Phase），这就是项目开发管理（Development Management，简称 DM）。DM 的主要工作内容是项目环境调查与分析、项目定义、项目管理策划、融资策划、风险分析等。由于大部分建筑的经营费用往往比建设的和成本要高，因此，越来越多的投资者更加关注项目的经营，希望项目能够有更大的收益，使用户满意，使用寿命长，提高经营的效率，以及实现物业的现代化等。这些内容就是现代管理（Facility Management，简称 FM）。DM、PM 和 FM 是整个项目过程中的三种不同的管理工具。这三种管理工具应该且可依次成为一个整体——集成化管理（Intergrated Managemren），并构成工程项目寿命管理系统（Lifecycle Management System For Construction Project）。DM、PM 和 FM 使得管理者站在全局的角度，论证项目的可行性，考虑项目的实际情况、施工以及项目的经营管理等各方面的问题，从而促进项目更好地建成、最大限度地发挥项目的效益。

　　信息化。信息化正在席卷全球，社会由工业经济到信息经济，从工业社会到信息社会，在这个动态的演变过程中，信息化逐步上升为推动世界经济和社会全面发展的关键因素，成为人类进步的新标志。一个国家的信息化程度代表着其社会生产力的发展水平，一个企业的信息化程度也代表其市场竞争力的高低。目前，信息化已成为项目管理发展的强劲趋势。在项目管理上国际通用的较成熟的软件有 P3 软件，为了实现与国际接轨，缩小与发达国家之间的距离，国内也正在积极开发工程项目综合管理系统软件。当前，西方发达国家正在研究一种新的技术 CALS（Commerce At Light Speed）。CALS 是由美国国防部于上世纪 80 年代中期在武器制作过程中产生的一种技术，其目的就是在不同的场合，通过电子的方式实现信息（包括图纸、文件、知识等）的交换、共享，以减少纸张的浪费，做到快速传递交换信息，并且缩短武器开发周期。这种技术后来被日本、欧洲等国广泛应用到商业、工业等领域，有些国家正在研究如何把 CALS 应用到建设领域。日本已经制定了"建设 CALS 行动计划"，该计划的目标是到 2010 年日本在所有公共工程中都实现 CALS。美国有些大学的研究机构也正在进行电子采购等方面的研究。CALS 应用到建筑业中，必将引起市场交易神话般变革，有效提高企业交易效率。在 CALS 的环境下，可以实现所有的信息都通过电子的方式进行传递和交换。近年来因特网（Internet）的迅猛发展，建筑业中的很多交易行为可以通过因特网（Internet）来实现。招标信息、投标信息、评标结果都可以在网上进行。建筑施工企业一方面要积极建立信息系统，加强对外的信息沟通，另一方面又要建立起企业内部的管理信息系统，建立企业自己的技术人才、建筑资料等数据库，充分利用数字信息系统，进行项目的质量、进度、成本、合同等的管理工作的项目管理组织，使项目管理数字化、信息化，信息已成为企业的竞争力。

二、项目管理组织结构与比较

1. 项目管理基本组织结构

项目管理组织结构是指为进行施工项目管理、实现组织职能而建立的组织系统。目前，国际国内项目管理组织结构有以下四种基本模式：

工作队式。从公司招聘项目经理或直接抽调职能人员组成管理机构，在项目建设期间人员与原部门脱离领导与被领导关系。适用于项目大、工期紧、要求多工种、多部门配合的项目。如图 5 – 10 所示。

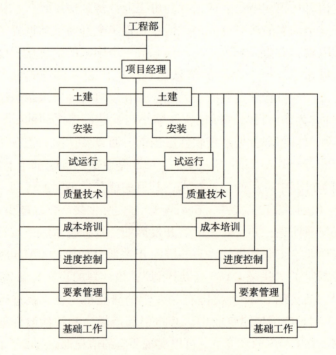

图 5 – 10　工程队式项目组织结构

部门控制式。不打乱公司现行的建制,把任务委托给企业某一专业部门或委托给某一施工队,公司与被委托的部门领导在本单位选人负责实施项目管理。项目终止后恢复组织形式。适合于小型的、专业性较强、不需涉及众多部门配合的施工项目。如图5-11所示。

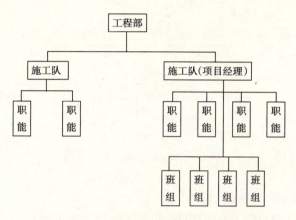

图5-11 部门控制式项目组织结构

矩阵式项目组织结构。项目组织机构是从公司每个职能部门中抽调出来的,多个项目与职能部门的结合呈现矩阵状。适合于同时承担多个需要进行项目管理工程的企业。如图5-12所示。

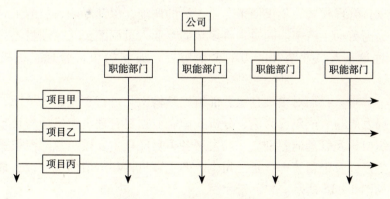

图5-12 矩阵式项目组织结构

事业部式。企业成立事业部，事业部对企业讲是职能部门，对企业外享有独立的经营权，可以是一个独立单位。事业部可以按地区设置，也可以按工程类型或经营内容设置。适合于大型建设项目的工程承包，特别适用于远离公司本部的工程承包。其结构如图5-13所示。

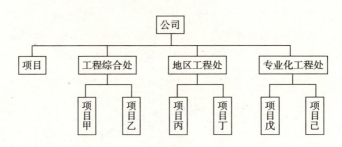

图5-13 事业部式项目组织结构

2. 项目管理组织结构的比较

首先，我们对项目管理的组织机构进行比较。为了能够更有效地为项目服务，国际上工程公司都是采取以项目管理为核心的矩阵式的项目管理机制，实现项目经理负责制。即以永久的专业机构设置为依托，按项目组织临时的、综合严密的项目管理组织，具体实施组织项目建设。公司常设专业职能部门负责向项目组派出合格的人员，并对其派往项目组的人员给以业务上的指导和帮助，但不干涉项目管理的工作，项目组的人员应同时向项目经理和各自部门汇报工作。采取矩阵型的项目管理模式，不仅便于专业人员的调配，保证专业人员的工时得到充分利用，提高劳动生产率。同时，将多余的专业人员调配到某一项目上，便于协同工作和对专业人员业绩和能力的全面考核。典型的项目管理组织机构如图5-14所示。

在前一节中，我们对中日企业总部组织结构文化进行了比较。下面，我们仍以中建一局发展与大成建设为例，分析我国企业项目管理组织机构与日本企业项目管理组织机构及管理的差别。一局发展各项目经理主要按照总部授权进行工程项目施工生产以及经营管理，是公司生产的主要机构和产值的最直接、最主要的来源地。见图5-15所示。

第五章　总部管理与项目管理文化

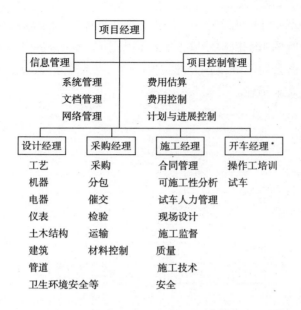

图 5-14　典型的项目管理组织机构示意图

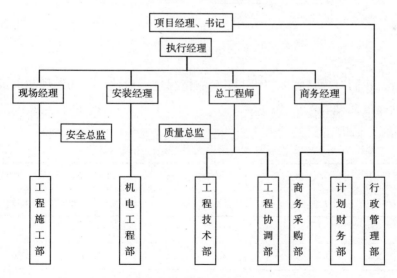

图 5-15　一局发展项目管理组织结构

大成建设的每一个项目均设一个作业所，具体负责工程项目的施工管理工作，每一个作业所的组织机构设置根据项目大小和承包额的多少来确定。作业所的管理人员主要由公司总部或各分部负责任命，少数管理人员也可以由项目经理选择合适的入选人来担任。见图 5-16 所示。

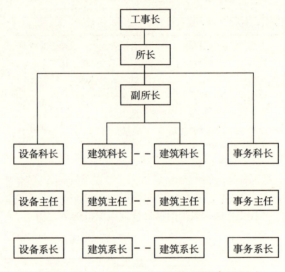

图 5-16　大成建设项目管理部组织结构

再者，我们对项目管理在组人员分布情况进行对比。一局发展与大成建设人员在组分布情况见表 5-4 所示。

一局发展与大成建设人员在组分布情况比较　　　表 5-4

企业名称	员工总数	总部人员		项目管理人员		海外人员		其他人员	
		人数	比例	人数	比例	人数	比例	人数	比例
一局发展	2553	281	11%	777	30.4%	—	—	1495	58.5%
大成建设	10451	2641	25.3%	4452	42.65%	508	4.8%	2850	27.2%

注：大成建设其他人员为从事其他专业性经营生产活动人员；中建一局除部分专业公司人员外，其余为公司富余或待岗人员。

三、总承包项目管理模式的比较

相对于国内大多数建筑企业来说，一局发展具有较强的管理优势，尤其是20世纪90年代在广泛学习国际先进建筑企业成功经验的基础上，调整项目施工组织方式，为有效解决项目权力膨胀的问题，逐步确立了以"总部服务控制，项目授权管理，专业施工保障，社会协力合作"作为内涵的项目管理模式，合理确定总部和项目职能并以此为基础进行了必要的集权、合理的分权和适度的放权，解决了企业管理松散的问题。围绕这一项目管理模式，一局发展积极调整完善经营机制，遏止了上个世纪90年代的持续亏损势态，但上述项目管理模式只是借鉴了工程总承包管理思想，仍属于施工项目承包管理模式。

由于大成建设经营范围包括了建设工程有关的全部规划、测量、设计、监理、施工及技术咨询等业务，因此大成建设可以对工程项目从项目规划到最终交付和提供完善售后服务的交钥匙总承包管理，经过128年的摸索和积累，形成了大成具有特色的工程总承包项目管理模式。

1. 项目承包模式的比较

一局发展确立了"总部是效益中心、项目是成本中心"的"两个中心"的定位，合理界定总部和项目职能，并以此为基础进行必要的集权、合理的分权和适度的授权，有效地防止资源固定化，减少效益的流失，控制经营风险，解决了企业管理松散和法人管理项目的问题，将经营决策权、资金控制权、生产要素配置权、项目成本控制权、施工组织设计权和技术方案制定权、人事管理权、物资采购权、对外合同签订权、内部任务分配权、分承包选择权等权力收归总部；实现了项目管理从简单的承包到目标责任管理的转变，总部汇集优良的资源，确定项目管理的模式和程序，确定项目管理的各项责任目标，项目根据总部授权代表总部负责具体履约，接受总部的全过程的服务、支持、监督和管理。如图5-17所示。

大成建设拥有很强的工程项目设计能力，开发了最佳设计支持软件，公司可以根据建筑物的结构形式、所在地区等迅速完成最佳设计方案，大大提高了设计效率，在工程项目实施过程中，大成总部通过信息化的管理平台在项目管理模式策划、物资管理、技术支持、资金管理等方面对项目实施全方位的支持和控制，确保总承包管理等方面的标准化。由于大成建设在土木工程上具有非常高的管理水平和国际声誉，又有高品质的管理水平和施工作为保证，不仅积极参与土木工程的建设,而且积极运作了很多BOT项目的建设。在出色地完成项目的同时,一方面通过科学有效的运营,为大成带来可观的利润。另一方面,企业获得了丰硕的社会效益,提高了大成建设的国际知名度,其高水平的管理,在联合总承包项目管理上占主导地位。大成建设这种涵盖了高水平设计能力、总部全方位支援的项目管理总承包管理模式,已经成为大成建设的核心技术和竞争力。见图5-18所示。

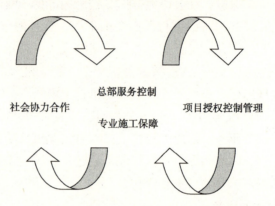

图 5-17 一局发展项目施工承包管理模式

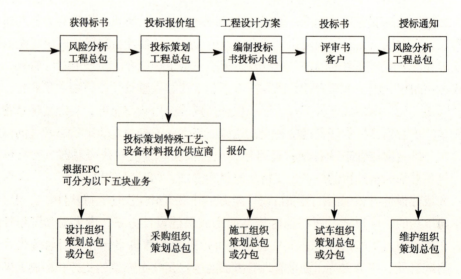

图 5-18 大成建设总承包项目管理模式

2. 项目经营范围的比较

一局发展与大成建设项目经营范围比较见表 5-5 所示。

一局发展与大成项目经营范围的比较　　　　　表 5-5

名称	产业领域	项 目 细 分	所占比例
一局发展	房屋建筑	工业用房、商业用房、民用建筑、机场、钢结构、综合性建筑群、住宅等	87.7%
	房地产	土地开发和建筑物销售	12.3%
大成建设	土木工程	道路、堤坝、水力发电设施、铁道、农业土木、上下水道、土地改造、机场港湾、沙防、工业土木及其他	22.4%
	建筑工程	办公楼、商业楼、宾馆饭店、工厂库房、学校、住宅、体育设施、医院及其他	77.6%
	房地产事业	土地、建筑物的分期出售、转卖、土地开发和新市区的建设等	5.7%
	其他	保险、旅游服务等	5.4%

3. 项目管理方式的比较

一局发展实施"总部服务、项目管理、专业施工、社会合作"的项目管理内容涵盖一系列项目施工管理运行体系如市场经营、资金管理、技术进步、质量品牌、项目成本控制、人力资源、用户服务以及专业施工保证体系等等，但不具备设计、采购方面的内容。在施工管理方面，一局发展强调总部服务控制能力，从项目跟踪、投标、签约到施工主过程、结算等，总部和项目部本着集约的原则，各负其责，紧密配合。在共同界定总部和项目职能基础上，一局发展不断提供总部集约化管理，进一步强大总部功能，收紧集权链条，逐步实现对项目全业务和全过程的服务和控制，加强项目规范化管理。

大成建设项目管理的内容涵盖与项目有关的经营、设计、采购、安全、技术、环境、预算和资金管理的各个方面，属于真正意义的项目总承包管理。在施工管理方面，每个项目施工工作都有大成建设人员参与共同完成，由作业所管理人员主要负责，总部对项目有关的各环节要给予全方位的支援和控制。其优势表现在总部具有较强的前期经营、设计、工程和人事策划能力、精算能力以及核算制度下的资金控制能力、质量安全隐患和通病治理能力，物资、分供方选配能力以及整套技术方案编制、整合能力等。通过总部的全面协调，实现资源的合理分配和使用，同时使各项目的相关管理工作规范化、标准化，真正体现总部的管理作用和力度，确保工程项目经济管理目标的实现。大成建设作业所的自身控制能力也非常强，各专业管理人员都应具备相应的职业资格后才能上岗，作业所管理人员的年龄层次也非常合理。作业所对现场各项管理也是在总部相应的规定的约束下进行的，是一种相对合理的集权和分权相结合的管理方式。

第三节　施工现场管理文化

对于施工企业来讲，企业经济效益的来源和企业形象展现的主要表现形式是在项目施工现场，它既是项目管理文化的重要组成部分，也是企业整体形象的集中体现，现场管理是企业经营活动的基础。总之，施工企业若想在日益白热化的市场竞争中获取应得的份额，就必须优化现场管理。施工企业应该内抓现场，外抓市场，以市场促现场，用现场保市场，并在此基础上，不断优化现场管理。

一、现场管理的基本原则与内容

优化现场管理必须遵循以下三项基本原则：第一是经济效益原则。施工现场管理一定要克服只抓进度和生产而忽视成本和市场，从而形成单纯的生产和进度观念。项目部应在精品奉献、降低成本、拓展市场等方面下功夫，并同时在生产经营诸要素中，时时处处精打细算，力争少投入多产出，坚决杜绝浪费和不合理的开支。二是科学合理原则。施工现场的各项工作都是按照既科学又合理的原则办事，以符合现代化大生产的客观要求。还要做到操作方法和作业流程合理，现场资源利用有效，现场安全科学，员工的聪明才智能够充分发挥出来。第三是标准化规范化原则。标准化、规范化是对施工企业项目的最基本的管理要求。事实上，为了有效地、协调地进行施工生产活动，施工现场的诸要素都必须坚决服从一个统一的意志，克服主观随意性。只有这样，才能从根本上提高施工现场的生产和工作效率和管理效益，从而建立起一个科学而规范的现场作业秩序。

施工现场管理的主要内容包括：施工作业管理、物资流通管理、施工质量管理以及现场整体管理的实施和岗位责任制的职责落实等。通过对上述项目现场的主要管理内容的优化来实现优化目标，这就要做到：一是以行为导向，为用户提供满意的建筑精品，全面完成各项生产任务。二是彻底消除施工生产中的浪费现象，科学合理地组织作业，真正实现生产经营的高效率和高效益。三是优化人力资源，不断提高全员的思想素质和技术素质。四是加强定额管理，降低物耗及能源消耗，减少物料压库占用资金，不断降低成本。五是优化现场协调作业，发挥其综合管理效益，有效地控制现场的投入，尽量以最小的投入换取最大的产出。六是精心地组织作业，实现标准化作业管理。七是加强基础工作，使施工现场始终处于正常有序的可控状态。八是保持文明施工，确保安全生产和文明作业。

二、施工现场管理的主要途径

1. 以人为中心，优化施工现场全员的素质

现场管理的复杂性和艰巨性凸现了规章制度的局限性。庞杂的施工现场，众多的工种和岗位，越来越短的工期以及不断压缩的管理层，使得项目部不可能做到时时监督，处处检查。因此，优化施工现场的根本就在于坚持以人为中心的科学管理，千方百计调动、激发全员的积极性、主动性和责任感，充分发挥其加强现场管理的主体作用，重视现场管理员工的思想素质和技术素质的提高。

2. 以班组为重点，优化企业现场管理组织

班组是企业施工现场的细胞，是管理的保证。班组的活动范围在现场工作对象也在现场。所以，企业加强现场管理使各项工作都毫无例外地通过班组来实施。班组是施工现场管理的承担者，抓好班组建设就是抓住了现场管理的核心内容。因此，优化施工现场管理组织必须以班组为重点。

3. 以技术经济指标为突破口，优化施工现场管理效益

任何时候市场只会钟情于质优价廉的产品，而质优价廉的产品需要严格的现场管理来保证。否则，企业将因为产品质量与成本问题影响再开拓新的市场，从而影响企业的市场占有率和经济效益。

三、施工现场管理的特色文化

施工项目管理部是施工企业的基层经济活动组织，是企业的组织细胞，是施工企业文化的集中体现和主要建设场所。项目经理部要为企业创造高效益，为用户提供满意产品，必须加强文化建设，以文化带动经济活动，以文化促进管理创新和制度创新。近年来，我国数十万个项目经理部对管理模式进行了大胆的创新

与实践，为企业文化建设提供了丰富的各具特色的经验。下面我们精选了十二位项目经理独具特色的现场管理经验，供读者参考。

1. 坚持"数字"管理，纲举目张创特色

北京城建二公司十八项目部是全国优秀项目管理部，项目经理刘尊富通过长期的管理实践，提出了"01875"管理模式。这几个阿拉伯数字成为刘尊富的代名词。概括地说"01875"数字管理法代表了项目管理的五大要素：即"0"代表安全，事故隐患为零；"1"代表质量，包括三个一流：一流的精品、一流的服务质量、一流的工作质量，各项工作都要永争第一；"8"代表效益，从人、机、料、法、环、财、经、行八个方面加以控制，把项目成本降到最低；"7"代表工期，从签订合同开始，把施工过程分为进场、开工、奠基、结构、封顶、装修、完工交付使用等7个环节，用7个时间段来保证工期；"5"代表文明，从文明施工、文明现场、员工服务态度、职业道德、仪态仪表等五方面展示企业形象。"01875"管理模式易操作且行之有效，形成独具特色的管理理念，形成了项目部团结一致奋发向上的团队精神。打牢了技术创新的思想基础，形成了项目部的独特的企业文化特色。

2. 春雨润心田，人文精神促凝聚

中国对外建设公司陆永华项目部以思想工作为切入点，以"人文"精神凝聚队伍，推动项目管理文化建设，打造精品工程。陆永华十分重视思想工作，变消极因素为积极因素。电工施永钢是个独生子，几代单传，从小受父母宠爱。在上海工地时，纪律涣散，不学技术，平时酗酒、赌博、摆阔气，买名牌商品，讲吃穿，并经常向家里要钱。来到项目部后，陆永华找小施谈心说："你消费讲名牌，能不能把自己也成为名牌，让别人刮目相看？"鼓励他积极进取。几年后，施永刚完全变了样，各种恶习难见踪影，年终还给家人寄钱，成为班组骨干，连续三年被评为工地先进。项目部十分关心职工生活，每到年终，这个项目部就是资金再紧，哪怕到银行贷款，从不拖欠职工工资。今年春节前夕，工地任务紧，项目部为了照顾职工夫妻团圆，作出家人可以来京过年、项目部可以报销路费的决定。有一位职工家属不能前来工地与丈夫团聚，项目部为其家属送去两箱富士苹果和一个猪腿、两瓶酒。家属来信嘱咐丈夫安心工作，为项目部争气，做出自己的成绩，同时对项目部表示感谢。深入细致的思想政治工作和"人文"精神有力地推动了项目部的凝聚力，促进了项目管理部建设的发展。

3. 创新模式,提供发展源动力

北京城建三公司董事长胡军省、总经理陈代华积极推行"三同、三化、三高、一监控"的项目管理模式,即项目经理任命、承包责任书的签定以及风险抵押金的缴纳同时进行;责任承包坚持"数量化"、"货币化"、"人格化";项目管理追求"高能、高效、高新";机关各职能部门对项目实施指标及监控责任制。这一项目管理模式的建立,使项目管理的职责明确,责任到人,立意清楚。一个个精干高效的项目经理部相续成立,项目亏损的局面也从根本上得到了遏制。通过这一管理模式,使一些管理区中极小的项目经理部也尝到了甜头。对加强管理、降低成本、积极创新起到了促进作用,为项目部的发展提供了源动力。

4. 抒发豪情,巧用传统文化塑造形象

现场管理的强化,不能单纯靠硬梆梆的制度和行为规范,还应采用各种文化形式和手段,把管理寄于文化活动之中,提高职工的文化品位,以文化促管理则是一种有效的方法。中铁十一局二公司项目部在利用多种文化形式,促进项目管理上作了有益的尝试。禹阎高速公路东起陕西韩城禹门口西至阎良,项目施工地就在韩城市龙门镇,韩城是司马迁的故乡。如何将人文典故、历史现实与禹阎高速公路建设巧妙结合起来展示施工项目部的良好形象?项目部动了心思,他们巧用对联,宣传文化。项目部大门前写上了这样的对联:"喜入史家绝唱无韵离骚地,勇奏优质高速诚心奉献歌。""禹阎起点城市六大东风扬征帆,进陕首程与二电厂并肩跃龙门。"这两幅对联融儒雅、豪气于一体,集纳现实、时政、环境巧妙融合、熨贴生动,受到当地政府的建设者单位的高度赞扬。据了解,各项目经理部都具有特色各异的对联。如兰武线的"左公柳河西走大漠写春秋,黑松驿火烧沟栏武竞风流。""新松黑松不松安全弦,包兰兰武岂难质量优。"皆有异曲同工之妙。文化活动的开展,丰富了工地员工的文化生活,活跃了工地的气氛,有效地促进了施工现场管理。

5. 思贤若渴,创新用人文化机制

企业和项目管理靠的是人才,"青青子衿,悠悠我心。"中铁十六局董事长陈树林十分重视企业人才的引进和培养,把这当作企业文化建设的头等大事。一名工程师打算调到其他单位,陈树林详细询问后才签字,唯恐"明珠他投"。一位刚刚从学校毕业的大学生,因是攻读机械专业的,当时为整合企业的急用,陈树林当即委以重任。陈树林有一套完整的用人思路。公司规定:凡参加各类学习者，经考试合格取得毕业证书者，公司给与报销学费，凡被评为优秀学员，毕业论文被评为优秀论文的给予奖励。丰厚的人才储备为项目管理的创新提供了前提条件，1998年公司对项目管理模式进行创新，创造出打破建制，实行项目部管理至各工区，减少管理层次；1999年已进行了精细管理创新，在项目部内各单位工程推行工序单价承包，减少制造成本，提高经济效益。2000年，已推向了施工项目规范化管理，形成了项目10项管理制度，被全国企业管理现代化创新成果审定委员会评为二等奖，解决了公司机关和施工项目两层管理的职能划分问题，使施工项目的工期、质量、安全、效益、形象等问题得到了很好的控制。2001年在项目部实行模拟股份制，让项目大小投入适当股份与项目工期、质量、安全、成本、效益等挂钩。2002年，公司又出台新政策，鼓励员工个人拥有和购置生产资料，进一步发挥员工的主人翁作用，项目管理模式不断创新，有力地促进了企业的发展。

6. 精心策划，塑造形象，创建精神文明工地

中铁三局南京地铁项目经理部，在参建南京地铁（鼓楼站）TA 11标段施工过程中，围绕着形象塑造，精心策划，有的放矢，取得明显效果。先后被南京建筑工程局授予"市级文明工地"和"江苏省建筑施工文明工地"称号。他们的做法是：

（1）突出"社会化"做到融入都市。首先，项目经理部对施工现场位于南京市政中心的实际情况，遵循企业文化建设社会化原则，在施工作业时间安排上，尽量少扰民不扰民，在机械使用上尽量采取噪音小、震动小、污染少的机型；积极开展路地共建活动，组织义务扫雪队活动，清扫积雪；为鼓楼公园移栽树木；受到过往行人和周边居民的好评。

（2）坚持"个性化"做到形象鲜明。企业形象策划是否有"个性"是企业形象策划的一个重要课题。南京地铁项目经理部按照中铁三建集团《企业形象视觉识别手册》的要求，在企业标识、标准、标准色上运用统一设计，使各种标语醒目意深，彩旗、灯箱摆放有序，"五牌一图"精雅美观、操作规程清晰实用，现场人员统一着装，塑造了鲜明生动与众不同的品牌形象。用完美的视觉一体化设计，将信息个性化、明晰化、有序化，把在各种传播媒介上的形象统一起来，使信息传播更为迅速有效。开工不久，南京地铁公司就把TA11标段作为文明施工的试点单位，号召全线向中铁三局学习。

(3) 注重"针对性"做到苦练内功。消费者主要是从产品质量、性能、服务等方面来认识和了解一个企业。为此，在抓好外部形象的策划的同时，南京地铁项目经理部还在企业形象策划上针对性地下功夫。该项目部在企业形象塑造中，把人当作塑造形象的根本，围绕着企业形象建设开展员工教育活动，做到了"严禁衣帽不整外出，严禁酒后逛街，严禁打架斗殴，严禁非法娱乐。"开展"比安全操作知识；赛材料摆放整齐；比无施工隐患；赛现场操作科学；比技术革新创意；赛合理化建议水平；比安全生产配合；赛工种互助帮助；比挂牌着装整齐；赛宿舍清洁卫生"为内容的竞赛活动。该项目部获得"南京地铁优胜杯劳动竞赛"一等奖，获得南京建设工程管理局颁发的"建筑施工标准化管理合格现场"奖牌。

(4) 保持"连贯性"做到立足长远。企业形象的树立需要长时间的积累，具有连续性。这就需要全体职工长期坚持不懈的努力。南京地铁项目经理部在形象经营中，一方面按照对企业形象塑造实践上的长期性规律的认识，结合企业提出的"区域经营，滚动发展"的要求，在去年中标南京地铁 TA23 标段土建工程后，继续在企业形象上投资，使独创性和连续性得到有效益统一，受到业主的好评；另一方面南京项目部还坚持运作上的一致性。在 TA23 标段项目形象策划中进行统一设计，使中铁三局独有的形象识别系统在南京公众中留下深刻的印象。传播的整合有效地实现了集团公司的企业形象战略意图，获得了系统的传播效果，对经济工作的开展起到了先行作用。

7. 精打细算，科学管理，狠抓项目成本控制

对于施工企业来说，成本控制是关系到经营效益的重要环节。在当今建设市场竞争的日趋白热化，更成为施工企业在项目管理文化建设中的关键课题。中国新兴建设开发公司二公司工业出版社项目经理部，把项目成本控制当成一项重要内容来抓，始终坚持细化管理，并按照"对口分工，细化管理，责任明确"的原则制定出一系列的规章制度。根据项目特点，按照制度，建立起以项目经理为核心的项目成本控制体系。首先，管理合同不仅签到各个部门，而且签到各种工长，真正落实到施工管理的每一个角落和每一个个人。为了保证成本管理的高效运行，项目部与所有管理人员逐个地签订包括成本控制在内的管理合同。在此基础上，与工长和劳务队签订材料节约书，做到"长料不短用，优料不劣用，小料节约用"，有效地节约了材料，直接节约钢筋 20 吨。同时项目部每半月对责任人

员进行一次考核并有相应奖惩，项目成本控制成为项目文化建设和项目管理绩效的评价的重要尺度，从而大大提高了员工的积极性和责任感。成本控制中他们把优化施工方案，缩短工期作为节约成本的关键，长期开展"我为施工提建议"的活动。项目部通过认真讨论施工方案，不断学习新工艺，力求在保证工程质量的前提下使施工简单化、程序化、最大限度地缩短工期。为此，他们科学安排工序，合理调度机械，使工程提前5天完成结构施工，干在了刚才大幅涨价之前，节约了一大笔钢筋费用和机械租赁费。他们经过现场技术论证，成功实施模板二次利用和吊篮施工法，节约数万元。在顶板支模实用竹胶板时，采用了定位施工法，竹胶板周转达到5次。在成本控制中，他们高度重视材材料管理，该项目部器材部门在采购材料过程中，做到货比三家，材料招标达到80%以上。在保证质量的前提下，积极在材料上的选用上下功夫动脑筋，力图在材料费上以最低投入达到最佳效果。器材部门全面实行电算化，材料成本随市场价格和工程的精度的变化一目了然，为器材管理科学化探索出一条有效之路。通过积极有效的强化管理、节约成本的措施，该项目部取得了社会效益和经济效益双丰收，综合楼连续两次在以"五个精细"为内容的结构检查中得满分，现场施工管理被评为北京市安全文明工地。狠抓成本控制，带动项目其他文化建设是项目管理文化建设有一成功经验。

8. "支部建在连上"，突出党的作用，发挥政治优势

毛泽东说过："领导我们事业的核心力量是中国共产党。"或许这句话用在项目经理部太大了。但在一个大中型项目经理部中，发挥党支部的核心作用，促进项目管理的高效运作确实起着关键作用。在项目管理文化建设中，北京城建四公司第六项目部在这方面摸索出了成功的经验，形成自己项目管理的文化特色。该项目部，在"自然美工程"中，充分发挥党支部的战斗堡垒作用，克服管理人员少，南北工地相隔较远，扰民问题难于协调等困难，积极主动地协助甲方做居民调解工作，党支部书记朱冬生帮助居民解决困难，最终停工两年之久的工程顺利复工。复工后不久，又遇到材料供应不及、场地狭窄等不利因素情况下，项目部全体党员干部积极为施工生产创造条件，保证了结构施工顺利完成。2001年3月，项目部承接了朝阳区龙祥花园一期工程施工任务，合同要求当年竣工，施工现场条件差，施工难度大。项目部组成了施工生产保证体系，在工程中认真组织开展三个阶段的施工生产竞赛活动。很多党员主动放弃休息和探家的机会，

加班加点工作在自己的岗位上。在党员的影响下，员工士气高涨，施工进度好于预期目标，提前 20 天完成了任务。该工程 9 号楼被评为"市优工程"。一份耕耘，一份收获。第六项目经理部党支部多次被评为"先进党支部"、"双文明先进单位"，经理赵国范多次被授予"先进个人"荣誉称号，党支部书记林顺汉多次获"优秀党员"、"党务干部"殊荣，两人连续两年被公司评为"党、政领导优秀搭档"。突出党的领导，发挥党员的先锋模范作用这一优良传统是新时期促进项目管理文化建设的根本保证。

9. 工人管理，立足人文重关怀

哈佛大学的管理专家琼纳森·D·利维先生 2002 年首次提出"企业的人力资源和知识管理能力是企业最重要的核心竞争力"这一令人耳目一新的观点，将企业的人力资源管理列入了企业最重要的竞争因素。此观点认为如何动员员工，发挥他们的潜力将决定着公司在市场经济中的整体表现，因而应成为企业人力资源开发的重点。但很多企业在实际管理中的体会是：建筑工人难管。建筑工人难管吗？江苏省江都建筑公司北京金偶丽港城项目部经理江中的回答是：要管好建筑工人也并不难，说到底这是企业如何把工人定位的问题。他认为，把工人群体作为企业的根基，实行人文关怀，工人就服从管理，支持管理工作。否则企业的长足发展就是纸上谈兵。自上世纪 80 年代以来，施工企业普遍处于两头承担经济压力做"夹心饼干"的尴尬处境时，江苏省江都建筑公司也遇到了同样的问题。但他们高瞻远瞩，当社会各界年复一年的谴责建筑工人拿不到"血汗钱"的时候，他们已经在思考采取什么样的措施来保证自己工地上的工人按时足额拿到工资。因此，他们在承揽工程之前，把工程款是否能到位作为首要问题来考虑，并严格规定：不保证工程款及时到位的工程决不开工，从资金的源头上为按时发放工人工资提供特别条件。项目部承接的金偶偶丽港城工程特别实行了以下做法：

①人工费及材料费款分账设立，不得挪用；②工程开工前做好人工费与材料费的年、季、月资金的计划；③每月由财务人员在施工现场发放生活费；④年终工资发放实行一人一卡；⑤在"双收"农忙和学生开学时给每人邮汇 1000 元；⑥特殊情况下工人家庭经济拮据时向项目部提出申请并予以解决。

建筑工人变动比较频繁，是造成工人归属感不强，组织纪律方面的表现比较散慢，对建筑工人不好管的原因之一。江苏江都建筑公司非常重视树立企业工人的主人翁意识，为此，项目部自进工地起就把培养主人翁观念作为他们的思想工作的重要内容来抓。他们实行统一着装、统一床单、枕头，统一管理，在宿舍安装了暖气，生活区 24 小时供水有热水供应，还建立了职工之家，开展读书学习文化娱乐活动。非典时期项目部防范有利，措施到位，先后投入 24 万元，最终没有发生一例疑似病人，无一人返乡。很多工地在"双收"、"双抢"时出现的人员流动现象在这个项目部从来没有过。因为每到这个时节，江都建筑公司团委和市农机局共同组织抢收突击队，并向每一位建筑工人家里邮寄去"双收"、"双抢"专项奖金。正是有了这样人性化的管理，项目部人心安定，队伍稳定，功效也提高了。他们也十分重视提高工人的素质，技术人员无偿向工人进行岗位培训，引导他们钻研技术，开展"QC"攻关，并开展争当先进个人、技术能手的比赛活动，不仅提高了技术水平，更增强了工人主人公的意识和集体荣誉感。

10. 人文关怀，职业安全健康放首位

中建八局高级工程师、项目经理李卫华在项目施工中关注员工身心健康，在施工过程中始终把职业安全放在首位。他的职业格言是：要建文明工地，先建健康工地；只有员工身心健康了，生活有了质量，工程质量才会有保障。

2003 年 4 月，北京发生非典疫情，为贯彻市政府的"四早"精神，李卫华对工地实行封闭式管理。他不但要求项目部有关人员按照国际卫生组织规定，坚持每天三次给职工量体温，还积极改善员工的住房环境和营养条件。由于李卫华认真贯彻 OSHMS18000 职业安全健康体系，使这项工程在特殊时期比合同期提前 56 天验收。

在安全管理上，他负责的项目几年来未发生安全责任事故，真正做到了对政府、企业、员工的安全承诺；在环境管理上，他认真贯彻 ISO14000 系列标准和程序文件，对使用的原材料、室内装饰材料严格按照采购的统一程序提前进行环保监测。李卫华能正确处理安全、质量与进度三者的关系，当安全与进度发生矛盾时，他把安全放在第一位；当进度与质量发生矛盾时，他把质量放在第一位；当三者之间发生矛盾时，安全又成了不可动摇的第一位。

他在工程管理上严格按 ISO9001 管理体系办事，在项目管理上制定了安全一票否决制，质量一票否决制，凡是出现安全、质量事故的人员均不能晋级、评先进。

多年来，李卫华获得多项荣誉。2002 年中共天津市塘沽区委员会授予他"优秀共产党员"的光荣称号、2003 年他的工程获得北京市结构"长城杯"大奖。在众多的荣誉中他看中的是中国建筑总公司党组授予他的"防治非典型肺炎工作优秀共产党员"的称号，因为在这个荣誉面前，凝结了这位全国优秀项目经理"把职业安全健康法放在首位"的特殊贡献。

11. 引入律师管理机制，维护企业合法权益

山西建工集团八公司在承建中联假日广场项目中，项目部率先引进了律师管理机制，实行全过程合同管理，取得良好的效果，形成项目合同管理的特色。

（1）在中联广场开工之前，公司根据自身特点，制定了以项目部为中心，项目合同管理部门为重点，各相关部门紧密配合，分步把关，全员参与的多功能、全方位的合同管理组织体系。

（2）转变管理观念，积极引入律师管理机制，强化合同管理。2000 年初，该项目部邀请了法律专家对有关人员进行了合同法律法规的培训，目的就是进一步提高各级管理人员的法律意识，进一步强化合同管理，更好地维护企业自身的利益，开工时引入律师管理机制。过去，施工管理以图纸为中心，按合同履行义务，对主张权利较为薄弱，往往出现自己的权益受到损害时，还觉察不到。律师介入后，在开工前，律师在分析合同的基础上对项目班子及工作人员进行合同交底，培训项目管理人员如何针对合同约定运用法律武器维护自己的利益，从而使项目管理人员的管理观念有了很大转变。全面履行合同是创造管理效益提高企业信誉的关键环节，它贯穿于项目开工到竣工的全过程。在合同实施阶段，其主要任务是建立实施、监督、追踪和反馈信息体系，全面落实合同标的、实现合同目标。具体要求是：①公司的合同管理部门对合同进行全面监控；②建立以项目合同班子为主的定期检查、报告制度；③及时处理好履约过程中出现的各种问题分析和分析问题的原因和措施，索赔与反索赔；④健全与合同相关的文件资料的收集、整理、综合、分析等制度，为履约合同和合同终止后资料归档提供完备、准确的资料。

（3）运用法律，建立合同管理内容。律师的介入正是顺应了上述这些要求，使其更加规范化、标准化，将合同管理纳入经济法律行为。山西省八建公司在承包的中联假日广场开工后，首先落实了甲方代表、建立工程师的授权委托，明确了签证索赔的签字人，使签证索赔文件更加合法有效；其次落实会议纪要的签字

问题，在过去的工程建设实践中，会议纪要由于未制定签字确认制度，造成了会议纪要内容一边倒，仅有甲方及监理方对施工企业的要求，施工企业对他们的要求则不予记载。会议纪要签字认可制度落实后，会议纪要的内容变得更全面、准确，有力地保障了企业的权益。

（4）依法位据，实施索赔。中联假日广场开工初期，甲方一直使用工作图纸代替施工图纸，由于图纸不完善，致使出现许多返工的现象，为此项目部管理人员及时收集各项索赔资料，为索赔提供了充实的依据，经施工方力争，甲方赔偿所有乙方因返工而造成的损失。由于甲方资金不到位，工程断断续续，给项目造成经济损失，项目部管理人员根据施工实际和律师建议，及时收集与工程索赔相关的文件，向甲方提出索赔，甲方回复赔偿47.36万元。工程重新施工后，项目部与律师进一步拟定索赔方案向甲方提交索赔报告，并附详细损失表，迫使甲方对乙方已经造成达903.2万元的损失做出了赔偿的表示。项目部对材料供应商供货不到位、不及时，造成了多次造成窝工现象也提出了索赔，获赔偿金14万元。律师机制的引入，不仅对施工合同、材料供应合同进行了有效的管理，而且对劳务合同也进行了规范和调整，从根本上形成了劳务合同体系，充分保障了企业的合法权益和劳务人员的利益。

12. 成本预测预控，坚守项目成败的最后"一米线"

北京建工三建第十四项目部经理孟庆义现场管理的"传家宝"是事前算账，每个项目开工前，组织项目部的预算、材料、机械、财务、劳资人员进行成本策划，将实物和工作量分解为人工费、材料费、机械费等六大计算项目，有效地控制了工程管理成本。总结孟庆义的控制成本管理经验，主要体现在他把好"六关"上。

把好数量关。孟庆义根据不同的材料采取不同的计算方法。为克服商品混凝土在施工中容易塌方的缺点，他不按商品混凝土的罐车辆作为结算依据，而是根据图纸的实际用量与对方结账，使石子、沙子等容易亏损的材料都按工程实际量包死。

把好限额领料关。孟庆义要求材料员严格按定额发料，他还与生产、材料部门和外施工队分别签订岗位责任制，规定奖惩措施，在施工中做到活完底清。另外，他还鼓励节能降耗，如在承建青塔小区工程中，经测算用12m长的钢筋废料少，孟庆义就要求采购12m料。项目下来后，废料只装了一小推车。

把好材料节约关。由于受各地区、各季节差异的影响，孟庆义要求采购时要货比三家，同时在投标基础上采取优质低价方案，使商家利润降到最低点。如经甲方采购材料时，首先由预算员向材料员给出预算报价、最高限价或指导价，使材料员按市场价行情做到心中有数。如果采购价格超过预算报价，材料员参加签约，然后由材料员及时向预算员反馈，以便报请项目经理审批，以便向甲方索赔。

把好加工订货单关。孟庆义要求加工订货时有技术人员按图纸提供大样，然后有技术负责人联系厂家，预算员谈价签约，然后报项目经理审批，这样就增加了签约前的透明度。

把好周转材料使用关。孟庆义在与外施工队签订发包合时明确规定，丢失周转材料由外施工队负责照价赔偿，维护有方的给以一定的奖励，这样就充分发挥了外施工队的主动性和积极性，让他们参与到周转材料的管理中来。

把好现场费用的支出关，提高机具在现场的利用率等。这些小到一条钢筋，大到一台机械的费用节减，使十四项目部的成本大幅度降低，为其可持续发展奠定了基础。

第四节　施工项目经理素质

项目经理是项目的负责人，是项目管理的领袖，项目管理要想获得成功，项目经理个人的文化素质十分重要。"汝果欲学诗，功夫在诗外"。项目经理必须跳出项目本身，在项目外做功夫。因此，项目经理应积极营造合作、进取、诚信、专注与开放为主题的团队文化氛围，缓解和消除在施工过程中的各种障碍。

一、合作氛围

创造合作氛围，是项目经理的基本功，没有融洽的合作气氛，很难保证项目的成功。项目经理如何创造良好的合作气氛呢？

1. 一致认同和支持项目目标是合作的基础，也是项目组成为一个团队的原因。在这个过程中，项目经理有责任将目标明确化、具体化，并争取客户、管理层和项目团队的支持。

2. 以施工项目利益为决策依据。如果项目团队各小组间的合作是表面而肤浅的，项目肯定做不好；如果每个小组做出的决策只对自己有利，整个项目就会陷入困境，更可怕的是各为其主的文化氛围，会令各小组各自为政。因此，项目经理必须以项目利益作为决策依据和标准，教育员工认清互相的关系，这才能进行真正的合作。

3. 建立和遵循合理的流程。流程是保证合作顺利进行的强制手段。因此，项目经理应时刻提醒团队成员严格遵循工作流程，流程的执行过程就是顺利合作的过程。

二、进取精神

勇于创新，不怕失败，积极承担挑战性的工作。对团队成员分配工作时要注意人物的多样性，力争使每一个成员都能不断尝试不同的角色。每位有进取精神的人都喜欢富有挑战性的工作，多样性的工作使人保持激情。

三、诚信理念

诚信就是诚实守信，讲真话，负责任。在诚信的团队里工作项目经理可以轻松地专注于项目本身，而不被琐事困扰。诚信不仅表现在为人处事上，作为项目经理或主管，也要相信团队成员，做到"用人不疑"，诚信是双向的，不但要在团队纵轴上，即上下级之间有条"诚信链"，更要在团队的整体上打造出一幅"诚信网"。

四、专注态度

专注不是简单地指认真地做事情，而更多地是指不要把精力花在不该做的事情上。作为项目经理应不断地提醒成员，项目目标是什么？阶段目标是什么？这将有助于成员利用有限的时间做正确的事情，而不被琐事缠绕。经常看到有些企业的成员每天都忙个不停，但工作进度却很慢，问题就出在不专注上。按照现代管理科学提出的"二八原则"，项目80%的进展是由20%的工作带来的，这20%的工作就是团队应该专注的首要工作。

五、开放心态

开放是一种心态。在一个团队中，不管你是领导，还是一个普通成员，都应该做到：坦诚沟通，能容忍成员犯错误的团队可培养出勇于承担责任的人，还能培育出创新的幼芽。在团队中项目经理应以身作则，用开放的心态来对待一切的同时，与他们分享你的教训，使他们少走弯路；与他们分享你的生活、懂得喜怒哀乐，使团队变成一个大家庭。健康的团队文化还是关系的黏合剂、变革的润滑剂和氛围的清洁剂。项目经理必须有这三剂"良药"，才能推动项目管理事业的发展。

第六章 劳务管理与劳务保障文化

由于建筑行业是劳动密集型企业,工程建设中需要使用大量的外来工,这不但是国际建筑市场发展的必然趋势,也是国家施工企业管理改革的总思路。外来劳务人员是施工企业的重要组成部分,是将建筑图纸半成品变成最终产品的实现者,是施工的主力。由于人员具有流动性强和素质低的特点,成为施工企业文化建设的难点。因此,劳务管理文化成为企业文化建设的难点之一。

第一节 劳务管理文化

一、农民工的地位和作用

众所周知,工程建筑市场的繁忙,拉动了劳动力市场,使工程建设领域成为农民工务工的大户,在3800万建筑业从业人员中,有农民工3000万人,占70%左右,成为建筑施工队伍的主力军。例如,中国建筑总公司在职员工12.5万人,其中工人身份的只有4万,而它却吸纳了60万人的农民施工队伍,尤其是30多万相对稳定的外联施工队伍。

据有关部门统计,2003年全国外出务工就业人员的农村劳力约为9820万人,比上年的9430万人增加了390万人。中西部地区外出务工人员占本省市全部农村劳动力比重比较大,省市按序排列:重庆37.6%、四川33.3%、安徽省29.6%、江西省26.2%、河南省25.0%、湖北省21.2%、湖南省20.0%。务工地点主要集中在北京、上海等大城市和广东、江苏、福建、浙江等沿海经济发达地区,这6个地区合计吸纳农村外出务工劳力占总数的27.5%。

建筑业是国民经济支柱产业,其增加值约占GDP的7%,又是劳动密集型行业,就业容量巨大,汹涌的"民工潮"主要涌向建筑行业。对西宁市万名外出工情况问卷调查显示,在12668名人员中从事建筑施工的人员就有4514人,占调查人数的35.63%。建筑业已成为我国吸纳农民工的主要行业。据统计资料显示，目前农民工已成为我国产业工人的重要组成部分。全国工业从业人员中农民工占57.6%，农民工从事加工制造业的占68%，从事建筑业的占80%，建筑业比例居各行业之榜首。2004年国家统计局数据显示，全国进城务工的农村富余劳动力三分之一集中在建筑业。全国建筑业从业人员总计3893万人，其中施工现场操作人员基本是农民工，总人数已达3201万人，也就是说，在当前的各个行业中，建筑业成为吸纳农民工的最主要行业。

农民工为建筑业的发展提供了有力的人力保障，为社会主义现代化建设做出了巨大贡献。2004年全国建设工作会议上公布的一组数据显示了农民工对建筑施工企业的贡献：2003年建筑业完成了增加值7600亿元左右，比2002年增长约8%。农民工推动了国民经济的增长，促进了产业结构的调整。如果农村劳动力迁移的种种障碍能够排除，每年增长率能贡献2到3个百分点。同时农民工实现了生产要素合理配置与优化组合，增加了国民收入积累。如以9546万民工计算（劳动与社会保障部、国家统计局、1999年统计数据），农民工一年为国民经济提供的剩余积累就达7046亿元，相当于当年国内生产总值的9%。建筑业所吸纳的3000多万农民工到底给国民经济带来多大的价值，目前还没有确切的统计数字可以表示，按照上述的分析，农民工进城对我国经济发展和现代化进程产生了不可估量的影响是不争的事实。根据国家权威部门统计，近年来，农村外出工每年增加400~500万人，增长5%左右，每年给农民带来的净收入达3500~4000亿元。毫无疑问，作为吸纳农民工主要行业的建筑业对于转移农村富余劳动力、加快城镇化进程、富裕农民、发展地方经济做出了突出的贡献。与此同时，又不能不看到，由于大量农民工进入业内，企业如何加强对农民工的管理？如何保障他们的合法权益？如何提高他们思想素质，以适应现代建筑施工企业发展的需要？这些问题已成为企业文化建设的重要内容。

二、劳务管理文化的提出

随着世界经济的发展，"市场细化"和"企业扁平化"已成为发展趋势，承包商在工程项目上使用企业外部的"劳务层"，是世界建筑市场上总承包企业和专业承包企业的普遍做法，是国际建筑市场发展的潮流，是市场经济发达国家的建筑企业在几百年的市场发展中逐步形成的，并在细化市场中日臻完善的行业结构形式。

我国建筑业的结构改革经历了曲折的过程。1987年5月在北京召开的全国施工工作会议上，国家确定了施工管理体制改革的总思路：通过市场竞争和改革，逐步把建筑业的行业结构，从企业层次单一的"扁平结构"，调整成为总承包、专业承包、劳务承包三个层次的金字塔形的"立体结构"。根据改革的目标和当时我国国有大中型施工企业的现状，建筑施工企业极需产生一批能够作为中国建设行业旗舰的"总承包企业"，这些企业从能力上讲，横向上要能够涉足建设行业的各个种类，如房屋建筑、市政工程、道路交通、水利水电、设备安装、管线铺设等等；纵向上讲，要能够涉及科研、设计、施工管理、设备采购等，即在建筑施工企业里无一不能。从作用角度上讲，要能够带动一大群专业承包公司，带领大大小小的舰船出海，参与国际市场的竞争。

总承包企业内部要不要劳务层，这里有两种模式可以参照，一种是德国霍斯曼公司有劳务层的模式，一种是日本大成公司没有劳务层的模式。这两种模式说明，有没有劳务层并不重要，重要的是如何管理好劳务层，如何处理好劳务层与管理层的关系。按照政府的要求，这些"总承包企业"产生的方式是要在市场竞争中从现有的国有大型企业中脱颖而出，既不是重组，也不能干预保护，这些总承包企业是智力密集型单一层次的"扁平型"结构。因此，劳务要在改革与发展中剥离，使承包企业达到"智力密集型"所要求的智力密集度。但由于当时我国处于改革初期，社会的劳动制度、社会保障制度、工资分配制度等配套措施完全没有到位，实现"两层分离"条件尚不成熟。有些先进的企业在改革的过程中，结合企业环境和企业实际，设计了在同一法人下，对管理层和劳务层实行分开管理、分配，以便使企业在工程项目上的两个层次弱化行政、强化经济关系的方案，并加以施行。

本来两层分离的问题可以通过企业改革和发展来加以解决，但遗憾的实现两层分离的国有大中型企业都在企业改制和新资质就位时，把精力放在如何"做大、做强"上，而对待劳务层的问题，则采取消极的"时间战术"，通过下岗、内部退休、提前病退等方式，拖延了问题的解决，使其不了了之。劳务层专业队伍没有建立，只能采取外包工的方式进行。目前，施工企业聘请外包工已成为建筑施工行业普遍采用的做法。

"两层分离"的现状，使中国的建筑业处于一言难尽的尴尬境地。一方面企业需要包工头对零散的外来工进行协调和管理，另一方面企业却要受到不法包工头的挟制；一方面企业要对业主和社会承担全部责任，另一方面企业对"劳务层"的总分包管理又要受到包工头的阻隔；一方面企业要全方位地实行质量管理保证体系，另一方面又只能使用不愿意执行、甚至根本不懂质量保证体系的"包工队"。因此，对"劳务层"的管理已成为施工企业管理的重要内容之一。

三、劳务管理文化创建的探索

大量的使用外部劳务将是建筑业发展的趋势，但绝大部分的"包工队"处在诚信差、技术不高、管理不规范的状况，那么如何使用外来工又能规避风险呢？可采取以下两种方式。

1．"员工化"管理模式

"员工化"管理模式是指企业直接与外来务工人员签订用工合同。首先，从过去使用过的"包工队"中挑选多年来一直表现不错的外来工，通过签订合同使其成为企业的短期的合同工，再与企业自有员工中的技术骨干组成"混合工班"，由企业员工任班长和"五大员"，由外来合同工任副班长。这种外来工"员工化"的用工制度对企业有三点好处：一是建立了正规化的班组建制，可以保证班组建设落到实处；二是由自有员工带领外来工按照操作规程来作业，可以保证施工质量；三是由自有员工与项目经理结算工费，可以保证工费开支符合实际。同时对外来工也有三点好处：一是在正规化的管理中有了归属感，党员有了临时支部，员工有了能够成为长期合同工的希望；二是能够每月按时拿到工资，收入有了可靠的保证；三是不再受"包工头"的剥削，工资提高了，特别是有专业技术的外来工，工资提高得更多。

2．联营管理模式

联营管理模式是指施工企业把劳务层作为半松散层、半紧密层伙伴关系加以管理的模式。北京住宅建设集团公司在上个世纪80年代中期，就采取了"住友协会"的形式，把一些农村的建筑公司作为联系紧密的"劳务层"组织。同时还结合扶贫与一些国家经济贫困县建立了一些劳务型建筑公司，由劳务建筑公司出管理人员和技术骨干，由贫困县出劳动力并协助管理建筑公司，成为北京住宅建筑集团的半紧密劳务层。联营管理模式的优点是：一是对施工企业讲，这种模式的聘用工作较为方便，外来工较为集中，减少了"员工化管理模式"由于直接对零散外来工的招聘所带来的工作麻烦；二是从建筑施工企业结构调整的目标讲,联营管理模式作为"组织形式"出现的劳务层靠近和符合施工行业结构调整的最终目标即建立独立的"劳务层企业"的目标;三是从农民工的就业渠道讲,联营管理模式为农村闲散劳动力建立了就业"绿色通道",通过参加农村的施工劳务公司,可以使农村闲散劳动力快速进入建筑市场,免去农民工为就业而带来的许多麻烦和不必要的费用支出;四是从在政治上讲,施工企业间接参与了扶贫工作,对我国扶贫工作进了应尽的义务,承担了一定的社会责任。

3. 劳务企业管理模式

劳务企业管理模式是指建筑企业进行劳务作业分包时,必须使用有相关资质的劳务企业,并对其加以管理的模式。建筑劳务分包企业是成建制的建筑劳务队伍,按照《建筑劳务分包企业资质等级标准》获得相应的资质证书,由建设主管部门批准,并进行工商注册的专门从事劳务输出的企业。建筑承包企业应当按照合同约定或劳务分包企业完成的工作量及时支付给劳务分包企业劳务费用。建筑企业应对劳务分包企业的用工情况和工资支付进行监督,并对本工程发生的劳务纠纷承担连带责任。劳务企业要依法与农民工签订劳动合同。

劳务企业的组建一方面可以大量吸收农民工,把农民工纳入成建制的有资质的劳务企业,对农民工进行相应的专业培训;二是大型建筑企业自组织劳务分包企业。施工企业特别是国有施工企业建立劳务企业是可行的,同时也是必行的。劳务企业管理模式是建筑企业劳务管理的的理想目标。从理论上讲,一个集团应当由核心层、紧密层、半紧密层、松散层等多层结构,"劳务企业"是施工企业集团的半紧密层或松散层,所以没有"劳务企业"的集团是不完整的集团。当年提出的"两层分离"的实质是行政意义上的分离,即切断"管理层"和"劳务层"之间的"行政绳索"。在企业层面上"两层分离"的实质就是把企业的劳务层变为具有法人资格的"劳务企业";项目层面上的"两层分离"就是指把项目管理层和项目劳务层由行政关系变成经济合同关系。由此,两层在项目上的结合方式就从行政性的、指令性的、刚性的绑捆结合,变成经济的、合约的、弹性的结合。

建筑企业如何建立自己的劳务企业?首先对集团内部人员进行重新洗牌,成立若干劳务公司,然后对这些固定工进行专业培训,使他们成为企业的管理和技术骨干力量;另一方面劳务公司要配备足够的业务管理人员,作为劳务公司的企业管理层,由劳务公司招收合同工,然后对合同工进行培训。根据市场需求,需求多时多招，需求少时少招，合同工经过多年的考察和培养后，也可以转为劳务公司的"固定工"，使企业的骨干不断接续下去，并与总承包公司相辅相成、共同提高、共同发展。

大型施工企业历来有开展职工培训的传统，为建设劳务公司提供了基础。要充分发挥和利用现有的资源，不需要任何投入就能够完成组建劳务公司的任务。一是可以利用下游的管理人员组成劳务公司的"管理层"；二是可以利用现有的培训机构、培训场所、培训教材、培训师资等力量，对合同工进行培训；三是可以利用现有的一系列成熟的规章制度，迅速建立劳务企业的规章制度体系，实行正规化的管理。

劳务企业管理模式可以采用三种方式：一是建筑企业将劳务作业整体分包给劳务企业的管理模式；二是可以采纳建筑企业使用多个专业劳务企业的管理模式；三是可以采纳建筑企业自组织劳务分包企业，由建筑承包公司自行完成劳务作业的管理模式。无论是与员工化管理模式还是联营管理模式都是施工企业使用外来工的新形式，为施工行业建设"劳务企业"提供了新的经验。

第二节　劳务保障文化

据全国总工会2002~2003年进行的第五次全国职工队伍状况调查结果显示：无论社会地位还是经济地位，农民工都排在25种职业群体中的最后一位。不能不承认，农民工群体处于一种"权力缺失"、"权利剥夺"状态，尤其是建筑业的农民工在最艰苦的条件下从事着强度最大的劳动，用自己的血汗换取微薄的收入来养家糊口，但权益却得不到保护。

一、保障文化缺失的表现

1. 收入取得权。 工资多少由包工头说了算，没有最低工资的限制；工资的支付方式也是由雇主或包工头说了算，没有谈判的可能；包工头拖欠工人工资，工人上告无门；随意加班加点，得不到应有的报酬。

2. 社会保障权。 外来务工人员80%得不到失业保险、医疗保险和养老保险。基本上是大包对小包，临时组合临时招募，干一把结一把，总包和大包企业不负责给劳务人员上保险，包工头更是不管。

3. 生活条件和安全保护权。生活条件主要是指住宿、伙食等方面的待遇。安全卫生保护权主要指安全设施和安全防护用具的配备、人身意外伤害保障等方面。近年来，在政府的帮助下，建筑施工企业对于外来务工人员的生存和劳动条件有些改善，但是工人的住宿条件差、伙食差、安全设施和安全防护用具、劳保用品配备不足的状况还大量存在。例如，外来工住处不具通风、卫生、保温条件，人均面积 $3m^2$ 以下，几个人、几十人在狭窄的破楼房间居住的情况随处可见。还有相当一部分企业并未依法对外来工办理意外伤害保险。

4. 平等竞争和个人发展权。除了少数施工企业给与外来工以平等的竞争发展机会外，外来务工人员普遍地不具备有参与平等竞争、升职、调动、培训的权利。多数外来工被排斥在体制之外，给予发展的机会甚少，甚至通过个人努力在务工地区的学习机会都要遇到种种障碍。

5. 社会尊重、社会地位权。企业舆论、社会舆论反映外来工群体的声音很小，即使有舆论往往也得不到应有的解决。如子女就业、购买住房、应聘机会等方面都要付出超出本人很多的成本。

二、保障文化缺失的原因

企业对外来务工人员保障文化的缺失严重扰乱了企业的正常生产秩序，影响了企业声誉，损害了良好企业影响的塑造，这种劣性文化严重制约着优良企业文化的形成和发展。在企业文化建设中企业应该予以高度重视。那么，是什么原因造成保障文化的缺失呢？有以下几点：

1. 企业对《建筑法》、《劳动法》认识、宣传、执行不到位。建筑工程项目挂靠、层层转包现象未能得到企业重视，有的企业违规把建筑工程转包给无资质、不成建制的企业或人员，致使建筑施工项目用工制度混乱，有些企业打着承包方的旗号，私招乱雇，既不与农民工签订合同，更谈不上办理养老、工伤社会保险。

2. 现有建筑劳务市场不能满足施工需要，客观上也给无资质的"包工头"、"包工队"非法招用农民工有了市场。他们私下组织施工所需要的工种人员，为了降低管理成本以包代管，法律意识淡薄，违纪与小包工头签订包工承包协议，规避与农民工签订劳动合同，以免除养老、工伤保险等费用和风险，还可减轻项目资金短缺压力，从中谋取转包差价，免垫人工劳务费的好处。而品行不良的小包工头，以工程承包款的名义拿了民工工资，却因个人员原因隐匿逃逸不付，更使农民工陷入生存都很困难的境地。

3. 为应对建筑市场的激烈竞争，有些工程项目的承包人或包工头为了中标承包到工程，不惜竞相压价垫资或经过层层转包，盈利水平降低。如与农民工签订劳动合同，需缴纳各种税金和社会保险费，按国家规定工作时间并支付加班工资，无疑会增加工程成本，用工随意性会受到很大的约束。为保障自己的利益，于是想方设法逃避法定应履行的劳动关系义务。

4. 劳动制度和工资支付制度有缺陷。现行通常的做法是项目负责人或小包工头先支付农民工部分工资（生活费），余下部分以"工程质量、工期抵押金"或工程款未支付等理由不发，待工程完工或实际雇佣关系解除时，根据工程款收取情况约定结清，这种人为地将农民工工资与工程款到位或工程质量等挂起来的做法，在工程项目资金不到位，建设资金存在缺口时，势必造成农民工工资拖欠。

5. 农民工劳动力资源处于买方市场，且流动松散处于无组织状态，有的农民工缺乏经验、维权意识不强。农民工对工资福利待遇低，工资被拖欠克扣虽然非常不满，但由于劳动力供大于求，劳动用工不规范可以随时招用或解职，劳动者的权益得不到保障，只好委曲求全无奈接受。

三、劳务保障文化建设

建筑施工企业要加强外来劳务人员的保障，需要社会、行业、企业的共同努力，不是一个部门所能够解决的。作为工程项目承包主体的建筑企业，保障文化建设应注意以下几个方面的问题：

1. 建立健全企业劳动用工制度。施工企业要建立健全劳动用工制度，并严格执行，加强对施工项目的劳动用工管理，特别是要制定确实可行的农民工用工制度作为劳动用工制度制定的重要内容。在劳动用工制度中要建立责任制度，明确责任人，保证国家有关劳动管理的各项方针政策的落实；项目经理、分包经理受企业法人委派，对所承包工程用工管理负有直接责任，应严禁无资质、无资格的"包工头"、"包工队"违法招用，尽量使用依法注册的施工劳务企业，让包工头浮出水面，接受企业或国家的监督，使雇主遵守国家规定的最低工资标准和最低社会保障标准，使建筑劳动雇佣关系从制度外走向制度内，对出现问题的项目，要追究责任人的责任。要建立企业工资集体协调机制，把解决拖欠农民工工资问题作为协调劳动关系的重要内容。

2. 提高法律意识，加强合同签订与管理。外来工社会保障的关键问题是使雇工人员与用人雇主或包工头签订劳动合同得到法律的保护。而签订用工合同的关键问题又在于方便签订的形式和能够管住雇主或包工头。目前《劳动法》规定雇用双方应当签订书面合同，这对建筑施工企业讲，实际运作是相当困难的。解决的方法可以考虑在法律上使用口头合同或实际雇用合同关系的合法化。合同中要规定工作时间、工作岗位、工价、工资支付时间及工资支付方式、劳动纪律和违约的责任等内容。要按照《劳动法》的规定，保证农民工休息的权利，并按规定支付加班工资。

为防止包工头或包工队克扣农民工的工资，对于用工的管理，企业可以使用员工一人一卡，所有劳动报酬由总承包企业直接打入员工卡里，通过监督，保障外来工人员应当享受的依法取得的合法收入，避免包工头或分包商从中作梗。

3. 注意阶段性、流动性外来工人员的权益保护。建筑施工企业用工的阶段性、流动性十分明显，造成大量的短期、临时性的用工现象。保障短期、临时的建筑外来工的权益成为施工企业建立保障文化的重点。这就要在合同的种类、形式、工资标准、人员管理上制定具有针对性的管理办法。另外，建筑企业要积极制定符合本企业施工实际的劳务人员生活标准并加以贯彻，针对建筑施工企业属于高危作业的特点，加大安全投入，提高作业人员的安全赔偿标准，建立企业安全保障机制。

4. 施工企业应建立健全欠薪保障制度。在与承包人签订工程承包合同时，企业可以要求承包者采用保函、保证保险函、担保公司保证书等方式，交付工资支付担保金，凡是出于包工头或包工队原因而出现拖欠工资问题的，可以直接从这些款项中划取。

5. 要积极支持外来工建立自己的维权组织，提高谈判地位。企业应支持和允许外来工建立自己的维权组织，通过组织向企业反映自己的想法和需求，建立与企业交流的渠道。

第三节 劳务人员素质培养

员工素质状况是企业共同价值观形成的基础。素质的高低决定企业文化建设的起点和制约着企业文化发展的方向。目前,由于建筑施工企业的管理层与操作层分离,农民工是施工企业的主要力量。农民工文化水平普遍低,道德观念滞后,自身素质差。据统计,目前,农村劳动力中,小学以下文化程度的占有 38.2%、初中文化占 49.3%、高中、中专文化占 11.9%、大专及以上文化的占 0.6%。以四川为例,四川全省 3827 万农村劳动力,平均受教育时间仅为 7.14 年,高中文化程度的仅占 3.3%。施工企业职工思想素质的培养,其实主要是农民工思想素质的培养问题,尤其是对他们的价值观、道德观方面的教育与培养。因此,加强对农民工的思想教育与培养成为施工企业文化建设研究的重要课题。

一、素质存在问题的主要表现

1. 组织观念淡薄。在建筑施工企业中有 80% 以上的农民工个体行为观念和自由散漫习惯仍然比较突出。主要表现在:一是农民工自由性强,群体性加入施工企业的现象比较多,缺少企业的组织观念。二是制度观念差,规章制度观念对他们的约束力比较差,私自离开单位、离开工地的现象容易发生。三是集体主义观念比较差,这些职工到施工企业来就是为了挣钱,很少把自己的行为和集体的行为联系起来考虑问题,缺乏应有的团队精神。

2. 满足感较强。从这些员工的来源看,不论是企业化从建、集体化从建,还是零散从建,他们在追求上都有一个共同的特点:就是能挣到钱,年底能拿到工资回家就是最大的利益,表现出非常单纯的价值观,这是他们从建后行为的轴心,也是钻研业务、开拓进取乃至争取自己应有权利的意识和精神都比较缺乏的主要原因。例如,他们对食宿、劳保、福利等方面要求不高,对于参加技术培训持证上岗都缺乏应有的兴趣。

3. 法律意识不强。随着法律教育宣传活动的开展,近年来农民工的法制意识有所提高,但从目前来看仍不能满足市场发展的需要。从建后,往往一旦发生纠纷,就采取非法过激的行为,如打架、抢劫、闹事甚至绑架,严重影响企业形象。

4. 职业道德意识不强,由种植业转到建筑业后,他们没有经过严格系统的教育,职业观念不强,没有把自己看成是建筑施工企业的一员,从建后仍带有种植行业的观念;职业态度不够端正,建精品意识不强,施工中容易不按要求施工,职业技能不高。据统计,全国建筑行业劳务作业的技术工种初级持证率只有

50%左右，中高级持证率低得难以统计；职业纪律不强，在施工现场容易违反造作规程，作业不执行安全规定、偷工减料、以次充好的现象时有发生；职业作风不过硬，不按企业规章办事，施工中着装不整齐，行为不文明，扰民的现象还比较多。

二、素质存在问题的结症

1. 农民工虽然加入了建筑施工队伍，已由农业种植业转为建筑施工业，但他们农民的身份和思想观念没有彻底改变。由于从建时间短，长期在农村生活所形成的生活观念和生活方式不可能在短时间内改变；另外，有些职工从事建筑施工业是作为对农业种植业的一个补充，农忙则务农，农闲则务工，因此从事建筑施工行业的短期意识较浓。

2. 艰苦的劳动环境和生活条件，限制他们的价值道德观念的提高。企业文化的提高需要物质条件的保障。由于建筑施工企业属于劳动密集型企业，建筑施工人员的劳动强度大，需要付出巨大的体力消耗；又由于场地的流动性，往往生活、劳动保障物品难于按时到位，劳动条件比起务农还要艰苦；工程工期紧，没有节假日，没有合理的劳动时间，他们不仅承受着肉体上的劳累，还要在感情上承受着对亲人的思念之苦，基本上像一架干活的机器。在这样的环境中提高价值道德观念，培养企业文化无从谈起。

3. 有关政策滞后或不落实，没有形成促进价值道德观念形成的良好政策环境。从行业来讲，没有制定出由农业转入建筑业的相应的政策、措施和规定，有的即使有法规但没有很好地执行，如转入建筑业后，需要什么样的素质？没有明文规定，而是处于一种自然发展状态中。在持证上岗方面除特殊工种外，直到新资质到位才知道必须持证上岗，使部分职工没能得到系统的教育培训。从企业角度讲，有时也存在忽视对农民工培训的思想，对农民工教育培训投入不高。工作紧张，农民工没有足够的时间来提高自己的道德思想、技术水平。

4. 加强农民工价值道德观建设的机制不健全。一是教育培训机制不健全。企业没有设立农民工培训机构和人员。有些企业虽然设立了类似机构，但时有时无，成效不大。二是相关教育内容不具体、不规范，就事论事，形不成体系。三是机制不够健全。组织上没有形成纵向横向的系统网络，思想上没有真正把农民工纳入企业职工队伍，因而，基本上没有形成农民工自己加强思想道德价值观念建设的浓厚氛围。

三、提高素质的途径

建筑施工企业应把对农民工的教育放在实施文化战略的重要地位加以考虑，把培训教育工作作为企业文化建设的重要内容来抓。

1. 坚持持证上岗制度，加大培训力度

从全国来看，农村劳动力中受过专业技能培训的仅占9.1%。四川省全省农村劳动力中接受职业技术培训的占8.1%，760万四川农民工中，持有技术技能证书者仅占5%。因此，建筑施工企业要积极在企业内部开展职业技能培训工作，坚持持证上岗制度。持证上岗培训工作不单是技术工作的需要，而且是加强价值道德建设的基础性工作。不仅是通过培训使他们掌握了技术知识，而且使他们通过培训树立起建筑职业和建筑工人的思想观念。企业应抬高门坎，严格入企标准。对已经入企的人员，应在最短的时间内，加大培训力度，使他们能全部持证上岗。北京城建集团从1995年期开始创办民工夜校，对农民工进行施工安全、技术操作、文化知识、法律知识和时事政策的培训，有效地改变了农民工过去那种没事可做，三五成群出去闲逛，或打麻将或喝闷酒的局面，也对大中城市的社会治安综合治理做出了贡献。

2. 积极改善劳动环境和生活条件

改善农民工的劳动环境和生活条件是企业物质文化的应有内容。企业要严格限制非法超时作业，无特殊情况一般不得超过8小时。严格加班加点制度，必须保证每周休息一天。改善居住条件，强制用工单位推行每人一铺，一宿舍不超过10人的制度，夏天防蚊蝇防潮，通风；冬天防冻保温；推行炊事员持健康证上岗；要改善劳动保护条件，执行穿工作服上岗制度，穿戴和使用必要的劳保用品。进一步强化"五个一"（一份报纸、一套文体活动器材、一个图书柜、一台电视、一块墙报或板报）的落实，努力改善文化生活条件。

3. 大力开展各种形式创建活动

创建活动是促进农民工队伍思想道德建设的有效形式，企业党工团组织要加大开展创建活动的力度。除了抓好文明工地创建活动外，还可以开展杰出农民工评选活动；在农民工中开展争当"文明个人、技术能手、先进青年"等的评比活动。通过开展各种活动，激发农民工提高思想道德素质的自觉性。

四、提高素质的案例

北京城建二公司全面提升外施工队伍素质，创建和谐的企业氛围，为建筑施工企业培育外施工队伍人员素质提供了宝贵的的经验。每年要使用上万名外来农民工的北京城建二公司是北京市用工先进单位，常年在外施工队伍中开展"五个一样管理"、"五增活动"，即坚持农民工与自有职工同等看待，思想上一样教育，生产上一样要求，行政上一样管理，生活上一样关心，报酬上一样合理；号召广大农民工为首都增辉，为家乡增光，为企业增荣，为本队增效，为个人增收。经过近20年的锤炼和培育，外施队员们在精神上、生活上、技术上、管理上不断提"素"，5支外施工青年突击队荣获北京市优秀青年突击队称号、1支队伍被评为市青年突击队标杆，两人被评为北京市十佳实施百优外来务工青年，1人荣获创业青年首都贡献奖，培育出为家乡捐资百万建学校的河南籍外施优秀青年徐子雨在内的一大批建筑精英。

北京城建二公司的决策者们深刻意识到：外施工队伍是施工生产的主力军，企业的生存与外施工员工息息相关，融为一体，不为外施工员工们提"素"，就保证不了工程质量，就会丧失竞争力，丢失了市场，堵死了出路、砸企业的牌子、摔了自己的饭碗。为此，公司在精神上、生活上、技术上、管理上不断为外施员工提"素"使企业成为建筑施工人才的摇篮。他们的做法是：

1. 在精神上提"素"。公司始终以"五个一样"、"五增活动"为主线，每建一个工程，就制定出一个现场的政治思想宣传方案，并在每支外施工队伍中设立政工书记，全力抓好民工入会工作，帮助农民工更多地了解党的方针政策、国家法律法规、首都建设情况、施工生产要求、规章制度等方方面面的内容，通过知识竞赛、书画展、歌咏比赛、文艺汇演、体育健身等活动，教会农民工自我"包装"，用文明武装自己，用文化丰富自己。

2. 在生活上提"素"。公司充分利用社会普遍关注农民工问题，政府积极推行农民工户籍制度、就业制度、教育制度、住房制度、社会保障制度改革的大形势，集中财力物力重点解决好民工吃饭、喝水、洗澡、取暖、看病、求知、娱乐、安全等方面的问题。比如，确保农民工工资季清月结、为农民工上"双险"、生活区军事化管理、配备全自动电开水器、请理发师进工地、设立民工健康档案、节假日慰问、开通亲情热线、公布监督举报电话、提供法律援助、成立民工之家、特级民工大病救助款等等。

3. 在技术上提"素"。公司号召外施人员们努力学习一门新技术、提一条合理化建议、推广一项新成果，在农民工中广泛开展小革新、小改进、小节约、小建议、小经验、小核算的"六小竞赛"活动。此外，公司将提升农民工技能，作为创建学习型企业的一项重要内容，通过开办民工学校、岗位练兵、技术比武、读书自学等等多种活动，让农民工们从简单体力型工人向一专多能的技术型工人转变，用他们的汗水与智慧浇灌出连获五座鲁班奖及国优、市优、长城杯等200多个奖项的辉煌战果。

4. 在管理上提"素"。为充分发挥外施工队伍主力军的作用，公司通过厂务公开、定期座谈、农民工意见箱、民工代表工地"挑刺"、职工民工联手承包等多种行之有效的方式方法，调动民工参与企业管理的积极性。此外，公司还充分发扬劳动竞赛的光荣传统，通过有效地分配激励机制，表彰先进集体、优秀个人，充分发挥其模范带头作用，让农民工真正成为企业不可缺少的一份子，找到自己的位置，释放出更多的光和热。

通过多年的努力，外施工队早已和城建二公司情同手足、亲如一家。城建二公司用诚信、理解和爱心为农民工提"素"，为外施工队员搭建一个施展才华的和谐大舞台，让他们创造出一个又一个辉煌与奇迹，成为一出接一出建筑大戏的主角。

第七章 客户关系管理文化

管理大师迈克尔·哈默说:"今天的时代是客户经济的时代"。如今,市场竞争的焦点已经从产品的竞争转向品牌的竞争、服务的竞争和客户的竞争,特别是谁能与客户建立和保持一种长期、良好的合作关系,掌握客户资源、赢得客户的信任、分析客户的需求,谁就能制定出科学的企业发展战略和市场营销策略,生产出适销对路的产品,提供满意的客户服务,提高市场的占有率,获得最大的利润。因此,对于已经创建企业文化、跨入品牌时代的企业而言,客户管理文化必定成为其重要的组成部分。

第一节 客户关系管理的概念

一、传统营销与关系营销

发端于 20 世纪 70 年代的客户关系营销 CRM(Customer Relationship Management)理论在国内的引进,越来越引起中国企业管理界的广泛重视。当前所盛行的整合营销理论本质上就是关系营销思想的反映。关系营销主张以消费者为导向,强调企业与消费者进行双向沟通,从而建立长久稳定的互应关系,为企业在市场竞争中建立品牌优势。

企业关系营销应被视作客户关系的管理过程,对客户关系的管理将影响到客户(消费者)的直接再度合作(消费)或间接合作(消费)。就建筑企业讲,建筑产品造价巨大,少则几百万、多则上千万乃至更高的价格,维系客户关系,争取合作伙伴的持久合作,对企业的生存与发展就更加显得十分重要。

当前,对我国大多数企业来说营销还仅仅停留在交易营销阶段。企业的关系营销正是相对于传统交易营销而言的,是一种企业与客户共同创造价值的全新营销理念。

在传统交易营销观念看来,是建筑企业创造了价值,营销职能的体现,集中体现在承包项目上。这种观念认为建筑企业就是打桩、施工、安装、装饰，产品价值在项目竣工之日就得以完成了。至于建筑竣工后业主最终价值的实现，那是业主的事，企业并不予以更多的关注。

而企业客户关系营销理论则认为"业主与企业所维系的关系"最终创造了价值，价值的实现不是企业自身所能实现的，而是要靠企业与业主共同完成。企业的关注点已经超越了产品本身，扩大到针对业主的价值生成过程，即业主所创造出的可感知的价值过程，并涉及到建筑产品生产过程的各个环节、各项职能。

当然，企业的关系营销计划方案的实施，需要搭建信息平台，同时还需要一些传统的营销工具，例如公关活动、广告宣传等等，还要借助业主或产品终端消费者的反馈、投诉处理、竣工后的服务、工程维持等管理体系的支持。

建筑企业的客户服务是在近几年来出现较多的一个词汇，当今建筑产品品质日趋成熟，均好性成为同质化的同义词，建筑企业自我定位为"服务行业"，开始重视客户关系管理与服务工作，将客户与产品开发、技术创新、销售摆在同一重要的位置，建筑企业都普遍树立了"客户至上"的服务理念，制定了客户服务计划，以维系建筑产品和建筑企业的形象。建筑企业目前普遍意识到：企业品牌建设与营销推广不能再局限于建筑产品本身，建筑市场以商业联合、资源整合为特征的全天候、全方位的客户关系管理与服务之门已经打开。客户关系管理作为当今全球性的管理发展趋向，预示着单独的产品买卖时代已经结束。未来建筑企业品牌的竞争趋势正逐步过渡到客户满意度、客户忠诚度、客户服务手段的竞争层面。当前以"客户为本"的理念正在贯彻到建筑企业生产的各个过程、各个部门和整个领域。例如中建三局的"业主、业主、再业主；用户、用户、再用户"、北京住总六建设集团的"客户的难题就是我们的课题"、中建一局发展有限责任公司的"大服务"理念、"前期策划服务、过程精品服务、售后满意服务、后期延伸服务"等。北京建工集团"以顾客为中心"、"质量第一、用户至上、信守合同、竭诚服务"的经营理念以及建筑市场出现的各种工程回访制度、保修服务制度、投诉接待制度、服务承诺制度、保修服务卡制度等等文化现象充分体现了建筑企业对客户关系管理的关注，说明客户关系管理理论已开始渗透到建筑企业之中。

二、客户关系管理的内涵

客户关系管理是指企业通过富有意义的交流沟通，理解并影响企业的终端客户、供应商和合作伙伴等客户的行为，通过这种有意识的培养，使客户对本企业及其产品具有更积极的偏爱或偏好，最终实现企业与客户双赢的目的。客户关系管理是一整套先进的管理理念、管理机制，需要有一套 CRM 管理软件系统的支持。

客户关系管理首先是一种理念文化，其核心思想是将企业的客户（包括最终端业主、材料商和合作伙伴）作为最重要的企业资源，通过完善的客户服务和深入的客户分析来满足客户的需要，保证实现客户的终身价值的经营管理观念和经营策略。

客户关系管理又是一种旨在改善企业与客户之间关系的新型管理机制，它主要实施于企业的市场营销、销售、服务与技术支持等与客户相关的领域，使客户时时感觉到企业的存在，企业随时了解到客户的变化。这种思想将推动企业最大限度地利用其与客户有关的资源，实现企业从市场营销到销售到最后的服务和技术支持的交叉立体管理。客户关系管理的目标是一方面通过提供更快速、周到和准确的优质服务吸引和保持更多的客户，达到个性化的服务；另一方面通过对业务流程的全面管理来降低企业的成本。

客户关系管理的实施需要信息技术的支撑。因此，它又是一种管理软件和技术，它将最佳的商业实践与数据挖掘、数据仓库、一对一营销等紧密结合在一起，为企业的营销、客户服务和决策支持等领域提供一个业务自动化的解决方案，使企业有一个基于电子商务的面对客户的系统，从而顺利实现由传统企业模式向电子商务为基础的现代企业模式的转变。

三、客户关系管理的作用

客户关系管理的理论基础是一对一的关系，这种独创性的管理理念和管理手段，使企业得以提供更快捷和周到的优质服务，真正把"以客户为本"的观念结合到企业的日常业务和工作之中去，从而在多个方面改善企业的管理。客户关系管理的作用主要体现在以下几个方面：

1. 可以有效地挽留现存客户

根据美国营销学者赖克海德和萨瑟的理论，一个公司如果将其客户损失率降低5%，利润就能增加25%～85%。当前，中国的企业已经认识到客户关系管理的重要性，把创建客户关系管理文化作为企业文化建设的一项内容来抓。客户关系管理不仅可使企业更好地挽留现存的客户,而且还可使企业找回已经失去的客户。例如全球最大、访问人数最多的网上书店——亚马逊公司,面对其越来越多的竞争者能够保持长盛不衰的法宝之一就是实施了客户管理,建立了客户管理信息系统 CRM。当您在亚马逊购买图书以后,其销售系统会记录下您购买和浏览过的书目,当您再次进入该书店时,系统识别出您的身份后就会根据您的喜好推荐有关书目。显然这种有针对性的服务对维持客户的忠诚度有极大帮助。据悉,CRM 在亚马逊书店的成功事实给它赢得了 65% 的回头客。

2. 可以提高客户对企业的满意度和忠诚度

当今我国建设事业已驶入健康、持久发展的快车道,业主(政府、投资公司、房地产公司等)、建筑最终消费者具有连续投资、阶梯消费的鲜明特征,他们很有可能成为一个品牌企业忠实的合作伙伴和消费者。客户关系管理基于通过开展对客户的项目咨询、与业主共同参与监督工程、现场巡视质量、提出合理化修改建议、与业主联谊、企业结盟等活动,使业主真正感到企业是在处心积虑地为自己着想,强化了对企业的良好形象,赢得客户对企业的信任,提高客户对企业的满意度和忠诚度。

3. 可以挖掘市场客户的潜力

由于建筑工程价值大、消费时间长、使用效果后验性强、涉及知识面广等特征,建筑企业的口碑在合作方心目中占据重要地位,许多客户在招标做决策时很注意听取曾经与企业合作者的意见和建议。比如建筑的投资方、代理商、房地产开发商、建筑设计咨询、监理方、材料供应方等等,这些客户均具有与建筑企业进行广泛合作和多次合作的可能性。客户关系管理的目标之一就是要兑现对业主的承诺,坚持长期对客户负责的态度,在业内形成良好的口碑,有利于把握这些客户关系的营销潜力,将会远远超过一次交易所能获得的利益。

4. 可以有效地化解客户抱怨

如今的建筑企业具有多元经营的特征。从建筑价值链所涉及到的施工、安装、装饰、材料采购,甚至涉及到规划、建筑设计、园林绿化、住宅开发、销售、中介咨询、物业管理等各个领域。建筑设计是否合理?竣工是否按时?建筑质量是否优良?材料是否符合质量要求?安装设备是否到位?装修是否标准?物业管理是否到位等等的"质量"问题。处理这些问题时企业与客户的沟通就显得十分必要。根据美国营销协会的研究数据表明,在不满意的客户中,只有三分之一的客户是因为产品或服务质量有问题而不满,其余三分之二的问题出在沟通不良上。客户管理重视企业与客户的沟通,及时收集客户的反馈信息,对客户的合理意见、建议加以采纳,对工作缺陷加以改进,化解客户的抱怨。可见企业实施客户关系管理的重要性。

5. 可以及时了解客户的需求

客户关系管理注意收集各种客户信息,倾听客户的意见和了解客户的需求,并将这些信息加以整理、分析,研究开发适合客户需求的新产品、提供客户满意的高质量的服务,使企业产品、服务品质与不断变化的市场需求保持一致,使企业在竞争中占有较大的市场份额,为企业赢得荣誉和利润。举一个非常经典的例子。一个商场发现每当周末的时候,尿布卖得非常的快,公司的经营人员经过分析,发现周末买尿布的大部分是男士,因为他们在周末下班回家的同时将尿布买回家,公司分析后,就将啤酒同尿布一起交叉销售,从而销售额大增,提高了企业的利润。建筑企业也应通过与业主的沟通,及时了解市场的需求创造企业新的经济增长点。

除上述功能外,企业实施客户管理还可从以下几方面收益:如提高内部员工的工作效率、节省日常开支、增加主营业收入、提高利润率等。

第二节 客户关系管理文化创建

一、明确企业客户关系管理的对象与内容

创建客户关系管理首先要根据行业的特点和企业发展战略,明确企业客户的对象与管理的具体内容。建筑企业具有不同于其他行业的特点,产品价值巨大、交易方式具有一对一的特征,客户的对象应根据企业经营具体内容而定,就单一经营施工的企业来说其主要的客户即业主可分为下几个基本类型:

一是中央或地方政府以及其行政部门;二是国家各类各级事业单位;三是从事建设开发的各类公司。如建设投资公司、房地产开发公司等;四是从事各类经营的公司,为本企业进行投资建设;五是海外工程客户。对于施工为主、兼营房地产业等的企业,其客户范围要广一些,还要包括其他建筑辅助企业和建筑终端消费客户。

实施客户管理,企业需要收集、整理客户的资料。对客户资料收集的内容而

言应尽量地完整，主要有以下几项：

（1）基础资料：包括客户的单位、联系人名称、地址、电话、经营管理者、法人代表、企业组织形式、业种、资产等单位性质。

（2）客户特征：包括客户服务区域、经营能力、发展潜力、经销观念、经营方向、经营政策、企业规模、经营特点等。

（3）业务状况：包括经营业绩、经营管理者和业务人员的素质、爱好、性格等，客户与企业其他竞争者的关系、与本企业的业务关系，合作时间、地点、项目名称、工程质量、合作态度等。

（4）交易现状：主要包括客户的经营活动现状、存在的问题、保持的优势、未来的对策、企业形象、声誉、信用状况、交易条件以及出现的信用问题等方面。

在实践中建筑企业客户关系资料主要内容应侧重于：客户单位、性质、联系人、合作时间、项目质量、建筑营销情况、客户需求、反馈与服务等。企业通过上述内容为营销人员提供客户价值信息，发现哪些客户能为企业带来的价值和怎样使这种价值最大化，使营销人员和客户之间建立紧密的联系，以保证客户能够得到专业化的服务。

二、掌握客户管理的原则

（1）动态管理：客户资料要不断加以调整，及时补充新的资料，对客户的变化进行跟踪，使客户管理保持动态性。

（2）突出重点：我们要通过资料找到重点客户，对客户进行异化分析。做好重点客户的公关工作，这是客户管理的重点。

（3）灵活运用：建立客户信息档案或客户管理卡后不能束之高阁，应以灵活的方式及时全面地提供给企业的经营管理者及其他有关人员，使他们能进行更详细的分析，使资料变成活材料，提高客户管理的效率。

（4）专人负责：客户管理应确定具体的规定和办法，应建立较完善的客户管理制度。客户管理应有专人负责和管理，严格管理客户情报资料的利用和借阅，注意及时归档和加强保密工作。

根据行业特点，建筑企业开展客户关系管理还应遵循以下几个原则：

第一、针对性原则。建筑企业具有不同于其他行业的特点，他面对的是组织市场，其产品的需求者主要是公司、机构和政府。由于建筑产品一次性投资量巨大，一次性购买量大，潜在的客户难以预测。同时建筑市场上的客户为买方，而且客户以单位为单元，数量极少，与同行业内客户之间的相互影响也比较大。建筑企业必须根据不同的客户关注的重点，应有针对性地开展客户关系管理文化的创建。

第二、主动性原则。客户服务可分为主动服务和被动服务两大类。建筑企业的客户服务绝大部分是在被动服务中催生出来的，由于客户的保修、咨询、投诉等纠纷的不断增加，建筑市场竞争日趋加剧，客户服务的好坏已成为建筑企业市场成败的心病与桎梏。建筑企业客户关系管理文化建设要在客户服务的及时性、具体性、协调性上下功夫。当前在建筑企业内衍生出的"客户会"正是迎合主动服务这一要求的最好形式。企业创建客户会，将客户编辑造册，经常主动地与客户保持长期联系，主动相互交流、沟通情况，的确是一种客户关系管理的好办法。

第三、适应性原则。客户服务是建立在企业的推广、生产、销售之上的，不仅仅是一个创新理念，一种升级服务，更是一种升级财富。客户的需求是建筑企业生存和发展的基础，能够赢得客户的青睐也就赢得了市场。创建客户关系管理文化，只有具备大型化的企业，而且必须是在经过长期发展、前期成功的不断积累、拥有多数量客户的条件下才有可能，才谈得上客户关系管理。而且企业的规模越大、历史越长、前期成功积累越多，开展客户关系管理的成效越显著。建筑企业创建客户管理工作应与企业实际相匹配、相适应，否则成效不会明显，甚至会陷于事倍功半的境地。

第四、规范化原则。建筑企业客户关系管理具有其特殊性。这主要是由于建筑产品和建筑市场的特殊性决定的。要在市场中立于不败之地，建筑企业就需要采用客户关系管理的手段，了解客户的需求，为客户提供服务，提高企业的服务质量和信誉，才能在竞争中占有较大的市场份额。不过当前建筑市场这种供求的失衡也易导致业主和承包商市场地位不平等，交易条件不公平，企业在进行客户服务的时候经常会被某些业主抓住这个可乘之机，这也需要通过客户关系管理系统的规范化、科学化，在进行客户管理的同时，也要坚持进行企业的正常营销和管理，以保证企业的发展。

三、对客户进行科学的分析

进行客户管理，不仅仅只是对客户资料的收集，而且还需要对客户进行多方面的分析。客户管理分析的内容，具体包括：经营状况分析（与本公司合作状况分析、项目销售构成分析、项目资金周转率的分析等），客户等级分析（客户等级 ABC 分析法），客户信用调查分析，客户投诉处理分析，客户背景、性格、爱好分析等等。对于那些合作频繁、成效卓著的客户要实施有效的公关战略。如常常邀请业主到你的项目工地参观，或者安排几次座谈会、交流会、宴会等，由公司经理级的人物招待他们。因为，这些大客户的确是忽视不得的。举一个例子，有一位日本商社的职员 S 先生，到当年西德一家机械工厂访问时，其总务科长是一位年轻的德国人。这位总务科长不仅热情而郑重地招待 S 先生，而且对 S 先生的家庭、兴趣、爱好、出生年月日、所属的社会团体、所信仰的宗教等都很了解。S 先生对他的敬业精神大为感动，尽力促成他的商社继续与这家公司合作，购买它的产品。从此以后数十年的时间里，双方保持着密切的交易关系。为什么会有这样的结果呢？这就是德国这位年轻的总务科长把客户资料做了很好的整理、分类并加以运用的结果。客户关系管理能为你获得更多的客户，保留更好的客户，创造更大的客户价值，保持客户永久的忠诚，建立一对一市场营销。从而，为你的企业带来更丰厚的利润和持续的竞争优势。

四、实施客户服务计划

企业进行客户关系管理的目的是为客户提高优质、便捷的服务。因此，在准确获取客户消费需求、趋向、服务要求等信息资料后，应及时有针对性地制定公关或服务计划，满足客户对市场和对企业的需求，对客户提供优质的产品和高质量、便捷的服务。

第三节 客户管理 CRM 系统建设

一、CRM 系统建设的必要性

在当今信息发展十分迅速的市场经济中，客户关系管理需要一整套 CRM 信息系统的有力支撑，没有先进的信息网络系统建设，要对上千名或上万名客户进行有效管理，是十分困难的，也是不可想像的。因此，CRM 系统开发具有十分重要的意义。主要表现在以下几点：

CRM 系统可以提高客户服务的效果。企业通过 CRM 的营销模块，对市场营销活动加以计划、执行、监视、分析。并且通过 CRM 的前端营销功能模块，完成与后端 ERP（企业资源计划）的整合，协调企业其他经营要素，在企业内部达到资源共享，以提高企业市场营销部门的整体反应能力和事务处理能力，强化营销效果。

CRM 可以为客户服务决策提供科学的支持。CRM 是建立在"海量的数据库"之上的。CRM 的统计分析工具可以帮助企业了解信息和数据背后的规律和逻辑关系。掌握了这些，企业的管理者就可以对客户服务做出科学准确的决策，使得企业在竞争中占尽先机。

CRM 可以帮助企业改善客户服务。CRM 向客户提供主动的客户关怀，根据营销和服务历史提供个性化的服务，在知识库的支持下向客户提供更专业化的服务和严密的客户纠纷跟踪，这些安排都成为企业改善服务的有力保证。

CRM 可以优化客户服务业务流程。CRM 的成功实施必须通过对业务流程的重新设计，使之更趋合理化，才能更有效地管理客户关系，具有优化业务流程的作用。CRM 信息系统的运转可以缩短企业与客户的服务距离和提高客户服务效率，改变那种投诉"只听铃声，不见回声"服务状况。

CRM 可以有效地降低客户服务成本。CRM 的运用使得企业对市场对接的效率和准确率大大提高，服务质量的提高也使得服务时间和工作量大大减少，这就无形中降低了企业客户服务的运作成本。

CRM 可以规范企业客户服务管理。CRM 提供了统一的业务平台，并且通过自动化的工作流程将企业的各种业务紧密结合起来，这样就将个人的工作加入到企业规范的业务流程中去。与此同时，将发生的各种业务信息存储在统一的数据中，从而避免了重复工作以及人员活动造成的损失。

CRM 可以加强对客户资料的保密。客户服务管理所带来的客户忠诚度，不会因营销人员的工作变动而把客户带走，造成企业的损失。因为 CRM 系统是由企业专人负责并进行统一的管理，相对于个人为主导的传统营销方式大为改观，其保密性更为可靠。

二、CRM 系统的发展

CRM 信息系统软件的开发有一个演变的过程，它是遵循着营销理论的发展轨迹而走来。从图 7-1 中我们能看到在 1990 年左右为了满足市场的需要，许多的公司开始开发 SFA（销售队伍自动化系统），随后又着力于 CSS（客户服务系统）的开发和推广。到了 1996 年一些公司把 SFA 和 CSS 两个系统合并起来，并加上市场营销（Marketing）、现场服务（Field Service）。在这基础上再结合 CTI（计算机电话集成技术）形成集销售（Sales）与服务（Service）为一体的呼叫中心（Call Center）。这样就形成了今天的 CRM 系统。从 1999 年以来，随着电子商务的兴起，CRM 向 eBRM/eCRM 方向发展。

根据国际著名公司的走势分析，全球的 CRM 市场正在以每年 50% 的速度增长。这意味着 2000 年全球 CRM 市场的销售额将达到 130 亿美元，这个数字到 2004 年将跃升至 670 亿美元。到 2004 年，分析、咨询和系统集成服务将成为 CRM 市场中的生力军，其年增长率将达到惊人的 82%，并会对企业造成冲击。

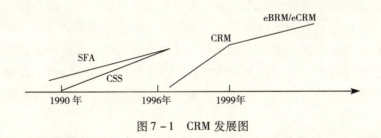

图 7-1　CRM 发展图

中国的企业同样面临着多方面的冲击，在这样巨大的市场竞争环境下，如何将企业的经营模式由产品经营、服务经营转变成为以客户为中心的经营模式是企业迫切需要解决的问题，因为任何企业都知道谁掌握了客户谁就拥有了市场，谁就有了竞争的空间。

三、CRM 系统的实施

CRM 作为管理软件就像两年前市场出现的 ERP、SCM，这三个内容已被人们视为电子商务平台的三个要素。如果把 ERP 比做企业练好内功，SCM 比做管道，那么 CRM 就是企业从以产品为中心逐步转向以客户为中心的外功了。我们不难看出企业已经把关注重点从单纯的产品市场份额转向关注有价值的客户份额上来了，以客户为中心的管理文化的诞生正是 CRM 应用之处，这也是 CRM 被越来越多的企业所关注的原因。CRM 作为一种软件系统它与 ERP 软件不一样，它广泛实施于与企业的市场营销（Marketing）、销售（Sales）、服务与技术支持（Service）等与客户有关系的办公领域，我们把这种办公领域叫做企业的前端办公领域（Front Office）。在 CRM 软件系统中，以客户作为系统组织的主线。CRM 作为软件系统，它以先进的软件技术实现企业的市场营销（Marketing）、销售（Sales）、服务和技术支持（Service）等前端办公领域自动化管理和流程的改善。

如何开发 CRM 信息系统呢？主要有以下几个步骤：

1. 客户信息集中，建立统一视图。近年来我国施工企业的信息化进程发展较快，但往往是以业务作为主线来实施的，或为企业窗口，或为内部交流，而少于关注客户管理。各企业间、母子公司内部各子公司之间客户数据分散且互相保密，割裂的数据使企业不能够通过集中地享用的客户数据，去分析客户、交接客户，因而实施客户关系管理首先要进行客户信息集中。足够的客户信息是企业与客户保持联系的必不可少的基本资料。客户关系并不是一次性的合作关系，而是需要与客户之间保持长期的业务关系，与客户之间保持必要的联系，有利于与客户建立良好的关系，维系客户对本企业的认知，提高将来再次建立起供求关系的可能性。由此实现客户信息的真正的整合，建立客户在企业的单一视图。这样既能实现企业集团内部资源共享，避免资源浪费，又提高了企业整体的营销功能水平和效益。

2. 开发建设客户关系管理系统。客户关系管理系统是实施客户关系管理必不可少的一套技术和工具集成支持平台，它基于网络、通讯、计算机等信息技术，能实现企业总部、区域公司不同职能部门的无缝连接。客户关系管理软件是以客户为中心思想的固定化、程序化，用于协助管理者更好地完成客户关系管理的两项基本任务：识别和保持有价值的客户。管理思想的融入程度反映了客户关系管理系统的水平和成熟程度。目前，施工企业客户关系管理系统一般由客户信息管理、营销自动化管理、客户服务与支持管理、客户分析系统 4 大功能模块组成。

3. 再造业务流程、建立业务单元制。业务单元制是目前全球各金融机构普遍选择的一种经营管理形式，也是施工企业未来发展的一个方向。业务单元也称为战略经营单元,是大公司的一个部门单位,它的设置是为了满足企业战略的需要。业务单元组织结构与事业部组织形式相似,但在追求客户组合战略方面具有事业部制所不具备的优势。因而,要组建战略业务单元,实行客户管理自上而下的一体化,各业务单元建立有利于推进业务发展的资源配置体制、产品开发体制和风险控制体制。

4. 客户关系管理文化具体实施步骤。①拟定 CRM 战略目标,依据以往的经验、现状、差距以及行业标准拟定战略目标。②获得公司上下的支持:像其他大型的复杂的信息系统一样,CRM 系统涉及公司内很多业务领域,如销售、客户服务、财务等等,它的实现离不开各工作岗位上员工的支持、推动、努力和合作。③成立 CRM 项目小组:项目小组应该包括高层领导(一般为副总)和营销部门的人员、IT 部门的人员、财务人员,还要包括所有的最终用户的代言人。高层领导的作用是支持、领导和推动 CRM 的实现。④确定阶段目标和实施路线:包括需求分析和系统要素的需求分析;项目计划和管理。⑤分析构建组织结构、优化业务流程。⑥设计 CRM 架构:CRM 共可以归纳为以下几个方面:对市场营销、销售和客户沟通所需要的手段(如电话、传真、网络、E-mail 等)的集成和自动化处理。⑦实施:包括系统配置和客户化的阶段。⑧局部实施和质量保证测试。⑨持续优化及后续工作。

第八章　经营风险与风险管理文化

当前，建筑施工企业随着我国加入 WTO，逐步开始与国际经营方式接轨，我国的建设市场正在处于转制的过程之中。由于市场诚信体系尚未完全建立，无论对实行总承包的企业，还是对从事分包施工的企业都存在着经营风险，风险管理与风险防御文化理所当然地成为企业文化建设的内容之一。

第一节　经营风险概述

一、经营风险的涵义

风险不是一个新话题，自人类产生以来，就有风险的存在。在人类演变、形成与发展的过程中始终伴随着风险。古猿人为了生存需要和恶劣的自然环境斗争，要为谋食取暖而奋斗。数十万年来，人类不断战胜艰难险阻，获得了生存和发展。因此，人类史就是一部与风险奋斗的发展史。企业亦是如此，只是其性质和形式不同而已。企业的生存取决于经营的好坏，而经营的每一个环节都充满或潜伏着风险。

企业能否成功求得迅速发展，关键是看企业是否有防范风险的意识和有效地管理风险。工程建设是一项重要的企业经济活动，无论是业主或投资者、承包商、勘察设计者或监理者都难免面临各自的风险。业主或投资者要为工程付出巨大的投资，其投资的效益如何？能否获得预期的收益？会不会因投资失败而面临破产？施工承包商能否顺利按照其向业主做出的承诺，按签订的合同完成合同规定的任务？其预期的利润能否实现？市场在不断变化，工程实施期间能否一帆风顺？会不会因为一些意想不到的事故而破产倒闭？勘察设计者要为建筑进行规范设计而付出巨大精力，设计是否能满足业主的需要？勘察设计者是否有质量隐患而最终引致有经济赔赏责任？所有这些无不具有风险。

风险之所以存在，是因为人们在建设实践中对任何未来的结果不可能完全预料。往往是实际结果与主观预料之间有差异,就构成了风险。因此,风险的定义应该是:在给定的条件和预期的时间内,那些可能发生的结果与既定目标之间的差异。其差异越小,则风险越小,那些可能产生结果之间发生的差异越大,则风险越大。

在生产实践中,常常有一些是可以通过人们的主观努力阻止或避免其发生或加剧,但缺乏风险意识却往往会酿成大祸。片面追求经济建设速度,而引起剧烈的通货膨胀;极端强调民族独立,拒绝借鉴外国经验而使国民经济陷入贫困;未满足霸权的欲望,不惜对邻国大动干戈,从而招来国际制裁都是这方面的例子。英国巴林银行的倒闭,就是因为派驻新加坡银行业务员为谋求巨大利润大量购入日经指数股票,以至亏损达 14 亿美元之多,赔下巴林银行的全部资产,导致巴林银行宣布破产。凡此种种都因为人们在主观上没有风险意识以致酿成大错。

然而,风险并不等于厄运。应主观上重视风险,客观上采取适当措施,化险为夷的事例也不在少数。1950 年新中国刚刚成立,国家百废待兴,经济形势十分严峻。面对由于美国等 14 国对朝鲜的入侵造成对中国形成严重威胁的严峻局面,毛泽东同志冷静地分析了形势,毅然做出了出兵朝鲜的英明决定。一个几经战争洗劫、遍体鳞伤的新中国向不可一世的庞然大物美国及其盟国宣战,其风险可想而知。然而在毛泽东同志的正确领导下,中国军队采取正确的战略战术,以较小的代价换取了整个抗美援朝的伟大胜利。铁的事实证明,风险是可以驾驭的,关键在于人们是否重视,具有风险意识。国家如此,一个企业又何尝不是如此呢?一家外国建筑企业以其利润为负数的投标报价获得了承包我国一项大型工程。该公司从项目准备到全面完工长达 4 年的时间内,自始至终狠抓风险管理,充分利用履约期间发生的不可抗拒事件,积极创造索赔机会,扩大索赔收益,最后反以获取巨额利润而圆满履约,既树立了良好的企业信誉,又获得了出人意料的经济效益。

二、风险的分类

1. 人为风险。人为风险是指人为的,由主观因素导致的种种风险。包括人的思想和行为,有些来自工程业主的合作者,有些还应归咎于企业内部人员。人为风险的起因主要来源于以下诸方面:政府或行业主管部门的专制行为;体制法规不合理;主管部门设置碍障;资金筹集无门;不可预见事件;合同条款不严谨；金融投资机构官商作风；道德风险；群体行为越轨；履约不力或违约；工程拖延；监理工程师失职；设计错误等原因造成的风险。

2. 经济风险。经济风险对所有从事经济活动的行业来说都是存在的，而对于建筑施工承包企业则更是难以避免。通常情况下，建筑施工企业的经济风险主要产生于以下原因：投资者建设资金不足盲目开工，导致施工企业的工程款缺欠；市场物价不正常上涨，通货膨胀幅度过大，建筑材料、施工设备租金价格上扬；业主违反建筑规划法律法规，工程被迫下马造成经济损失等等。

3. 自然风险。自然风险是指工程项目所在地的自然条件差，施工期可能遇到恶劣气候，工程项目所在地的周围环境和恶劣的现场条件等因素，这些都有可能对建筑企业构成威胁。自然风险通常由下列自然或非人为原因所致：恶劣的自然条件、恶劣的气候与环境、恶劣的现场条件、不利的地理环境等。

4. 特殊风险。特殊风险系指FIDIC条款中规定的应由业主承担的风险。这些风险包括：工程所在国发生战争、敌对行为、外来侵略等；工程所在国发生叛乱、暴力革命、军事政变或篡夺政权、发生内战；任何核燃料燃烧后的核废物、放射性毒气爆炸等其他危险物所引起的离子辐射或放射性污染；音速或超音速飞机或其他飞行装置产生的压力波；工程所在国发生的不是局限在承包商或其他分包商雇员中间，且不是由于从事本工程而引起的暴乱、骚乱或混乱；由于业主占用合同所规定的向承包商提供任何永久工程的区段或部分，而造成的损失或损害；因工程设计不当而造成的损坏或损失，而这类设计又不是由承包商提供的或由承包商负责的；不论何时何地发生任何地雷、炸弹、爆破筒、手榴弹或是其他炸弹、导弹、弹药、或战争用爆炸物或冲击波引起的破坏、损害、人身伤亡均应视为特殊风险的后果。对上述发生的特殊风险承包商对其后果都不承担责任。因此，这类风险只能由业主或投资商承担，连带给承包商造成的损失也都应由业主或投资商给予补偿。

三、建筑企业经营风险

不同的行业有不同的风险，同一事件对不同企业会产生不同的效应。有些工程风险对建设主体是共同的，有些风险则不然，对一些主体是风险，有些则不是风险。因此，树立工程经营风险意识对不同的企业有不同的内容。建筑承包企业作为工程承包合同的当事人，与业主是合作者，但又有各自的利益，双方既有共同的利益，同样的风险，又有各自的独特风险。业主的行为会时刻威胁着承包企业的利益，当然，建筑承包企业行为也会对业主构成风险，但建筑承包企业的风险则贯穿于工程的始终。建筑企业的风险主要来自于以下几方面：

1. 决策错误风险。包括信息取舍失误或信息失真风险；中介与代理风险；保标与买标风险；报价失误风险。报价失误风险主要来自企业采取了不当的报价策略，使企业承包价格存在着潜伏的风险。这些策略包括：低价夺标寄赢利希望于索赔；低价夺标进入市场寄赢利于希望后续项目；依仗技术优势拒不降价；依仗关系拒不降价；对合作对象失去警惕；盲目用计，弄巧成拙等等。

2. 缔约和履约风险。缔约和履约风险主要是以下方面：合同条款不平衡、含义不准确、条款遗漏、工程管理失控、合同管理不善、物资管理不科学、财务管理疏漏等方面所造成的风险。

3. 工程责任风险。工程承包是合同当事人的责任、权利和义务的法律行为。对其承揽工程设计和施工负有不可推卸的责任，而承包商承担合同的责任是有一定风险的。承包企业的责任风险主要发生在以下几个方面：

职业责任。承包企业的职责主要体现于工程的技术和质量。因某一局部的疏忽差错或施工拙劣而影响全局，甚至给工程留下隐患。这些失误都会构成承包商的职业责任风险。

法律责任。工程承包是法律行为，合同当事人有不可推卸的法律责任。法律责任包括民事责任和刑事责任。承包企业主要承担的是民事责任。例如，起因于合同（合同诉讼）、起因于行为或疏忽（行为诉讼）、起因于欺骗和错误、起因于其他诉讼和赔偿等。民事责任的后果是经济赔偿，这对承包企业无疑是一项不容忽视的风险。

替代责任。替代责任又叫他人归咎责任，承包企业的活动主要靠他人的合作或他人具体实施，而合作者或实施者是以承包企业的名誉活动或为其利益服务。因此承包企业还必须为以其名义活动或为其服务的单位或人的行为承担责任，如施行的是分包，承包企业还应承担分包商的过失或行为而引起损失的连带责任。

人事责任。承包企业对企业的每个成员的人身安全、就业保证及福利待遇都负有责任。

任何雇员、尤其是关键人员的潜在损失，都将可能成为承包企业的责任风险。

四、企业风险管理的意义

什么是风险管理？我们说风险是客观存在的，不以人的意志为转移的，因此，对风险规律与对策的研究是不可少的。风险管理就是指研究风险产生发展的规律、探讨如何防御风险（包括保险、担保）和怎样对风险进行有效管理的一门科学文化。通俗地讲风险管理就是研究如何对潜在的意外损失进行提前预见，即在主观上尽可能有备无患，在措施上进行防御，当风险无法避免时，如何寻求切实可行的补偿措施，从而减少意外损失或把风险为我所用，把损失降低到最小。风险管理是随着人们在防范风险的实践过程中逐步摸索而形成的一种文化现象。

建筑企业风险管理文化培育与建设具有重要意义，主要体现在以下几点：

1. 提高企业的经济效益。风险意识事关企业存亡，不少企业因没有树立风险意识，无视风险管理从而在企业经营中遭受巨额亏损，甚至导致了企业的破产倒闭，经营风险意识直接影响到企业的经济效益。树立风险意识，做好风险管理工作，可避免许多不必要的损失，从而降低成本，增加企业利润。上面讲述的那个外国建筑企业在中国承包工程回避风险的例子就充分说明了这一点。又例如，工程承包商如果没有经营风险意识，没有考虑材料的涨价可能，那么在施工期间，材料市场有可能涨价，导致承包商利润下降。如果树立了风险意识，在签订合同中对通货膨胀协议有补充条款，则该承包商就不会为此担忧了。

2. 保证企业重大决策的质量。例如，施工企业考虑按租赁办法解决施工所需机具问题，如果他忽视了租赁办法可能带来的租用金以外的麻烦，如损坏赔偿，很可能他的决策是错误的。当企业领导者作出冒险决策时，如果能妥善处理好采取这一决策可能出现的一般风险，那么他就能更有效地处理该冒险活动中的特殊风险。又如一个建筑企业有充分把握防止或应付进入某一建筑市场可能带来的风险，他就有可能积极扩大业务面，大胆地承揽大型工程。

3. 控制企业资金流动。加强风险文化建设，牢固树立风险意识，做好风险管理工作可以有效地控制企业的年利润和现金流量的波动。如果企业领导者与企业管理者能够把这种波动控制在一定幅度内，企业制定的计划将会更加周密完善，更实用可行。

4. 维护企业形象与信誉。企业具有高度的风险文化后即使企业遇到风险，经济遭到一定损失，也会临危不乱，很快会采取有效的补救措施，确保经营活动运转正常，员工思想稳定，企业平稳发展。因此，风险文化有助于维护企业形象和确立企业的良好信誉，从而为企业的广泛开拓业务打下良好的基础。

5. 加强企业的社会地位。 风险文化能够有效地分析风险，对各种可能出现的风险采取及时的扑救措施，有助于其履行各种社会责任，自然也有助于与其他合作者的友好协作关系，促进企业健康发展。

随着社会的不断发展，行业、企业间相互依赖日趋紧密，但彼此间的商业关系却因竞争激烈而变化无常，永恒的信任不复存在，新的风险也不断增加。因此，加强企业风险管理文化建设对企业的生存与发展性命悠关。

第二节 总承包项目经营风险管理

"总承包"是我国国内的一个常用的但是概念上又不很清晰的词语。"总承包"可定义为："由一家公司对一个工程项目从策划到实施的全过程或某一阶段，按照合同约定，对业主方的要求承担全部义务和责任并享受相应的权利的一种项目实施方式。"我国总承包的类型包括：全过程总承包（例如交钥匙总承包方式 LSTK）、设计-建造总承包（EB）、施工总承包和管理总承包。在各种总承包中，都存在着不同的风险。下面我们对总承包风险管理的特点、过程、经济风险以及预防经济风险的措施与对策加以介绍。

一、总承包风险管理的特点

多样性。 总承包风险随着总承包方式的不同而不同。如交钥匙工程（EPC/Turn Key）必须面对设计、采购、施工安装和试运行服务全部过程的风险；而设计加施工总承包（EC）则面对的是设计和施工阶段的风险。

复杂性。 总承包风险管理所要处理的风险要比设计或施工等单项承包复杂得多，风险大得多。因此，总承包风险管理的难度则更大，而取得的经济效益也更加显著。

社会性。 总承包风险管理所涉及的社会人员（利益性关系）多，关系复杂。国际总承包风险管理风险变量则更加多样化和更加复杂化。

系统性。 总承包风险管理是承包者从全局、系统的观点出发进行系统的综合的风险管理,而不是把各个阶段或整个过程分割开来进行项目风险管理。

发展性。我国目前进行的总承包管理的条件和环境尚不理想,经验相当贫乏,与国际承包商差距很大,容易因此引发大的风险。因此,应依据我国的国情和工程项目的实际情况进行扎扎实实的研究和创新。

二、总承包风险管理的过程

由于要识别众多阶段的风险,涉及范围广,预测时限长,可能产生的变化大。因此,风险识别便成了总承包风险管理的最具有特点的、也是重点和难点的过程。

总承包风险评估时,风险量的估计和发生概率的估计都比单项承包难。因此,要特别注意收集风险评估的依据和定性方法的应用。

总承包项目风险管理的特殊性在于对风险应对方法的选择决策上。该决策的正确性与合理性对风险控制的效果产生直接影响,隐含着巨大的经济意义。由于项目实施过程中必然遇到大量未曾预料的风险因素,或风险因素的后果比已经预料的更严重,使实现编制的计划不能奏效,因此,必须重新采取应对措施,编制大量附加的风险应对计划。

三、总承包项目的经济风险

经济观念滞后带来的经济风险。习惯了计划经济下的固定价格、政府定价、政府提供价格信息、政府对中国国有承包企业的保护,因而对市场经济下的价格机制、价格运行规律、价格风险、汇率风险、合同风险等的认识不足,滞后于市场经济发展的需要,滞后于国外承包企业,就会带来很大的经济风险。

1. 行业行为不规范造成的经济风险。业主的管理无序、压价无度、索要回扣、强要承包商代资承包和拖欠工程款等,久杜不绝,且愈演愈烈,给总承包企业带来极大的风险。

2. 传统的设计与施工分离,单一进行施工专业承包或施工总承包,使施工企业对设计项目管理陌生,设计企业对施工项目管理陌生,总承包企业发展缓慢,企业缺乏实行总承包机制等等,这样就有可能造成大量潜在的经济风险。

3. 建筑市场中大量违法操作屡禁不止,激烈的竞争对总承包企业带来极大的压力,使他们为了生存不得不牺牲自身经济利益,是产生经济风险的巨大黑洞。

4. 中介组织发育不健全，社会服务能力不足，企业缺乏利用社会中介组合自己的风险意识，使总承包企业缺乏识别和控制经济风险的社会支持，导致经济风险。

5. 总承包企业内部管理缺乏风险机制，由于公司、地域项目经理部或项目经理部风险制度不健全，往往地域或项目经理部的过失而造成的经济损失转移到公司承担，成为公司的经济风险。

6. 我国的总承包企业对国际工程承包规律不熟悉，对加入 WTO 后的经济环境不熟悉，不适应激烈的国际竞争，是产生其经济风险的新源泉。

7. 总承包企业对签订高质量的合同，利用合同进行经营，利用合同进行风险预防和风险转移的能力不足，进行经济索赔的意识不强、知识不足、能力不够、条件欠缺等等是导致经济风险产生的重要原因。

8. 对风险管理知识、风险管理方法不熟悉，风险管理法规和制度不健全，工程担保和工程保险体制迟迟没有发育，既是产生经济风险的原因，也是对风险管理缺乏能力的表现。

另外，对国际承包项目而言，总承包企业对国际或东道主国家的政治形势和政治态度不了解，缺乏政治敏感，往往成为跨国经营风险的新根源。全球化背景的今天，中国与世界的经济联系日益密切，众多有实力的企业走出国门，实行跨国总承包经营，涉及行业从初期集中在贸易方面，发展到资源开发、加工工业、装配领域，尤其是工程建设总承包。随着世界风云的变化，由各国政治因素而引起的经营风险已成为经济风险的新因素。

2004 年以来，连续发生多起针对中国海外企业及员工的事件。如华商货物在俄罗斯被扣押；西班牙焚烧中国鞋暴力事件；2004 年 6 月 9 日中铁十四局集团在阿富汗昆都士省承担盖劳盖尔公路项目所在地的沥青拌合站，遭受不明身份的武装分子的突然袭击，致使中方 11 名员工死亡，5 名员工受伤事件；仅在 2004 年在巴基斯坦就连续发生 3 起针对中国承包工程人员的被伤害或被绑架事件。

中国水利水电集团下属中水电十三局承包了巴基斯坦高摩赞水坝枢纽工程建设项目，主要包括了工程大溢洪道、发电厂房、灌溉系统和排水系统等项目。2004 年 9 月底 3 名在大坝工地工作的中国工程师的汽车曾遭一伙身份不明的武装人员枪击，1 名人员受轻伤；在巴基斯坦西南部中国援建的瓜达尔港建设工地，承建港口建设任务的中国港湾建设总公司12名中国建筑工程师遭到遥控汽车炸弹袭击，3名中国工程师在爆炸中遇害，9人受伤。2004年10月中旬，中国水电十三局的两名中国工程师，在餐厅进餐时突遭与巴政府持不同政见歹徒的绑架，历经6天的谈判、等待与煎熬，最终政府不得不采取果断行动，以1死1伤的结果得以平息。中国工程技术人员之所以在巴基斯坦频被伤害或绑架，是因为巴基斯坦处于国际反恐的前沿，而中国企业在当地的工程承包项目以及有关的工程技术人员恰恰成为该国反政府的有价值的目标。以上事实可以看出，复杂的政治原因已成为总承包经营风险的重要因素。

四、总承包风险管理文化建设

总承包企业的经济风险管理一方面要积极建立管理组织结构，在组织机构上给以保证。另一方面主要是在软件建设上给以满足。包括：具有满足工程总承包要求的人力资源，强大的市场竞争能力，完善的项目管理能力，强有力的技术支持能力，在国内外市场中采购机械设备、成套设备和建设物资的能力，足够的工程总承包协调能力，善于利用社会中介组合能力，应对风险的企业管理体系等等。总承包企业要在激烈的市场竞争中创建适应总承包项目风险的企业管理体系就要：

1. 提供对总承包风险的认识。要提高企业对总承包风险的认识，充分认识风险对工程总承包企业的危害性。工程总承包项目风险源的大量性，大部分的是可预测和可管理的，要超前分析，认真识别，可靠评估，科学、慎重地进行风险管理规划、决策、控制和监督。

2. 提高法律意识，依法经营。总承包企业要依法竞争、依法签约和索赔，以法为权，依法经营，依法抵御风险，依法进行融资和结算等。

3. 实施人才战略，储备抗风险型人才。向员工灌输国际工程项目管理知识、建造知识、风险管理知识、保险与担保知识、经营管理知识等，使企业具备大量有技术、懂法律、懂战略、会经营、善管理的复合型人才和高级项目管理人才。

4. 建立文化体系。学习风险管理的知识和有关法律法规、工程总承包项目管理规范，结合企业实际编制企业内部工程总承包项目管理手册，建立企业风险管理文化体系。

5. 积极采取技术性对策，回避、减轻、预防、分散和阻止总承包项目风险。

（1）总承包项目回避风险对策。如果项目风险威胁太大，风险量发生的概率很高，企业难以承担和控制风险，应在承包前放弃承包或放弃项目实施，以免造成更大的风险损失。制定并执行企业制度禁止实施某些活动，依法规避某些风险发生的行为。

（2）总承包项目减低风险对策。这种对策可降低风险发生的概率或减少发生风险的损失量，对于已知风险可动员项目资源予以减少；对于可预测和不可预测风险，应尽量通过假定和限制条件，使之变为已知风险，再采取措施降低其发生的可能性，把高风险降低到可以被接受的水平。

（3）总承包项目预防风险对策。采取技术组织措施，预防风险对策的作用有：防止风险出现；减少已存在的风险因素；减低风险事件发生的概率。

（4）总承包项目分散风险对策。把风险分散给其他单位，包括业主、分包商、合伙人、投资者、供应商等。

（5）总承包项目自留风险对策。将有些不太严重的已知风险造成的损失由自己承担下来。但必须自己有能力，有应急措施，有后备措施，有财力准备。

（6）总承包项目内部风险对策。公司建立内部风险防范机制，公司、地域、项目部之间应有明确的责任；实行严格风险管理和奖惩兑现力度，实行项目独立核算体系；实行项目风险抵押金制度，二次经营化解投标风险和市场价格风险等。

（7）对跨国总承包项目，要分析国际市场所面临的潜在的由政治因素而可能带来的经济风险。市场开发应建立在对项目全面论证的基础之上，深入了解东道主国家的政治形势，积极做好紧急预案，防患于未然，规避可能遇到的风险。

实行工程总承包的企业，要认清形势，苦练内功，同时向有成功经验的同行企业认真取经，不断完善企业风险文化体系，适应国际竞争的需要，才能在激烈的市场竞争中站稳脚跟，加快企业的发展。

第三节　项目分包经营风险管理

目前我国施工企业普遍实行的是工程项目分包方式，因此，研究项目分包风险管理有其现实意义。

建筑工程项目从开始投标、中标到竣工结算所构成一个完全开放体系，在这个过程中的每一道"工序"和"环节"都存在着风险，最终都有可能演变为法律纠纷。那么建筑施工企业如何在工程分包经营中建立风险识别、防范管理的文化体系，从而避免施工企业在施工中的法律纠纷呢？下面我们主要从工程前期、中期、后期三个方面对风险的存在与如何建立起风险防范体系加以论述。

一、施工前期风险与防范

1. 项目投标风险

项目投标是建筑施工企业生产经营的起点，同时也是施工企业生产经营产品的选择与决策过程。在这一过程中，可能发生方向迷失的风险。这类风险主要表现在以下几点：①信息判断失误，选择虚假信息进行开发，造成前期人力、财力损失；②选择了诚信度较差的业主，给后续合作带来意外的麻烦；③误中标法律程序不全或未经合法审批的项目，承担项目变故的风险；④为急于求成而不计能力地承诺，形成力所不能及的风险；⑤蒙受不法之徒欺骗，误入商业陷阱。

江苏省常州一工程招标时，某建设公司因考虑该项目规模很大，一般不会有假，于是省略了前期调研程序，结果工程进行一大半时，因为项目属于非法占地违规建设而被勒令停工，被国务院确定为"一起典型的当地政府及地方有关部门失职违规，企业涉嫌违法违规的重大事件"而遭查处，接着又被法院宣布破产，该公司600余万元工程款回收无望，血本无归。

面对扑朔迷离的市场信息，处于建筑市场僧多粥少局面的建筑施工企业，确实难于保持平和的心态，但同时更要避免飞蛾投火的迷茫。防范这种风险，一是要做好市场信息的筛选、去伪存真；二是要做好前期的调研工作，掌握业主和项目有关背景资料后再开展投标工作。对不讲信誉的业主和存在投资风险的项目要敢于说不；三是要做好投标策略的选择；了解宏观和区域经济背景、国家经济政策和产业政策、避免项目政策的风险给予的影响；四是慎重决策，发挥法律咨询部门的作用，避免"一失足成千古恨"。

2. 合同谈判风险

合同谈判是项目中标后甲乙双方平等协商的过程，国家有关部门虽然制定了建筑工程的合同范本，但现今在业主占有优势的市场面前，建筑施工企业可能会遭到"霸王条款"的风险。

这种风险主要表现是：（1）被甲方要求放弃合同示范文本中确定的条款或改变规定的内容，如改变工程款支付时间限制性规定，要求垫付施工和降低施工期间工程支付比例等；（2）被要求接受合同示范文本以外的甲方意志，如降低定额取费比率、不讲条件的工期要求及不对等的惩罚条款等。

某建筑公司在山东某中外合资项目的投标中中标，业主提出的签约条件是：该工程的总造价下降2%，施工前期承包方需要垫资，直到工程进度达到50%时业主开始支付进度款，到工程竣工时再支付达到总造价的60%的工程款，其余40%的工程款要在竣工结算一年后支付，还明确提出提前竣工无奖，施工期每延误一天，要扣除合同工程总造价的0.3%的款项。建筑公司觉得签约条件过于苛刻，但由于在投标中公司已经投入了大量的人力、物力和财力，欲罢不能。最终因无力保证工程按期完工而违约。

处于弱势地位的建筑施工企业在许多情况下确实难于做出更多的选择，但也应该避免饮鸩止渴，防范这类风险，一是要建立正常的谈判心态，克服投标中的心理波动，摆好平等的身份，即不要奢望对方有多么大方，也不要显得自己有多么慷慨；二是要在合同谈判中沉着应战，在什么地方舍弃，在什么地方争取，要做到心中有数、处处设防、取舍有度；三是要做好招投标文件的研究和合同草案的评审，尽量排除风险因素，安全走出合同谈判的风险关。

二、施工过程风险与防范

1. 工程和劳务分包风险

建筑工程施行工程分包或劳务分包运作是社会化协作与建筑市场发展的表现，也是建筑行业结构调整的必然结果，同时建筑施工企业也会因此遇到许多连带问题及风险。

这类风险主要表现是：①发包人干预建筑施工企业正常的工程分包或劳务分包行为，甚至直接指定分包人承包，特别是指定没有任何等级资质的承包人；②工程层层转包或劳务分包给个人，承担违法分包的后果；③工程分包或劳务分包不签订任何合同，为日后出现纠纷埋下隐患；④分包承包商施工过程中发生质量、安全事故或拖欠农民工资行为，承担连带责任。

某建设公司在进行一项东北公用建筑工程的招标工作时，发包方以将工程转包给自己下属的一个没有相应等级资质的工程队做为中标和签约条件，该工程队以某公司名义进行施工并向其交纳管理费,建设公司为了进入当地建设市场而被迫同意。施工中该公司只向现场派驻少量的管理人员,未能及时发现和阻止工程队擅自修改一项施工组织设计行为,造成正在施工中的环形楼板支撑体系垮塌,引发当场一人死亡、多人受伤的严重事故。虽然事后发包商极力从中平息事态,事故善后处理费用也全部由工程队承担,但在当地政府查处这起重大事故时仍对建筑公司作出两年内不得在当地市场承建工程的处理,给该公司市场开发和企业信誉造成很大的损失。

建筑施工企业与社会的联系和以市场配置资源要素联系的特点,决定了其较高的连带风险系数,但要做到"游刃有余、洁身自好"的境界并非可望不可及。防止这类风险一是要严格按照有关法律和规章要求,规范分包行为,选择合适的分包商;二是要善于转移风险,运用巧妙的手段拒绝、抵制发包商干预工程分包和劳务分包的行为;三是要依法与分包商签订工程分包和劳务分包合同,有条件的要进行公正和备案;四是要分包商实行履约担保,与放弃违约的连带;五是健全分包和劳务分包管理机构对分包工程和劳务分包队伍的进度、技术、质量、安全、资金实施监督管理,减少连带风险。

2. 项目变更风险

建筑施工生产经营是一项复杂的活动,在项目建设和合同实施过程中总会发生合同内容变更的事项,这也可能给建筑施工企业带来中途变故的风险。这类风险的主要表现是:①在合同实行中,由于发生设计变更而造成原合同约定的工程质量、进度和价款发生改变;②在原合同之外出现项目的增减,对正常实施形成制约;③合同中止和退出施工,对原有合同确定的双方权利义务造成影响。

某建筑公司承建的一项大型工业项目是"三边"工程,合同价款和基础工程是根据设计草图确定和施工的,但施工图纸陆续到位后发现许多项目与原设计不同,一部分混凝土修建改成钢结构建筑,并增加了一些新的项目。该公司根据设计变更情况要求调整工程价款,但业主方以包死为由加以拒绝。

尽善和完美的设计是相对的而不是绝对的,由于设计师发现了新的地质情况,或是由于业主根据市场新情况需要对设计进行调整,或是其他原因的变化而需要设计修正等,中途设计变更已成为建筑设计的一大特色。建筑施工企业防范这种风险,一是要针对合同的变化提出补充条款,对由此带来的乙方权利义务的变化用法律文件的形式加以确定下来；二是要把书面签证作为座右铭和矢志不改的习惯，对已经发生变化的内容要坚持不签证不施工，杜绝"君子协议"和"口头协议"；三是要树立"明天就要打官司"的意识，从临战角度站在被告和法官的方位做好资料收集、整理和分析，以免日后生变追悔莫及。

3. 市场采购中的风险

市场采购是建筑施工企业从市场中获取项目生产要素的经营项目，但在鱼目混珠的大千世界里，建筑施工企业可能从中引发纠纷转嫁的风险。

这类风险的主要表现是：①错误地选择了缺乏诚信的供应商，引发生产要素供应滞后问题，采购质量不好的产品，给工程质量和施工安全得来了隐患；②业主指定材料供应商，致使工程进度、质量、安全难于保证，并为其承担责任；业主直接向材料供应商"戴帽"付款，在业主不能100%支付工程进度款的情况下，增加了分包企业的资金风险；③业主方不能按时支付工程进度款和尾款，使建筑施工企业付款增加困难，增加了供应商投诉的风险。

某建设公司承建一家民营企业投资的房地产项目，工程竣工后仍被拖欠60%的工程款，致使该公司无法支付某水泥供应商货款30万元，最后某水泥供应商诉诸法律并采取保全措施，给该公司造成双重损失。

环环相扣、有机运行的项目管理过程，决定了建筑施工企业与上下游企业之间的密切联系，链条上任何一方出现松动或脱落都会把风险传导和转嫁过来。防范这类风险：一是要选择讲信用的供应商，并依法签订供货合同；二是要实行公开招标采购，促进供应商之间进行比物比价的竞争，保证采购质量；三是完全拒绝业主指定供应商的行为，如果在无法拒绝的情况下，则应就此签订相关协议，以免连带风险；四是抵制业主直接向供应商付款行为，预防"甲方请客，乙方买单"的风险；五是在与供应商签订合同时，要考虑业主方付款滞后的因素，防止业主付款因素转嫁为乙方的经济和信誉损失。

4. 工程实施中付款风险

合同实施是发包人与承包人共同履约的过程，在这个阶段利益使双方都在字面上按照合同范本和补充约定来执行，建筑施工企业也可能遇到来自业主方的付款矛盾及风险。这里风险主要表现在：执行合同的误差上，如拖延工程进度款、使用承兑汇票支付进度款等，都会给建筑施工企业带来意想不到的损失。

某建筑公司承建浙江一民营企业投资的工程项目，合同约定甲方以现金或承兑汇票支付工程价款,但在工程实施过程中双方在二者比例高低和付款不及时问题上发生争议,业主方辩称合同未对二者比例进行明确规定,工程款迟付的原因是银行贷款未到,故他们也没有办法。结果承兑汇票支付工程款比例近60%,造成该建筑公司贴现损失300余万元。

收付款项是甲乙双方以约定为前提的交易行为,也是产品最终实现其商业价值的非常关键的一个环节。防范这类风险,一是要以合同范本为武器,当工程进度款被拖欠时,及时向业主发出书面催款通知并要其签收,防止工程交工和交出后被动起诉;二是要避免放弃合同范本规定的权利,保存好各种原始记录、凭证和签证资料,为日后通过仲裁或法律途径解决保留证据;三是在合同谈判时应对付款及付款方式进行详细约定,遇到延期付款还应提出补偿窝工损失的要求,对承兑汇票付款应规定损失补偿的条款。

三、施工后期风险与防范

1. 合同缺口风险

甲乙双方就未尽事宜在合同留有缺口是正常的现象,这样缺口可以化解风险,但也可也能蕴藏着事后"翻脸"的风波。这类风险的主要表现是:①甲方口头痛快地承诺,但事后翻脸、拒不认账;②先干后谈,但甲方前后判若两人,施工单位有口难辩;③承建"形象工程"、"政绩工程"时,来自政府的干预,使建筑施工企业左右为难。

某建筑公司承接了一项我国西部某城市为了迎接全国性会议而投资建设的高层建筑工程,合同总价和竣工日期已确定,但对使用现场搅拌混凝土还是用商业混凝土的问题发生分歧,当时双方口头答应事后再谈,先按现场混凝土价格签订合同。工程开工后业主无法提供现场搅拌混凝土场地,但为了加快工程进度,建筑公司只能使用商品混凝土。当时业主也口头同意,但在后期付款时,业主方只按现场搅拌混凝土应付的款数,对使用商品混凝土而造成的500元单价差价拒不承认,并认为这都是在原合同中已确认的。结果双方争议导致工程结尾拖延半年之久,引起政府领导严重不满。幸亏这个全国性会议取消,才未酿成一场"政治风波"。

在市场经济中,甲乙双方都是利益纽带联袂而行的两个经济主体,没有真正超越利益极限的患难之交。防范这种风险最好的办法就是:"先小人,后君子"。

一是要把未来缺口中可能发生的问题想全面，把可能对工程成本产生较大影响的事项分解和综合，然后确定一个自身可以承受的底线；二是要寻找双方共同利益的汇合点，确定一个双方均认可的意向或原则，并用书面协议的形式记录下来，不可贸然施工或干完再说；三是特别要防止把在公关时期双方亲密接触中所形成的虚幻的"蜜月"关系，带进合同缺口设定的谈判中来。

2. 工程竣工结算风险

竣工结算是项目生产经营的结果，也是经济问题积累的最后阶段。但同时，建筑施工企业也面临着发生后期损失的风险。

这类风险主要表现是：（1）业主以故意拖延竣工的方式来拒绝最终结算，为拖欠工程款制造理由；（2）业主方不明确交工时间为拖欠工程款制造根据；（3）业主反复进行工程造价审计，特别是委托中介机构搞比例提成性质的审计，使合同价款不断缩水，尾款越审越少，甚至出现所谓"超付"现象；（4）业主方付款时一误再误或制造存在工期和质量问题的借口，使工程尾款出现缩水和难以回收的风险。

某建筑工程公司承建的外商投资房地产项目，该公司按合同约定垫资施工，基础工程完工后，业主方工程款始终未能到位。工程结尾时双方在工程款支付上发生较大争议。建设工程公司以工程款未到位为由停工，但在业主的反复游说下，政府领导以停工会影响到地方招商引资声誉为由多次进行调解，迫使该公司再次垫资复工并按时交工，但业主反倒以工期拖后、存在质量问题为由迟迟不办理竣工结算。就这样一项总价款2300万元的工程竣工两年后，仍拖欠1300万元。

建筑施工企业生产经营是以中标和合同为龙头的移动经济链条，后期损失的风险实际是前期合同谈判和中期施工过程风险的延伸和凸现。防范这类风险，一是要在合同谈判中力争把后期可能遇到的问题及其化解途径思考周全，并在合同条款中加以确定，以防日后变故；二是要在中期施工中，收集和整理工程相关资料，为日后交涉做好准备工作；三是在企业管理上实行项目经理经营承包责任制和经营风险抵押制，从内部消除问题滋生的土壤；四是要运用法律武器，反对业主单方面进行的工程价款审计、缩水和罚款，并适当提出违约赔偿要求。

3. 诉讼风险

司法保护是企业维护自身权益的最后一道防线，但即使在这道防线内也一样不会平静，也可能邂逅法律诉讼的风险。

这类风险的表现是：（1）诉讼时效丧失，超过我国法律规定的两年诉讼有效期；证据不足，失去法院和仲裁机构应有的支持；（2）审判或仲裁旷日持久，远水不解近渴；（3）诉讼费用预支困难，出现没钱打官司的局面；（4）胜诉执行难，既要支付各种名目的执行费，还可能遇到无法执行或执行不了了之的情况。

某建设公司承建一投资公司建设的选矿工程。1994年竣工时，投资公司拖欠工程款1400万元。1998年该公司以更换领导班子为由，拒不认账，并单方面组织进行了3次工程价款的审计，在尾款已经缩水一半的情况下，仍然拒付。2000年建设公司向法院提出诉讼，经过近三年的工程价款的审定和法官审判终于2003年裁定该公司胜诉，判令业主方面支付工程款本息共计2500万元。但此时该矿已经亏损而停产，许多财产均被其他债主申请保全，该判决实际上已经无法执行，更为悲惨的是数月后该矿宣布破产，而且还债财产为零，建设公司的巨额赔偿瞬间不复存在。

防范这类风险，一是要敢于用法律维护自己的合法权益，在法律有效期内，提起仲裁和诉讼避免错过法律时效；二是要从工程一开始就要做好打官司的准备工作，要积累和保管好各种资料，而且要常备不懈，真正做到"害人之心不可有，防人之心不可无。"三是要在签订合同时就要想到日后发生纠纷怎么办？在仲裁机构或法院的选择上要选择有利于自己的条款；四是要采取财产保全措施，保证欠款的安全性；五是要有意识地避免仲裁或法律诉讼事件的风险，积极选择厅外调解等方式解决经济纠纷；六是要积极运用《合同法》286条款，依法采取工程留置并争取优先受偿权，维护企业合法权益；七是要加强自身履约管理，避免施工方违约行为，从企业管理上减少法律诉讼风险。

总之，经营风险与生产经营相生相伴，只要有生产经营，经营风险就不可能消失，因此，企业建立起长效风险防范文化，才能在险象环生的市场竞争中驾驭和防范风险，协调好企业与市场、社会、环境的关系，使施工企业利于不败之地。

第四节　工程保险与担保文化

保险与担保是为规避企业经营风险而产生的，与风险文化紧密相连，是企业有效地防范风险有力武器。因此，工程保险和担保文化是工程经营风险文化不可或缺的内容。

一、工程保险文化

工程保险是通过工程参与各方购买相应保险，将工程风险因素转移给保险公司，以求在意外事件发生时，其蒙受的损失能得到保险公司的经济补偿。工程保险是发达国家和地区的风险管理采用较多的方法之一。

1. 工程保险文化的兴起与发展

早在 3500 年前，哈默拉比（巴比伦国王）的法律规定了对不合格房屋承建人最严厉的惩罚：如果建成的房屋倒塌并造成人员死亡，建筑师将被处死。如果房内的物品被损坏，他必须赔偿损毁的物品。对于倒塌的房屋，建筑师还必须自己掏钱重建。许多年以后，1804 年法国制定的《拿破仑法典》规定，对于结构缺陷和地基缺陷引起的施工建筑物全部或部分损毁，建筑师和承建人要负 10 年责任。10 年以后建筑师和承建人才能解除对相关建筑工程的保证责任。英国受法国的影响，也是工程保险兴起较早的国家之一，其保险业起源于 20 世纪 30 年代。1929 年，英国对泰晤士河上兴建的拉姆贝斯大桥提供了建筑工程一切险保险，在英国开创了工程保险的先例。英国也是最早制订保险法律的国家，第二次世界大战后，欧洲进行了大规模的恢复生产、重建家园的活动，使工程保险业得到了迅速发展。一些国际组织在援助发展中国家兴修水利、公路、桥梁以及工业与民用建筑的过程中，也要求通过工程保险来提供风险保障。

1978 年法国规定了《四比那塔法》（Spinetta），对《拿破仑法典》进行了全面修订。该法规定建筑工程 10 年内在缺陷保险为强制性保险，建筑工程的参建各方必须投保。该法分为三部分：责任、保险和质量控制监督。在这个系统中，各方的责任和利益是互相制约的，政府站在市场的位置上对其进行监督管理，特别是在国际咨询工程师联合会（FIDIC）将其列入施工合同条款后，工程保险制度在许多国家都迅速发展起来。目前，世界上实行 10 年内在缺陷保险的国家和地区很多，有法国、西班牙、意大利、芬兰、沙特阿拉伯、阿尔及利亚、加蓬、科麦隆、塞内加尔、刚果、马里、摩洛哥、中非、突尼斯、比利时、阿拉伯联合酋长国、日本、科威特、塞内加尔、阿根廷、荷兰、伊拉克、约旦、菲律宾等。这些国家和地区都建立一套较为完整的工程质量保证系统和组织系统。其中法律法规系统规定了业主、建筑师、项目管理、开发商、承建商、工程质量监察机构、资质管理部门、保险公司、保险中介等各参与方的责任和义务，最大限度地保护业主的利益。保险条款系统又能满足各类需求的保险条款组成，例如 IDI、一切险、责任险等。

10 年内在缺陷保险（INHERENT DEFECT INSURACE）是各国建筑法的内容之一。法律作出的这一规定的目的是为了保护消费者的利益。被保险人为业主，包括建筑物专卖后的后继业主。保险范围是业主的财产损失，包括建筑物及固定在其上的设施牢固性、建筑物的适应性，直接影响建筑物的机械强度和稳定性的基础、支撑、梁、框架、承重墙或其他结构构建存在的缺陷。保险期为建筑物竣工验收之日起 10 年，其中第一年由质量保证人负责，第二年至第 9 年期间由保险公司负责，但是第一年如果质量保证人破产了，则仍由保险公司负责（保险期为 10 年的主要原因有两个：一个是建筑物建成 10 年内，潜在缺陷基本已经暴露出来；另一个是欧洲 200 年前就做出了建房人要对建筑物要负 10 年的责任规定）。此外，质量保证人还要在竣工后两年内对建筑物负维修的责任。赔偿限额为工程的总造价，对于赔偿时效一般可根据索赔额的高低及赔案的复杂程度采取不同的处理方法，对于保险金额较低或无效索赔，如低于某一金额的（例如 100 美元），保险公司必须在较短的时间内，例如 15 天内作出赔付或拒赔的处理。

对于一般的索赔被保险人提出索赔后，保险公司应尽快地向保险人提供保险公司对损失的看法及对损失理算人出具的初步报告。否则，保险合同的内容自动失效。

保险公司要在规定的时间内向被保险人出具保险公司确定的对损失的赔偿金额及对损失理算人出具最终报告，否则保险公司需向保险人支付修复费用及其双倍的法定利息。如果被保险人接受保险公司确定的对损失的赔偿金额，保险公司必须在较短的时间内向被保险人支付赔款；如果被保险人不接受保险公司确定的赔偿额，保险公司必须先向被保险人支付其所确定的赔款金额的四分之三，其余部分再进一步协调协商解决，与责任保险配套实施。一般参与工程建设的各方都要购买与其各自所承担的法律责任相应的责任保险。其保险费率根据不同的职业来确定，例如法国设计师为 0.3%，结构师为 0.8~0.9%，技术检验机构为 0.35%。承包方式为一张年度保单承包一个被保险人。保险费 = 营业额 × 保险费率。

保险是迄今为止采取最普遍的也是最有效的风险管理手段之一。通过保险企业或个人可以将许多威胁企业或个人的利益的风险因素转移给保险公司，从而可通过保险取得损失赔偿，以保证企业或个人财产免受损失。在发达国家和地区是工程风险管理采取较多的方法之一。

2. 国外工程保险文化的内涵

在国外，保险通常分为三大类：人身保险（包括人寿保险、健康保险及伤害保险等）、财产保险（又分为财产损失险和责任保险）、信用保险与保证保险吸纳。作为工程保险，同这三类保险均有关。工程保险又分为强制性保险和自愿性保险。所谓强制性保险就是按照法律的规定，工程项目当事人必须投保的险种，但投保人可以自主选择保险公司。自愿性保险则是根据自己的需要自愿参加的保险，其赔偿或给付的范围以及保险条件等均由投保人与保险公司根据签订的保险合同确定。

（1）建筑工程一切险。建筑工程一切险（Contractor's All Risks）是对工程项目提供全面保险的险种。它既对施工期间的工程本身、施工机械、建筑设备所遭受的损失予以保险，也对因施工对第三者（Third Party）造成的人身、财产伤害承担赔偿责任（第三者责任险是建筑工程一切险的附加险）。被保险人包括业主、承包商、分包商、咨询工程师以及贷款的银行等。如果被保险人不止一家，则各家接受赔偿的权利以不超过对标的的可保利益为限。建筑工程一切险的保险率视工程风险程度而定，一般为合同总价的 0.2% ~ 0.45%。

（2）安装工程一切险（附加第三者责任险）适用于以安装工程为主体的工程项目（土建部分不足总价的 20% 的，按安装工程一切险投保；超过 50% 的，按建筑工程一切险投保；在 20% ~ 50% 之间的，按附带安装工程险的建筑工程一切险投保），亦附加第三者责任险。安装工程一切险率要根据工程性质、地区条件、风险大小等因素而确定，一般为合同总价的 0.3% ~ 0.5%。

（3）雇主责任险和人身意外伤害险。

雇主责任险是雇主为其雇员办理的保险，以保障雇员在施工期间因工作而遭意外，导致伤亡或患有职业病后，将获得医疗费用、康复费用以及必要的诉讼费用等。

人身意外伤害险与雇主责任险的保险标的相同，但两者又有区别：雇主责任险由雇主为雇员投保，保费由雇主承担；人身意外伤害险的投保人可以是雇主，也可以是雇员本人。雇主责任险和人身意外伤害险构成的伤害保险在国际上通常为强制性保险。如美国，1970年通过了《联邦职业安全和健康法》，规定雇主必须为雇员投保工人赔偿险。由于雇主造成的工伤事故，雇员将得到保险公司的赔偿。

（4）十年责任险和两年责任险。十年责任险和两年责任险是一种工程质量保险，主要是针对工程建成后使用周期长、承包商流动性大的特点而设立的，为合理使用年限内工程本身及其他有关财产提供保障。如法国的《建筑职责与保险》中规定，工程项目竣工后，承包商应对工程主体部分在十年内承担功能保证责任。保险费率是根据工程风险程度、承包商声誉、质量检查深度等综合测定，一般为工程总造价的 1.5%～4%。保险公司为了不承担或少承担维修费用，将在施工阶段积极协助或监督承包商进行全面质量控制，以保证工程质量不出问题；承包商则为了声誉和少付保险费，也要加强质量管理，努力提高工程质量。

（5）职（执）业责任险。在国外，建筑师、结构师、咨询师等专业人士均要购买职（执）业责任保险（也称专业责任保险）、职业赔偿保险或过失责任保险，对因他们的疏忽或失误而给业主或承包商造成的损失，将由保险公司负责赔偿。如美国，凡需要承担职（执）业责任的有关人员，如不参加保险就不允许开业。

（6）信用保险。是指投保人要求保险人担保被担保人信用的保险。例如，承包商担心，业主不能如期支付工程款，可向保险公司投保，以保障业主的支付信用。一旦业主不能按期付款，承包商可以从保险公司获得相应的赔偿。

（7）保证保险则是投保人（被保证人）根据权利人（受益人）请求，要求保险人担保自己的信用的保险。例如，承包商应业主的要求向保险公司投保，以保障自己将来正常履行自己的合同义务，一旦不能正常地履约，保险公司将向业主赔偿相应的损失。

3. 中国工程保险文化的发展

改革开放以来，我国工程项目投资来源已呈多元化，企业的所有制结构已发生了很大变化，工程风险管理越来越为企业所重视。1979年中国人民银行公司拟定了建筑工程一切险和安装工程一切险条款及保单。同年8月，中国人民银行、国家计委、国家建委、财政部、外贸委和国家外汇管理总局颁发了《关于办理引进成套设备、补偿贸易等财产保险的联合通知》，规定国内基建单位应将引进的建设项目的保险费列入投资概算，向中国人民保险公司投保建筑工程险与安装工程险。当时工程保险主要是在一些利用外资或中外合资的工程项目上实行。据有关资料表明，外资工程项目的投保率在90%以上，其中很多是向境外保险公司投保，或由境内外保险公司合作保险。国内投资项目的投保率低于30%，在投保的国内投资项目中，商业性建筑占80%，市政公用占15%，其他占5%。随着我国建筑业改革开放的进一步发展，2002年10月24日，时任国务院副总理的温家宝就工程保险问题作出批示，要求建设部和保监会研究解决。近年来，我国相续颁布的《担保法》、《保险法》、《建筑法》、《合同法》、《招投标法》和《建筑工程质量管理条例》等法律法规，为在我国推行工程保险制度提供了重要的法律依据。一些地方也陆续开展了工程保险的试点工作。

目前，中国工程险主要有以下内容：

（1）职工意外伤害险。职工意外伤害险又称雇主责任险。1997年建设部在上海、浙江、山东三地区进行了建筑意外伤害险的试点工作。《建筑法》第48条规定："建筑施工企业必须为从事危险作业的职工办理意外伤害保险。"2003年，建设部出台了《关于加强建筑意外伤害保险工作的指导意见》。目前已有24个省、自治区、直辖市开展了此项保险工作。如上海市，依据《建筑法》和建设部的文件精神，广泛开展了建筑职工意外伤害保险试点工作，已在19个区县推行。山东、河北、辽宁、重庆等省市也开展了意外伤害保险工作。

（2）设计责任险。1999年建设部下发了《关于同意北京、上海、深圳市开展工程设计保险试点工作的通知》，正式启动了设计保险试点工作。2003年底又颁发了《关于积极推进工程设计责任保险工作的指导意见》。目前，已在北京、上海、河北、贵州、深圳、宁波、哈尔滨7个省市开展了设计工程保险试点。

（3）建筑工程质量保修保险。为落实建筑施工单位工程质量保修责任，维护建筑市场秩序，确保工程建设参与各方合法权益，建设部进行了大量的调研工作，起草了《建筑工程质量保修保险试行办法》，并与有关方面协调，确定10个城市为试点，保险条例的起草工作正在进行之中。投保工程质量保修保险后，建设工程在竣工验收后的第一年保险期内出现的质量缺陷由施工单位负责维修，维修费用由施工单位负担；在竣工验收第一年后的保险期内出现质量缺陷，由承保保险公司负责维修，维修费用由承保保险公司承担。承保保险公司对质量缺陷维修后，如果质量缺陷是工程设计单位或其他单位的责任造成的，由承保保险公司行使代为请求赔偿权利。在承保保险公司向第三者行使代为请求赔偿权利时，投保单位应当向承包保险公司提供必要的文件和其知道的有关情况。建筑工程在一年内出现的质量缺陷施工单位负责，如不及时维修，经催告仍不履行保修责任的，承保保险公司负责维修，维修费用由施工单位承担。工程质量保修保险费率实行差别费率和浮动费率，根据项目规模、技术复杂程度、施工单位业绩、项目管理水平等确定每个项目的保险费率。施工单位已经投保建设工程质量保修保险的，建设单位不得再要求施工单位提供保修抵押金。初步设想，对施工单位承建以下三种工程的必须投保：政府投资房屋建筑工程，如办公楼；关系社会公众安全的房屋建筑，如：商场、剧院、学校、体育馆等；各种商品住宅工程，包括商品住宅、经济适用房等住宅。

二、工程担保文化

1. 担保文化概述

"工程担保"是我国工程界习惯的说法。如果全面地理解这个国际惯例的内涵，应该叫做"工程保证担保"更为准确。"保证担保"一词属于舶来语，英语中说到工程方面的"保证担保"时均使用"Surety Bond"两个词。"Surety"是"保证、担保、保证人"的意思，"Bond"是"契约；契约所约定的义务"的意思。两词重叠在一起，表达了一种复合概念。负责或保证履行约定的义务并为此担保，也就是说，投保方保证办到，然后是担保方提供担保。"保证担保"是一种维护建设市场秩序、保证参与工程守信履约、实现公开、公正、公平的风险管理机制。

担保与保险不同，保险是在两方当事人之间展开的，保险合同是在投保人和保险人之间签订的，风险主要转移给了保险人。但担保当事人有三方：委托人、权力人和担保人，权力人是享受合同保障的人，是受益者，当委托人违约使权利人遭受经济损失时，权利人有权从担保人处获得补偿，这就把担保与保险区别开来。保险是谁投保谁受益，而担保的投保人并不受益，受益的是第三方。最重要的特点在于委托人并未将风险最终转移给担保人，而是以代理反担保的方式将风险抵押给担保人，这也就是说最终风险承担者仍是委托人自己。

2. 国外工程担保的形式

（1）投标保证担保

投标保证担保是投标人在投标报价前或同时向业主提交投标保证金或投标保

险等，投标担保额度一般为工程报价总额的1%～2%，小额合同按3%计算，在报价最低的投标人有可能撤回投标的情况下可达5%。

投标担保一般有三种做法：一由银行提供投标保函，一旦投标人违约，银行将按照担保合同的约定对业主进行赔偿；二是由担保人出具担保书，一旦投保人违约，担保人将支付一定的赔偿金。赔偿金可取该标与次低标之间的报价的差额，同时次低标成为中标人；三是投标人直接向业主缴纳投标担保金。

实行投标担保，由于投标人一旦撤回投标或中标后不与业主签约，便承担业主的经济损失，因此，可促使投标人认真对待投标报价，担保人严格审查投标人的承包能力，资信状况等，从而限制了不合格的承包商参加投标活动。

(2) 履约保证担保

履约保证担保是承包商按照合同约定履行义务所作的一种经济承诺方式。履行保证担保一般也有三种做法：一是由银行提供履约保函，一旦承包商不能履约、合同贻误，银行要按照合同约定对业主进行赔偿。银行履约保函一般只担保合同价的10%～25%。美国则规定联邦政府工程的履约担保必须担保合同价的全部金额。二是由担保人提供担保书，如果是非业主的原因造成承包商不能按合同完成工程项目，则担保人必须无条件保证工程按合同的约定完工。他可以在承包商资金上给予支持，避免承包商宣告破产而导致工程失败；可以提供专家和技术上的服务，使工程得以顺利进行；可以将剩余的工程转给其他的承包商去完成，并弥补费用上的差价。如果上述方法都不行，则以现金赔偿业主的损失。三是由中标人直接向业主缴纳履约保证金；若中途回撤，业主则予以没收。通过履约担保，可以充分保障业主的合法权利，并迫使承包商认真对待合同的签订和执行。

(3) 付款保证担保

保证承包商根据合同向分包商付清全部的工资和材料费，以及材料设备厂家的货款。保证金额为合同价100%。一般来说，它是履约保证担保的一部分。

(4) 业主支付保证担保

其实质是业主的履约担保，须同承包商提供履约担保的对等实行。即业主要求承包商提供履约担保的，也要同时向承包商提供支付担保。

(5) 预付款保证担保

保证业主预付给承包商的工程款用于建筑工程而不挪作他用，按照工程进度付给承包商。随着业主按照工程进度支付工程价款并逐步扣回预付款,预付款担保责任随之减少直至消失。一般为合同的10%~30%。

(6) 保证质量担保

保证承包商在工程竣工后的一定期限内,负责质量问题的处理责任。若承包商拒不对出现的问题进行处理,则由担保人负责维修或赔偿损失。

3. 我国保证担保制度的建立

1997年11月,建设部组织中国建筑业风险考察团赴美国访问,考察团回国后就向建设部党组提交了考察报告,并翻译了大量美国工程担保制度的有关资料。1998年7月,国家批准长安保证担保公司挂牌成立。

1998年5月,建设部发出《关于一九九八年建设事业体制改革工作要点》的文件,明确提出"逐步建立健全工程索赔制度和担保制度";"在有条件的城市,可以选择一些有条件的建设项目,进行工程、质量保证担保的试点。"担保公司成立之后,先后与北京市建委、上海市建委、天津市建委、河北省建委、深圳市建设局签订协议书或开展有关合作,在上述五省市具体实施了建立我国工程担保制度的试点工作。

1999年8月建设部发布的《关于推进住宅产业现代化提高住宅质量若干意见的通知》中指出"住宅开发企业都应该向用户提供《住宅质量保证书》和《住宅使用说明书》,明确住宅建设的质量责任及保修制度和赔偿办法,对保修3年以上的项目要通过试点逐步向保险制度过渡。"可见国家早有打算实行住宅质量保证保险制度。2002年10月建设部住宅产业化促进中心和中国人民保险公司同意对通过住宅性能认证的A级住宅进行住宅质量保证。

2004年10月建设部出台了《关于在房地产开发项目中推行工程建设合同担保的若干规定(试行)》。该《规定》囊括了"投标担保"、"承包商履约担保"和"承包商付款担保"。《规定》对担保资格、担保额度、担保范围、担保方式、担保期限均作了规定。房地产开发项目中实行工程建设合同担保,一方面对解决拖欠工程款是一个制度上的保证,另一方面企业也应深刻认识到,工程担保对提高房地产开发企业的诚信,提高企业的竞争力必将起到积极的督促作用,是企业发展的必然趋势和内在要求。

2005年5月18日建设部下发了《工程担保合同示范文本》(试行)的通知。《示范文本》由投标委托保证合同、投标保函;业主支付委托保证合同、业主支付保函；承包商履约委托保证合同、承包商履约保函；总承包商付款（分包）委托保证合同、总承包商付款（分包）保函；总承包商付款（供货）委托保证合同、总承包商付款（供货）保函组成，在全国推广试行。同年 10 月 26 日为了贯彻"2005 年中国工程担保论坛"和全国工程担保座谈会议精神，选择了深圳、厦门、青岛、成都、杭州、常州六市作为推行工程担保试点城市。并提出了推行工程担保应坚持促进发展与防范风险相结合；政策引导与市场化操作相结合；提供担保与提升信用相结合；统筹规划与适度竞争相结合的四个原则。

三、保险与担保文化建设

1. 提高企业对工程保险与担保重要意义的认识

工程保险与担保是企业回避风险的重要手段，企业的决策者在倡导企业建立风险管理文化的同时，要提高对保险与担保文化重要意义的认识，把其与企业的风险管理战略放在一起加以考虑。

（1）企业保险与担保文化建设是实现企业社会责任的需要。我国正处于大规模进行工程建设时期，加强企业工程保险担保文化建设，可有利于提高工程质量，延长工程使用年限，提高投资效益。特别是对住宅工程质量的投保，直接关系到广大群众的切身利益，关系到政府、企业的形象和社会的稳定，是关系到企业社会责任是否能有效执行的问题，是企业真心执行企业社会责任使命的试金石和具体体现。

（2）企业保险与担保文化建设是规避工程质量与技术风险的需要。工程保险与担保可以回避工程质量风险。讲信用、重信誉不会出现质量问题，发达国家工程质量水平稳定，风险概率低，一个基本特征就是信用机制发达。国外的经验是发达国家几百年来在市场经济条件下，与工程质量低劣和腐败现象斗争的产物。美国建立工程担保制度已经有百年的历史，绩效显著，一条重要的经验就是信用机制规范工程市场行为，强化守信、守约。在美国用纳税人的钱投资的公共工程实行强制性的担保，同银行贷款强制性担保一样，承包商、供应商没有获得担保则不具备投标资格。担保人向受益人（业主）担保，如果投保人无法确保工程质量或违约则由担保人代为履约或赔偿。然后担保人再行使追偿责任权力或没收担保金，处置其担保资产等。担保机制的原理很简单即守信得到酬偿（信誉高,担保人愿意担保,担保费率低,容易得到更多的订单或工程),失信则受到惩罚(失信则担保金及担保资产被用于赔偿,损失大的足以倾家荡产,信用记录出现污点,没人愿意担保或担保费率高的出奇,等于被逐出工程市场)。这种用信用手段建立起的社会保证、礼仪制约,守信则收益,失信则受制裁,大大强化了自我约束和自我监督的力度。百年历史证明,它不仅大大防御了工程质量风险,有力地保障了国家和纳税人的利益不受侵犯,而且有效地保证了参与工程各方的正当权益。

进入20世纪90年代以来,建筑企业生产能力得到迅速提高,施工能力不断加强,超高层、大跨度房屋建筑施工技术,大跨度预应力、悬索桥施工技术、地下工程盾构施工及盾构机制造技术、大体积混凝土浇灌技术、大型复杂成套设备安装技术等等逐步在企业运用。由于人们认识上的局限性,技术风险还是依然存在的。企业在日新月异的新技术面前不得不承担着巨大的风险,加强企业保险担保文化建设又是企业回避工程技术风险的有力武器。

(3)企业保险担保文化建设是保护企业自身权益的需要。工程保险担保机制的最大特点是用利益制约机制解决利益问题。马克思说过,市场经济"创造出一个普遍利用自然属性和人的属性的体系。质言之,市场经济是建立在人的自立这种本能基础上的。市场行为主体有两个基本特征:一是具有追求自身利益的动机,二是具有避免损失自我约束,趋利避害。

因此,从经济学意义上讲,可以不指望"顾客是上帝","为消费者负责"这样诚实的美德,而只承认斤斤计较的利害得失。在市场经济中,信誉不是因为美好才被人们所信奉,而是因为它有用。这是一个历史推理的结果。开始你想骗我,我也想骗你,相互骗到最后,发现谁也不傻,费了老鼻子劲儿,还不如不骗更省事,更合算,于是共同制定防骗的规则,信誉也就开始使用了。

实践证明,假设市场一旦没有规矩,出现不受经济制约和惩罚的环境,就会纵容用最省钱的办法去胡来,用最小的代价谋取最大的利益。粗制滥用、偷工减料之所以得逞,一个重要原因就是利益制约机制不完善,为自我道德约束不强乃至为某些不法之徒或见利忘义者钻空子打开了方便之门。所以,工程保险担保制度,很大程度上是在防骗过程中形成的。工程发包承包,最初可能是君子口头协议,后来有人事后不认账,才发现需要事先约定"白纸黑字"写下来,这样产生了合同。后来发现光有合同也不行,可能变成一纸空文,担保于是应运而生。保险担保的原理是采取釜底抽薪的办法对利益机制进行规范和制约，鼓励守法守信守约，惩罚那些不择手段、胡作非为的见利忘义之徒，要求按游戏规则办事，利人的同时才能实现利己，否则，害人如害己。

建筑企业所承包的工程项目的完成需要各方主体的配合与协作，而不是一家所能独立完成的产品。各方主体共同承担对项目的责任的结果就是谁也不负责任，似乎难于落实到实处。企业往往还会承担根本不属于自己的责任，造成不必要的经济损失。培育企业工程保险担保文化，有利于分清行政责任、刑事责任、民事赔偿责任，使企业更好地保护自身权益。

（4）企业保险担保文化建设是提高企业收回欠款的有力措施。当前，一些建设单位强令施工企业缴纳工程质量保修金，这些保修金一般占总造价的3%～5%，数量极大，然后又以保修期是建筑工程合理使用年限或工程存在质量问题为由扣留保修金，长期拖欠企业工程款。参与工程保险或担保，形成企业独具特色的工程保险担保文化体系，可以用大大少于保修金的钱购买保修保险或担保，即维护了业主的权益，又减少了建筑施工企业的资金风险和支出。

（5）企业保险担保文化建设是应对我国加入 WTO 的需要。目前，世界上大多数国家都采取工程保险担保制度。国外建筑企业进入中国市场，还是中国的建筑企业进入国外都需要企业具有自己的工程保险担保文化。

著名国际工程保证担保专家、美国佛罗里达大学营造工程系主任张维林教授几年前就向建设部提出建议，开展工程保证担保制度的研究。他特别指出："实行工程保证担保制度，是实施中国建筑业向国际惯例接轨的最重要第一步。纵观世界各国制度，谁没有工程保证担保制度，谁的建筑业就无法取得进步。"他指导了一批中国赴美留学生开展了相关的研究。研究报告提出："中国每年在建筑工程方面要花费 4000 亿美元，中国的建筑市场发展非常迅速，并将在不远的将来成为世界上最大的建筑市场之一。但是，中国的建筑业还没有一套有效的办法、保证体系或是风险转移制度来约束工程业主和承包商的行为，以实现规避风险，结果出现了一大堆问题，如不公正的招标过程、工程延期、成本加大、承包商得不到付款、腐败等问题。这些问题在建立了保证担保体系后，可以得到解决。这种担保体制在美国工程建设管理中已经实践了 100 多年，并取得了成功。现在有必要将这种体系引入到中国，推动一个开放、公开的建筑工程市场的建立和发展。"

(6) 企业保险担保文化建设有利于企业形象的塑造，提升企业的竞争力。企业建立自己强有力的工程保险担保文化，可以有效地促进工程质量管理水平的提高和企业形象的塑造。对于施工水平差、屡屡出质量问题、信誉差的企业，将会付出较高的保险费用，甚至没有人愿意为其保险。长期下去，这样的企业就会被淘汰出局。而企业工程质量较好的企业，将大大提高其信誉度和匹配的影响力，在建筑市场中树立良好的企业形象，促进企业的发展。

2. 企业要正确处理好经济效益与工程保险担保的关系

常见有些企业议论："企业经济效益不好，职工的工资都发不出来，哪还顾得上投保"、"我们企业近年来没有风险事故发生，投保白花冤枉钱。"其实这种想法是十分危险的。效益不好的企业一般都抗风险能力较低，在市场经济中要承受比其他企业更大的风险，往往一旦遇上风险企业将遭受到致命的打击。建立保险机制，完善保险担保文化，可以使效益不好的企业增加市场竞争的信心，做到心中有数，可以更有效地回避风险。另外一方面，投保的资金并不是很大，企业根据自身情况有重点地参加投保对于企业资金影响并不是很大，与发生风险造成的损失相比占九牛一毛之地。

太保杭州分公司"6.26"洪灾理赔案充分说明了这一点。2001年6月6日凌晨，杭州光富摩擦材料厂厂房工地发生了洪水冲垮围墙，致围墙内侧工棚倒塌，并造成居住其内的22人死亡，7人受伤。经调查，导致这次围墙倒塌的主要原因是由于连日暴雨，工地围墙后排水不畅，造成雨水积留，加之6月25日、26日凌晨降水量较大，使水量继续达到一定水位而冲垮围墙，围墙倒塌后由于围墙自身重量及高水位水流冲击，最终导致紧邻围墙的简易工棚坍塌，造成了工棚内人员被砸、压、碾致死、致残的重大意外事故。

2001年5月29日诸暨市第六建筑工程公司为其承建的杭州光富摩擦材料厂房工程投保了诸暨平阳保险公司的建筑工程施工人员团体保险，即为员工伤害保险（B款）及建工险附约，保险责任为突发疾病身故、或意外伤害身故、意外伤害致残，保险金额为每人身故11万元，残疾每人最高9万元，意外伤害医疗每人最高1.2万元，保险期间为2001年5月30日开始至该工程竣工时为止，缴纳保险费共计0.8960万元。事故发生后，中国太平洋保险公司杭州分公司作为承保单位对这起事故非常重视，迅速前往工地调查，随后认定该事故符合建工险（B款）及建工险附约。经过各方的努力，中国太平洋保险公司杭州分公司于7

月12日对事故受害者及其家属做了理赔，赔款共支付了235.16万元，加上两位尚未出院的重伤员，共赔款预计达到245万元。

我们通过这一赔偿案可以得出一些启示：企业在生产与经营过程中必然会面临诸多风险，如何应对这些风险是当前企业应该加以重视的一个大问题。风险意识不强，一旦出现事故，往往还是由企业承担。因此，建立政府风险制度，企业创建风险机制，培育企业风险文化势在必行。通过杭州"6.26赔偿案"可以看出，企业投保0.8960万元与获得赔偿的235.16万元相比是以较小的资金换取企业风险的转移，对企业的发展是十分划算的，这种做法无疑是企业防范风险的有效措施之一。

3. 认真学习和贯彻现有法律法规，提高企业参加保险担保的自觉性

《建筑法》第48条规定："建筑施工企业必须为从事危险作业的职工办理意外伤害保险，支付保险费用。"因此建筑职工意外伤害保险属于强制性保险，投保人是施工企业，也可以由企业委托的项目经理部担保。被保险人应该是在施工现场的作业人员及管理人员，包括房屋拆迁现场的有关人员。保险企业应当自批准日期起直至工程竣工日止。因故推延工期的，需办保险顺延手续。建筑企业在建立保险机制中要贯彻以预防为主和奖优惩劣的原则，根据企业自身的工伤事故发生率，采取选择差别费率和浮动汇率投保，并将部分保险费转向用于职工安全教育培训和施工现场的安全防范与监督，把意外伤害保险同建筑安全管理紧密结合起来，从而最大限度地减少工伤事故的发生。保修保险《建筑工程质量管理条例》第40条规定："基础设施工程、房屋建筑的地基基础工程和主体结构工程，最低保险期限为该工程的合理使用年限。"在工程竣工后的几十年或上百年以后，不仅原承包商很难讲是否存在，其担保人也难定行踪，而保险公司就要稳定的多。职（执）业责任险：勘察、设计、监理等单位的经济赔偿能力较弱，因工作失误或疏忽而造成的损失，可通过投保职（执）业责任险来解决。

第九章　建筑品牌与品牌文化

企业文化是对内的，主要通过是为了明确企业生存与发展的指导原则，以这一指导原则为核心，形成一系列制度和规范体系，以提高企业的管理与经营能力。优秀的企业文化，不仅仅对企业"内练素质"，对企业内部管理起作用，而且具有"外塑形象"的功能，对企业的品牌具有效应，因此，企业文化建设与企业品牌文化是有机的融合，品牌文化是企业文化的应有之意。

第一节　品牌概述

日本前首相中增根康弘曾说过："在国际交往中，索尼是我的左脸，丰田是我的右脸。"在这里，一个企业的品牌被提升到国家形象的高度，这就是品牌的力量。今天的中国企业家对此的认识，更多地来自于现实中的教训。没有品牌，很多中国企业在国际市场上闯荡，靠的是贴牌加工，利润所剩无几；在国内，外资品牌攻城略地，步步进逼，在一些行业已到退无可退的地步。在这样的形势下，培育品牌成为中国企业家集体的要求和面临的迫切任务。

一、品牌的概念

1. 品牌文化与企业文化的关系

有人形象地把品牌文化比喻成月光，而把企业文化比喻成太阳，月光来自于太阳，说明品牌文化与企业文化的关系。品牌是企业文化的核心，是企业文化的象征、深化与升华。但是二者又是有区别的，企业文化在企业微观主体中，就其范围来讲属于生产关系、上层建筑、意识形态部分，由观念、制度、物质文化等组成。品牌则是企业文化的重要组成部分，它是由三部分内容组成：一是品牌理念，指在品牌经营中的经营观、价值观、审美观等意识形态及经营理念的总和，集中表现为企业的经营理念。由于建筑产品是凝固的文化，是城市文化的组成部分，建筑企业的文化特性，则使理念显得更为重要。二是品牌行为。品牌理念的存在是为了指导和规范品牌行为，所以一定要把品牌理念转化为企业每个员工的行为规范和行为准则，坚持品牌的规格、技术、工艺标准和行为执行水平。三是品牌产权，要掌握品牌的知识产权，使建筑产品具有高科技含量和技术领先优势。为此，企业必须不断进行品牌创新，创新是品牌制胜的有力武器。

2. 建筑品牌的特性

品牌是一种产品文化。从市场经营角度看，建筑品牌具有以下三种特性：

（1）需求诱因性。品牌是由企业创造、培育的，而不是企业凭空而产生的，也不是建筑企业家头脑里固有的，是由建筑市场消费需求所决定的。一个品牌的产生必定反映了一种建筑市场需求的潮流，品牌是由这一消费潮流所诱导的。

（2）多边认同性。企业文化的构建是追求企业内部人员的合作与协调，品牌文化是着眼于建造过程的多边关系的协调，达到社会各个消费领域、消费层次的多边认同。企业文化追求的是企业内部效应，品牌则追求的是企业外部效应。

（3）建筑产品性。企业文化作为经济运行的背景与手段，服务于生产领域，而品牌则是通过物化的建筑营销与建筑服务，介入流通消费领域，追求的是建筑产品的惟一性、排他性和权威性，谋求扩大市场份额，取得更多的利润净值。

文化是变化的，发展的。品牌是一种文化，从文化的动态角度讲，品牌又始终具有以下两种特性：

（1）继承性。建筑文化在我国历史悠久，在世界建筑文明长河中，以中华民族为代表的东方建筑一直是光芒四射的亮点，有其独特的神韵和内涵。塑造住宅品牌文化，须首先充分考虑滋生的文化内涵和民族习俗，没有民族性的品牌就没有根基。

（2）创新性。既然品牌是一种动态文化，具有鲜明的时代性才具有生命力。在市场经济全球化时代，人类的经济和文化活动在全球范围内的联系越来越紧密，使各国的民族文化向世界文化转变，每一个民族文化的进步，都不是在闭关自守的条件下实现的。如何在文化的创新中，激发中国住宅品牌的创新活力，使东西方文化融为一体，传统文化与现代文化融为一路，孕育出一种新的品牌文化，就成为建筑企业在世界各地产品牌竞争中取得胜利的决定因素。

品牌没有创新，就没有时代感。不借鉴国际上有价值的新理念就会使我国的住宅建设陷入僵硬化，走向衰败。例如"以人为本"、"天人合一"是中国建筑的传统理念。如今必须赋予这一理念以时代意义。"以人为本"不是以古人为本,是以现代人为本,以现代大众人为本,要吸收现代的诸多文化精华,如知识经济文化、信息文化、生态环境文化、建筑节能文化、健康休闲文化等等。一个民族要有包容性,要有宽大的品质和胸怀,积极地去消化外来文化,而不是狭义地排拒,这样才能有机会创造出新的文化来。遗憾的是有相当的开发商在这一方面还存在着幼稚、浅薄和浮躁,文化自觉性较差,企业战略方向的文化、动力不足,从而影响和阻碍品牌文化的发展,使许多建筑的寿命刚刚开始,而美学寿命却早已结束。

企业文化是企业生存的基础,前进的动力,只有升华到品牌才能产生经济效益。企业文化是根,品牌文化是果,真正使企业长生不衰的秘密是隐含在品牌力和消费力后面的文化力。建筑文化是超越产品实体层的抽象观念形态,是一种内涵十分丰富的复杂文化系统,它构成了品牌的灵魂。如果说建筑技术工艺、质量、服务等硬件是品牌的肢体,那它们的文化内容(软件)则构成了品牌的"头脑"。尼采曾经说过:"当一个婴孩落地的时候。你会发现:使他站立起来的不是他的肢体,而是他的头脑。"

品牌文化建设是一项长期持久的工作,企业要保持长久性的名牌优势,使企业名牌经久不衰,最根本的是营造企业家队伍,提高他们对企业文化建设的觉醒及自身的科学文化素质,使企业家们能够重视社会文化的趋势,大众心态和民族的文化背景,并以敏锐的眼光发现、学习、吸收国外建筑施工文化的精髓,不断建立和创新适合市场经济竞争的独特的企业品牌文化。

二、品牌的内涵

(1)品牌。品牌是企业竞争的动力。那么什么是品牌?我们说,品牌具有特定的涵义。据辞海解释:"品"有"标准"之意,"牌"指企业或产品的"名号"。我们通常所讲的"品牌产品"是指"具有标准化"的产品,"品牌企业"是指"具有生产标准化产品能力"的企业。那么,品牌的本质是什么呢?所谓"品牌"是客户对企业或产品的形象、承诺、口碑、购买与使用体验等诸因素的总和,是客户对企业或产品的态度,其终极目的是客户对产品和服务的购买、重复购买及向其他客户的推荐。从概念经营到品牌经营是房地产市场逐步走向成熟的表现,品牌消费不仅为消费者所关注,而且也日益成为企业核心竞争力的直接体现。品牌既是商品的标志,又是一种文化,是一种无形的资产。品牌既代表了商品的市场定位、性能质量,也孕育着巨大的经济价值和竞争优势。一方面能为企业带来巨大的经济效益;另一方面,也是企业经济实力的象征。

(2) 品质。品牌通常不是孤立存在的,往往要有品质与品位的支撑。品质表现出的是产品的外在和内在质量,外在质量是产品的"骨骼",内在质量是产品的"灵魂"。品质是品牌的基石。在商品经济发达的当代,任何可以出售的产品都要确保质量,就建筑施工企业讲,建筑产品的品质包括:按审批的原有建筑设计图纸的方案、规格、标准保证建筑规格质量;按施工标准规范保证建筑施工质量;按建筑工程质量验收标准保证住宅验收质量;按照建筑有关保修条款规定或根据建筑工程质量担保条款保证建筑的维修工程质量。工程质量保证期限一般与建筑功能认证等级成正比。各行各业的产品都有一个质量问题。相比之下,由于建筑是供人栖息休闲的消费品,事关人民的生命财产安全,因此,建筑企业的产品质量更为重要。

当前,建筑工程质量成为社会的热点问题,许多建筑质量通病严重,"渗、冒、滴、漏"现象大量存在;有的建筑出现墙体裂缝、整体倾斜、地基下沉等现象,这些建筑劣质产品的出现,不但影响了企业的品牌声誉,而且对建筑行业的声誉也造成了不可弥补的损失。品质是品牌的基础,树立品牌形象必须提高建筑品质。

(3) 品位。品位不同于品质,是指产品的定位或是品牌的定位。品位表现得更为宽广一些,不但要有产品的价格、价位、还要有产品的独特风格、地域特征、文化内涵等等。

建筑品位首先涉及到的是建筑的造价、价格、价位。目前业界存在着一种认识误区,认为建筑造价高、价格越贵,建筑装饰越"豪华",设计越"超前"似乎建筑就越有品位。其实,商品的品位是由多方面的因素构成的,价位只是其中之一。不论建筑造价的高低、价格的贱贵、设计的简陋或"豪华"也只是实现其使用的基本功能。"实用、经济、美观"是建筑生产的指导方针。所以,我们一定要研究建筑市场,千万不能以造价的高低、建筑的"豪华"论品位。上面已经讲了,品位的涵义还包括建筑的文化定位,例如:建筑的民族风格、地域特征、文化内涵等方面。文化定位说起来容易,但是做起来就不那么容易了。比如:国内目前"欧陆风情"盛行,是因为建筑越来越向高层次发展,"欧式"建筑风格正好迎合了这种市场趋势。但我们相信，"中式"建筑将会有卷土重来的日子，是因为真正好的建筑必须是同本国文化有机融合在一起的。

三、品牌的标志

品牌是产品、企业的特定内涵，商标、商号、企标则是产品、企业特定内涵文字、图案等的外在表现或标志。在市场经营领域，建筑企业要树立商标、商号、企标的创建意识和保护意识。把品牌文化贯穿到上述各个环节中去，这是企业文化建设的需要。

1. 商标。商标不仅会给企业带来经济效益，而且会给国家和地区带来源源不断的财富。世界驰名商标：可口可乐、索尼、奔驰、雀巢、丰田、麦当劳、迪斯尼、IBM、百事可乐分别为美国、德国、日本少数几个国家所有，给这些国家带来巨大的财富和利润。以上这些公司的成功奥秘之一就是致力于文化包装。麦当劳在创建初期就标榜麦当劳食品文化代表了富裕中产阶级的饮食模式，使中产阶级以吃汉堡包为荣，并因此炫耀其中产阶级的虚荣心和阶级归属感。到20世纪60年代，麦当劳商标广泛有效的宣传，已使吃汉堡包成为美国中产阶级子女的时尚，形成了"汉堡包文化"，麦当劳就是在这种文化风潮之上，塑造出商标文化力和独特的具有特色的食品文化并获得超额利润，维护其在美国中产阶级社会的广阔市场。当麦当劳进军国际市场时，这种培养的"汉堡包文化"由于受美国中产阶级的支持，代表了一种优势的美国文化，也就很容易被其他国家中产阶级所接受。他们认为吃汉堡包能表明他们属于现代人，属于中产阶级。在这种文化的熏陶下，麦当劳成功地走向世界。汉堡包在中国、日本、新加坡等地一经上市就立即占领了市场，主要原因是对麦当劳商标文化包装产生出一股追随美国消费文化为时尚的风潮。商标是一笔无形的资产，"万宝路"商标价值395亿美元，"万宝路"总裁说："企业的牌子如同只进不出的储存户头，当你不断用产品累计其价值时，便可尽享利息。"

商标内外都积淀和铺垫着文化和包装，以商标为代表的名牌，要靠科技、管理、营销的技巧和艺术，要靠更广泛地吸收各种文化素养，民族的、地方的、与国际文化的有机结合，商标是一个地区、国家走向世界的传统文化、地方文化、民族文化与现代文化、国际文化交汇的产物。

建筑虽是特殊的商品，但与其他工业产品一样，建筑也应具有自己的标志

(标志属于商标的一种),这一认识逐步被广大建筑企业所认同。建筑标志是施工企业与施工企业之间建筑的区别标识,或是图案符号,或是文字字母。当前众多的建筑企业家已重视建筑标志,标志的造型风格有的端庄,有的富丽,有的纤细,有的简洁。它们的色彩讲究、设计精美、内涵丰富、引人注目,形成了一道建筑市场靓丽的风景线。

建筑标志是企业的化身,一个建筑标志用得好,便是建筑的点睛之笔。这种抽象化的图案符号,其传递的信息比语言、文字更简洁、更明了、更形象,具独特的视觉冲击力,适应了信息社会高节奏的生活方式的要求,使得品牌形象得以强化。建筑企业不但要精心选择施工技术、精心论证施工组织方案,还应精心策划建筑标志。正如人们看到轿车的标志,马上知道是什么牌子,其性能、价位、厂家等等信息均给人留下深刻的记忆。好的标志,就是企业的化身,品牌的象征。

建筑市场的现实告诉我们,随着建筑市场转向买方市场和业主投资观念的提升,品牌正在逐步成为人们关注的重点。业主在对建筑投资、选择施工企业时投入的不仅仅是货币,还倾注了极大的情感期望,也包含着对建筑企业的信任和赞许。享受品牌时所获得的心理感受更应受到重视,品牌不但是与其他竞争者相区别的符号标志,更具有一种超越的价值。建筑企业塑造了品牌建筑,就是为自己,为社会树起了一座丰碑。

一座建筑拥有企业的标志,就是拥有一份无形的资产。由于建筑的相对永久性,其企业标志将被不断地重复使用,同人们的生活融合在一起,这是任何商品都不具备的特性。现在专家们呼吁保护古建筑,将其作为文化遗产留给后人,五十年、一百年后,我们现在兴建的建筑能有几座被后人视为珍品而加以保护的?这就是企业创品牌时应该认真思考的长远意义。现在建筑企业为建筑做广告,以后就是建筑为企业做广告,建筑企业不能局限于一时一地,建筑市场由局部性向全国性的扩张,以及连锁经营战略的实施,都要求更加重视和强化企业品牌塑造。以华联大厦为例,全国有十几个华联商厦,沙孟海那雄浑的字体,已经成为华联的标志,在百姓心目中是个了不起的品牌。塑造好的品牌和标志,就是挖掘出一座金矿,其价值不可估量。

2. 商号。商号就是指企业的名称。商号历来被国内外企业所重视。20 世纪 50 年代初,索尼公司原名为"东京通信工业",是一个完全日本式名称的小公司。1952 年,社长井深从美国引进立体声的制造技术。为了在世界上打开局面,盛田昭夫于1953年去欧美考察，当时他深感日本产品在国际市场上难以竞争，心情沉重。但当他来到世界著名的飞利浦灯泡厂时，发现这个厂的所在地安特伏赫只是一个偏僻的乡镇，在那里居然能有一个闻名于世的飞利浦公司，给了他启示。回国后他发现人们对他的名字还记得，但他的公司商号"东京通信工业"确有人记不起来了。有人说出他公司的名字时，连发音也感到困难，盛田就与井深社长说，如果一家商号的名称连发音都困难，还能与人做生意吗？于是决定改变商号名称。此时，正好他们获得了生产美国半导体收音机的专利权，准备制造半导体收音机，向世界市场销售。井深社长就决定趁这个机会换一个商号，他每天翻字典、搜索枯肠。过去，他们制造过盒式录音带，曾取"sonic"（音波）的"soni"一词，所以定名为"soni盒式录音带"，就此联想到英语中的"sonny"（小宝宝）这词，便把其中的两个"n"省去一个，把公司商号改为"索尼"（sony）。于是，索尼公司在社会上叫响了。这时在日本出现了好几家以索尼命名的公司，例如索尼食品公司、索尼巧克力公司等。盛田与井深为保护公司商号，向法院提出上诉，要求法院根据《防止不正当竞争法》来制止其他公司使用索尼商号，结果索尼取胜。因此，索尼也就成为妇孺皆知的家电商号。可见，企业名称（商号）是企业十分重要的文化内容。

"不怕生坏命，就怕取错名"。企业商号（名称）在商业竞争中具有重要的作用。企业一定要有一个好的名称，好名称是企业的巨大财富。近年来，崛起于香港的汤水店"阿二靓汤"就是一个明显的例子。有一个集团曾出巨资购买这个店名，"阿二靓汤"这四个字价值2000万港元，平均每个字500万港元，确实令人咋舌。旧时广东人称小老婆为"阿二"，其形象是低眉顺眼，有别于专横的大老婆。阿二日日备汤水恭候丈夫归来，因此靓汤是阿二的拿手好戏，这店名称一经出现，广东人见了不禁会心一笑，顺脚就踏进去品尝一番，生意十分兴隆。

好的企业商号（名称）不但是企业标记和符号，而且是企业一笔宝贵的财富，是企业信益、实力的载体，企业应看重企业商号（名称）的意义。我们举一个房地产企业的例子。提起天鸿集团，许多人都知道他开发了一个全国最大的经济适用房——北京回龙观文化居住区。天鸿集团的名字不仅在房地产界响当当，就是在京城百姓中间也算得上口耳相传，这得益于他们实施品牌战略。天鸿集团的前身是原北京市房地产开发经营总公司，公司成立17年来，共开发房屋及配套设施逾千万平方米，开发的60多个住宅小区遍布京城的各个城区，为北京的城市建设立下了汗马功劳。这么一家名列北京市经济百强评比第一名的开发公司,购买或居住其住宅的京城百姓往往只记得小区的名字,却说不出也记不住开发商是谁?许多业内人士也难以准确地说出公司的名称。因为雷同的名字太多,不好加以区别,名字专业化强,文字多,难以记忆。1999年,该公司酝酿使用"天鸿"的名字,实施"天鸿"品牌战略。启用一个陌生的名字来代替多年的"老字号",且不说公司的老职工心理上有点恋恋不舍,而且还冒有一定的风险。正式启用后,他们在《北京日报》用整整两个版面向社会公布了企业开发标准、物业管理标准、营销标准、职工标准等品牌标准,作为全面实行品牌战略的开始。几乎在天鸿集团正式使用新名字的同时,他们开始进行了全国最大的经济适用房建设。回龙观文化区的开发成为天鸿集团实施品牌战略的重要和主要的载体,无论是小区的规划设计、工程质量、环境绿化、小区配套、还是营销管理、物业管理,天鸿集团的名字和品牌意识在这里都得到了全面的渗透。回龙观居住区建成后,70多万平方米的房子一年内就售完了,引起社会轰动,天鸿的名字更是家喻户晓。近年来,天鸿集团开发的宝润苑小区、曙光小区、东润风景小区、莲花小区销售形势很火爆,莲花小区几个月就销售一空,曙光小区现房也在很短的时间内被完枪光了,东润风景小区一天被卖出200多套。天鸿集团取得今天的成绩委实不易,这得益于他们注重企业命名,培育品牌文化的经营理念和实践。"身名是金,品牌是魂。"这是营销的真理。建筑企业也应重视自己企业的名称,宣传企业标志,实施品牌战略,树立良好的企业形象。

3. 企标。企标是指品牌企业视觉识别系统的图案标识,企标是品牌企业区别于其他品牌企业的重要形象标志,代表着品牌企业的理念,是企业形象和综合实力的反应。随着企业 CIS 战略的普及,我国大部分建筑企业根据自身实际,目前已形成了具有鲜明特色的企标,并在经营实践中得到广泛运用,取得巨大的经济效益和社会效益,是企业的无形资产和宝贵的财富,企业标识是企业品牌标示的重要组成部分。

第二节 建筑品牌文化的塑造

一、建筑品牌文化

我国企业品牌意识的形成是在上个世纪 80 年代短缺经济时代,伴随着日本家用电器进入我国市场后才如梦初醒的。经过近20年的发展，已经走过了靠广告提高平派知名度、企业CI形象塑造等发展阶段，继而进入一个渐趋理性与成熟的提升阶段。应该承认，在计划经济向市场经济转型的过程中中国建筑企业在形象策划、品牌培育上已经落后了许多。无需同世界级的知名企业相比，即便是同国内其他行业相比，我们似乎更看重了政府的"关"，而不大注重打造自己的"牌"，甚至不大在乎市场认知的"度"。在社会公众中以提起家电产品人们就会想起"海尔"、"长虹"、"春兰"；在宴席上喝酒时，人们就会想起"五粮液"、"青岛啤酒"、"北京五星啤酒"。而常在屋檐下生活的人们有谁能记起住宅施工的建筑企业呢？

建筑企业品牌建设落后的原因主要由以下几点：

1. 建筑属性判断滞后，进入市场经济迟缓。品牌是商品经济高度发展的产物，是企业适应市场竞争激烈的必然选择。长期以来，在计划经济时期，其他行业的产品具有鲜明的商品的属性，建筑则不然，何来被看作是国家的事，是政府的事，属于福利产品，具有福利属性。随着建筑市场经济的不断形成，建筑是商品这一结论才落定尘埃。属性判断的滞后是导致建筑品牌建设落后的第一个原因。

2. 缺乏对品牌内涵的认知。由于建筑企业家们对品牌内涵缺乏深刻的认识，认为品牌就是商标，建筑产品同其他行业的产品有其特殊性，生产方式的定制式，具有一对一的特点，建筑产品的庞大，让商标贴在建筑上作宣传，来让社会承认，没有多大意义，也不大现实，具有一定的困难。这是对建筑品牌的错误理解导致建组企业品牌假设滞后的原因之二。

3. 对建筑品牌的错误理解。一些建筑企业认为只要企业有了知名度，企业品牌塑造就成功了。他们认为只要通过公益活动、企业CI导入、创优夺杯就可以扩大企业的知名度就可以了。对于如何通过艰苦努力，着眼市场长远的目标去培育企业的品牌文化，树立企业的品牌形象，考虑的则甚少。

4. 品牌文化建设缺乏道德基础。当前，建筑市场竞争日趋激烈，企业质量意识、安全意识薄弱，安全质量事故时有发生，这是一种缺乏主体意识、自觉意识和社会责任感的表现，企业集团内部成员之间为争抢项目不惜竞相垫资压价，甚至有中伤兄弟单位等情况时有发生，企业品牌文化建设缺乏应有的道德基础。

二、树立正确的建筑品牌观

随着 WTO 的加入，中国的建筑企业逐渐进入品牌竞争的时代，一方面，品牌展示了企业的综合形象，具有不可低估的市场价值，它的形成贯穿与企业的发展之中，另一方面，品牌又是一个建筑企业综合素质的标识，它不能被企业的规模和业绩所替代。纵观现代建筑企业的成功与失败，无不与品牌塑造的成败有密切关系。因此可以说，品牌已经成为建筑企业生存与发展的重要支柱，企业参与国际竞争的利器。当前中国的建筑企业已经开始认识到品牌建设的重要性，那么如何开展对企业、建筑品牌的建设呢？首先企业的经营者尤其是企业的决策者要树立正确的品牌观念。

1. 树品牌不等于做广告。有些建筑企业的决策者认为塑造品牌就是做广告，于是就投入大量财力进行广告宣传，其结果企业的知名度上去了，但是提高的不在建筑企业的直接服务对象之中，而大部分是在与建筑企业经营活动无关的群体之中，造成极大的浪费。建筑企业塑造品牌不是单纯是做广告，除了广告外还有许多事情要做，广告只是塑造企业品牌的一部分内容。因为，利用公关塑造品牌的成本要比利用广告轰炸低很多，而且公关更有助于快速有效地提高品牌知名度。例如，一个建筑企业，其每年的公关费用还不到高速公路一块路牌广告的费用。但是，该企业却在公关的作用下，短时间内异军突起，品牌迅速冲出"重围"，带动销售翻番，并进一步促进人才引进。目前该企业综合实力已经跻身行业前列，品牌知名度和美誉度更是位居行业前三甲。当然，广告对于维护品牌的重要作用一定不能忽略，企业发展到一定阶段，具备一定的实力后，可以考虑用广告的方式来维护自己的品牌形象。建筑市场是组织市场，与其他工业产品等项比较目标受众具有一定的局限性，因此，建筑企业应积极开展必要的各种公关活动、公益活动，来塑造企业品牌。同时要重视通过提高建筑工程质量，以建筑实物向社会展示也是塑造企业品牌的重要手段。要综合利用各种宣传手段来提高建筑企业的知名度、美誉度和消费者对企业的忠诚度。

2. 树品牌切忌盲目跟风。中国的建筑企业要根据行业的特点制定品牌策略，决不能盲目跟风。有些建筑企业为宣传企业的品牌，看到别的行业做路牌广告，也盲目跟风。一块广告牌少则 20 多万，多则近百万，实际效果如何不得而知。把有限的广告经费全部投入到路牌广告上去是欠考虑的做法。广告的形式是多种的、户外广告、传媒广告、实物广告等等,企业应根据建筑行业和企业实际,制定一个合理的广告计划,才能取得理想的效果。这种全然不顾行业特点和宣传实际效果的盲目跟风的做法是极不可取的。

3. 品牌塑造不只是营销管理的组成部分,而是企业战略的重要内容。建筑企业应从战略的高度上进行品牌塑造和管理;品牌塑造具体表现不只是营销、广告、传媒,而是企业由内往外综合力量的传递,它应包括建筑企业的一切内外行为的塑造;而品牌塑造是协调与平衡建筑企业自身的发展战略与看法、具体做法和客户看法的管理工具和商业系统,能够帮助建筑企业定位的落实、控制、持续、平衡与发展,增强建筑企业的核心竞争力,大幅提升建筑企业的经济效益与社会效益。

4. 塑造品牌不只是企业的事情,需要全体员工的共同努力。品牌的根本要素是人,一个成功品牌的塑造不是一个人、一个部门或一个咨询公司能够独立完成的,它需要企业全体员工的参与,要求全体员工都必须有品牌管理意识,有意识地维护品牌形象,即要进行 TBM(全员品牌管理)。例如,建筑企业的品牌塑造,不仅需要卓越的销售、优秀的设计、精良的制造和优质的安装,也需要真诚的服务。因此,只有在每一个环节都有强烈的责任心和自觉的品牌意识基础上,一个企业才能最终塑造出良好的品牌。如果一个建筑企业的销售员把自己公司的工程质量说得如何如何优异,但是工程竣工后,每逢下雨必漏水,打电话催促维修又"只听人答应,却不见人影",那么这样的企业无论如何也不可能塑造出成功的品牌。事实上,每一个人都有自己的品牌,企业品牌要以企业员工的个人品牌为基础,亦即企业的"大品牌"很大程度上是由全体员工的"小品牌"有机地集合而成。现在的企业要以低成本来成就卓越品牌,其员工就必须重视个人品牌的建设,因为企业员工是外界了解企业的"活广告",只有良好的个人品牌形象才能传播良好的企业品牌形象,否则,企业的品牌形象就失去了赖以生存的根基,成了"无本之木"。

三、品牌塑造的主要环节

建筑企业如何根据行业特点制定品牌营销战略,塑造品牌文化呢?我们认为应抓好以下几个环节的工作:

1. 周密地制定品牌规划

建筑企业是定制式生产,先有营销,后有产品。其营销工作显得十分重要,企业营销部门要制定长远的、近期的品牌实施规划，要根据不同时期、不同阶段的国家宏观调控政策确定相应的区域市场、目标市场规划；根据不同的工程，制定不同的营销策略（投标报价策略、公关策略等）。

2. 准确地进行市场定位

中国的建筑企业有 5 万多家，如果没有企业自己明确的、独特的、具有个性的品牌定位，人云亦云，万众一声，喊不出自己的"声音"来，品牌建设就会成效甚微。精确的品牌市场定位，是建筑企业塑造品牌的前提，企业品牌定位需要结合社会发展总趋势、行业现状、企业自身状况进行综合分析，向业主作出独一无二的承诺，并要根据市场、企业的发展及时对定位进行有效地调整。综观当今建筑市场，一些实力较强的企业十分重视企业品牌的市场定位和调整，开始理性地思考自己合理的、明确的、独具个性的品牌定位。中国建筑工程总公司在走出去的 20 多年中，凭借"造一个项目，树一块丰碑"的信念，在发展中国家享有良好的声誉，如今他们明确地提出："要以精品项目树品牌，要以坚守承诺、严格履约、追求卓越、提供专业化服务来树立中国大企业的品牌形象。"这一口号标志着对品牌的认识已经超越了"质量就是品牌"的层次，进入自觉创立品牌、维护品牌的全新阶段。"服务高端市场"是中建现阶段对自己的企业品牌定位的新调整，致力于通过大市场、大业主、大项目提供国际标准的品质与服务、最具竞争力的成本和价格、进入创造品牌的新阶段。

3. 精细地进行品牌传播

当今建筑市场信息过剩，注意力紧缺。投入大量的资金，品牌未必会收到良好的效果。品牌传播必须精细化。一要实施全员品牌管理。品牌的塑造必须以优异的工程质量和真诚的客户服务为基础，需要全体员工的全程参与。二要识"势"造"新闻"。建筑企业塑造品牌的关键是做公关而不是做广告，创造并发布新闻又是建筑企业公关活动必不可少的环节。什么样的新闻才是合适的新闻呢？我们认为应具备四个要素，即：识社会发展之"势"、识行业发展之"势"、识企业发展之"势"、识大众兴趣之"势"。社会发展之"势"，指创造新闻必须认清社会发展的趋势，如生活水平日益提高，越来越以人为本，或者说越来越充满人文关怀等等。当然更重要的是，创造新闻还必须注意结合一定社会发展阶段的焦点，比如，关心弱势群体、工作安全问题等等。识行业发展之"势"，即认清一个行业发展的主要趋势。相对于社会发展之"势"来说，这一点对于企业的作用更加直接,因为一个企业的新闻如果挖掘或顺应其所处行业发展之"势",那么其不仅容易在相关媒体上发表,而且很容易得到广泛传播。识企业发展之"势"的作用同样十分重要,因为,一个企业的新闻主要还是为企业的品牌服务,只有认清企业发展之"势",即企业发展远景和战略战术,企业创造的新闻才能推动品牌发展,促进企业品牌的可持续发展。识大众兴趣之"势"是指新闻内容必须符合大众或广大消费者的兴趣发展态势以及某个阶段的兴趣重点,并且新闻内容能够给大众暗示:××品牌的产品或服务能够为消费者带来潜在的利益。例如联想收购IBM公司PC业务的相关新闻、长虹倪润峰退位引发的相关新闻、万科王石卸任前后的相关新闻等,都在一定程度上促进了其品牌的发展。三是要精心打造"活广告"。建筑企业的营销人员是企业品牌"着陆"的关键不可忽视销售人员"活广告"的作用。应注意销售人员的个人形象、专业知识、文化底蕴、道德品质的塑造与培养。四是要确定媒体组合与排期。要有计划、有步骤地进行正确的媒体选择和组合。建筑企业的广告受众应是那些具有一定社会地位和影响力的企业中高层领导,因为他们影响着企业的销售。选择媒体适应考虑目标受众京城与那些媒体接触,主要受那些媒体的影响。建筑企业应首先考虑行业内媒体提高在行业内、设计行业内的知名度。如《中国建设报》、《中华建设报》、《中国建筑勘察设计》、《建筑杂志》、《建筑施工管理杂志》、《施工技术》、《中国房地产报》、《城市导报》等等。其次还应该考虑目标受众可能经常接触的其他媒体。如机场路、高速公路、机场收费站路牌广告、机场灯箱广告、《航空杂志》等等。

4. 用超前的意识和独特的手段宣传品牌

品牌宣传的目的是要在目标受众中产生永久的烙印,这就需要企业家具有超前的意识和采取独特的手段。在这方面有许多成功的例子。2000年10月10日,北京建筑展览馆前拉起了"家装安全动真格,真猫真狗喝涂料"的横幅,但谁想到,在动物保护协会的强烈抗议下,在激烈的辩论声中,现场即将失控的时候,痛饮涂料的竟然变成了富亚涂料公司的老总——蒋和平。事情的经过人们已耳熟能详,有人说富亚是在炒作,有人说这正是富亚涂料安全健康的体现。仁者见仁,智者见智,但无论如何,富亚用这种惨烈的方式张扬了品牌的核心价值。当蒋和平将半烧杯涂料一饮而尽的时候,富亚涂料的绿色无害已在人们心里打下深刻的烙印。而在"喝涂料"事件之后,富亚涂料的销售量猛增4倍,"绿色健康"所带来的效益显而易见。总经理蒋和平说："当国内还在争论这是不是一场惊心安排的炒作时，美国记者却开始研究富亚的品牌效益了。美国人拥有一大批国际一流品牌，更了解品牌的价值和魅力。他们有成功的可口可乐，承载着'乐观奔放、积极向上、张扬自我，独立掌握自我命运，勇于面对困难'的美国文化精神内涵，所以他们更懂得利用品牌创造新的价值。产品质量是非常容易被超越的，而品牌则可通过产品质量和美誉来传承下去的。"品牌的发展需要有超前的意识和独特的手段，如果总踩在别人的脚印上将一事无成。当国外涂料的广告铺天盖地的时候，如果富亚跟着他们往广告里砸钱，那必然将被拖跨。而当跟风者临摹"喝涂料"时，富亚已经开始用科学的方法探讨环保健康理论，进行新一轮的品牌建设了。

5. 始终如一地强化品牌整体概念

国内品牌很少能将一个主题、一个概念传播到位的，多数的品牌常常缺乏一个完整的传播策略，处在低层面的较多，众多品牌总是根据市场而不断改变初衷，甚至让人不知所以然。因此，重视品牌的科学运作，是中国品牌建设亟待解决的一个重要课题，是初步涉足品牌建设的建筑企业应十分注意的问题。保持品牌主体的一致性，给目标受众始终如一的感觉，对于品牌的构建将会起到推波助澜的作用。诸如轿车领域的品牌就很有代表性，瑞典的沃尔沃，一直坚持"安全"的主张，还有通用别克、奥迪 A6、本田雅阁等这些品牌，始终一贯保持一种主体完整、持续性的策略。然而，国产轿车就不尽人意了。例如捷达、富康、夏利2000、英格尔、悦达、羚羊等等，在强化品牌方面都是无法贯彻一个整体的思想，处于一种游离状态，从而减低了消费者的信任度。若不是中国市场的特殊定位和适用车型，恐怕这些品牌早已消失了。强化概念是品牌长寿的一大秘诀，我国的海尔、小天鹅、联想、长虹等众多企业均在此方面迈出了可喜的一步。就我国建筑企业而言，更加缺乏这种一致性策略，一些企业追求时髦，品牌策略朝三暮四，"质量"风、"技术"风、"服务"风，吹来吹去，"智能"牌、"环保"牌、"绿色"牌、"生态"牌常换常新，不断改变品牌主题，建筑品牌缺乏应有的连续性。品牌应连续地强化一个整体的概念，才能满足购目标受众特定的心理需求，而不能把自己和产品定位在"全能"上。殊不知，一个品牌让人感觉"无所不能"的时候，其实它也就"什么都不行"了，毕竟所有的强势品牌都有一个强而有力的特点。始终如一地强化整体概念，这是企业品牌取得胜利的关键所在。在这个方面，万科房地产集团为我们树立了榜样。

6. 持续不断地进行品牌宣传

做品牌需要持之以恒。塑造一个强势品牌要比引进一台先进设备困难得多，它需要持之以恒，企业决策者必须深谋远虑，才能逐渐掌控市场主动权，以推动企业的发展，成就一个卓越的品牌。事实上，任何一家强盛的大企业，他们成长壮大的历史无不与其品牌建设有着紧密的关系。日本企业在世界的快速成长就是极好的佐证，比如 SONY（索尼）。20 世纪 50 年代还不过是一个生产电子晶体管的小企业，自盛田昭夫提出"我们要有自己的品牌"开始，SONY 便应运而生，并执着地坚持塑造品牌，不断创新，不断为品牌注入新的内涵和活力，最终铸就了一个世界级的品牌。再如，总部设在伦敦的雷克萨姆公司，通过持之以恒的创新，已经成为世界上最大的饮料罐制造商。我国建筑企业应该从中学习，以坚持品牌创新，塑造出自己的强势品牌，提高自己的核心竞争力。持之以恒的品牌宣传才能唤起顾客对品牌的忠诚。

当前，我国建筑企业的品牌传播还缺乏持续性，众多的企业还认识不到建立一个建筑品牌的形成是需要长时间的积累。有些企业甚至把全部的精力都放在承包压价、赠送礼品等方式来提高企业业绩。"酒香也怕巷子深"，已被广大建筑经营者接受，但建筑传播运作上仍然还不成气候，不讲策略占绝大多数。事实上，构筑品牌资产离不开持续的宣传，他即可以保持品牌的新鲜度，还可以提醒目标受众"我还在"，不断与服务对象互动，减少服务对象的移情别恋。据美国的统计资料显示，美国排行前 20 名位的品牌，每个品牌每年广告费投入费用是 2.3 亿美元，而一些顶尖的公司，如 AT&T 公司每年为其品牌所花费用高达 4 亿美元。目的就是不断激发、提醒消费者，让他们有所认识，直至产生对品牌的忠诚。品牌的竞争不仅是实力的较量，也同样是广告宣传的较量，显然，追求一时的广告轰动效应是无法树立起品牌这座"大厦"的。

7. 运用法律强有力地保护品牌

品牌变成了名牌之后，就意味着企业赢得了市场。由此也容易引发模仿假冒品牌。创品牌的建筑企业经营管理者必须懂得保护自己企业的品牌，应当重视知识产权法律法规的学习，运用好有关法律法规，搞好企业或产品的商标（标志）注册，学会保护自己的品牌。在这方面其他行业有很多的教训，如浙江生产的"宫宝"灵芝营养液正当名高牌响的时候，却发现"宫宝"早已被别人抢注，而自己创出的品牌则得不到法律的保护，还有被别人索赔的可能，只得饮恨改名。青岛啤酒的"青岛"商标在美国被抢注；"竹叶青"在韩国被抢注；"杜康"在日本被抢注；"阿诗玛"在菲律宾被抢注。作为宁波最大的饮水机制造企业，位于慈溪新浦的浪木集团公司的"浪木"品牌知名度不小，然而，"浪木"公司上规模后不久，当地就有企业向国家工商局申请注册了"浪禾"商标、"浪水"商标且商标、图形与"浪木"品牌十分接近。宁波欧林公司的"欧林"地板商标，除了厨具等主导产品外，在其他大部分商标类别中都注册了"欧林"商标然而惟独在19类地板上未能如愿，原来杭州一家公司已在第19类注册了此商标。最近发现北京一家公司和一家自然人公司已分别向国家工商局注册了"欧林·圣德"、"欧林·家园"的商标。"傍品牌"现象，使宁波欧林公司失去大量的市场。

　　国内许多企业由于缺乏品牌意识，目光短视或急功近利，让出自己的驰名品牌，或将自己的品牌商标作为引进外资合作和合资经营的条件，虽可解一时之围，却失长期之效。所以，不少有远见的企业宁可牺牲眼前的利益而换取长远的利益，例如，广州牙膏厂的"黑妹"牙膏是国内驰名品牌，外方要求对该厂进行合资，把其品牌作为合资条件，但该厂坚持创本国名牌，不愿意成为国外产品打入大陆市场的滩头阵地，拒绝其合资条件，有效地维护了企业的长远利益。保护名牌是一个长期的任务，对于那些肆意使用别人的商标、品牌的企业，要借助法律手段进行有力的还击。

　　虽然我国建筑企业品牌文化尚属创建阶段，但应提高品牌保护意识，要学会运用《商标法》等相关的法律法规来保护企业的品牌。当建筑企业走向国际市场时，更要考虑寻求国际的法律保护，商标注册是寻求商标国际保护的必不可少的措施和有效途径。目前，国外商标注册可以通过《马德里协议》或《马德里议定书》办理国际注册，也可以办理逐一国家注册。除此之外，面对国内国际市场不正当的品牌竞争，建筑企业必须善于利用《反不正当竞争法》、《反倾销和反补贴条例》等有关国际公约，保护企业自身的合法权益，为企业品牌的成长创造良好的生存环境。

　　品牌是进入市场的IC卡，是赢得市场的竞争力，是一个企业综合素质的标识，品牌战略是企业一切战略核心内容。我国建筑企业要想力争在市场竞争中占据优势，打造出强势品牌，还需要做出极大努力。

第三节 品牌策略文化

品牌战略的实施需要科学的策略,这是企业品牌战略落实成功的关键。在这里我们主要介绍实施品牌战略的两个策略,即公益策略、组合策略。

一、品牌公益策略

企业品牌公益策略首先应该看作是企业应尽的社会责任。"能力越大,责任越大。"这是电影《蜘蛛侠》里的台词,同样的,作为一个成长迅速的企业,相应的社会责任也越来越大。作为"社会的企业",首先要做到的就是负责。社会是企业生存的基础,而企业要在社会生存下去就必须遵从其基本道德规则,因此社会对企业有约束,这种约束标准甚至比社会上的公共标准高。企业的成长依赖社会的支持,回报社会是自然的事情。对于一个企业来讲,市场是一只看不见的手,投资公益事业则是看得见的道德之手,实施品牌公益策略对内可以让员工具有荣誉感、自豪感、责任感。投资公益绝不会使企业背上包袱,而是企业发展的弹簧。公益行为虽然不能直接带来企业的销售,但长远地看,它会改变人们对企业的看法,间接地促进企业品牌的声誉、形象以及销售。美国对469家不同的行业公司的一项调查表明:资产、销售、投资回报率均与社会公益成绩有着不同程度的正比关系。

有一个说法是:低手推销产品,高手推销企业。推销产品要穿过人们的层层戒心,仅能带动销售,但推销企业却不容易引起公众的戒备,从而在不经意间以春风化雨的形式在公众心目中树立起企业的良好形象,而树立企业形象的同时可以拉动产品的销售,可谓是一箭双雕,这正是公益事业的迷人之处。那么,推广品牌战略,进行公益事业的原则都有那些呢?

1. 遵循品牌战略的原则

在新的社会环境里,企业被赋予更多的责任,好公益,做好事,成为一些企业明智的选择。一些国际品牌已经深深地感受到公益行为的巨大价值。举一个其他行业的例子。飞亚达手表规定:所有的飞亚达消费者将六成以上的旧表捐给希望工程的孩子,可以六折得到任何一款新的飞亚达手表。这样飞亚达的老客户不仅可以得到较低廉的新表,又可以向贫困山区的孩子奉献爱心,与受捐者建立联系。飞亚达通过与希望工程的合作，不仅实现了对其庞大用户群体购买潜力的挖掘，在客户得到实惠和公益心理满足的情况下，实现再次购买，同时树立了良好的企业形象。但是公益行为不是见好事就做。无论企业的规模有多大，没有一家公司本身的资源足以使它驾辕涉及多方面的公益事业，其中一些适合公司的部分，把它做好，就已经很不错了。那么，企业为塑造品牌选择做何种公益事业做呢？根据品牌传播的"项链理论"认为：所有传播推广都必须围绕着一个核心去运作。因为一个品牌单个的广告、促销、公关、赞助等活动，如果没有一个统一的主题串起来，即使做得再好充其量也只是一颗珍珠。只有将所有的传播行为用一根主线串起来，才能组成一条闪闪发光的项连，而珍珠与项链是不可同日而语的。

　　品牌战略一经确定，就要持续不断地进行传播，所有的传播动作包括公益活动，都以此为主线，保证企业主题的同一性及连续性。跨国公司的品牌不约而同地将在中国开展的公益事业锁定在三个领域：儿童教育、环保、体育事业。安利公司全球总裁德·狄维士说："其实，可选择的公益项目非常多，但要确定那些事业可以通过你实现一些变化呢？我们在中国的公益事业已经确定儿童和环保为重点，当时有许多项目可供选择，但我们认为儿童代表未来，有无限的潜力，对他们的点滴帮助，都会改变其人生的发展方向，环境更关系到每个人的生活质量。"可以看出，在选择公益项目时，他们是十分慎重的，注意到项目和时机的选择，往往选择能够促进企业目标的公益事业，绝大多数的公益事业项目都是针对公司的主要利益相关者——客户、员工、社区、政府官员或供应商，以有意义的方式，提升企业的品牌形象。

　　说到底，公益行为应该符合企业或产品的核心理念，并坚持到底。万宝路一直积极赞助各项国际体育赛事，尤其是国际一级方程式车赛最有声望，这是万宝路最有影响、最重要的赞助活动之一。在大众心目中，一级方程式赛车被视为自由、奔放、竞争、极具挑战性的运动。一级方程式赛车的形象正符合万宝路要塑造的"男子汉"的形象。一级方程式赛车所体现的精神正是万宝路牛仔具有的精神。

　　莫利斯公司的赞助活动可以说是赞助活动与品牌形象的完美结合的典范。至今万宝路已赞助一级方程式车赛20余年，作为一项体育运动的支持责任，万宝路在公众众形成了良好的形象。另外，公司也十分重视比赛的安全措施，树立公司关心他人生命与健康的形象，使人们联想到这样的公司会从消费者的健康出发，生产"健康型"的香烟，博得了对公众的好感。万宝路寻找赞助活动的标准是：①相关原则。所赞助的活动必须符合万宝路的品牌价值观和目标受众的喜好，如摩托车比赛的刺激、惊险、豪放，正是万宝路的个性所在，也是目标受众感兴趣的活动方式。②领导性原则。所赞助的活动与万宝路的市场领袖地位相一致，能够帮助强化万宝路的全球第一印象。

万科和奥林匹克花园，是中国房地产品牌的代表，以其"运动就在家门口"的品牌理念受到市场的追捧那么，万科奥林匹克花园赞助体育事业，提倡健康生活方式，这种公益行为与其品牌核心理念是相一致的。

2. 遵循持之以恒的原则

公益活动不只是一次活动、一次捐赠。它应该是企业的一项长期的品牌战略行为而非短期的行为。许多跨国公司都以积极的态度参加中国的公益事业的方式，作为他们融入中国社会、实现本土化以获得中国民众认可的策略。

可口可乐投入了迄今为止中国规模最大的公益活动——希望工程，并且十年如一日坚持。1993年至今可口可乐意在中国捐建了52所小学、10多个书库，使6万多名儿童重返校园。因为中国是长期的战略性市场，可口可乐选择农村教育作为突破口。

摩托罗拉公司已进入中国就提出"做社会好公民"，迄今为中国教育事业捐资累计2100万元人民币；柯达公司则推动银行为下岗职工提供购买彩扩设备的贷款，帮助他们实现再就业。

河南建业集团实施"建业品牌"，成功地创建了"建业城市花园"、"建业新天地·桂园"、"建业森林半岛"、"建业广场"等品牌，营销额排列河南省同行业第一名。从1994年至今，几十年如一日，建业为河南足球事业累计投入1.5亿元人民币，"建业足球"缔造了全国闻名的中原"金牌球市"。

国际知名的跨国公司已相续成立专门的公益事务部门，由企业高层直接管理在不同的地区和市场的公益项目。在许多人的印象中，与公益事业相联系的往往是跨国公司，鲜见国内企业的身影。其实中国企业对公益事业的投入并不少，这种错觉的形成主要是由于国内企业更多的公益行为主要是由偶然的、孤立的事件所被动参与，例如只有灾难性事件发生时国内企业才会发生公益行为，而不像跨国公司的公益行为具有系统性和长期性。

二、品牌延伸策略

1. 实施品牌延伸策略的意义

为什么要实施品牌延伸策略呢？主要由两条原因。一是品牌的成功非常不容易，需要耗费大量的人力物力和财力，经过几年甚至几十年精心培育而成的。品牌一经形成将会产生巨大的张力，在市场上对客户、合作伙伴产生感染力和号召力。如果企业每到一地、每项产品就打造一块新品牌，新品牌不但需要较长时间的培育，而且还要花费财力，而原有品牌在这一地域发挥不了应有的作用，束之高阁、弃而不用，实在是企业的资源的一种巨大浪费。品牌延伸策略则可以最大限度地利用品牌资源。第二个原因是可以彰现企业品牌的实力。跨区域、跨行业、跨时间的品牌延伸经营，不但可以减少由于品牌重塑而带来的不必要的经济浪费，而且可以充分发挥品牌资源的作用，在品牌延伸经营中，充分展示企业品牌的实力，强化了企业品牌，扩大了企业品牌的影响力。当然，采用单一品牌战略也有其明显不足之处，即品牌下某一产品出现问题，极有可能产生连锁反应累及其他。

2. 品牌延伸的内涵

品牌的延伸策略就是指企业所生产的所有产品都同时使用一个品牌的情形。例如佳能公司生产的照相机、传真机、复印机等产品都统一使用"佳能"品牌。海尔可以说是单一品牌战略的成功典范。海尔生产的冰箱、空调、彩电、电脑、手机等等所有的产品都使用海尔这一品牌，形成一个蔚为壮观的大家族。

品牌延伸有四种策略即：单一品牌策略、一牌一品策略、一牌多品策略和主副品牌策略。

（1）单一品牌又称为统一品牌，因为所有的业务单元都共用一个品牌，品牌资产是完整意义上的共享，任何一个业务单元品牌，在资产上的积累都能够无损地转移到其他业务单元。这种品牌策略，常常能使品牌延伸的范围在最低预算的情况下，走到远得不能再远的地方，如"维珍"利用这种单品牌策略从维珍音像一直走到维珍航空、维珍快递、维珍广播、维珍铁路、维珍可乐、维珍牛仔等风牛马不相及的领域。

（2）一牌一品策略是指一个品牌下只有一种产品的情形。实施一牌一品策略的最大好处是有利于树立产品的专业化形象。格力，就是空调的权威专家。

"好空调,格力造",这句简单明了的广告口号,在消费者心目中树立起格力空调第一品牌的概念。在众多竞争对手竞相多元化经营的浪潮下,格力反其道而行之,将所有的鸡蛋放进一个篮子里,形成自己无人匹敌的技术壁垒,格力标准俨然已成行业标准,格力的专业化路线已越来越得到市场认同。

(3) 一牌多品即多种产品使用同一个品牌的情形。如海王公司只有"海王"一个品牌,且旗下三十多种产品都使用这一品牌,比如海王金樽、海王银杏叶片、海王博宁、海王冠心丹参、海王金牡蛎等等。实施一牌多品战略的好处是显而易见的。2001年,海王展开了大规模的广告投放,其主推产品只有三个。但据来自海王的消息,目前除了这三个产品都供不应求外,海王旗下其他没有做广告的产品销量也都有不同程度的上升。但隐藏的危险是,如果某一产品出现危机,将影响海王旗下所有产品,出现危机的产品影响力越大,危险也越大。

(4) 主副品牌战略。采用主副品牌策略的具体做法是以一个成功品牌作为主品牌,涵盖企业的系列产品,同时又给不同产品起一个生动活泼、富有魅力的名字作为副品牌,以突出产品的个性形象,以达到延伸品牌的效果。美的是国内副品牌战略运用最为成功的企业之一。美的空调的产品类别有一百多款,这么多产品怎样让消费者记住?消费者的记忆点怎么解决?副品牌战略是良好的解决之道。美的利用"星座"来命名产品,一来可以同明星联系起来,不致使原有品牌资产流失;二来"星"代表宇宙、科技;三来"星"是冷色调,代表夜晚、安静、凉爽。于是一系列副品牌如"冷静星"、"超静星"、"智灵星"、"健康星"等呼之而出,由于定位准确,投放市场即引起强烈反响,创造出空调界的一个个销售奇迹。

在我国建筑行业具有跨地域性和单件制一对一的特征,因此,单一品牌策略和主副品牌策略比较符合行业特点。当前,在房地产行业中运用的较为普遍。如房地产业中的"澳园"品牌,在全国复制了广州澳园、南国澳园、上海澳园、天津澳园、沈阳澳园、北京澳园等等,都是以统一的"澳园"品牌命名。再如万科、中海、珠江、美然等公司。万科开发了万科星园、万科青青家园、万科四季花城、万科城市花园等楼盘;中海复制了中海雅园、中海紫金苑、中海馥园等楼盘;珠江开发了珠江骏景、珠江帝景、珠江罗马家园、珠江国际城等楼盘;美然开发了美然香榭里、美然百度城、美然动力街区等楼盘。建筑企业也应在经营活动中根据自己企业的特点,借鉴、选择品牌延伸策略,充分发挥品牌的效力,为企业赢得良好的社会效益和经济效益。

3. 进行品牌延伸的方法

品牌组合必须坚持一个共同的品牌核心理念，这是品牌延伸的必要条件。没有这一点品牌就"延"不下去，既使表面"延"下去了，也"伸"不开。品牌的核心理念是品牌的精髓，它代表了一个品牌最中心的内容，且具有延续性而不具有时间性要素。奥林匹克园的："运动就在家门口"，提倡的是一种运动的健康的生活理念，在这个理念指导下，奥园在北京、天津、上海、广州等地对品牌进行延伸，同时，这些组合的品牌又共同为奥园品牌的内涵不断加以丰富和完善。

坚持统一的品质。延伸要坚持具有统一的品质和风格，风格、品质一旦确定，就应该跨越时间和空间的限制，统一坚持下去。对建筑企业来说品牌统一的内容包括：建筑环境规划设计、建筑风格、建筑品位、建筑形象、建筑材料、施工工艺、施工技术以及施工现场、员工服饰等等要素。无论在何地域、何时，只要一看施工现场或建筑项目就知道是哪个品牌企业干的，现场与建筑项目具有相似性，不是兄弟，就是姊妹。

三、品牌组合策略

品牌组合是指企业同时经营有两个或两个以上彼此相关或不相关品牌的营销策略。分为以下几种策略。

1. 多品牌策略。 多品牌策略又称为独立品牌。一个企业同时经营两个以上相互独立、彼此没有联系的品牌的情形，就是多品牌策略。由于这种品牌结构使得品牌组合之间几乎不存在任何品牌资产的关联，每个品牌都在某个市场独立施展自己最大的影响力。在全球实施多品牌战略最成功的企业当数宝洁公司，它旗下的独立大品牌多达八十多种，这些品牌与宝洁及品牌彼此之间都没有太多的联系。在洗发护发用品领域，就包括了海飞丝、潘婷、飘柔、沙宣等品牌；在清洁剂领域，有汰渍、碧浪、波得、依若、起而、利纳等品牌。多品牌战略的实施有两个特点：一是不同的品牌针对不同的目标市场。飘柔、潘婷、海飞丝的区别就在于：飘柔强调使"头发更飘，更柔"；潘婷则突出"拥有健康，当然亮泽"；海飞丝则是"头屑去无踪，秀发更出众"。二是品牌的经营具有相对的独立性。在宝洁内部，飘柔、潘婷和海飞丝分属于不同的品牌经理管辖，他们之间相互独立、相互竞争。实施多品牌战略可以最大限度地占有市场，对消费者实施交叉覆盖，且降低企业经营的风险，即使一个品牌失败，对其他的品牌也没有多大的影响。

2. 背书品牌战略。浏阳河、京酒、金六福等品牌在短短的时间里就成为中国酒市的新贵。仔细分析，它们有一个共同的特点，都是由五粮液酒厂生产，并且在传播时有意将这一信息传达给消费者，为它们的主张提供支持和可信度。而在包装上，五粮液所在的位置并不突出，只是起到背书和担保的作用。这就是背书品牌战略。同样实施背书品牌战略的还有宝洁，不管是潘婷，还是汰渍，或是舒肤佳，都会告诉你，它们是宝洁出品的。对背书品牌而言，其主要角色是向消费者再次确定，这些产品一定会带来所承诺的优点，因为这个品牌的背后是一个已经成功的企业。当一种产品是全新的时候，背书品牌的这种再保证就显得更有意义。因为这种保证，消费者会觉得与这个产品之间有了某种联系，而不再陌生。但是，对于背书品牌而言，有时在提供这种保证之后就会承担被殃及的危险。

3. 品牌联合战略。近年来，品牌联合战略有上升的趋势，它是指两个或更多品牌相互联合，相互借势，以实现1＋1＞2的做法。品牌联合比较成功的典型是英特尔公司与世界主要计算机制造商之间的合作。英特尔公司是世界上最大的计算机芯片生产者。该公司推出了鼓励计算机制造商如IBM、戴尔在其产品上使用"Intel Inside"标志的联合计划，结果在计划实施的短短18个月里，该标志的曝光次数就高达100亿次，使得许多个人计算机的购买者意识到要购买有"Intel Inside"标志的计算机。英特尔公司与各大计算机品牌合作的结果是，标有"Intel Inside"的计算机比没有该标志的计算机更为消费者所认可和接受。

4. 品牌特许经营战略。品牌特许经营始于美国，在中国正方兴未艾。特许人与受许人共同借助同一个品牌，在相同模式的约束下实现品牌的扩张，达到双赢或多赢。特许人向受许人提供统一的品牌、技术、管理、营销等模式，受许人向特许人支付一定费用。品牌特许经营战略可以实现品牌的快速扩张，由于借助他人的资金，相对风险低、成本低。受许人则可以背靠大树好乘凉，但必须面对一个现实，品牌永远都不会属于自己。实施品牌特许经营战略最为成功的企业当数麦当劳。麦当劳在中国的加盟店目前已达到380多家，在全球更数以十万计。

5. 品牌虚拟经营战略。也许很多人并不知道，他穿的耐克鞋、喝的浏阳河酒并非真正由这些企业所生产，而是委托他人加工而成。品牌虚拟经营实现了品牌与生产的分离，它使生产者更专注于生产，从而使品牌持有者从繁琐的生产事务中解脱出来，得以专注于技术、服务与品牌推广。耐克是品牌虚拟经营战略最为成功的企业之一。从 20 世纪 70 年代初开始，耐克决定把精力主要放在设计与营销上，具体生产则承包给劳动力成本低廉的国家和地区的厂家，以此降低生产成本。因此，现在美国市场上出售的耐克运动鞋，基本上都是在海外工厂生产的。正是这种虚拟经营，使耐克在国际市场上获得了强大的成本竞争优势。需要指出的是，对于以上几种品牌战略的运用，没有好与不好之分，只有合适与不合适之别。在实践中，一个企业往往可以根据自身的实际情况选择其中的几种加以使用。企业拥有的众多品牌往往处在一个非常复杂的结构之中，因此，经常对品牌关系进行梳理，使之脉络清晰，尤为必要。

当前，建筑行业正在调整企业经营战略，积极推广总承包制，联营、特许经营、虚拟经营等经营方式已成为行业内普遍采取的方法。在创建品牌文化的同时，企业应积极结合自己企业的具体组织形式和和经营情况，制定品牌经营策略，形成独具特色的品牌文化，为企业创造更多的利润。

第十章　民营企业与家族文化

在《中共中央关于完善社会主义市场经济体制若干问题的决定》中指出："大力发展和积极引导非公有制经济。个体、私营等非公有制企业是促进我国社会生产力发展的重要力量"。随着我国民营企业的产生、壮大和发展，民营企业如何结合自身的特点，加强对企业文化的建设，促进民营企业的发展，已成为民营企业家和企业界普遍关心的问题。

第一节　民营企业概述

一、民营经济的范畴

对于民营经济的概念，理论界存在不同的看法。一种观点认为是指私有经济，包括个体经济、私人持股股份合作经济和股份制经济。另一种观点认为是指除国家公有经济以外的所有非公有制经济。除上述范畴外还应包括通过产权制度的改革而形成的民营经济，也包括混合经济所有制中国有持股在49%以下的经济、广大职工投资入股的股份合作制经济和外资经济。我们认为民营经济是指政府不直接干预，企业采取市场的运作方式，自主经营、自我管理、自负盈亏，在竞争中谋求自我发展的经营方式。由于第一种认识不具有广泛的代表性，因此我们采取第二种民营经济的概念。

二、民营经济发展历程

改革开放以来，中国的民营经济发展经历了四个阶段。

1. 改革发展初期的初创阶段（1978年~1988年） 中，民营经济发展是从个**体经济开始的**。20世纪70年代末，个体经济作为一种解决就业困难和补充市场匮乏的调节手段得到政策允许的。个体经济从商业发展到工业、建筑业等产业。1982年经济改革重点由农村向城市转移，加速了个体经济的全面发展。个体经济的发展对私营企业的形势产生了重大的推动作用，从个体跑供销、搞生产到股份合作制企业，再到股份制企业，逐步发展起来。

2. 治理整顿时期的停滞倒退（1989 年~1991 年）。1989 年的政治风波后，中国进入了三年治理整顿，国民经济进入低谷。在这一时期，遭受影响最大的是民营经济。民营经济由于人们的误解，受到社会的歧视，民营经济开始下降和滑坡，私营企业数目从 9.1 万户减少到 7.7 万户，以后几年徘徊不定。

3. 南巡讲话后的空前高涨（1992 年~1994 年）。邓小平南巡讲话后，党的十四大明确提出了坚持公有制为主，多种经济长期并存共同发展的方针，使民营经济进入第二个高速发展期。到 1995 年，中国私营企业已经有 65.5 万户，比 1991 年的 10.8 万户增长了 5 倍。这一时期，大批具有较高素质的人才纷纷下海，创建私营企业，形成巨大的浪潮促进了民营经济的快速发展。

4. 深化改革时期的调整提高（1995 年~2003 年）。从 1995 年开始，中国实施紧缩政策。党的十五大确定了国企改革的方针。根据党的十五大确定的国有企业改革方针，建筑行业对国有建筑企业进行"抓大放小"，将大型国有建筑企业通过资本聚集起来，让中小型国有企业逐步退出建筑业这个竞争性领域，所留下的空白由民营建筑经济来填补，这样既落实了十五大四中全会提出的"以公有制为主，多种所有制经济共同发展"的原则，又降低了建筑业的运营成本。2002 年 2 月建设部在《关于进一步推进建设系统国有企业改革和发展的指导意见》中指出："今后在勘察设计、建筑业、房地产业实行多种经济成分互相促进，平等竞争，鼓励各种非国有经济在建设系统发展，允许各种非公有经济成分兴办、合办建筑企业，国有企业参股或兼并、收购国有企业。今后在上述三个行业中的改制、重组和兴办高科技企业外，原则上不再兴办国有企业。"确定了以民营建筑经济为主的多种非公有经济并存的建筑业发展方向。同时由于我国企业改革的深入，市场开始成熟，市场竞争越来越激烈，信息透明、制度完善等使中国民营企业开使改变原来一直以数量为主要发展特征的状态，进入了管理和经营上档次的调整时期。优胜劣汰的市场法则企业的竞争力，民营企业之间的重组，民营企业对中小国有企业的兼并、重组凸显出民营企业的生命力。

5. 十六大后的健康稳定发展（2003 年至今）。党的十六大的召开，进一步指明了我国经济体制改革的发展方向，对民营企业家以充分的肯定，民营经济进入稳定发展时期，倚重高新技术创造效益、外向经济型、技术密集型的民营企业得到健康稳定的发展，民营企业得到快速发展成为中国国民经济发展的重要组成部分。

三、民营建筑企业发展现状

民营经济曾经在中国一度消失，改革开放之后，民营企业得到发展。在全国工业总产值中，个体经济、私营经济、股份制经济、外商投资经济在内的非国有经济所占比重从1978年的2.0%上升到25.60%。在全国固定资产投资中，到1998年非国有经济在国民经济中的比重为31.13%。建筑业领域的民营经济也得到迅速发展，无论在完成建筑总产值、在容纳劳动就业，还是在创造经济效益方面均在行业中占据了重要地位，发挥了巨大作用。1997年在企业数目、就业人数、总产值、实现利润总额四方面，城镇民营建筑企业（不含乡村集体建筑经济）占全行业的比例均超过了其他企业。同时与以前相比，1997年城镇民营建筑企业完成建筑业总产值是1980年的56.6倍，固定资产比1980年增长75倍。见表10－1所示，可以证明企业总产值和工程结算收入的增长幅度。再有，民营建筑企业在实现利润能力及亏损情况上都大大优于国有企业，见表10－2所示。

产值、工程结算收入增长情况表　　　　　　　　　　表10－1

指标 行业	总产值（亿元）		工程结算总收入（亿元）	
	1998年	较上年增长	1998年	较上年增长
国有建安企业	1787.3	6.84%	1450.7	1.34%
民营建安企业	1089.9	118.02%	784.0	20.91%

实现利润及盈亏情况表　　　　　　　　　　表10－2

指标 行业	利润总额		亏损企业亏损额		亏损面值	
	1998年	较上年增长	1998年	较上年增长	1998年	较上年增长
国有建安	－4.6	－4.9	25.9	6.2	6.2	－1.23
民营建安	11.5	1.7	7.0	3.2	3.2	2.85

党的十五大以后，国有企业随着改革步伐的加快，在各行业中国有经济正在逐步退出。2000年国家统计局的一份报告认为：在196个工业行业中，国有经济

逐步从占整个工业行业75%的146个行业中撤离。35个行业保持一定的控制，15个行业居于垄断地位。建筑行业属于国有经济退出的行业，为我国民营建筑企业迅速发展提供了有利的政策环境，以浙江省为例，在全省建筑企业3725家中民营建筑企业占到70%，著名民营建筑企业广厦建筑集团实现产值47.67亿元，仅次于浙江省建筑集团78亿元产值，成为我国著名民营企业。

第二节 民营企业文化特征

二十几年来，我国的民营企业从市场中诞生，在竞争中成长，走过了一条曲折发展的道路。它们的成长有着非常浓厚的文化底蕴，许多企业更是在其成长过程中形成了颇具特色的企业文化。例如民营建筑业中，浙江中天建设集团的"以人为本"的"中天"文化、广厦建设集团的"跳出建筑做建筑"的"广厦"文化、广东裕通建设集团的"老老实实做人、认认真真做事"的"裕通"文化等等。各具特色的企业文化对推动我国民营企业的发展起到了巨大的作用。但是由于我国民营企业的发展历程很短，企业文化的形成更多地是一种自发性的地方文化或者是体现企业家个性风格的文化，在企业的运作过程中绝大部分就形成了以家族式管理为特色的家族血缘文化，或者是由企业家个人说了算的独裁式企业文化，凸现我国民营企业的文化特征。

一、民营企业文化的表征

1. 地域性。民营企业文化依托于浓郁的地域文化，以浙江的民营企业为例。温州的制革业、宁波的制衣业、东阳的建筑业、绍兴的纺织业、义乌的小百货、永康的小五金等都驰名中外，都与浙江文化滋润下的传统手工技艺有着十分密切的关系。浙江文化结合了传统文化和海洋文化，从而形成了浙江人"精明通达、聪明实干、活络严谨、勇于拼搏、善于抓住商机"的独特的文化精神。在中国十大民营企业中，浙江企业占有四家，万向集团、正泰集团、德力西集团公司以及吉利集团有限公司的企业文化虽然各有千秋，但都浓缩了浙江的文化精髓。一方水土养育一方人，天时、地利、人和造就了地方企业的文化特色。其中国家和地方政策可谓之"天时"，地域环境和特点即为"地利"，人们的创业精神体现了"人和"。

2. 家族血缘性。民营企业文化大多根植于家族血缘文化。改革开放之初，个体经济作为最早出现的民营制经济形式，显示出了结构简单灵活、决策迅速的优势，这往往得益于其家庭式的分工合作。随着企业规模的不断扩大，这些作坊式的经济实体扩张成为公司，家庭中的亲戚们自然担任了企业的所有重要职位，绝对地控制着企业的所有权和经营权，以家庭的利益为首，在家庭内部成员之间联系紧密，形成了以家族血缘关系的强大聚合作用来实现自身对企业管理的家族血缘文化。

3. 个人性。民营企业文化多取决于领导者个人素质。民营企业作为一个由"人治"代替"法治"的典型，创业之初大多是企业家一个人说了算。其文化起源，与创业者的创业意识、经营思想、管理风格以及其胆量品质有很大的关系。重庆力帆集团1992年创建时仅有员工9人，资金20万元，现在是一个已拥有净资产4亿元的高新技术企业集团。有人说其文化风格正是素有"儒商"之称的尹明善的个性体现。这就说明民营企业的文化可以说是企业家个人魅力的化身。再如浙江广厦集团从1984年起的短短20年里，由一个资产不足百万元的乡镇建筑队，稳步发展成为一个以建筑和房地产为主导、涉及众多行业的现代企业集团。1993年，该集团在全国建筑行业内率先进行规范化股份制改造；1997年，"浙江广厦"在上交所挂牌上市，成为全国首家建设部推荐的建筑行业上市公司；自1998年起，广厦集团购并众多企业，不断实现从"经营工程"、"经营企业"到"参与经营城市"的转变和跨越。2004年，广厦集团实现产值212亿元，完成利税16亿元。在实践过程中形成独具特色的"敢闯天下先"企业文化就是总裁楼忠福那种"虎胆雄心壮志凌云"个人精神的写照。又如黎明股份失败后，一些员工反思其主要原因就是董事长王宏明一人当家，法人治理成为空谈。加之名誉集一身的王宏明根本听不进不同意见，独断专行，造成企业衰亡。可见，企业家自身的素质对企业文化乃至民营企业的存亡至关重要。

4. 易变性和眼前性。企业文化的形成和发展需要一定的连续性和稳定性，但民营企业在创建自身文化时往往具有一定的随意性，容易因周围环境及市场的变化而改变文化风格，无法形成自身的文化特色。企业文化的易变性造成了民营企业发展不稳定的局面。而这种不稳定性又导致了民营企业容易急功近利，导致短期行为。

二、民营企业文化的内质

我国著名经济学家钟朋荣曾经在总结家族民营企业的优势时说:"家族企业分工明确,紧密配合,产权明晰,在中国信用环境比较差的情况下,家族企业有时就是优秀的企业制度形式,而且应该成为我国企业制度的主体。"他形象地把民营企业的优势比喻做:"自己的孩子自己养"。我国民营企业是在党的一系列改革开放政策下发展与壮大的,得益于国家的政策、方针、路线的抚育与培养,因此,我国民营企业理念具有以下内质:

1. 锐意进取、精益求精的企业精神

民营企业是完全采取市场经济的运作方式,自负盈亏、自主经营、自我管理的企业,没有政府的干预或经济支撑,要根据市场发展的态势和社会主义市场经济规律,制定企业的经营战略、经营目标和经营策略,在各项企业经营行为中就必须坚持以经济效益为中心,创造出一流产品、一流服务、一流效益、一流企业。要达到上述目的,企业员工就要具有"锐意进取、精益求精"的精神,创新观念、创新思路、创新管理、创新技术,不断使企业从追求产品数量向产品质量、从劳动密集型企业向智力密集型企业、从内向型企业向外向型企业转换。"锐意进取、精益求精"的精神是民营企业在市场经济的大潮中获得生存和发展的根本保证,是民营企业文化的特色之一,也是民营企业文化建设的基础。

2. 体贴入微、关怀备至的情感交流

在企业管理中民营企业具有与员工进行家庭式的感情交流的优势,使员工产生一种"家"的感觉,把企业看成一个扩大的大家庭,充满人情色彩的文化制度措施和习俗、礼仪贯穿于整个企业。

3. 崇尚节俭、以身作则的躬亲垂范

民营企业的发展一般都要经历艰苦的奋斗过程,中国民营的企业的创始者都是艰苦创业、努力学习、严于律己的典范,对于企业文化建设有着很大的优势。中国民营企业万向集团总裁鲁冠球,在创办中国乡镇企业中国第一家国家一级企业中,始终以简朴的品质,以军人的风格赢得员工们的尊重,他住的是简易的楼房,吃的是自己种的蔬菜。不喜歌舞不事歌舞。他的妻子虽是万向集团董事局七位创业元老之一,但在二十年中,一直在最脏最累的岗位上工作。他的三个女儿结婚时,与企业里员工一样,只派一辆车接送,不办酒席,不请客人,送上门的贺礼原封不动地退回。鲁冠球正是以其崇尚的节俭、以身作则的人格魅力建设着万象集团的企业文化。

4. "富而思进，福而思源"的回报理念

民营企业的发展得益于中国的改革开放政策，在中国民营企业取得成功的同时，民营企业家们富了不忘国家，自觉回报社会，把自身的发展融合到全社会的发展中去，在民营企业界已形成了广泛的共识。因此，在各项重大的社会公益性活动中，都可以看到民营企业活跃的身影。1994年我国民营企业界为了配合国家的"八七扶贫攻坚计划"，十位民营企业家在中华全国工商联常委会上提倡开展"光彩事业"，号召先富起来的民营企业家以互惠互利、自觉自愿为原则，帮助"老少边穷"地区开发资源、兴办企业、培训人才，为缩小地区差距实现共同富裕，动一份真情、献一份爱心、做一份贡献。这一倡议得到广大民营企业家的热烈响应。截至到1999年，参加光彩事业项目的民营企业家已达到3508人，实施光彩事业项目3829个，到位资金105亿，为贫穷地区培训人员73万人，帮助193万人解决了温饱问题。光彩事业取得了突出成绩，受到社会各界的关注和赞誉。"富而思进，福而思源"体现了中国民族传统美德和市场经济规律在民营企业中的有机结合，因而也是我国民营企业形象在社会中的良好反应。广东裕通建设集团有限公司张钦洲董事长所说的"每做一件事，或一项工作，须踏踏实实做人，老老实实做事，实实在在回报社会，绝不能坑骗老百姓"，则是这一理念的真实写照。

第三节　家族文化的影响与对策

在我国民营企业中普遍出现企业"家族化"的倾向。据有关部门在湖北、山东、河南等五省调查发现有80%的民营企业领导中有血缘关系企业内部实行家长制，个体企业大部分是"夫妻型"、"父子型"或"姊妹型"。私营企业中，相当部分有血缘关系或泛血缘关系，海外投资的合资企业中相当多的人也是直接或间接的通过关系作为企业的经办人或代理人。研究传统家族文化对民营企业文化的影响，发挥传统家族文化的优势，摆脱传统家族文化对民营企业文化的不良影响，是建设优秀的民营企业文化的关键。

一、传统家族文化对民营企业的负面影响

我国民营经济的家族文化主要受中国儒家文化、家族文化的双重影响。家族文化根植于中国的传统文化,对发挥传统经济组织生产力产生过积极的作用,家族文化注重亲情,利于协调人与人之间的关系。因此,许多个体企业、私营企业和乡镇企业以至个人承包的企业愿意从家族中招募员工,企业的管理、重要岗位和经营决策大权也都是家庭成员和近亲掌握。由于这种血缘管理,企业管理避免了诸多扯皮;由于注重亲情,企业凝聚力较强,效率也较高。

然而,家族文化从本质上讲是与现代市场经济相悖的,有人问:"家族企业面临的最大挑战是什么?",伦敦商学院组织行为学教授奈杰尔·尼科尔森说:"是家族。"家族化对经济发展的负面影响突出地表现在这样几个方面:

1. 家族文化强调的是亲情至上,企业注重的是人治,而不是法治。一切法律、规章都可以因人而异、因事而异,随意改变。这样不仅束缚了人们的思想,而且企业的发展规模越大,其管理越困难。

2. 企业家族化造成企业中人事安排、工资晋升,不是按能力和绩效,而是按亲疏、年资来决定。企业人员结构流动渠道被阻,非家族员工难以进取,主人翁精神严重缺位,调动不起企业员工的积极性,从而造成人心涣散,不但会使企业凝聚力严重减弱,而且会产生企业的离心力,阻碍企业的发展。

3. 企业家族化,使企业的领导层和管理层都有近亲或血缘密切的人员组成,同一家族成员具有相同或相似的经历、经验与成长过程,知识、文化、思维方式等方面基本雷同,从而会影响企业经营决策的制定,很难创新出新的思路,影响企业的发展。

4. 家族化企业一旦遇到家族内部产生纠纷,往往会把这种矛盾带到企业之中,影响企业健康和谐的人际氛围,企业正常的人际关系难以维系,员工思想难以安定,容易造成企业管理混乱的局面。

5. 自我放大。家族企业在赚了第一桶金、企业发展有了一定的基础之后,往往会自我放大,他们常常不切实际地想入非非,盲目扩大产业领域,扩展经营范围,分散经营投资,在全球产业高度发展的今天,极容易产生风险,导致失败。

二、防御传统家族文化负面影响的对策

如何找到传统家族文化与现代市场经济文化的结合点？日本式经营管理模式给我们以启示。所谓日本式经营管理模式是以企业公司命运共同体为基本模式，以群体主义为企业价值观，以"和"为基本准则，以终身雇用制、年工序列制和企业工会为支柱的独特的经营管理模式。

1. 确立企业群体主义价值观。民营企业要完成从家族观到群体价值观的转变，确立企业的群体价值观。传统家族文化是建立在严格的血缘宗法制度之上的，具有强烈的排外性。而日本在从传统到现代的转化过程中，把家"虚拟"化、"业缘"化使扩大后的"家族"不仅是一个生活共同体，而且是一个机能共同体。这种扩大的"家"形成了现代日本企业家族的历史前提，以公司为"家"的日本式经营管理模式就在这个前提下应运而生。如家族文化中的群体意识在这里就体现为对公司这个"家"的归属感，而不是原来血缘意义上的家了。

2. 创新群体主义的价值观，保证群体行为的和谐与统一。中国传统的家族文化是通过"三纲五常"和若干礼节、礼仪来规范人们的行为，以求达到和谐统一的。而日本人吸取了传统家族文化中的"上下有序"的合理因素，同时注入了平等性、功利性、竞争性等新的特性，从而形成了"内安外竞"的团队型竞争的独特模式。

3. 确立符合群体主义价值观的制度文化。日本企业的群体主义的价值观体现了日本企业的用工特点即带有家族文化色彩的终生用工制度。企业用终生雇佣员工的制度以安人心，员工以对企业的忠诚、勤奋为业主劳动终生；因有了日本企业的工资特点即年序工资制，员工可以随着年龄的增长、技术的提高、贡献的增多，待遇步步升高。这两种制度把员工约束在企业里，形成企业内部的封锁性劳动市场，工资标准和各种劳动条件由企业决定。企业积极避免员工为生活、改善劳动条件而展开斗争。另一方面与员工协调，保证企业经营，使企业、员工、工会成为一个"大家庭"。

4. 创建符合群体主义价值观的公司治理结构和管理模式。家族文化在企业创建时期具有源源不断的动力，但在企业处于发展稳定时期，由于血缘关系往往造成管理上的冲突，在理论上人人知道应以企业为重，但在实践中处理起来很难，有时要花费很大的精力。创建符合群体主义的公司治理结构和管理模式是防

止传统家族式文化影响的有效途径。例如，德国著名的家族企业欧培德公司在这方面有成熟的经验。他们具有德国家族企业典型的三级公司治理结构模式：企业所有者、企业管理者、监事会。企业中的战略计划，营销计划等必须是书面材料，而不是口头的。对于书面计划一经审定，任何人不能随便更改。三个机构之间随时都要有充分的沟通，企业的任何报表，包括年报表、月报表、日报表都要写得非常清楚。公司的决策不能是老板说了算，还要争得监事会等各方面的同意。这样，家族企业就由封闭式系统变成了开放式的组织系统，既保留了传统家族企业的亲情、忠诚等优势，又不会因为血缘关系而变动公司的既定经营方针。

第四节 民营企业文化的营造

一、民营企业家文化

国营企业文化与民营企业文化相比较而言，企业家个人文化往往成为影响企业文化的重要因素。民营企业文化本质上是企业家的文化，是优质企业家品质、才华、胆识等综合素质的扩展和放大；企业家个人文化的延伸和扩展，是企业家的旗手文化。由于我国民营企业在最早期所实行的独资、控股制度，企业家在企业中具有绝对领导权、分配权和管理权，对企业员工和企业的发展起着举足轻重的作用，因而他们的率先垂范和倡导对企业文化的构建，对企业价值观念和企业精神的培育和形成起着决定的作用。

民营企业家是企业文化的设计师。民营企业规模小，数量多，每个企业由于其行业特点、地理位置、产品属性、企业发展所处阶段不同而各具特点，其企业文化建设必然不能搞一刀切，而应该各具特色。民营企业是民营企业家一手抚养长大的孩子，他们对自己的孩子了解最透彻，他们理应该也必须在企业文化的构建中充当且当好设计师，实现企业文化的准确定位。所以说，民营企业家不仅是经济专家，也是文化专家。他们的任务就是要设计或塑造科学的企业价值观，培育新精神，把文化融入企业，促进企业的可持续发展。即在全面客观调查的基础上，结合本企业的行业特点、历史、文化、经营内容和战略方针等诸要素，对企业内部现有文化基础和文化条件、企业外部文化环境以及企业未来的发展方向进行全面详细诊断，在此基础上对企业文化进行整体设计，精心概括提炼出本企业的理念，并将这些管理理念灌输和渗透到企业精神中，形成独具个性的适合本企业的特色企业文化。

民营企业家是企业文化的牧师。企业家的思想只有扩展为企业的制度，而且必须渗透进员工的心灵，成为他们的追求，才能成为企业的文化。新企业文化形成概念模型后不会主动扩散，企业员工也不会主动接受，原有的企业文化也不会自动瓦解。这一切都说明企业文化变革的艰难性。企业文化自身还具有极大的反弹阻力，变革需要巨大的权力推动，没有强大的推动力，变革不会发生。而企业文化只有与企业的生产经营相结合，深入员工内心才能发挥并显现其巨大的文化力。因此民营企业家必须要做一名忠诚的牧师，不断地布道。一方面，重新构建企业文化层次，打破多等级企业文化界限，减少企业文化形成传播与扩散程序，缩短企业文化渗透流程，尽量缩短企业文化传播的时间，限定流程成本。另一方面，在企业文化变革中，明确地表达基本价值观，并始终不渝和满怀激情地向大家宣传，要具有传教士的精神，尽可能的利用与组织成员的每次接触、每一次会面等机会来表达和强化某种价值主题，使员工接受企业文化，把自身价值的体现与企业目标的实现相结合。美国微软公司的总裁比尔·盖茨先生无论多忙，都要为员工讲几次课。摩托罗拉等跨国公司在中国办的商学院开学时，公司老总都要过来讲课。他们这样做的目的就是向员工灌输企业文化，使员工认同企业文化，在工作中，思想统一的按照企业的要求去做，从而形成企业的强大合力。

民营企业家要自觉地进行理念革命，不断提高自身的综合素质。企业家不仅是企业文化、企业精神的塑造者、推动者和模范实践者，也是企业形象的重要组成部分。企业文化是旗手文化，企业家素质和自觉程度对企业文化建设的成败起关键作用。由于历史的和现实的等多方面原因，我国民营企业家的整体文化水平不高，综合素质参差不齐。统计调查表明，2002年中国民营企业主群体中，获得硕士学位的企业主占3.2%，获得博士学位的企业主占0.5%。这种状况显然是难以与目前民营经济的迅速发展相适应的。因此，民营企业在构建企业文化，实施文化战略过程中，企业家首先要树立正确的核心价值观，自觉地开展理念革命，从思想深处形成最高理念；其次，努力学习企业管理相关知识，提高自身综合素质，把自己塑造成为真正的具有渊博知识、辩证思维、敏锐洞察力的企业家。只有如此，企业家才能以自觉的文化战略眼光，引导和创造一种文化，推动企业文化的构建、强化和变革，提高企业文化建设的层次。

综上所述，民营企业文化从本质上讲就是企业家自身文化。那么，企业家应具备什么样的素质呢？

1. 要做有政治眼光的经济人。一个好的民营企业家必须要有敏锐的政治眼光，要有洞察形势和理解方针政策的能力。十六届五中全会内容非常丰富，企业家应该从中看到些什么？从"科学统领"四个字应看到发展的态势，从"升级优化"中看到科学发展的方式，从"东中西协调互动"看到发展的空间，从"缩小差距"中看到发展的责任，从"学习型、节约型、开放性、创新性"中看到科学发展和企业家自身成长的环境。民营企业家一定要有认清政治形势的本领，以科学发展观为统领，与和谐社会同步，与发展战略同向。

同时民营企业家应该防止一个错误的倾向：借政治权力进行资源权力化。通过政治获得经济资源是十分危险的，在社会体制转型和转轨当中容易导致腐败，会使经济和政治两败俱伤，搞不好会遭受灭顶之灾。中国有句俗语形容人处于危险境地："盲人骑瞎马"，这种做法就形同盲人骑瞎马。真正的民营企业家一定要远离权钱交易，要按照经济规律、市场规则实行合理合法的资源配置，做一个有政治眼光、有政治头脑的经济人。

2. 要做有品牌理念的文化人。品牌是企业的主要文明成果，有没有品牌是检验企业文明程度的重要标准，创不创品牌是衡量企业生存方式的主要标志。据统计全国民营企业生存平均寿命为 2.7 年，全国民企生存 10 年以上的是 15%，这个区别就在于企业的生存方式不一样。北方山区，流传着小孩放羊的故事，路人问放羊的小孩：你放羊做啥？卖钱。卖钱做啥？娶媳妇。娶媳妇做啥？生孩子。生孩子做啥？放羊。放羊干啥？卖钱……现代企业文明要求我们不是简单的生娃放羊，而是学文化，不是简单地种瓜得瓜，而是种树开花。

企业的最高境界不是做强做大，而是做长。做长要要靠品牌来支撑，靠文明来传承。企业文明主要体现在两个方面：一是企业家的自身价值取向，二是企业产品的价值附加。什么是企业家的价值？亚当·斯密有两本书，一本是《国富论》，一本是《道德情操论》。《国富论》教育我们如何创业，如何获得财富；《道德情操论》教我们如何做人，如何获得幸福。财富是创业的成绩，创业是做人的展开，声誉是做人的考分。民营企业家应该做一个有道德情操的文化人，要把这种文化放置到企业的产品中去，把企业品牌演变成为企业家人品与产品珠联璧合的传家宝。

有人说品牌是父亲，产品就是儿子。一些企业没有品牌，养了许多孩子都不知姓什么，都是给人家领养、抱养、代养，时间久了就麻烦了。对民营企业来讲品牌就是企业家自己的化身，它在你所不能及的地方扩展你的生命，体现你的价值。企业如果想知道自己到底具有多大的价值，就看你失去金钱以后还剩下什么？胡雪岩什么都没有，只剩下一道墙，墙上的四个字"胡庆徐堂"足以名垂千古，这就是品牌文化。在这方面民营建筑企业已经积累了许多成功的先例，楼永良的"中天"精神、楼忠福的"广厦"理念等。目前大型民营建筑企业对品牌建设投入了更多的精力，但是对中小企业来讲品牌做得还是太小、太轻。我们应全力打造民营建筑品牌，增加民营建筑企业的文化含量。

3. 要做开放的地球人。开放意识是时代的要求。"各国分工生产自己有优势的产品，可以降低全世界的生活成本，各国都可以从中获益。"大卫·李嘉图的这个经典理论至今并没有过时。我们应该正确地认识这种趋势，一方面要发挥中国好的比较优势，积极参与新的国际分工；一方面要不断巩固自己的战略，为以后的发展创造条件。

我们国内的某高新技术产业区生产一种计算机鼠标，名义上是中国制造，售价40美元，其中购买美国的原材料成本14美元，美国加利福尼亚的批发商、零售商赚8美元，剩下的18美元给中国企业支付生产和物流成本，我们无利可图。我们买人家的一架飞机相当于1亿条裤子和30亿双袜子，因为我们没有制造飞机的比较优势，只能做袜子。

即便是这样忍气吞声也不能安稳，因为别的发展中国家更廉价的劳动力市场正在等着接我们的盘。因此致力于创新、积累自主知识产权，提高中国产品的附加值，是我们面对越演越烈的国际分工和越来越快的产业梯度转移中最为迫切的任务。

中国的民营企业不能做"红楼梦"中的贾府，要走正门。积累自主知识产权必须走正道，提高产品的附加值必须有序竞争。有人说外国商人做生意是打高尔夫球，一杆一杆往前推进，中国人做生意是打台球，很多人在一个台面上互相阻挡、互相创击，最后纷纷落袋，连母球都掉进袋里了。中国出口到东南亚市场的普通摩托车，每辆平均利润只有50元人民币，由于恶性竞争，中国的摩托车像卖柴火一样，1公斤40美元。10年间，中国的摩托车产量增加了6倍，价格下跌了66%，低价竞争、恶性竞争是非常愚蠢的方法。企业家必须把质量作为重要台阶，同时，要具有一盘棋思想，团结一致。

相信在全球战略的博弈中心，在极端制造、高端制造、绿色制造的新科技领域，在附加价值较高的国际市场，在全球一体化大潮中到处都应该有中国民营企业的航标。

4. 做有高度社会责任感的人。不管是如何成功的民营企业家都是一个社会人，都要尽社会的责任。社会责任是衡量一个企业家素质的重要前提。发展是硬道理，"硬发展"是歪道理，"硬发展"只会加重社会和环境承受的负担。社会就是由企业家、从业人员、劳动后备军、公务人员和其他许许多多的社会成员共同组成的，大家都在同一条船上，没有民工怎么会有建筑商？没有住宅消费者怎么会有房地产开发商？没有老乡怎么会有老板？没有环境怎么会有生存？没有文化怎么会有经济？企业家必须要设身处地的、用一半时间为自己想一想，用另一半时间为你以外的人想一想。在第二节中，我们已经提过，中国的一些民营企业家在尽社会责任方面是值得称道的，但还不普及，从全国的情况看1000万家企业，真正有慈善记录的近10万家，还不到1%。民营企业家要善待员工权益、珍惜自然环境、恪守合同信用、保障经济福利。要发扬"白天当老板，晚上睡地板"的创业精神，要明白昂扬与张扬的区别，要懂得浪费与消费的界限，要牢记一句至理名言："不与人分享的利益是不完全的利益，不与人共享的快乐是不完全的快乐。"

二、家族式企业的传承文化

家族式企业传承文化在这里主要是指企业的接班和继承问题。直言不讳，当前我国民营企业中绝大多数存在着家族化倾向，对于家族企业来说，接班问题是自然发展的必然规律，又是关系到民营企业生存与发展的大问题，这是许多家族企业都要经历的一个典型的困境。子承父业具有得天独厚的条件。正如有的企业家说，我在儿子7岁的时候就开始对他讲企业是怎么回事了。子承父业不但是民营企业家们的愿望，而且子辈从小生活在企业经营环境之中，耳熏目染，对企业的发展最了解、对企业的经营最清楚，这成为他们独特的人才优势。子辈流淌着父辈的血液，继承父辈事业，对企业的忠诚度最高，敬业心最强，感情最深，进行第二次创业具有得天独厚的优势。那么父辈如何选拔和培养子辈继承事业呢？应注意以下几个问题：

1. 积极面对继承问题。据国际有关专家统计：家族企业在经历第三代以后，只有约 15% 的公司能完好无损地存续下来，因此应对这一挑战堪称一项难度极大的任务。父子在继承问题上很容易出现问题，老一辈当退不退、导致小字辈接班无门的情况，一方面老一辈仍在试图证明自己是有能力的人，另一方小字辈则试图展示自己是合格的接班人。这样不敢面对现实与未来的思想是不健康的。因此，家族企业领导人需要与其下一代建立一种彼此间相互信任和保持开诚布公的沟通氛围，形成父子辅导或培养的关系，这一点对父辈而言往往是很难做到的。

2. 自由协商或硬性指定是不可取的。家族企业在继承问题上引起家族"争斗"、内部"打架"的形象时而有之。正如大众对《达拉斯家族》等电视片的记忆：该家族家长乔克·尤因挑拨几个儿子之间的关系，让他们展开争斗，以争夺其家业继承权，从而引发无尽争端。在机能运行良好的家族中，长辈可能会如此表态：这种事由你们内部解决，达成一个所有人都满意的一致意见。无论采取何种决定，我都会祝福那位继承人，这是极不可取的，不但不利于家族利益，而且对企业的利益也会产生不利的影响。同样在现实中，家族企业在传承问题上也存在另一方面的问题：由家族企业老板指定一名家族成员，作为继承人，而不顾本人的意向、兴趣、才智是否能够承担企业的重担，这种做法同样也是危险的。家族企业家德国曼奈克斯电器有限公司 CEO 瓦尔特说："如果儿子对父辈的事业感兴趣，又有能力，能够继承父业，这是最好的。"将企业交给子辈继承，是有条件的，子辈必须是热衷于企业管理，具有企业经营管理能力。浙江广厦控股创业有限投资有限公司董事局主席楼忠福选定了他的两个儿子做其接班人，就是正面典型的例子。楼忠福的大儿子楼明、次子楼江跃，长子稳健老练，遇事沉着果断，有气度，有胆量，是在职博士生。次子机智，思路敏捷，精明强悍，是经济学博士，选择这两个儿子继承了企业就是因为他们具备了作为企业家的素质和条件，实践也证明了楼忠福的选择是正确的。

3. 继承不是等价交换。有些企业家在继承问题上，搞有价交换。有一个家族，在父亲给他儿子长达 12 页的信中，反复提及"儿子，有一天所有这些都将属于你"这句话。但当他退休时，他却希望儿子掏钱买下他的企业。他的儿子大为震惊，儿子将此事问到他父亲时，他却说此前的继承方案一直未定，我又不是慈善机构。"所有这些都将属于你"并没有说明白白送给你。这样做不但伤了人心，而且接班人也成了问题，使传承文化产生链条断裂的危险。

4. 要尊重传承人的选择。在家族企业传承文化中常常出现：曾做过"绝不加入家族企业"承诺的人却突然间又加入进来。也有继承人被经过多年栽培后，最终却扭头骂道"让它见鬼去吧！"。培养继承人需要灵活度和开放的态度，让孩子们自由发展，任由他们按自己的意愿做自己喜欢做的事；不管怎样，他们会发展并作出选择的，要有耐心，应平和、平等地对待所有的孩子。

5. 要把他们放到实践中去考验。要积极鼓励传承人到实践中去锻炼，在实践中接受考验，增长才干。家族企业的继承一种明智的安排是让接班人在另一家企业，接受培养。要培养继承人，就要使他们嗅到一丝权力的气息。中国民营建筑企业家楼忠福就将其两个儿子楼江跃、楼明分别委派到广厦房地产开发集团任董事长和广厦创业投资有限公司任总裁，使他们在实践中得到了锻炼。在实践中允许他们犯错误，但不能犯第二次同样的错误。

三、民营企业文化营造

民营企业在第一次创业的基础上，如何加强企业文化建设，进一步提升品质、做大做强，勾画出二次创业的宏伟蓝图？笔者认为应做到以下几点：

1. 学习国外民营企业管理文化经验。民营企业要坚持"以我为主、博采众长、融合提炼、自成一家"的方针，积极学习国外民营企业文化建设的经验。德国民营企业占到80%，其中超过100年的企业占到70%。德国、日本民营企业都具有悠久的历史，民营企业文化建设的历史较长，尤其在企业治理结构、管理模式等方面都积累了丰富的经验，与他们进行对比可以看到我国民营企业文化建设的存在的问题和努力的方向，我们要结合本国实际，吸纳他们的成功经验，推动企业文化的发展。

2. 提升"家族管理制"文化的优势。家族制的权利、利益分配体制是民营建筑企业的一种普遍现象。其"机制"曾为民营建筑企业的资本原始积累发挥过重要作用。在现阶段，实行家族管理制的民营企业作为一种经济实体，从政策层次上说是允许的，是无可非议的。但如果民营企业在第二次创业中，对于家族文化的附面影响不加以制约，那么，"家族文化"的负面效应会影响到民营企业的发展。其实，问题的关键并不是家族文化的"体制"有问题，而是家族文化的"机制"有问题。因此，民营企业文化建设应建立更加严格的、科学的"家规"来提升"家族文化"中体制文化的优势。

3. 注重民营企业法制管理文化建设。由于民营企业的家族管理特征比较突出,在不少企业中企业文化表现出人治化倾向,即凭个人的好恶、人情关系来管理。口头承诺和约定俗成的习俗在企业的运营中起到很大的作用,只看重企业规范中无形的软性的东西,而忽视了其有形的硬性的方面,使生产经营管理无法可依、无章可循,规章制度名存实亡。并且由于企业文化没有形成制度,往往会因领导者的更换改变,使企业文化建设短期化。因此,民营企业文化建设应注重法制化、规范化、制度化建设,淡化人治管理的负面影响。

4. 完善"说了算"的文化决策机制。"老板说了算"这种快速指挥机制在民营企业初创阶段曾经是一种优势,由于这种机制决策时间短、反应快,在民营企业发展中曾起到过积极作用。但是随着企业规模的扩大与社会的接触面也不断扩大,要老板决策的事情越来越多,也越来越复杂,对老板的知识面、决策指挥能力等方面的综合素质要求也就越来越高,民营企业家常常会感到力不从心,并且个人决策也往往由于缺乏科学性,造成决策失误。因此,要积极建立民主文化,广泛听取职工意见,特别是企业智囊团的意见,让大家"说了也算",才能使自己"说了更算"。民营企业老板应该是虚怀若谷、从善如流、听逆言耳顺、喝良药不苦、努力提高完善"说了算"的决策机制。

5. 铺设"保护权益法制"的文化轨道。建设行业是受"无法可依、有法不依、执法不严"之害最惨重的行业。建设单位的带资、垫资、压级压价、拖欠工程款、敲诈勒索等等行为,建筑企业深受其苦,究其原因除了建筑市场管理还不够规范外,也与建筑企业不敢、不善于拿起法律武器保护自己的利益有关。近年来国家和各级政府主管部门颁布了《中华人民共和国建筑法》等许多建筑业法律、法规、规章。民营企业要善于拿起法律武器,铺设"保护权益法制"轨道,建立强有力的权利保护法律文化体系是民营企业文化建设的内容之一。

6. 实施"民为重"的企业文化策略。"劳资矛盾"是民营企业在资本原始积累阶段的主要矛盾之一。在现代民营企业文化建设中,如果民营企业的"劳资矛盾"依然解决不好,企业的人力资源将逐步枯竭,阻碍企业的发展。因此,民营企业在企业文化建设中要讲"为员工打天下"作为企业发展的"指导思想",将报效国家、报效社会、报效员工作为企业文化建设的价值目标;要视"员工为重、己为轻","以人为本"的战略,把企业办成员工和老板的政治经济利益"共同体"。

7. 树立"创市场"的企业文化理念。建筑企业长期以来"僧多粥少",加入

WTO后,又面临着"狼多肉少"的"争夺"局面;面临着新的形势,民营企业再停留在初创时期多少带有些盲目色彩的"闯市场"精神显然不够了,需要进行科学的调查研究,确立企业发展目标,树立科学的"创市场"理念。要发挥创业者的英雄本色,以创新为魂,理智地把"闯出新市场、开辟新天地"作为企业文化建设的重要理念。不断提升企业品位,完成由劳动密集型企业向智力密集型企业的转变。

8. 提高民营企业领导者的文化素质。我国民营企业发展历史比较短,领导者大多数是从别的行业投身到民营企业行业中来,对于企业文化、企业管理比较陌生。因此,民营企业的领导者应自觉地学习企业文化的理论、学习先进的管理经验;同时又要向国有企业学习企业文化建设的经验,取人之长,克己之短,提高领导者自身素质,成为企业优秀的"文化领袖"。

9. 建立职业经理人的激励机制。家族需要认识到所有权和日常管控之间的区别。以全球最大的食品和农产品私营集团嘉吉家族为例,20世纪60年代初,该家族的第三代已到了不得不为企业的未来作决策的时候。作为一家大型企业,其销售额约为20亿美元,但还有潜力取得更大增长。该家族成员聚在一起,作出了两项重大的决定:永久保持企业的私营性质,同时确保领导架构是精英管理班子。然后,家族成员辞职,任命惠特尼·麦克米伦担任集团行政总裁,家族成员退出企业日常管理。如今,嘉吉集团收入约为500亿美元,员工人数超过40年前的10倍。随着我国家族民营企业的发展,聘请职业经理人已成为众多企业的选择。企业要建立职业经理人激励机制,私企老板不要舍不得花钱、分利,要通过股权、期权来激励经理人,让职业经理从保姆的位置上变为父母当家。真正成功的企业家是"经营专家"的专家,家族企业要进一步扩大,就要看企业老板能否团结更多的专家为你服务,这是企业长远发展的保证。

10. 构筑民营企业产权多元化的结构。民营企业特别是家族式企业在市场经济发展中有的很难作大作强,实现持续发展。从产权结构分析,归根到底是没有适时的从家族向现代的股份制转化。民营企业在发展过程中,应适时地由单一的家族投资的产业结构向多元化、流动化产权结构转移,企业产权实现多元化。这就要求家族企业老板必须站得高,看得远。因此,在我国现有的情况下,民营企业要逐步实现产权的多元化结构,应尽可能地让国有成分参股;让本企业的管理骨干和技术骨干参股,使单一的家族投资企业变成家族控股企业。实现产权多元化结构,才能使民营企业兼有产权清晰,所有者到位,决策迅速,经营灵活等优势;同时,又具备了国有企业管理规范、决策稳健、人才贮备雄厚及在品牌、资金、社会信赖程度高等优势;得到企业内部管理和技术骨干强有力的支持,夯实了民营企业的群众基础。在改制中"家族股"要始终居于"控股"的位置,保持在股份中的领导地位。只有这样家族企业在走向资本社会化之后才能保持私人资本的活力和生命力,在中国这样的文化背景下,放弃私人控股的企业,企业同样也很难做强做大。

四、民营企业与国营企业的融合文化

民营建筑企业与国民建筑企业资本相互融合,优势互补,企业才能谋得更大的发展。民企参与国企改革已成为建筑企业改革的热门话题。当前,国有企业改革工作已处于关键时刻,建筑企业改革进入收官阶段,民营企业与国有企业合资的空间越来越小,民营企业应抓住有利时机加快进行企业产权的重组。民企与国企的"嫁接"、"联姻"过程,是一个适应和磨合的过程,也是体制、观念和企业文化激烈碰撞的过程,这个"嫁接"、"联姻"过程的成败决定着民企发展与国企改革的成败。而在此过程中,以实现优势互补为目的文化融合是民企真正实现产权多元化结构、完成"蜕变"的关键因素。

1. 机制融合。民营企业之所以较计划体制下的国有企业更富生机活力,主要在于它的机制灵活,在于它的责、权、利的统一。对改制企业,在理顺产权关系的基础上,迅速建立起科学规范的法人治理结构,并由此推行全面责任制,彻底市场化。全面责任制的核心是项目经理全面负责制,将项目经理推向市场前沿,成为市场竞争的主体,自揽工程、自筹资金、自主经营、全奖全赔,充分调动项目经理积极性,并把项目经理的利益与企业的效益紧密地捆在一起,形成了一个新的利益共同体。民营企业应发挥自己传统的机制文化的优势,吸取国有企业机制文化上的精华,克服国有企业的缺陷和不足,使两者相互渗透、交融,使民营企业文化得到升华。

2. 观念融合。民企与国企的"嫁接"、"联姻"过程是一个利益调整的过程,一个观念转变的过程,也是一个"阵痛"的过程,在这方面,民营企业应充分发挥先进管理体制和优秀企业文化的作用。民企在建设股东会、董事会、监事会(新三会)方面具有成熟的经验,国企在党委会、工会、职代会(老三会)方面

具有优良的传统，应将两者进行有机的融合，把企业党建工作作为融合后企业管理的灵魂，党委参与董事会的重大决策，并用工、妇、青组织建设来辅佐企业的经济建设，既显示了融合后的企业具有高度的政治觉悟和博大的胸襟，也对被融合企业的员工产生了巨大的亲和力。同时，民营企业应该克服传统家族文化"人治"的弊端，应该十分重视公开、公正、公平的管理；竞争、分配机制的建立，这些也是融合职工观念的重要因素。

3. 品牌融合。品牌文化是企业灵魂的象征。我国许多民营企业通过长期以来的诚信经营和规模扩张，其品牌已经在业内耳熟能详，购并的民营企业，一般也都是地域内的优势企业，这些企业不仅具有相当的规模和实力，在区域内也具备一定的品牌效应，强强联合，民营企业要保持和发扬优势的品牌文化，将企业品牌文化的渗透、灌输、融合于企业之中，把品牌文化的融合作为一项重要内容来抓，使企业品牌得以迅速在更大范围内打响，这种无形资产的膨胀效应甚至已经远远超出购并时的投入。

4. 人才融合。国有企业具有人才济济的优势，购并国企应重视"购并"国企的人才，留得住、用得活，从而引得进，这是民企应具有的人才战略目标。要强调"多换思想少换人"的理念，对收购的国企，主要是输入机制、输入观念、输入品牌，用机制与观念去改变企业的面貌。人还是那些人，地还是那片地，换了机制，换了观念，换了人才的组合形式，企业的面貌就必将发生改变。在民营企业的机制里，要彻底打破国有企业论资排辈的现象，要具有广阔的战略目标和"雄心胆略"，要有"让优秀的项目经理和出类拔萃的人才为我所用"的胸怀。

民营企业的发展与国家政策休戚相关。在计划经济时代，民营企业是建设市场的另类，发展的空间相当狭窄。随着社会主义市场经济的发展，民营企业有了施展拳脚的舞台，得到了快速发展，企业要借好国家改革开放的"东风"，取得跨越式发展，对个别民营企业而言，或许有偶然的因素，但对历史而言，绝对是一种必然。

第十一章 跨文化与跨文化管理

文化的传递性、迁移性和移动性导致文化的交遇，当两种或两种以上的不同文化交遇后形成一种独特的文化现象和状态，即跨文化。跨文化（Cross-Culture）中的英文"Cross"译为"交叉、相交"；可见跨文化隐含了不同文化交织和混合之寓意。其含义是全方位的，既包括跨国界相交文化间会呈现出一种独特的文化现象和状态，又涵盖了统一国界不同民族的文化相交遇。所谓跨文化呈现出一种独特的文化现象和状态。跨文化一般指跨国界的文化交融。研究跨文化对于避免文化冲突，减少企业文化管理的复杂性，形成相互融合的文化氛围，对于企业管理经营具有重要意义。

第一节 跨文化与跨文化管理问题

一、企业跨文化及其问题的产生

我国对外建设工作根据国际关系发展的需要早在建国后就逐步开展起来。上个世纪60年代只有30个国家，到上个世纪70年代仅仅十年时间扩大到70多个国家。从1979年我国对外承包起步到2003年6月，对外承包工程累计完成营业额达到879亿美元，签订的合同额达到1232亿美元，经批准具备有对外承包工程资格的企业已达到1491家，业务遍及全球近200个国家和地区。从过去以发展中国家建筑市场为主，发展到打入欧美建筑市场。据美国《工程新闻纪录》（ENR）全球225家最大的国际承包商中，我国有43家企业入选。中国建筑业走出国门，从民族化走向国际化的进程为不同文化的交遇提供了途径。

随着我国加入WTO、建筑业逐步对外开放和建筑业的深化改革，外商投资企业纷纷登陆我国，外商独资企业、中外合资企业和中外合作企业剧增，形成多元体组织结构。中国特定的投资环境使外国投资者在开展对华投资的同时，也将异国文化和外资管理模式带入中国，使中外文化处于必然的跨文化状态中。当相异的文化处于交遇状态时，文化差异集中地表现出来。荷兰学者霍夫斯泰用三个因素来解释文化差异：①人们个性发挥程度；②尊重权威程度；③喜欢还是厌恶变化无常程度。他举例说：在德国除非获得允许，否则什么事情也做不成；在英国除非受到禁止，否则什么事情都准做；在法国，即使受到禁止，什么事情都准做。试想，一个遵纪守法的德国人来到了随心所欲的法国，或反之，德法两种文化会出现什么样的碰撞？同样，当英国人、德国人、法国人同时进入中国，几种文化交遇会出现怎样的局面和结果？这两个例子说明的就是跨文化问题。当两种或多种不同文化交遇时，各国不同的政治体制、不同的经济体制和不同的文化汇合所引起的文化偏差和排斥被称为跨文化问题。西方人称之为"文化休克"（Culture Shock），文化休克就是指一种文化个体或群体进入新的不同文化状态，由于必须对付一系列新的文化暗示和期望，而本国文化中的约定俗成在新文化状态下又不适用或行不通时，所经受的挫折、压抑、迷茫等的总体创伤。如果用 IP 代表跨文化问题，C 代表文化，E 代表国家发展状况，P 代表政治体制，跨文化的公式即为：$IP = C \cdot E \cdot P$。

二、中外文化差异及其表现

由于文化原因造成各种误会和经济损失的例子比比皆是。美国联合航空公司在亚洲开展业务时，也受到东方文化的冲击。例如白色花朵在西方是圣洁的象征，在中国却是用来悼念死者的。美国航空公司在香港首航时，乘坐该公司航班的中国贵宾看到美国联合航空公司空姐佩戴白色康乃馨时，产生了巨大的恐慌和不祥之兆，由于文化失误造成了经济上的巨大损失。长城饭店是与美国合资的企业，由于中西方的文化差异，美方经理习惯于对员工表现进行评估和打分，结果员工的评价分数普遍较低，引起了员工的强烈不满。员工不满的情绪影响了正常工作的进行，造成了一定的经济损失。后来，中方代表告诉他中国习惯于"两头小，中间大"的评价原则，这样才能调动广大员工的工作热情，美方采纳了中方的意见。两国文化的融合，促进了事情向好的方面转变。人性的特质相异，文化理论不同，形成的关系文化模式也不同。人们可以从不同的角度来研究文化的差异。下面我们用三种不同的标准来划分文化的类型。

1. 信任度差异。对跨文化管理，米尔德尔德·赫尔（Edward T Hall）先生在研究了世界各国文化后，提出了高度关系和低度关系文化模式。赫尔将高度关系文化定义为先建立起信赖,在相互信任的基础上达成协议。它是以良好的关系为基础的文化。低度关系文化是喜欢立即进入工作程序、以法律契约来达成的文化。赫尔发现中国、日本、越南等东方国家都有强烈的高度关系文化现象。他们倾向先建立起社会信赖,建立个人关系和信誉,在相互信任的基础上达成共识,签订协议,用缓慢的速度与保守的方式进行协调。低度关系文化多存在于德国、瑞典和大部分美洲国家,人们倾向于立即办正事,以专业技术能力和表现来评价人格,以法律形式来达成协议,以尽可能有效的方式来协商。

2. 价值观差异。荷兰学者霍夫施博士(Dr. Geert Hofstede)在他的著作中以价值观为标准探究了国家文化的不同类型。他把价值观有具体化为四个方面:①权力差距。指一个社会所能允许的权利和不公平分配的程度。②暧昧逃避。指社会感受到的不确定的或暧昧情景威胁的程度。③个人主义和集体主义。④男性主义和女性主义。男性主义是指积极、供给、贪图金钱与物质等价值观;女性主义指关心别人,注重生活质量及仁爱等价值观。

霍夫施博士以权力差距、个人主义和集体主义为坐标,分析了53个国家级地域的文化异同。通过调查表明:瑞典、以色列的文化形态比较自由化,沟通是需要较强的参与。法国是具有高度权力激励的国家,人们就不重视参与而重视谁有权力。在个人或团体观念中,美国是一个个人主义色彩最浓的国家。东方国家、委内瑞拉、秘鲁则倾向于集团主义。

3. 文化理论的差异。从哲学理论、伦理道德观可对东西方文化进行略微深层的探究。中国文化从某种意义上说是龙的文化。龙既是中国文化的思想和形象,也是中国文化的凝聚和整合的象征。儒家学说是中国文化理论的精髓,是对中国文化最早的依照血缘关系而创立的统治秩序作了伦理化、道德化的提升,使之成为一套完整的伦理道德体系。他使宗法制度通过依赖强制性外在权力来维系,过渡到由外在利益和内在伦理来维系。但这种文化受到道德主义和伦理学的影响,在一定程度上压抑了人的理性主义的生长。

道家在社会制度上对中国文化的影响远不如儒家,但绝不是微不足道。道家用"生"而不用"世"。老庄对人生"有限"和"无限"作了苦思冥想,并由此悟出和倡导的人生方式比儒家更具普遍性和可行性,经过道家的流传和融合更加深入人民间。因此,提及中国各阶层人的人生观,就必然要谈到老庄。

道家与儒家各行其"道",儒家有君子,道家有真人;儒家奉行"儒道",

而道家推崇"无为"。简言之，儒家求助于文化传统的理，而道家求助于天道。汉学家李约瑟说："倘若把阴阳分开并不是不可思议的话，可以说，道家是一种阴性的思想体系，而儒家是一种阳性的思想体系。"（《汉哲学文化思维的探源》郝大维等著）司马富（Richard J. Smith）在他的著作中也指出："儒家社会责任的阳，由道家的退隐于自然加以平衡……"儒道学说阴阳互补，构筑成了中国文化的特性。

对西方人来说，中国文化是一个连续不断的延续。其原因是由于中国有其历史的绵延性和文化的榜样性，中国推崇祖先、历史名人、文化豪杰，并对其加以深化，塑造出一系列典范式的神。

而理性主义和逻辑模式在西方文化起源和发展中起着重要作用。西方几百年探索的理性思维问题，如存在与发展、主体与客体、形式与内容、超经验与经验论在中国哲学领域并非是热衷的话题。那种"浮士德"式的对真理的追求在中国并不受推崇，中国人对人的本质的探究大多是目的性和实践性并举的。十四、十五世纪意大利的文艺复兴运动使人跨越了神与教会的羁绊，人代替了神，个人主义开始确立，人被当作一切的出发点，可以完全或暂时撇开种族、民族、党派、家族或社会团体来突出人的价值。因此，西方文化中很早就开始重视人的价值和人的个性张扬，强调人的独立性的发挥。

在语言文化中，中国的象形文字与西方的符号文字确立了中国形象语言和西方逻辑语言的特点，由此推出中西方文化的不同特点。中国存在着语言高于隐喻或意向语言的现象，中国人倾向于遵循以感情和气质为基础的路线，缺乏将事实性和实在性提高到理论和思维的兴趣。而西方的语言意向性和隐喻性确立了西方人更倾向于采用客观、理性的逻辑论证。

中西方不同的行医手段也反映了两种文化的不同特色。中医从生理学角度思索，而西医从解剖学角度思考。中医讲究号脉，西医讲究确认动脉的位置；中医讲究采取温和性的"调"，而西方则采取具有杀伤性的"治"。反应了中西方截然不同的处世哲学。

文化差异的原因归根结底是由以下几方面造成的：民族差异，即民族划分、民族性、民族语言、文字、民族心理、性格、利益、习俗等差异。历史差异即历史年限、历史进程、历史地位不同、历史经验等存在差异。环境差异即地理、气候等自然环境的差异，土地、森林、矿藏等自然资源富饶程度的不同，科技、教育、经济、政治、社会的发展速度差异。意识形态差异即宗教信仰、哲学思想、法律意识、伦理道德的差异,如弱者意识还是强者意识,竞争还是"无为",独裁专制还是自由主义,个人主义还是集体主义,大男子主义还是女权主义等等。

三、跨文化冲突与跨文化管理

中国海外建筑企业经过国际招投标以竞争优势中标,由中标企业向海外选派施工人员到国外去独立完成建设项目。外方是投资的主体,是投标方,中方是承包方,项目管理由中方选派。由于施工地点在国外,企业施工环境文化处于异国文化之中,由于对跨文化现象缺乏足够的认识,时常演绎出许多跨文化管理的纠纷。

1. 外向型施工企业的文化差异

欧美人讲"法制",日本人重"国策",而中国人讲"人情"。不同的文化背景和处世哲学淋漓尽致反映在跨文化管理中。由于文化的大相径庭,造成企业人力资源的思维方式、价值观念、社会准则及行为的差异,也造成企业经营方式、管理组织机构、市场营销方针、财务管理方式和员工行为准则及方式的差异。现将中西方社会准则和行为的差异,用表11-1表示如下:

中西方行为准则差异比较　　　　　　　表11-1

西方国家	中国	西方国家	中国
直接表达、外露	含蓄、不外露	重视生日	重视纪念死者
以自我为中心	以家庭集体为中心	正面冲突	曲线救国
以任务为中心	以从业人员为中心	注重短期业绩考察	注重长期业绩考察
自我实现	掩饰个人愿望	自由主义	社会规范
为个人幸福工作	为社会主义建设工作	客观事情优先	人际关系优先
以法律为准	以道德为准	社会角色职业化	社会角色个人化
优先使用权限	优先使用协调	突出才能	平均主义
个人利益高于一切	集体利益为重	极端、情绪波动	平和、中庸
重视显露专长	重视潜力	强调意识	文化自恋
重视契约、规章	重视相互信赖	明确的控制	含蓄的控制
职务规定明确	职务规定暧昧	强调竞争	突出和谐
金钱万能	金钱并不重要	拼命工作、拼命玩	工作娱乐无界线

2. 对外施工企业的文化冲突焦点

（1）民族性问题。中国和西方国家各自具有自己灿烂的历史和文化。中国在较长一段历史时期总认为自己的领土是宇宙的中心，中国的文化是中心文化。外国被称为"夷狄"、"异邦"、"夷邦"。但中国的文化意识中推崇的"为我中原兮人比凤凰，皆比西夷兮类聚犬羊"，面对欧美大陆的崛起遇到了真正的挑战。近代史上的衰败和鸦片战争后外辱使中国文化从过去自大的"天朝心态"沦为自尊和自卑并举的弱国意识和心理。中国人自知要学习西洋，又放不下天朝的架子。洋务运动提出的"师夷长技以制夷"、"中学为体，西学为用"的策略就足以表露出中国人的上述心态。改革开放以来，我国施工企业由发展中国家为重心逐步进军西方建筑市场，对西方国家来说，西方投资者所流露出的优越感和救世主的意识会与中国自大和自卑双重民族意识产生强烈的冲击。

（2）文化认同感。中国对外承包施工企业的工人和下层管理者大部分来自当地国雇员。中方如对招标国文化缺乏了解，并对文化差异毫无思想准备的状态下进行投标承包就会自觉不自觉地陷入"文化休克"境地。中方的承包者若无法超越种族、信仰、感情和行为的羁绊，总以中国文化尺度来衡量东道国文化，便会产生文化的不认同感，进而发展成为对其文化成员人格的不尊重，我国对外建筑施工企业由于不懂当地文化习俗，而造成一些不必要的纠纷就是例证。

（3）法制环境。由于各国发展历史各异，形成了各具特色的法律环境。中方承包者如果不懂得当地的法律制度，要想顺利完成项目承包则是十分困难的。例如：过去一些中国公司前往孟加拉国、巴基斯坦国、苏丹等发展中国家，试图按中国的经营管理运作模式进行，由于不了解当地国家的司法制度和工程存在的风险，卷入耗资费时的争端，造成巨大的经济损失。

（4）交际障碍。中外双方在相互交际时所遇到的交际障碍不单纯是语言障碍。发达国家以法律为准绳的原则与东方文化的"礼"强烈冲突。中方经理与西方投资者对话时，中方经理总是回避对视，此举在中国是礼貌的表现，在西方却认为对方是心虚，没有实力的象征。在周例会上，中方经理对所属的外籍员工谈问题时一般较为婉转含蓄，中方认为这是对员工的尊重和中方大度文雅的表现，而西方人认为谈话者不坦诚、圆滑的表现。中国文化强调榜样的力量和群体的力量，而西方文化推崇个人自由和我行我素。中方往往认为外籍人不懂人情，不通事理，盲目遵循法律和法规，而外籍雇员却为中国"朝内有人好做官"的文化而感到头疼。

（5）工作态度。中国文化中的道家、儒家、佛学思想对整个中华民族思想的形成起着举足轻重的作用。清静无为，中庸之道，不敢为天下先，进而退一步而求生的思想深深影响着中国员工的工作态度。中国人谦虚、含蓄、忍耐，有十二分能力却显露八分，老庄的"曲则全、枉则直、洼则盈、弊则新、少则多、多则惑"的辩证法使中国人员谨慎小心、面面俱到、畏首畏尾。西方人则雷厉风行，行动果断，敢打敢拼，有八分能力却要显露出十二分本领。

四、跨文化管理的特征

当前，鼓励建筑业去海外承包是我国的经济战略所在，中国承包成本低、原料价格便宜的优势也是国外投资者所追求的目标。跨文化管理问题在对外施工企业中必然被推上舞台。对外建筑施工企业跨文化管理不同于发包方国家的企业管理，更不同于中国国内的企业管理，应具有其自身的特征。

1. 管理主体与客体异国化。近年来，我国对外承包工程普遍采取充分利用当地人力资源，以保持成本低廉的竞争优势。对外项目管理主体是中方，但企业管理客体或管理对象则为外方当地国籍的雇员，造成了人力资源管理主体与客体的国籍上的异化。

2. 客体文化的民族性。异国文化即该国民族文化。人的思想感情、社会准则、行为方式受其民族传统的制约。在企业的跨文化管理中，应注重管理客体文化的特征，在管理主体与管理客体文化的相互交融的跨文化中，应积极反映客体国的文化特征。

3. 管理文化的多样性。管理文化的多样性来源于对外施工企业投资招标国的多国性。近年来，我国对外承包涉及 200 个国家和地区，必然带有多民族的文化特色和呈现出多民族文化特色的企业跨文化管理方式。

4. 不断发展性。随着对外施工企业认识的不断提高和深化，跨文化管理作为一个新生事物，不可避免地会有一个由低级形式向高级形式的渐进过程，从最初引起的中外强烈冲突的克隆管理文化方式逐步到协调共融的中级文化管理方式。

第二节 跨文化管理

鉴于中西方、中国与发展中国家各自文化的不同,要消除文化造成的跨文化鸿沟,就必须在了解文化差异的基础上,根据相异文化特点实施企业的跨文化管理。

一、造就融合文化的人力资源队伍

1. 母体经营管理者的选派

建筑施工海外业务的成败首先取决于母体企业外派人员能否了解和适应当地文化。不少中国企业在选派海外子公司的管理者时过分注重其技术能力,却忽视了其跨文化管理能力,为此母体企业选择管理者时应借鉴如下做法:

(1) 入选人员的条件。应该首先考虑选择具有跨文化背景条件的,并具有跨文化经历和经验的管理者;他们一般都对国外的文化背景具有一定程度的了解或具有亲身体验,有感性和理性的认识,具有成功或失败的教训;

(2) 加强文化训练和准备。包括特定文化和语言训练,后勤补给作业的准备,文化休克与调整技巧的训练。

(3) 实施海外监督。对于外派人员是否适应东道国文化进行监督。

(4) 调回准备与再调整。将不胜任的管理者随时调回;进行重新调整,重新委派。

2. 海外子公司雇员的招聘

高层管理者是海外施工企业的支柱力量,而雇员则是企业的血脉。对外施工企业员工大部分来源于当地国家,因此,招聘雇员应具备以下特质:对中国和中国文化有一定的了解;具有在中国海外企业被雇佣的经历;最好能够掌握中国日常生活和工作的语言;具备较好的心理素质并熟悉当地国的文化等等。

3. 培养融合文化的人力资源

跨文化管理是融合文化意识的管理,在跨国施工企业中应大力塑造融合文化的人力资源。包括企业的决策者、管理者、实施者和操作者,尤其是决策者和管理者。他们应该具备如下特点:

(1) 融合文化的能力。在跨文化管理中要加强施工企业文化交际训练。要求本公司人员熟悉东道国的语言。如此则有利于劳资双方了解对方的风俗、道德规范、社会准则、思想意识、社会体制、文化背景、东道国施工企业的管理模式及当地国现状，具备融合相异文化的能力。例如，日本、韩国企业将管理者是否通晓东道主国语言作为其被派驻海外的基本条件之一。

（2）对突发事件的应变能力。东道国出现政治、经济突变会极大地影响中国企业在东道主国的项目施工进度，给企业海外业务带来冲击，这就需要企业的跨文化人力资源有很强的应变能力。在变化中及时做出调整和对策。

2004年6月9日，中铁十四局集团在阿富汗昆都士省承担盖劳盖尔公路项目的沥青拌合站，遭受不明身份的武装分子的突然袭击，致使中方11名员工死亡，5名员工受伤。一时使公司海外人员人心惶惶。但该公司及时采取了一系列措施，一方面及时组建紧急处置领导小组和两个善后处理小组，对事故进行处理。并向公司系统各海外企业发出通知，要求加强安全防范措施，确保人身安全。另一方面在国家有关部门的配合下，对此次事件的肇事者提出强烈的抗议呼吁，尽快将犯罪分子绳之于法。在事隔一周后就很快地恢复了工程，说明该公司对突变环境的应变能力是很强的。

东南亚经济危机时，不少跨国公司大幅度削减员工甚至逃之夭夭。但GE却积极调整在东南亚战略，他们不减员，不降工资稳定了军心。员工积极开拓市场，赢得了在泰国的大宗合同，在韩国生意也获得了成功。当发现货币贬值，原材料和零部件价格降低时，GE制造部门便增加了在那里的采购部件的数量。GE总裁总结说，这均应归功于"GE用多年培育出的能抓住并利用市场突变而为企业创利的经理人。"

（3）决策和决断能力。决策和决断能力的高低取决于中标总部授予的权限。在不同文化环境中，能根据新情况不断制定新战略靠的是总部的信任和海外子公司的责任感。当墨西哥发生危机的时候，可口可乐在墨西哥的子公司迅速制定两地成本、保持低价和大力推进饮料的决策。可口可乐的经济收入有近80%是从美国以外的地方转来的，公司没有制定一套确定的管理模式，而是授权给各子公司，令其根据不同文化背景实行不同的管理，完全仰仗子公司人员"不断地制定计划"来完成。

（4）信息和媒体作用。跨国型人力资源应在跨文化状态下起到信息和媒介的作用，应根据东道国国情筛选和分析信息，将信息和建议反馈到企业的核心层中。根据企业的实际情况，制定符合该国国情、民情的经营战略和投标承包计划。

二、建立施工企业跨文化管理机制

1. 与员工建立战略伙伴关系。由于施工企业的操作层员工大部分来自于当地国，因此，与员工建立战略伙伴关系十分重要，使员工有归属感，增强企业和职业意识。比如，可以学习 Motorola、Lucent、North Network 等跨国企业给员工一个相对固定的合同，使员工有稳定感。企业还必须建立、健全保险和保障制度，使员工无后顾之忧等。

2. 发挥公关的助手和参谋作用。企业公关部不但要注重外部公关，更要搞好内部协调。公关部要深入员工和各个业务部门了解文化冲突的各种问题，分析问题的原因，提出解决问题的办法。同时，公关部门还要对企业跨文化管理的新制度、新办法做出评价，并及时向上级反映，以便加强跨文化管理。

3. 融合文化的领导方式。管理者应在管理中考虑到跨文化特点，运用融合文化因素的领导方式，对员工实行融合文化的管理，使跨文化问题尽量减少。

4. 加强整合作用。企业应加强文化的整合作用，确立跨文化管理的认同职能，以促使相异文化的渗透、建立共同的价值观。比如，机构繁杂、权力分散的松下企业之所以在工作中有向心力和连续性，与其共同价值观的作用是分不开的。通过文化的整合来弥布中外文化差异，使具有文化差异的员工拥有同一的企业文化。

5. 开展跨文化管理培训。开展跨文化管理培训，使员工掌握与具有不同的文化背景、不同文化的人打交道的技巧，从而改变态度和偏见。如在泰国不可以把儿童举到头顶；在德国赴约决不能迟到等等。海外公司正式运作前，可采取让文化受载人在受予文化的环境中受训的方式，如让东道国人员到中国受训，感受中国的文化氛围。

6. 加强有效沟通和反馈。企业在管理中应该加强中外人员的有效沟通和反馈。有效沟通可以更有效地协调工作和人际关系。跨文化问题产生的原因是中外双方的有效沟通和有效反馈存在缺陷，应当加强这两个功能。但沟通和反馈应当建立在信息发送者和接受者相互信任、接受者有心理准备的基础之上，根据不同类型的人的特点进行调整。如：自我克制型的人对给予别人及接受别人的开放性偏低，反馈倾向也偏低；自我暴露型人给予别人及接受别人的开放性高，但反馈方面偏低；自我交易型在接受和反馈方面居中；自我实现型人的沟通风格是最理想的。企业应制定一个沟通反馈计划，使中外籍人及时沟通和反馈。

第三节 跨文化管理模式比较与改进

跨文化管理模式有克隆管理、互渗管理、融合管理三个递进层次。

一、克隆管理模式

克隆管理顾名思义是指对中国对外承包企业海外的项目管理模式完全克隆了母体企业的管理模式。克隆管理的实施者是中国海外企业的高层管理者，接受方主要是外籍雇员，克隆管理阶段企业的人力资源配置是中国化的人力资源配置。

1. 克隆管理概念

克隆管理是中国施工企业走出国门，进入世界建筑市场的必经阶段，是不得已而为之的一种管理方式，其必然性可以从以下几个方面分析：

（1）对国外文化的陌生感。中国长期处于封闭状态，建筑企业真正意义上的走出国门才刚刚开始，不熟悉国外的国情，特别是对西方、北美等国家的国情缺乏了解，不了解各国的民情，不知道应该使用何种管理模式，只好照搬中国传统的管理模式。

（2）对国外市场缺乏信心。中国的建筑企业管理模式、组织模式和建筑技术与发达国家存在一定的距离，除成本低廉外，无其他优势可言，对国外的政治、经济、文化缺乏深入的了解，中国企业往往缺乏长远的规划，不可能一开始就投入大量的人力、物力去构建适合中外文化特点的跨文化管理模式，克隆文化自然成为一种省力和现成的模式。

2. 克隆管理的特征

克隆管理模式具有以下特征：

（1）中国化。克隆时期实行的是全盘中国化的管理，所有管理者均由中国母体企业选派。海外子公司只是将母公司的等级结构、人力资源管理体系复制一遍，使东道主国市场成为中国建筑产品的新市场。

(2) 传统性。中国的克隆管理模式极具中国的传统性，例如：如何建立财务制度、如何进行办公室管理、如何运用激励机制、如何完善工资制度机制、如何开展培训等，都带有中国管理体制的烙印。

(3) 人性化。中华民族受儒家思想较深，注重人情味、感情成分浓，在管理中人文色彩重，注重人际关系和协调人际关系的能力较强，讲礼貌、守信誉。

(4) 思想化。中国具有优良的政治思想工作经验，在管理中充分发挥党的政治思想工作的功能，善于做员工的思想工作，调动员工的积极性，发挥员工的积极性和主动性。

(5) 稳定性。受中国传统文化的影响，中国对外施工企业实行对外招聘的人员具有相对的稳定性。

二、互渗管理模式

互渗管理模式是一种中级的管理模式。相异文化的相遇必然使两者互渗，使跨文化管理由克隆管理模式递进到互渗管理模式成为可能。

1. 文化互渗的必然性

(1) 文化互渗是由文化特质决定的。不同文化是对立统一、互为作用的。相异文化决定了文化之间的矛盾性，但人的共性和人类群体间的必然交往又决定了不同群体文化的共同性和互通性。此种文化特质决定了相异文化在对立之中发生交流和互渗是客观必然的。

(2) 相异文化相交过程中，文化分子之间互相碰撞和摩擦引起了不同文化体系的变化。文化分子相互作用的结果，造成他们在不同文化体系中的混杂移动、附着、黏连甚至归依至另外的文化体系之中。文化互渗是文化碰撞的必然结果，是在潜移默化中形成的。

(3) 文化互渗是文化"因排斥而整合"的必然结果。文化排斥是企业意识到必须通过文化整合去协调跨文化问题。文化整合实际上是依据文化特质有意识地进行的文化互渗，并加速文化互渗的过程。在艰难地熬过文化休克之后，劳资双方经过冲突和磨合，逐渐找到了相异文化的切入点。中外双方文化的互渗，首先是从人力资源之间的相互理解和接受开始的。管理模式这个冰冷、无意识的硬件透过人力资源的软件，进行着有思维、有意识的渗透。各国文化在"人"这个载体中不知不觉地或有意识地由初期靠近到缓慢渗透。

2. 文化互渗模式的特征

跨文化管理从克隆管理的低级模式发展到文化互渗的中级模式是经过不同的文化碰撞和文化因子长期相互作用过程而形成的。这一过程有如下特征：

（1）工程承包国与东道国文化特点的互渗。跨文化的中级管理模式的形成是从中外文化特点的互渗开始的。承包方和东道主方经过自然和有意识的文化交流、渗透和整合，逐步认可和接受对方的文化，完成了文化从形似到神似、从物质到精神的接近。

（2）完成了人力资源配置从本国化到外籍化的转变。中国海外施工企业经过海外承包工程的实践，对人力资源战略进行了调整，由过去完全本国化向外籍化的转变，这不仅仅是从降低工程成本、承包国外劳务输出受阻等方面考虑，而主要为协调和缓解跨文化问题，缓解克隆文化模式带来的文化冲突，力求海外企业工程项目管理、设计、劳务人员的外籍化；材料、设备的国外本土化，以适应国际建筑市场的竞争。

（3）中外企业管理形式的整合。海外建筑施工企业在此阶段借鉴外国管理模式的精华，特别是吸取了西方发达国家的先进企业管理经验，以西方的"法治"结合中国的"人治"，对跨文化状态下的人力资源进行了跨文化管理整合。

3. 中方与外方文化特点的互渗

根据威廉·澳格本的"文化坠距"理论，文化变迁使物质文化总是先于非物质文化的变化而变化。中外意识形态和行为准则上互通互渗的过程，经历了横向渗透和纵向渗透的层次递增，也是从物质文化到非物质文化的转变过渡。

（1）纵向互渗（见表 11-2）

文化纵向互渗的五个递增层面　　　　表 11-2

纵向层次	中国（源出文化）	外籍（源入文化）	结果
层次一	支配	排斥	相互抵触
层次二	支配	被动接受	主动与被动
层次三	共处	共处	和平共处
层次四	相切	相切	达成共识
层次五	互渗	互渗	潜移默化

下面说明中国文化与外国文化、中国管理者与外籍雇员之间的文化的纵向互

渗过程。

层次一：支配与排斥。中方管理人员完全"克隆"母国管理模式，中国文化在管理中处于支配地位，基本排斥外国文化。外籍雇员对其管理方式和企业文化也持以抵触、排斥的态度。

层次二：支配与被动接受。外籍雇员为个人目的，忍耐和被动接受中方的克隆管理模式；中方对外方员工实施管理。

层次三：文化共处。此阶段是中外文化的共处期。中方管理者开始了解东道主国的体制、法律和文化背景和雇员的和生活方式、习俗、工作态度等等，开始从跨文化角度理解员工，对外方文化特点表示理解。外籍雇员也逐步认识中国的管理模式，从被动应付转化为理解和适应中方管理体制，了解中方管理者的脾气、秉性；中外方此时均能默契地保持各自的文化的独立性。

层次四：找到切合点并达成共识。此阶段是文化渗透的突破点，中外双方在文化上达成共识，开始承认对方各自的优势。

层次五：互渗阶段—潜移默化。此阶段是中外文化互渗阶段，文化互渗初始是潜移默化的文化自然整合过程，而后发展到有意识地文化整合。中外双方在对方的认知、理解、协调、修正、改造过程中，进行着文化互渗和整合。

（2）横向互渗

文化相通是从物质文化向精神文化靠近的过程。衣食住行构成文化互渗的横向相通点。中外方从最初的语言相通演变为饮食、服装、消费、娱乐、工作态度、行为准则、意识形态、价值观念的相通。具体分析横向互渗的进程如下：

横向互渗一：文化欣赏阶段。外籍员工通过绘画、丝绸、古迹等对中国文化有所了解，而且这种了解大都是通过书本、刊物、宣传、文化交流活动等途径获取的；中方对外籍文化的知晓也是从对当地的古迹、传统建筑、文化活动等方面取得初步感性认识。

横向互渗二：行为互相模仿阶段。外籍雇员开始学习简单的中文，接受中餐、筷子、穿中式服装；中方此时也接受东道主国的餐饮和当地的服饰。

横向互渗三：文化形似阶段。外籍雇员此时开始全方位地接受中方的表象文化，在中文的学习上有显著进步，喜欢中国的出口产品、服饰、生活用品；中方人士也开始了解当地国的文化，听东道主国的流行音乐、看舞蹈、去餐馆，尊重当地的餐桌文化，懂得当地国的民俗文化。

横向互渗四：文化神似阶段。这一阶段文化互渗已进入到里层。外籍员工主要在工作态度上，开始崇尚、效仿中方人员的严谨、负责的工作态度和艰苦朴素的工作作风；中方开始了解东道主国悠久的社会发展文化、哲学理论、文化名人理论及先进的管理、技术理论，形成职业化特征和中方企业文化特征。

横向互渗五：深层渗透阶段。此阶段中外双方从表征文化模仿，深入到意识形态和行为准则的接受。外籍员工对中国文化由表及里的接受，表明中外文化已经深入到他们的思维深处。外方人员的价值观、意识形态和行为准则发生了变化，开始接受中国的思想和思维方式，懂得了中国鲜明的民族情感、独立自主、自强不息的精神、重义守信的道德观念等，充分了解了中国企业文化和企业宗旨。由"临时打工"的意识转变为"我是企业一员"的观念；中方的工作方式也根据东道主国的实际文化情况有了转变，他们在这一阶段已经可以熟练地运用当地国的法律、中介、文化为企业获利。

纵向渗透与横向渗透在实际渗透进程中并不是截然分开的，两者是交叉进行的（见表 11-3）。

中外文化互渗的纵向、横向层次表　　　　　表 11-3

纵向	关系	结果	横向
层次一	排斥	相互抵触	语言、文化
层次二	被动接受	主动、被动	服饰模仿
层次三	并行	和平共处	外部形似
层次四	相切	达成共识	工作态度
层次五	互渗	潜移默化	方式、准则、意识形态

4. 人力资源配置方式的转变

中方承包企业根据中外文化的特点不断在跨文化管理上进行调整。从克隆到互渗管理形式的调整，首先从人力资源配置的转变开始。中方施工企业对人力资源配置使用的调整，要经历以下几个转换过程即从中国化到多民族化，再到外籍化（见图 11-1、图 11-2、图 11-3）。

中国建筑市场由于劳动力资源成本低廉，因此工程项目完全中国化，从高级管理者、执行管理者到操作层人力资源均由中方派出。

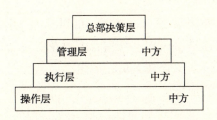

图 11-1　中方化阶段

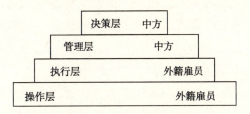

图 11-2　多民族化阶段

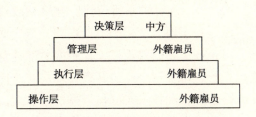

图 11-3　外籍化阶段

随着国际建筑市场的发展，项目技术、管理的要求越来越高，因此海外施工企业组成具有多民族背景的管理层。在东道主国招聘具有中国国籍又通晓外语，了解东道国文化的中国留学生，以及由海外的华人等担纲管理工作。或总部派遣在其他国家的分公司经理调整到东道主国工作。这些人既懂外语又熟悉中方管理方式，并具有在国外企业工作的经验，易同母公司沟通和巧妙地实现管理。例如：中国建筑工程总公司进军国际市场在海外近两成用当地的中下层管理人员和工人，在中国公司承包的埃塞俄比亚特克则水电站工地上，2000多名工作人员中只有十分之一是中国人，其中包括大约100名工程师，50名领班和50名隧道专家。有时还会把工程交给承包商去做，过去中国企业不愿意雇用外国雇员的传统观念有了明显的转变，已开始认识到外国的设计师、工程师和管理人员所带来的价值,让中国员工与外国员工一同做事,可以提高效率,促进多文化的交流。多民族化阶段的主要问题是培养本土管理者需要花费资金、时间和精力,尤其是高级人员的培训,但高级本土管理人员在成熟之后常常跳槽到别家企业,这对公司来说是一个人力资源的损失。

当中国的对外施工企业经过项目实践后,项目过程标准化、施工技术标准化、管理标准化的程度得到提高,外籍雇员经过培训、选拔,开始逐步担任要职。在东道主国聘用本地人来担任经理,他们了解本地文化,具有建筑行业的专门和技能。外籍化政策为外方人员提供了晋升的机会,也降低了中国对外企业外派经理的成本费用。

5. 对互渗管理模式的评价

与克隆管理模式相比较而言,文化渗透管理模式在形式上和内容上有了不小的发展,但仍存在如下问题:①互渗管理阶段只达到量变而不是质变,相异文化的碰撞依然存在;②外方雇员容易受中方传统文化的影响,把糟粕当精华加以接受,用"人治"代替"法治",人际关系庸俗化。外籍化阶段虽然大大缓解了跨文化问题,但面临的问题是:①西方文化的不良影响,造成对中方企业文化培育的冲击。子公司与母公司企业文化的差距拉大,中方总部经营管理政策不能全面在子公司得到贯彻施行,子、母公司企业的高级管理层交流困难;②对发展中国家的承包项目而言,外籍管理者和技术人员与母公司企业人员的管理和技术水平有差距,不能体现贯彻母公司企业文化管理;③外方管理者不愿意到条件艰苦的地方去,加之工资待遇与其他国家相比偏低,缺乏企业的归属感,心理不平衡,外籍管理者容易在成熟之后跳槽,到别国的企业中去。

三、文化融合模式

文化融合模式是跨文化管理的高级阶段。互渗模式的局限性呼唤高级管理模式的出现,探讨、实行融合化的跨文化管理模式势在必行,只有这样才能把互渗进一步达到融合,在融合中创造一种融合中外文化特点和共同利益的新型文化。

1. 文化融合管理模式的特征

(1) 人力资源配置的国际化(见图 11-4)。这是一种理想的对外建筑企业人力资源的布局。企业在东道主国聘用管理人员时,应打破国界、打破子公司、母公司的界限、打破母体企业、海外业务的界限,只以企业为一体,以管理者对东道主国文化和异国文化的熟悉程度、对异国文化的适应力、接受力和管理能力为基准来进行招聘。

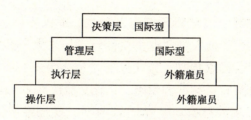

图 11-4 人力资源配置布局的国际化

（2）东西合璧的跨文化管理人才。海外企业人力资源的国际化配置设计，对文化融合管理模式中的人力资源有了深层次的要求，他们应是东西合璧的，融合东西文化精华的新型管理人才和员工。表 11-4 设计的是一种融合了中外文化特点的管理模式和东西合璧的人力资源。

互融——中西合璧　　　　　　　　表 11-4

源出	切点	源入	新型文化
中国文化		外籍文化	中西合璧文化
中国人员		外籍雇员	中西合璧人员
	共识		文化融合

（3）中外文化的形神兼备。人力资源文化融合管理模式是中外文化的形神兼备，从物质到精神的真正融合是对跨国文化精华的吸取和发扬。

（4）劳资双方共同接受。此文化模式是通过精心整合而创建的、融合文化精华的新文化和新型人力资源管理模式。他保护劳资双方的共同利益、易被双方接受。

2. 文化融合模式构建依据

实现文化融合的高级管理形式有其可行性和理论依据：

（1）相通的人性法则。"人之初，性本善，性相近，习相远"，是人性的相通法则。中国的社会制度、管理体制和文化背景尽管与投资海外投资国大相径庭，但是各国人力资源的人性是互通的或相似的。美国人本心理学家马斯洛提出的"需求层次理论"正说明了这一点。无论源于何种文化，人均有这五种需求。他们具备了起码的人的互通性。有了共同的需求，文化的形同和形成就具备了可能性。

(2) 文化的互融性。文化因素具有互融性，亚洲各国与同属亚洲的中国文化之间互通互融。马可·波罗通过丝绸之路把中国文化传播到罗马帝国和世界。唐代时期便接待世界各国遣唐使；清末就有了公派至日、欧、美的中国留学生；中国与世界的文化交流日益频繁和紧密，文化交流使文化互融在已成为可能。

(3) 世界经济发展大趋势。20世纪90年代，美国经济仍持续增长，靠的是知识、智力和技能。包括计算机技术、微电子技术、光电子技术、芯片技术、大规模集成电路技术、光纤技术、多媒体技术、网络技术和软件技术等高科技领域中，任何一个国家都不能全面领先。因此，各国不得不实行世界经济一体化，互相取长补短，靠全球协作实现各国共同发展。经济一体化包括：市场一体化、金融国际化和世界企业跨国化。中国企业走出国门，参与国际市场的竞争，国外企业在华建立投资企业，都是国际经济一体化的具体体现。

(4) 文化整合的优势。文化整合是无形的整合，是无形胜于有形、无形控制有形的整合。文化交遇时，当一种文化价值是另一种文化所不具备的时候，那么其中有用的文化价值就必然会被别的文化所吸取、融合、利用和发挥，这就是文化整合的过程。整合是文化融合、综合、整体化和统一之意。从文化形式看文化极具有个性又有共性，既有其独立性又具备普遍性、融合性。当不同的个性文化相处时，文化因子必然会相互吸引、融化、调和以至发生从形式到内容的变化，并逐步整合为一个新型文化。从文化的演变看，文化整合实际上又是一种不同文化的重新组合，形成新的文化系统和功能的过程。随着社会变迁、发展、人们的需求不断增多，具有不同特点和功能的文化，只有通过协调、修正、改造、整合才能组成新的文化体系，具有新内容、性质和功能，整合后的文化才能发挥巨大的优势，适应社会经济发展的需要。

(5) 文化整合是企业高层次整合。国际化的企业整合已经过了几次大的回合，从物质整合、货币整合、人力资源整合到文化整合。它表明企业整合已经从最底层的物质整合上升为最高层次的文化整合。跨文化并不等同于差异，它包括差异性和共同性两个方面。在文化整合中管理者既要看到文化差异，又要看到文化共性。应运用宏观和微观思维来考虑跨文化的问题。从微观角度找差异，从宏观角度找共性，这便是文化整合的内涵。例如海外项目的中方人士从一切服从组织安排、讲党性、讲良心、精神万能到物质至上、金钱至上，再经过反思，进行了文化整合；而项目的投资方、海外雇员也经历了制度安排、程序安排，然后经过反思达到精神回归的文化整合过程。这就是两种文化经过融合的过程。总之，跨文化管理是应该而且可以得到改进的，这是时代的需要，也是世界发展的趋势。

第十二章 建筑企业形象与 CI 策划

随着改革开放的深入发展,一批外国成功的企业管理思想和理论与他们的优质产品和先进的技术陆续被中国社会和企业界广泛接受,CI 策划也不例外。近十年来,中国建设企业纷纷导入 CI 策划,树立建设企业自身形象,在这一领域的实践中或多或少得到了甜头。那么什么是 CI?如何认识和看待 CI 对企业发展的作用?CI 理论与企业文化是什么关系?我国建设企业 CI 策划的特点是什么?与其他工业企业、商业等有何不同?这是广大建设企业文化理论与实践者急需了解的问题。根据 CI 理论与近年来我国建设业 CI 设计的实践,本章力图对上述问题做出回答。

第一节 企业形象的含义

CI 理论是塑造企业形象的理论和技术,因此要了解 CI 理论就要搞清楚什么是企业形象?其基本含义如何?企业形象的要素是什么?企业形象的基本特征如何等等问题。

一、形象与企业形象

从心理学角度看,形象就是人们通过视觉、听觉、嗅觉、味觉、感觉器官在大脑中形成对某一事物所产生的整体印象,简言之是认知,即感觉的再现。形象不是事物的本身,而是人们对事物的感知,不同人对同一事物的感知不会完全相同,因而其正确性受到人的意识和认知过程的影响。由于人的认识具有主观能动性,因此,事物在人的头脑里形成的不同形象会对人们的行为产生不同的影响。企业形象是企业内外对企业整体的感觉、印象和认知,是企业综合状况的反映。企业形象是通过企业与社会公众包括企业员工通过传媒或其他接触的过程中形成的。首先是产生公众印象,在此基础上加入人们的判断形成内在的、倾向性的和相对稳定的公众态度。多数人的否定或肯定才形成公众舆论。公众舆论通过传播媒体和其他途径（交谈、表情）反复作用于人的大脑，影响消费心理，才形成公众行为。企业形象有好坏之分，树立良好的企业形象，使消费者能够积极购买企业产品和乐意接受其服务。反之，较差的企业形象，消费者就会不乐意购买企业产品或接受其提供的服务。

二、企业形象的分类

企业形象根据不同标准有不同的分类，可以划分为以下几类：

1. 企业内在形象与外在形象

这是以企业内外表现来划分的。企业内在形象是指企业的目标、企业哲学、企业精神、企业风气等看不见摸不着的部分，是企业形象的核心部分。企业外在形象是指企业的名称、商标、广告、公司建筑物、公司歌曲、产品外包装、典礼仪式、公开活动等看得见摸得着的部分。

2. 企业实态形象与企业虚态形象

这是按主客观属性来划分的。企业实态形象又称客观形象，是指企业的实际观念、行为和物质形态，它是企业客观存在的东西，诸如企业的经营规模、产品服务质量、市场占有率、产值和利润等都属于企业的实态形象。虚态形象是指企业的关系者如用户、供应商、合作伙伴、企业员工等对企业整体的印象，是实态形象通过传播媒体等渠道对企业产生的主观印象。好像我们通过镜子去观察物件，看到的是虚像。

3. 企业内部形象与外部形象

这是根据接受者的范围划分的。外部形象是指员工以外的社会公众对企业的认知。我们所说的企业形象主要是指这种外部形象。内部形象是指企业全体员工对企业整体感觉和认知，他们不但能够感受企业外在的属性，而且能够充分感受到企业精神、风气等内在属性，有利于形成更丰富深入的企业形象。但是如果缺乏内部沟通，员工往往只注重局部而看不到企业的全部形象，颇有"不视庐山真面目"的感觉。内部企业形象接受范围虽小，但是作用却很大，决不可低估。树立企业内部形象与外部形象同等重要。

4. 企业直接形象与间接形象

这是根据公众获取企业信息的媒体渠道来划分的。公众通过直接接触某企业的产品和服务，由亲身体验而形成的企业形象是直接形象，而通过大众传播或借助他人的体验得到的企业形象是间接形象。对企业形象做这种划分十分重要，如果一个用户在购买产品时，看到的是粗劣的包装、落后的设计、低劣的质量，无论别人或媒体如何宣传产品如何好，消费者也不会购买。因为，直接形象比间接形象更重要，更能决定企业的整体形象。在企业形象建设中，一些企业只重视广告宣传，而不重视产品自身产品质量的提高和文化包装，只在间接形象建设上投入，而不注意直接形象的建设是十分有害的。

5. 企业主导形象与企业辅助形象

这是根据公众对企业形象因素的关注程度来划分的。公众最关注的企业形象因素构成主导形象。而其他一般因素则构成辅助形象，例如，公众最关注住宅的质量和价格，就构成了主导形象。而企业的理念、员工素质、生产规模、厂区环境、是否对公益事业赞助等，就构成了企业的辅助形象。企业形象由主导形象和辅助形象组成。主导形象决定着企业形象的性质，辅助形象对主导形象有影响，在一定条件下两者可以相互转化。例如，随着住宅消费心理的日益成熟，人们逐步重视住宅的设计和周边环境，主导形象与辅助形象相互发生了转化。企业形象塑造要随时掌握消费者购买心理的变化，加强主导形象的塑造和建设。

三、企业形象要素系统

企业形象组成因素较为复杂，一般来说，可以分为三个层次。即理念形象、行为形象和视觉形象。理念形象是由企业哲学、宗旨、精神、发展目标、经营战略、道德、风气等精神因素构成的企业形象要素系统。行为形象是由企业组织成员在内部和生产经营管理和非生产经营管理活动中表现出来的员工素质、企业制度、行为规范等因素构成的企业形象子系统。内部行为包括员工招聘、培训、管理、考核、奖惩、各项管理制度、责任制度的制定和执行、企业风俗习惯等等。对外行为是指采购、销售、广告、金融、公益公关活动等。视觉形象是由企业基本标识、产品包装、厂容厂貌、机械设备等构成企业视觉子系统。其中基本标识是指企业名称、商标、标准字、标准色。应用标志是指象征图案、旗帜、服装、口号、招牌、吉祥物等。厂容厂貌是指企业自然环境、店铺、办公室、车间的设计和布置。就建筑企业外部形象要素系统而言，主要有以下几种要素：

1. 生产现场形象。建设企业往往其生产现场与企业的办公场所相脱离。如施工企业。建设企业的这一特点决定了生产现场是企业形象策划的重点，是企业展示形象的窗口，生产现场形象包括文明施工、质量管理、安全施工、竣工期、现场环保、社区交往关系等。

2. 工程形象。现场建筑、市政公用等产品是对企业形象最好的诠释。高质量的建设工程成为企业形象的代表。同时，企业获奖工程数量的多少、有影响的工程数量高低、服务规模的大小等都是工程形象的组成部分。

3. 技术形象。主要包括企业建设服务技术水平是否先进、服务设备是否优良、工艺是否超前、技术开发能力是否较强、开发建设新产品的积极性是否高、技术人员学术论文发表的数量和频率等，这些均影响到企业的技术形象。

4. 市场形象。包括市场战略的制定、经营布局、经营结构、工程的数量、对业主服务质量、宣传广告能力等等。

5. 风气形象。公司风气状况，包括员工之间、员工与领导之间、员工与管理者之间、领导者与管理者之间、员工与社区之间、领导与社区之间、管理者与社区之间的关系。

6. 员工与管理者的形象。包括员工与管理者的着装、素质、举止、态度、行为等诸方面因素。

7. 综合形象。企业办公环境、公司刊物、企业股票社会认购度、公益活动参与程度等。

四、企业形象的基本特征

由于建设企业生产经营方式、产品所具有的特点，就决定了建设企业形象具有以下的基本特征：

1. 企业共性与项目个性

企业形象是企业共性与项目个性的统一。例如：建筑企业一般都是先有定主的情况下再组织生产，属于大规模的定制生产方式。建筑产品是一种特殊的产品，单位面积大、造价昂贵、生产周期长、寿命长、生产场地的流动、不屏蔽等特点决定了建设企业形象是企业共性与项目个性的统一。业主不但要选择技术水平高、工艺先进、信守合同的企业承包项目，而且更要看现场管理水平，把生产现场作为考察的依据。由于建设产品生产的流动性，使企业办公地址与现场施工相分离，建设产品主要是在工地完成的，故建设生产场所是展示企业形象的重要窗口。必须把形象战略放在生产活动的全过程，实行动态管理，而其他行业的产品生产与消费者相脱离，因此，一般工业企业往往在产品形象上下功夫，使产品成为展示企业形象的重要窗口。建设企业的生产以直接接触业主为特点，他所提供的产品不但是一种实物，更是一种服务或行为。而且这种服务或行为必须借助于企业员工、生产现场作为载体来实现。建设企业的形象是通过企业员工形象、建设生产现场来向公众展示的，因此，建设企业形象战略的重点应在施工现场，把生产现场纳入企业形象策划之中，这其中孕育着许多道理。企业形象的共性体现在项目个性之中是建设企业形象的特征之一。

2. 主观与客观性

企业形象是主观与客观的统一。建设企业形象的主体是企业。企业形象的主观性是指企业在公众心目中的印象，这种印象必然受到公众自身的价值观、思维方式、道德标准、审美气象、性格差异等主观因素影响。因此，同一个企业在不同公众中会产生不同的印象。企业形象的客观性是指在企业形象形成的过程中引起公众对企业的态度和行为等现状的感知和认知。企业形象的客观性就是企业的现状，它是企业形象形成的基础。树立良好的企业形象必须依靠企业形象的客观性，依靠自身良好的社会行为和外在表现。因此，树立良好的企业形象必须充分发挥企业员工的积极性，提高树立企业形象的客观基础，这是企业形象战略的基本出发点。

3. 整体性与单一性

企业形象是整体性与单一性的统一。一方面看，企业形象是公众对企业整体现状的感受和认知，是对企业的综合印象。另一方面，企业形象又是单一的，建设产品的固定性、单件性，决定了生产现场、产品和业主的差异性，面对不同地方市容、环保、工商等政府机构的差异性，公众对企业形象的现实感受也是从每一个对象、事件、项目的具体感受开始的，逐步形成企业整体形象链条。特别是施工现场的流动性，决定了建筑企业与固定社区和固定公众接触的短暂性，使公众往往缺乏对企业的深刻认识，加大了企业形象树立的难度。企业形象环节构成了企业整体形象链条，哪一个环节出问题都有可能使整个链条断裂，影响企业的整体形象。因此，建设企业形象的塑造必须从每一个小事抓起，从每一个环节抓起，从每一个项目抓起，从每一个形象环节抓起，以维护企业的整体形象。

4. 稳定性与可变性

企业形象是稳定性与可变性的统一。公众对企业产生了一定的认识和看法以后，企业形象一旦形成，这种公众印象就不会轻易改变或消失，就有相对稳定性。由于公众的心理定势作用，公众对企业形象在相当长的时间内将予保留，不会因为企业行为采取了变化而在短时间内加以改变。由于这种稳定性，对企业产生不同的影响。具有良好企业形象的企业，这种稳定性有利于企业生产经营活动，对于不良形象的企业，这种稳定性需要付出较大代价和长时间的努力来改变企业形象。从长期来看，企业形象又具有可变性，任何企业由于企业或公众因素作用而发生变化。一方面，由于企业的现状或行为发生变化，需要企业改变形象，企业形象的构成要素处在不断变化过程中，同一形象要素在企业发展的不同时期的内涵和作用也不同。而不同形象要素在企业发展的不同时期的重要性和地位也是不同的。例如，现场形象要素，随着社会和企业的不断发展其内涵不断发生变化，现场形象要素增加了环保、施工人员居住环境等的新内涵。又如：工程形象要素历来是企业形象的重要部分，但随着企业施工生产技术的进步与普及，工程质量的不断提高，现场施工形象的地位在企业形象塑造上越来越占有重要作用。另一方面，企业形象来源于公众的看法、态度和评价，由于公众的构成以及公众的心理需要、社会环境发生了变化，公众对企业的态度、看法和评价也会随着时间的推移和具体情况的变化而不断变化，即使企业实态和行为不变，企业在公众中的形象也会发生变化。

五、企业形象的评价

对企业形象的评价方法分为定性评价方法和定量评价方法。定性评价方法就是用"较好"、"一般"、"较差"这样的描述语言对公众进行调查，得出公众对企业形象的评价结果。但在实践中定性的评价往往是不够的，有时还需要更科学、更精确的评价结果。日本、美国通用的评价方法是采用较为定量的方法，即从企业认知度、广告接触度和评价度三个指标对企业形象进行度量。

1. 企业认知度

企业认知度是指公众对企业整体的认识和了解程度。将公众的认知情况分五个等级"完全了解"、"基本了解"、"了解一点"、"只是知道"、"完全不知道"五个等级，每个等级的加权系数分别规定为 4、3、2、1、0；经过调查，可以获得处于每一级的人数占被调查公众总数的百分比为 a_1、a_2、a_3、a_4 和 a_5，再由下述公式计算出认知度 K 的数值。$K = 4a_1 + 3a_2 + 2a_3 + 1a_4 + 0a_5$ 显然。K 的最大值为4，最小值为0。而实际上认知度可能是0~4之间的某个数值，数值越大说明企业的认知度越高，反之越低。

2. 广告接触度

广告接触度是指公众看到企业广告的经常性程度。其计算方法与认知度相似。$A = (3B_1 + 2B_2 + 1B_3 + 0B_4)/3$ 其中，A 代表广告接触度，B_1、B_2、B_3、B_4 分别表示某企业的广告被"经常看到"、"有时间看到"、"偶尔看到"、"从未看到"的公众百分比，他们前面的数字是加权值。之所以将广告接触度作为衡量企业形象的指标，是因为企业广告是树立企业形象的最常用最直接的手段之一，企业的广告数量和质量对销售额有直接的关系，对企业形象有决定性的影响。一般来说在一定限度内，广告的投入越多，广告接触度越高。但值得注意的是，广告投入超过一定限度即50%以上，广告接触度的增长率会逐步降低，当超过90%以后，按照原有的广告形式增加投入 A 值将再不会增加。这就是"广告边际效应递减原则"。

3. 评价度

即通过对企业若干项目因素的问卷调查得到综合评价、交易评价、感性评价三方面指标作为衡量企业形象的尺度。这一方法可以直接得到企业形象的评价等级。具体应用由于十分复杂，在此就不详细介绍了。读者想了解，可以进一步参考有关资料。

第二节 CI 企业形象识别

一、CI 在世界的发展

企业形象是客观存在的，企业形象的好坏直接影响到企业的经营业绩，是企业发展中不可忽视的重要因素。因此，少数具有战略眼光的企业和企业家敏感地捕捉到企业形象这一因素，主动地把良好的企业形象塑造列入到工作日程。企业形象策划的概念发源于美国，美国通用机器公司（IBM）于1956年是在世界上第一家导入 CI 的企业，他们的成功将企业世界带到了一个崭新的境界。

1970年~1980年 CI 设计逐步在欧美形成世界潮流。例如可口可乐公司在1970年毅然改革企业标志，以崭新的企业标识为核心，展开全面的、完整的、系统的企业形象策划系统，此规模耗资巨大，由此发展到今日的成功，仅品牌就价值838亿美元（据1999年评估）。美国3M公司、西德的BRAUN公司、意大利的菲亚特汽车公司、奥林维特打字机公司、瑞典的沃尔沃（VOLVO）汽车公司、法国的米其林轮胎公司等等均引入CI设计。美国设计界在世界企业形象策划事业中，扮演了十分重要的角色，其中，最为突出的是著名设计大师华特·浪涛（Walter Landor），他接受本国和世界各国的企业委托，承担完成了相当大一批著名大企业和机构的企业形象策划统筹设计。其中英国的航空公司、意大利的埃里特里航空公司、美国夏威夷航空公司、新加坡航空公司、泰国航空公司、马来西亚航空公司、美国通用电器公司、欧洲统一电信公司、可口可乐公司、二十世纪福克斯影片公司等，其设计遍布世界。浪涛和浪涛设计公司在推动企业形象设计事业的发展中，发挥了重要的作用。

20世纪70年代，日本为了在世界经济上占居优势地位并打入欧美市场，提高日本企业形象和产品知名度，以期在西方社会树立起良好形象，于1975年开始，日本企业如火如荼地开展起企业经营策略与设计相结合的高潮，纷纷用重金邀请美国设计师、权威设计公司实施企业形象策划。以东电社（TDK东京电器化学工业公司）制作企业形象手册，日本的马自达、大荣超市等纷纷效仿，伊势丹、华歌尔、美能达等紧跟其后。美国浪涛世纪设计公司为日本的富士胶片、美津浓体育用品、华歌尔内衣等等成功地设计了企业形象。1985年，日本就有148家企业导入企业形象策划，平均每三天就有一家公司步入企业形象策划的行列。上世纪80年代初，韩国企业积极向海外扩张，企业纷纷投入巨资实施企业形象策划。如乐喜公司、金星公司、三星物产、双龙集团、大宇公司等企业。加之韩国政府的积极倡导，以及由于承办奥运会之天赐良机，使企业形象根植于企业界人士思想中，企业形象策划在该国发展极为迅猛。

二、CI在中国的发展

上世纪70年代中叶，CI企业形象在台湾、香港得以推广。台湾第一家企业形象策划是知名企业家王永庆先生委托台湾设计专家郭叔雄做的台塑公司企业形象策划，他以波浪型外框整合所有关系企业的视觉形象，开创台湾企业形象策划之先河。上世纪70年代后期到80年代，随着台湾进出口贸易的迅速发展，OEM的盛行，企业形象策划迅速发展，台湾大同公司成功地塑造了"产品行销全球的国际公司"形象，维全公司、津津公司、统一公司也纷纷导入企业形象策划。80年代，台湾企业为进入国际市场和进入大陆市场纷纷自创品牌，同时企业多角经营化规模不断扩大，企业形象策划开始普及，涌现出许多优秀案例，如宏基电脑、东帝士集团、台视、荣达科技等。

20世纪80年代后期，企业形象策划的理论传入我国内地。随着我国对外改革开放向纵深发展。企业形象策划这一舶来品，逐步被广大企业所认同和接纳。1988年，广东有一个生产"万事达"保健口服液的乡镇企业为了打开销路，决定委托广东新境界设计公司进行总体的CI策划，公司名称、品牌改为"太阳神"。启用新标识并实施统一的CI活动，很快地打开了销路，营业额增加200多倍，仅1992年就达到12亿元。第一个敢吃螃蟹的"太阳神"带动了中国的CI热，广东万宝集团、李宁公司、北京四通公司、湖南丽臣实业公司等等纷纷加入到企业形象策划这一行列。

三、CI在中国建筑行业的引入

由于建设行业的特殊性，20世纪80年代，CI策划属于未开垦的处女地，到1990年初，中国台湾的建设企业东怡营造正式导入CI策划，算是中国建设企业较早导入CI的企业。他们除企业名称、办公用品外，对施工现场、厂门、围墙、现场办公室都作了较为规范的规定。虽然还不太完整，但开创了中国建设企业CI策划的先河。中国内地建设企业CI策划的兴起大约在20世纪90年代后期，同其他工业制造业相比引入CI策划相对滞后。主要有两个原因。一是建设企业属性确认相对滞后。CI策划受行业属性的制约，中外企业CI策划的理论和实践证明，CI策划更青睐于消费品生产和向社会提供服务的企业。长期以来，中国建设企业的属性悬而未决，过去认为建设企业从属于其他工业制造业部门，处于从属地位，并未形独立的行业；建设产品属性被确认为公益性产品。随着建设行业经济体制改革的深入，这些问题直到20世纪80年代后期才逐步加以明确，建设行业成为具有服务性质的独立产业，建设产品属于社会消费品，为建设企业CI策划战略的实施提供了客观基础。二是建设企业法律体系相对滞后。营造良好的法制环境，使企业具有"自负盈亏、自主经营、自我约束、自我发展"的机制，企业实施CI策划才有足够的内在驱动力，健全、完善的法制环境才能使企业CI策划发挥更大的效益，CI策划的成果才能得到巩固和保护。没有良好的法制环境，建设企业的法制不健全、不完善，企业形象策划战略无从谈起。建设行业分类较多、数量众多、原有体制繁杂，改革履步艰难，法律法规健全需要一个过程，这也是导致建设企业 CI 策划实施相对滞后的原因之一。尽管如此，我国具有战略眼光的建设企业和建设企业家早已纷纷扛起 CI 策划的大旗，对企业 CI 策划进行了有益的尝试。

1996 年，中国建筑总公司在北京西苑饭店召开新闻发布会，向外界正式公布实施企业形象战略，并由企业视觉为突破口，逐步向理念、行为识别推进。一时间，大江南北、长城内外，带有中建标志和"中国建筑"的标准组合图案形成了强烈的视觉冲击，"中国建筑"的品牌声誉鹊起。紧跟其后，北京城建集团、中铁建筑公司、中国新兴建筑公司等单位先后推行了企业形象战略，建设企业 CI 策划的实施，其效果是非常明显的，较好地实现了现场与市场的良性循环，促进企业与社会的双向沟通，推动质量与管理的融会贯通，使建设企业上了一个新的台阶，同时大大提高了企业的知名度和影响力，改变了施工企业的面貌，对促进行业管理和城市市容管理等也有积极作用。

四、CI 企业形象的内涵

1. CI 的基本内涵

在介绍企业形象的中文版书籍中，常见有两种提法即 CI 和 CIS。CI 即 Corporatre Identity 译为"企业识别"；CIS 即 Corporatre Identity System 译为"企业识别系统"。两者并无本质的区别。本书一律采用 CI 的提法。那末 CI 含义是什么呢？不同的学者和企业家说法不同，至今并未形成一个公认统一的表述。日本专家中西元男认为：意图的、计划的、战略的展示企业所有希望的形象。就本身而言，透过公司内外来产生最好的经营环境，这种观念和手法就叫做 CI。台湾的 CI 大师林磐耸认为：CI 就是将企业经营理念和精神文化，运用统一的整体传达系统（特别是视觉传达设计），传达给企业周边的关系或团体（包括企业内部与社会大众），并使其对企业产生一种认同感与价值观。SONY 公司的主管黑木靖夫则认为 CI 就是企业的"差别化战略"。中国《企业形象制胜》的作者于显洋则解释为：运用视觉设计与行为的战线，将企业理念与特制系统化、规范化、视觉化，以塑造具体的企业形象，并发挥它在体制上的管理作用。我们认为 CI 就是通过统一的整体传达系统将企业的精神文化和经营理念外化为企业形象的方法和技术。

2. CI 的三要素

CI 具有三大要素即理念识别 MI（Mind Identity）、行为识别 BI（Behaviour Identity）和视觉识别 VI（Visual Identity）。MI 系统是企业的最高层思想系统和战略系统。包括企业宗旨、企业愿景、企业精神、价值观、发展战略等等。MI 是企业的灵魂，对外是企业视别的尺度，对内是企业凝聚力的源泉。总之是企业形象策划依据和核心。行为识别和视觉识别设计都必须体现企业精神和经营理念的内涵。企业理念的表现形式主要有：标语、口号、广告、企业歌曲、企业座右铭、条例、手册等。企业形象策划工程，不管是理论结构还是操作程序上，都应从理念识别开始，成为设计的起点。BI（行为系统）是企业员工的所有规程策略，包括管理制度、企业习俗、员工行为、专题活动等。行为系统是动态的识别形式，它规范着企业内部组织、管理、教育以及社会一切活动，是企业运作的特有模式，通过这一特有的运作模式产生了一种行为识别作用即人们通过企业行为特征来识别认知这一企业。BI 的核心在于将企业理念与价值观加以推行和贯彻。VI（视觉系统）包括企业标识、名称、商标、标准字、标准色、实物用品、传播媒介、交通工具、制服等等。VI 是最外露、最直观的表现，也是分列项目最多、层面最广、效果最直接的向社会传递信息的部分。其作用在于通过组织化、系统化、标准化的视觉方案，体现企业的经营理念和精神文化，形成独特的企业形象。三者间的关系可以比喻作："心"、"手"和"脸"的关系。MI 系统比喻为 CI 策划的"心"，是企业 CI 策划的原则和灵魂，BI 系统比喻为"手"，是对企业行为模式识别的设计和做法；VI 系统比喻为"脸"，是 CI 策划的静态的、具体化的视觉传播形式，是企业识别一整套识别标志和符号系统。

3. CI 机能结构

一个优秀的 CI 设计及其系统的实施，会使社会公众一接收到企业信息就立即会识别该信息中所代表的企业及企业的一切内涵，并在心理上产生良好的反应，甚至产生美好的联想。CI 运用的一个重要目的就是"塑造良好的企业形象"，使社会公众对企业产生认同感与信任感，进而推动对企业的进步与发展。CI 的机能与结构如图 12-1 所示。

4. 企业 CI 导入程序

企业 CI 的导入，是指企业调查分析、导入形式、反馈评估全过程的先后次序和具体步骤。在企业形象策划中建立一整套系统的科学的程序，有助于提高企

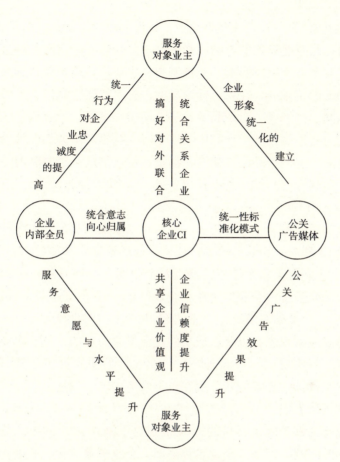

图 12-1 CI 机能结构图

业形象策划的导入效率和质量。

(1) 企业的调查与分析

企业调查的目的是为导入 CI 创意、设计、策划等工作提供可靠的依据，做到有的放矢，提高 CI 策划的针对性和有效性。CI 策划应根据企业的实际情况，通过调查研究找出企业问题的关键所在，是成功实施 CI 的保证。调查内容包括企业现状、企业形象和企业外部情况三个方面。企业现状调查内容包括：市场占有率、产品质量、包装；服务水平、研发情况、利税、财务、广告；也包括企业文化精神层员工的满意度、内部和外部信息传递形式、团体和人际关系；当然还应包括企业名称、商标、标准字、环境等等。企业形象调查应包括企业形象（主导形象、辅助形象等等）；还应包括企业认知度、广告接触度、信誉度、美誉度、综合印象评价以及企业形象的影响因素的调查。企业外部情况的调查包括政府法律法规、政策对企业发展的影响。市场调查，主要是调查企业目标市场的背景资料、目标市场的划定标准、在各目标市场的占有率和覆盖率等；消费者对企业产品的评价、认同、接纳度、对产品的看法、期望、意见、建议等；经营者对企业产品的评价，企业产品在同类产品中的地位等。竞争对手方面的调查，包括了解竞争对手的产品状况、产品的影响度、消费者的接纳度、经营状况、市场占有率和覆盖率等，做到知己知彼，从中找出差异，为 CI 的导入做到心中有数。

(2) 企业 CI 设计

在调查分析后，根据企业的历史、现状和未来发展状况，首先确立企业的形象概念。企业 CI 理念是企业的形象特征、企业形象定位和形象内容的综合表现，CI 理念主要是以企业理念为核心，围绕着企业理念而展开的行为识别系统和视觉识别系统，综合表现为企业的个性和企业风格。CI 理念不是 CI 设计作业的本身，而是 CI 设计的基础，CI 理念与企业经营理念、企业经营方针不同，它是从传播角度创建的经营理念，以塑造成功的企业形象为目的，他要求企业一切的设计工作都要围绕着实现这一目标而展开。CI 设计的主要内容包括 CI 理念设计、行为设计与视觉设计，详细内容分别在以下几节中加以论述。

(3) 提出 CI 计划

任何企业行为都不能是盲目的，CI 策划也不例外。CI 的导入是为了解决企业目前或长远的问题。例如：企业名称陈旧、企业形象老化、企业形象与产品形象或业务领域不符、企业业务或环境有重大变化，与同行业其他企业比较缺乏形象竞争力、公众认知度较差，企业定位发生了变化、战略目标改变、企业外部环境发生了根本的变化、内部条件、核心竞争力、领导风格发生了变化等等。提出 CI 计划应包括以下几个方面的内容：目的、理由、背景、计划方针、适合、导入计划、实施组织、费用预算。针对"企业 CI 导入计划方案"，企业还要组织管理人员、咨询人员、员工代表进行论证，经过论证后，提出计划转入下一程序。

(4) 发表 CI 方案

将成熟的方案向内部职工、新闻界和社会公众公开。发表的内容包括：实施 CI 的意义和原因；CI 实施的过程和精度，新的理念识别；行为识别和视觉识别要素，统一对外说明方式等等。对外发表旨在企业改变旧有形象的意图和计划，引起公众的关注、争取公众的认同。许多实践证明，发表 CI 的时机非常重要，要考虑企业内外环境因素。在以新闻发布会或广告形式对外发表之前，最好提前向供应商、经销商、政府等重要关系者通报，使他们感到企业对自己的尊重，并对企业新形象给予积极的认同。

（5）CI 方案的实施

CI 的导入，企业新的战略思路和战略目标的确立，会对企业组织结构和运行提出新的要求，因此，首先要对企业内部结构进行调整和改组，为 CI 的导入提供组织保证。其次，建立新的运行机制，调整企业行为，要对企业员工进行基本行为模式训练。再次，将 CI 进行内外传播，将统一的企业形象、企业行为展示于社会。

（6）CI 效果的评价

CI 效果的评价主要有三个方面：第一是企业内部评价，主要考察企业员工对企业 CI 导入的态度，CI 导入对企业的体制、机构的影响；对企业面貌、对企业员工的精神面貌有多大改变；员工的工作积极性和工作态度是否得到了转变和提高；企业的凝聚力和向心力是否得到了加强；企业的工作效率是否得到了一定的提高等等。第二是外部环境评价，其主要有两点；一是视觉项目的传播效果如何；另一方面是对企业总体形象的评价度、认知度的评价，主要通过采访、问卷、座谈等形式获取信息。第三是对 CI 效果的评价。CI 导入的实施和传播，应提高企业的知名度，建立统一的企业形象认别系统，其最终的目的是提高企业的效益。应利用统计方法考察企业的销售状况和利润正常状况，并将期间与 CI 导入投入总额度相比较分析，考察企业的 CI 投入比率。

第三节 企业形象与企业文化的关系

导入 CI 进行企业形象塑造，主要靠传播媒体和公共关系活动。因此，这里首先分析企业形象与传播媒体与公共关系之间的关系，并在此基础上努力揭示企业文化与企业形象的内在联系。

一、CI 理论与传播媒体

CI 理论与传播媒体是形象技术与工具的关系。传播媒体是传递企业信息的载体，没有这些载体，企业不可能被公众所认同，更谈不上塑造企业形象了。因此，传播媒体是企业形象不可缺少的要素之一。

企业形象最终是指公众心目中的企业虚态形象，但企业虚态形象是建立在企业实态形象的基础之上，构成企业实态形象的理念、行为和物质形态。它们的形成是建立在企业全体员工充分沟通的基础之上，例如：企业理念、价值观、企业哲学、企业精神、企业道德等理念的要素都需要企业管理者和员工之间相互沟通、交流和统一思想的结果。又如：企业名称、标识、建筑等也需要内部信息的交流，达成一致协议。内部信息交流就要借助于符号媒体（文件、交谈、书面发言）等各种传播媒体。

企业实态形象依赖于媒体的传播到达公众。企业实态形象的信息，企业必须通过传播媒体发出，送到广大的公众之中。各种传播媒体成为企业与公众之间的信息传递的载体。没有各种媒体企业形象难于形成。

公众对企业形象的形成也需要信息媒体。公众对接受的企业形象信息，借助人体神经网络这种媒体对其筛选、思考等的自我传播；公众成员对企业进行信息反馈；公众成员之间的信息交流也离不开信息媒体。

二、CI 理论与公共关系

CI 理论与公共关系是具有不同的内涵、但有共同的追求。有以下几种区别与联系。

1. 公共关系与 CI 导入目标一致。CI 与公共关系有着共同的追求目标即树立良好的企业形象。公共关系是以企业经营理念为指导，以传播媒体为手段，以塑造组织形象为目的。组织形象是在公共关系学中涵盖面最广的概念，公共关系三要素是组织、传播和公众，公共关系理论中（如传播、公众）任何一个概念都不如组织形象那样对三要素有全面的涵盖，是准确界定公共关系学的内涵和外延的依据，组织形象是公共关系的基石和核心。CI 是以经营理念为指导思想，以信息媒介为手段，以企业识别为表现，以塑造企业整体形象为目的，两者有着区别，但具有共同的目标，他们以共同追求塑造企业形象为目标。

2. 公共关系是企业 CI 导入的基础。无论企业是否导入 CI，企业公共关系都存在企业活动之中，公共关系的运作必然与企业的各项工作同步运行。在导入 CI 之前企业公共关系活动从动态的角度传播企业的信息，展示企业的形象。在企业导入 CI 的过程中，企业行为识别系统的建立必须要考虑企业现存的公共关系活动及其传播效果，并在此基础上决定企业的各项识别活动和行为准则。

3. 公共关系是企业 CI 运作的保证。企业在 CI 的导入的创意、策划中对企业原有的公共关系活动方式、活动途径、活动内容要进行全面的考虑。企业原有的公共关系活动对企业 CI 导入产生着至关重要的影响。企业的公共关系活动必须有连续性效应，CI 活动必须在原有的公共关系活动基础上运行并获取效果。企业的公共关系活动牵引带动着企业 CI 计划的落实与 CI 的运作。企业导入 CI 之后所进行 CI 传播工作，其中最重要的一项传播工作就是开展公共关系活动，只是与公共关活动相比较多了一些行为规范，多了统一的表现形式和视觉识别。

三、企业形象与企业文化

企业形象与企业文化的关系是自变量与因变量的映射关系。有以下几点：

1. 企业形象与企业文化是函数与自变量的映射关系

换言之，企业形象的理念形象、行为形象、视觉形象与企业文化的精神层、行为层、物质层之间存在着一一对应的关系。如图 12-2 所示。

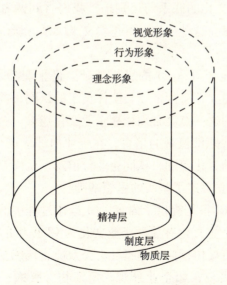

图 12-2　企业形象与企业文化的关系

2. 企业形象并不等于企业文化

当前,有一种错误的认识,认为企业形象就是企业文化,这是两种不同的概念。我们认为,企业形象绝不等同于企业文化。首先企业文化是一种客观存在的现象,是人类认识的对象本身,而企业形象则是企业文化在人们头脑中的反应,属于外来的主观意识。如果没有已存的企业文化,就不会有公众心目中的企业形象。

其次,由于人类认识过程受到客观条件(传播媒体渠道)和自身认识水平(如知识、经验)的限制,公众心目中形成的企业形象并不是企业文化的客观真实全面的反映,有时还有扭曲的成分。这表明企业形象与企业文化之间必然存在着某些认识造成的差距。当然,这种认识越深刻,两者之间的距离会逐步缩小。

再者,由于企业自身的需要,有些企业文化的内容是不会通过传播媒体向外界传播的,有时还会通过媒体向外界提供一些加工了的信息。这也使企业形象与企业文化的涵义有差别。如可口可乐的配方,这是可口可乐公司文化的重要特色,但是这一文化内容是绝不能向外界公布的。

3. CI 策划与企业文化的相互作用

从 CI 策划与企业文化的联系与区别中,我们看到两者在内容上的逻辑交叉关系。由于两者之间存在这种内容上的逻辑交叉关系,所以两者之间相互作用相互影响。

(1) 企业文化奠定了导入 CI 的思想基础。企业理念是 CI 的基石和精神动力。企业理念的真正建立,必须依靠与全体员工的认同,并通过他们的语言和行为体现出来,而要做到这一点就必须依靠企业文化建设。企业文化通过各种文化手段致力于全体员工共同价值观的培育,在企业内部形成全体员工爱岗、敬业、自信自强、积极向上的文化氛围,认同企业价值观,认同企业目标。这些都是为企业 CI 理念系统的建立奠定了坚实的思想基础。

(2) 企业文化为 CI 策划提供了内容。CI 运作过程中的传播内容,包括行为系统和视觉系统均与企业文化有关。企业文化为 CI 提供的传播内容分为直接传播和间接传播内容。直接传播内容是指社会公众能直接感受到的信息,这些信息均为企业文化的外在表现,如企业外观、象征物、服饰、徽记、产品商标、包装、商标等等,属于物质文化层。间接传播的内容是指企业文化深层的精神文化部分,社会公众从企业 CI 运作中的行为活动和视觉活动中得以获取,属于企业文化的内在信息。

（3）企业文化为 CI 导入提供了智力保障。所谓智力保障，实际是指人才保障。CI 的导入一刻也离不开具有科学文化知识的企业员工的配合、参与和支持，企业个性和特点，也完全取决于企业人才的能力。企业 CI 所产生的形象力、竞争力、商品的创造力形成名牌战略的事实表明，如果没有人才便是一句空话。企业文化建设十分重视对人才的培养，为企业 CI 的导入提供大量的人才，为企业导入 CI 提供智力保障。

第四节 企业 CI 识别系统策划原则

企业形象策划是一项科学、系统、严谨的工作。建设企业要导入 CI 应结合行业特点和企业实际情况，应坚持以下原则：

一、以公众为中心的原则

公众是企业形象接受的主体，是企业提供产品和服务的消费对象。因此，CI 策划必须坚持以公众为中心的原则。贯彻和落实这一原则应注意处理好以下几个问题：

1. 进行准确的公众定位。对企业所面临的公众不了解，CI 策划就是"无的放矢"。建设企业的 CI 策划要进行准确的市场定位。建设企业类型不同、服务对象不同，特别是建筑产品的广泛性和单件性，产品千差万别在总体上要把握业主群的分类，分析他们的特点和企业形象在他们心目中的差异及其原因。结合企业战略，确定首要公众，据此进行企业公众定位，对公众的定位就是对企业形象的定位，就是对企业文化的定位。错误的公众定位将决定错误的企业形象定位，达不到预期的效果。

2. 努力满足公众需要。为业主或用户提供满意的产品和服务是企业的使命，因此，针对业主群和用户的不同需要最大限度地满足业主和用户多方面的需要是企业形象策划首先要考虑的问题。如中国建筑总公司把业主群分为四种类型即科技先导型、政绩先导型、经济先导型和关系先导型。由于这四种业主对承包商要求的侧重点不同，在确定经营理念时，就根据不同类型的业主分门别类地体现出经营理念的差异。

3. 正确引导公众观念。 企业形象策划设计在满足和尊重公众的同时，应该努力用积极的富有时代精神与特点的思想观念和行为规范来引导公众。例如：用"绿色住宅"、"环保住宅"、"健康住宅"、"节能住宅"等先进观念引导公众消费行为。

二、战略性原则

CI策划是企业发展战略的重要组成部分，企业形象策划必须符合企业发展战略的总体需要。这一点对建设行业来讲十分必要，因为建设行业属于竞争性行业。尤其是建筑设计、施工企业。竞争性行业必须要有自己的发展战略，而CI策划必须符合企业的发展战略，不了解这一点，企业形象策划不但难于推进，而且会造成企业资源的极大浪费。当前，我国建设企业面临着世界经济全球化的严峻挑战，建设企业跨国经营已成发展趋势，积极进行战略调整，探索经营模式创新，推进项目总承包和项目管理战略方针、引入BTO、PPP等融资方式是当前建设企业面临的新课题。CI策划要紧紧围绕着这一战略目标的实现，围绕着企业新战略的制定目标的实施。否则与战略目标相脱离的CI策划就会形同虚设，劳而无功。

三、个性化原则

企业形象策划必须坚持个性化原则，突出企业特色，CI策划如果脱离企业实际的土壤，就不会结出丰硕的果实。对大多数国有建设企业来讲都有着辉煌的创业史，有着宝贵而丰厚的文化淀积，要结合企业实际处理好继承和发展的关系。同时，建设企业还具有鲜明的行业特色。因此，必须立足行业、扎根企业，突出特色、把握企业个性。一般来说每个企业由于发展历史不同、地域不同、员工成分不同，企业都具有自己的经营特色，CI策划必须突出特色，才能形成与众不同的企业形象。同时，还必须正视企业的劣势和不足，CI策划是企业形象的提升，而不是企业的包装，更不能是对企业问题和不足的掩盖。作为传统行业的建筑企业，具有悠久的历史和优良的传统文化，但也存在着旧理念和陋习，推行CI策划就是正视问题、发现不足，补缺遗憾的过程。只有发扬优良传统，克服不足CI才能增强企业的综合竞争力。

四、全方位推进原则

企业形象是一个整体，企业形象策划要从全局考虑，根据企业的特点和整体发展的要求，根据形象三要素来同时规划设计，以 MI 为龙头，MI、BI、VI 并重，全面推进为原则。当前一些企业在导入 CI 时，由于认识上的偏差，急功近利，把 CI 策划停留在平面设计阶段，对企业的 MI 没有进行深入的挖掘和全面的总结，没有将 MI 加以提升，使企业形象策划变成了企业广告、企业包装。这样做的结果必然使企业发展缺乏内在发展动力，企业缺乏凝聚力、导向力、向心力、激励力，最终导致缺乏竞争力。三要素并重并不是说在导入 CI 过程中要齐头并进，而是要在导入过程中有所侧重。一般来说，在 CI 策划调研和计划过程中应将 MI 作为重点；在实施 CI 阶段，BI 则变得十分重要。在 CI 的对外发布和实施时，VI 就成为侧重面了。CI 策划要根据企业的实际来计划和实施，可以同步全面实施，也可以分步实施。对于改革比较彻底，组合结构调整比较到位的企业，可以全面实施 CI 整体方案，企业 CI 策划应一步到位；企业改革不到位的，可以先进行 VI 的实施；对一些缺少资金的企业，可以先落实不需要钱或少花钱的工作，先加强 MI 或 BI 的建设。建设企业有的属于劳动密集型企业，有的属于心智型企业，点多面广，特别是集团公司法人多级化，有相当的外协队伍，要将企业形象设计普及到每个企业、每个员工、每个层次必须有一个普及培训和监管措施，才能统一形象。

五、效益性原则

企业作为经济组织在追求经济效益时，要积极追求良好的社会效益，做到经济效益与社会效益的兼顾。这是企业活动必须遵循的原则，也是 CI 导入的原则。积极参与公益性活动，是企业应尽的义务，也是塑造企业形象的重要途径。有些人错误地认为兼顾社会效益就是"花钱买名"，这种认识是相当错误的。

那么如何实现社会效益呢？具体来讲有以下三个层面：

（1）法律层面。遵纪守法就是兼顾了社会效益。当前在城市建设中，有些企业不顾国家法律规范，违规建设施工、拖欠民工工资、工程质量低劣就是没有体现社会效益，在社会上造成不良影响。遵纪守法是实现社会效益的最低层次要求。因此，在 CI 导入中要将法律意识渗透到企业理念之中，CI 实施中应开展员工的普法活动。

（2）政策层次。CI策划应体现出国家的路线、方针、政策、要求和精神。这是因为政府代表最广大群众的利益和要求，符合政策就在根本上维护了社会的利益，实现了社会效益的原则。

（3）道德层次。CI策划要制定先进的道德标准，而且要在企业文化中体现社会公德、职业道德、家庭美德对企业员工的行为要求，企业形象策划不仅仅要完成自身的形象设计，还要通过企业形象策划，承担社会责任，如建设企业应树立保护文化遗产和保护环境的理念。

企业CI策划的核心任务是对企业理念、行为、视觉识别系统的规划和设计，其中包括精神层、制度层、物质层在内的完整的目标企业形象模式。下面，我们先阐述如何进行企业理念识别系统MI的设计，然后在以后几章分别介绍行为设计BI识别系统和视觉设计VI识别系统。

第十三章　MI 企业理念识别系统策划

第一节　MI 系统概述

一、涵义

理念识别来源于英语的"Mind Identity",简称 MI。"Mind"强调的是与"body"相对的"精神"、"意识"和"心"。同时具有意见、见解和理智、理念之意。作为现代企业管理的专业术语,Mind 主要是指企业的经营理念和经营思想。"Identiy"一词有"正名、识别"、"一致"和"恒持性"之意。企业理念识别引起含义的丰富性、层次的多样性和抽象的概括性,对于内涵的理解和表述也不尽相同。我国学者林助阳编著的《如何建立 CIS(企业识别系统)》中认为"理念识别系统是企业的精神理念,也是 CI 的精神所在。这是最高决策层次,也是系统运作的原动力和基础。"我国学者孙黎在《CI 策划企业形象新境界》一书中称:"CIS 中的灵魂是企业理念,企业理念中的价值观念、精神观念和理想追求,可以比喻作 CIS 中的种子,CIS 的生成,就是某种价值观念、精神境界、理想追求的发育与成熟,就是他们的展开与实现,他们虽然是一些无形的东西,但却体现在一切有形的东西之中。没有他们企业形象就没有生气、没有活力。"笔者认为,企业理念识别是对企业价值观念、精神境界、理想追求的哲学提炼、经典概括,是企业长期积淀的精神财富和对未来发展追求进行的理性升华,是企业精神、理念的集中体现。

二、内容

一般来说,CIS 理念识别系统设计与企业文化精神层的内容基本相对应,包括企业使命、企业愿景、企业哲学、企业价值观、企业精神、企业经营要义、企业道德七个方面内容。

1. 企业使命的设计

企业使命也称企业目标，是指企业现在从事、将要从事或将来希望从事的领域内期望拥有的地位，努力实现的目标。企业使命是企业全体员工共同的追求，是企业奋斗的方向，是职工群体共同意志的象征和全体员工凝聚力的焦点，是企业共同价值观的集中表现。企业使命取决于企业领域、性质、范围；企业现状和潜力；企业领导的战略眼光。企业使命（目标）应涵盖企业经济效益和社会效益两个方面的内容，这对建设企业来说尤为必要。这是因为建筑企业是从事工程开发、城市建设的，是社会经济发展的基础产业，与国家和社会的经济发展息息相关，国兴企发，国弱企衰，企业只有把握自己的命运，与社会的建设和发展事业紧密地结合起来，企业才能得到真正的发展。因此，社会使命应成为企业 MI 策划中的重要内容。只有这样企业才能从长远战略和整体范围考虑自己的行为后果，以对社会负责、对社会公众负责的态度为业主和用户提供完善的服务、优质的建筑产品，从而优化社会环境，在推动企业发展的同时促进社会的进步。

（1）企业使命设计内容

社会责任。首先，企业 MI 策划设置应从社会宏观层面上明确自己所承担的社会任务，并由此确立所能达到的社会目标。例如：台湾东怡营造董事长在阐述理念时说：东怡人应该持"承启营造精艺、建设明日地球"的理念，诠释作为中国人的尊荣与伟大。

历史任务。在建设行业中要明确企业承担的历史任务，要为建设行业发展做出应有的贡献。北京科技园建设股份有限公司（BSCC）以"建设园区，促进发展"为宗旨，BSCC 首先将使命定位为社会经济重要成员，并深信自身的实力与事业将促进目标向更高层次发展，促进高科技发展，对社会发展产生重要影响。

具体目标。建设企业应为自己的发展规定具体目标。例如，东怡营造公司在进行企业使命的设计时提出以下企业目标："革新营造技术；强化公司内部组织，分层负责；加强社会责任，争取社会信誉；加强以人性为发展的员工成长训练活动；以开拓疆土之心，回报远大的胸襟。"

（2）企业使命设计原则

设计灵活、顺应要求原则。企业使命的设计要根据不同的企业，根据企业发展的特定要求，可以确定某一层面的企业使命；也可以涵盖上述三个层面的企业使命。并没有固定的模式，应坚持灵活的原则。如中国建筑工程总公司对企业使命阐述为:"以推动社会建设和发展为己任,追求人类生活环境的改善和员工个人价值的实现,使中国建筑成为世界知名品牌。"从宏观层次上看其使命的阐述包含了中建立足世界经济,服务全球,传承中国建筑文明,为人类生存和生活质量的改善做出贡献之意。从中观层次上看,中建要立足于工程开发、建设和管理,以人类经济发展的基础产业及其相关领域为基点,塑造世界级建筑名牌。从微观层次上看,强调了员工是企业的最大财富,强调必须通过企业不断的发展为员工创造机遇和空间。又如:在全国建设行业素有"沂蒙铁军"称号的山东天元建设集团把企业目标确定为:"创世纪天元,建百年企业。"从企业长远发展上确定了企业的使命,在新世纪提出了自己的奋斗目标。

符合发展、尊重历史原则。企业使命设计应坚持符合社会发展,尊重历史特性的原则,这是由于企业使命具有社会属性。因此,对使命的概括、阐述必须符合社会发展,必须有利于社会,有利于环境,满足社会对企业的要求。同时也要提出企业对社会所能和所愿意承担的责任和义务。企业使命又具有历史特性。一方面在一定的历史时期企业使命具有共性,如为社会作贡献,要求得到自身的利益发展,要获得经济利益等。因为没有经济利益企业就不能得到发展,也就不能为社会做出贡献。另一方面不同时期企业具有不同的使命。因此,要根据企业发展的不同时期,所承担的社会责任轻重不同而加以设计。如企业创建初期与企业规模扩大发展时期的社会责任是不同的。创业初期,企业则侧重于经济效益,因为没有经济效益,企业就难于发展,也难于为社会做出贡献。企业发展了,规模扩大了,有了一定的经济基础,企业承担的社会责任就应该大一些。例如:中建香港海外集团,创业之初主要立足于香港开展经营活动以"服务社会、繁荣香港"为其企业使命。经过多年的市场拼搏,经营效益卓越,中建香港海外集团迅速发展为房地产开发、建筑设计、施工和物业为一体的大型集团公司,业务范围也达到全国各地,以及东南亚国家,这仅限于香港繁荣,显然是与事实不相称了。因此,将原来的使命改为"服务社会,建设祖国。"

2. 企业愿景的策划

企业愿景是指企业所肩负的使命(企业发展目标)、方向与状态的进一步确定及其延伸。如企业为实现使命,企业的经营结构是国际化的还是单一化的;是纵向一体化,还是横向一体化;是民族化、本地化,还是国际化、全球化;是本行业,还是跨行业等等。企业愿景不同于企业目标,企业目标是指企业现在从事、将要从事或将来希望从事的领域内期望拥有的地位，努力实现的目标，解决的是企业的发展方向和企业拥有的地位问题。而企业愿景则指的是企业要想实现企业使命或达到企业终极目标状态的进一步的锁定，是对企业使命的进一步具体化。企业要以自身的意志和时代、社会、市场背景为基础，将现在的企业理念和未来相对照，预测十年、二十年后的情况，以确定企业未来的目标。值得注意的是当今跨行业、跨领域的大型集团不断地涌现，建筑企业的发展呈现国际化和多元化的趋势，但同时，建筑企业在进行企业愿景设计时更要注意核心竞争力的确定。

深圳天健（集团）公司股份有限公司，隶属于深圳市建设投资控股公司，是一家以市政工程、监理施工和房地产开发为主导产业，聚工业、商贸、物业管理、交通运输、建材生产以及宾馆酒楼为一体的综合性大型建筑企业集团。天健公司在确立企业愿景的时候就将建筑施工作为着力培育的核心竞争力，并将"力争使天建能够成为世界一流大型建设项目，集建筑、管理、维修、服务为一体的大型施工企业"作为企业愿境。企业愿景的内容有时可与企业使命合并为一起加以表述，也有将其单独加以表述。

3. 企业价值观的确定

价值观一向被认为是企业文化的核心。企业的事物是多方面的，由于人们认识上的不同等性，所以企业可以对所有各个方面进行排序，其中看重的就是有价值的。对重要事物的看法和所要追求的目标，就形成了价值观即企业的价值趋向。价值观是对企业的生存理念及价值取向的阐述，是企业衡量判断重要事务的标准。换一个角度讲，价值观是指企业采取怎样的手段去实现企业的使命，追求企业愿景？在日常管理中采取怎样的行事准则，这一行为准则就是价值观。它是回答"企业用怎样的标准、准则对重要的客观事物进行评价"？"对重要客观事物的哲学态度是什么"？其中企业对"最重要的事物"、"最有价值事物"的看法和追求就是企业的"核心价值观"。"核心价值观"是一切行动、任务的最高依据和最高准则。价值观内容是多方面的如政治、经营的、管理的、质量的、人才的、科技的、市场的等等；山东天元建设集团的"立业报国为本，管理以人为本，服务诚信为本"的天元价值观，从企业对国家、企业内部管理和行业行为三个方面充分阐述了企业最基本的价值观念。在 MI 设计实践中，有些企业的价值观分为若干项分观念直接加以表达，例如可以设计为：市场、质量、人才、管理、科技等等方面，将辅助理念直接作为企业主导理念，单列可以充分体现企业对分领域的高度重视。

4. 企业哲学的提炼

企业哲学是从企业实践活动中抽象出来的、关于企业实践活动本质和基本规律的学说，由于企业的主要实践活动是经营活动，因此通常也称为企业经营哲学或企业经营理念。企业哲学是对企业经营实践活动的经验和理论的高度总结和概括，是企业家对企业经营的哲学思考。企业哲学对企业组织、员工有一种无形的指导作用，是 MI 设计的重要一环。设计企业哲学是对企业运作内在的经营本质规律的揭示。因此，严格地讲不是企业主观的"设计"和规定，而是对企业经营客观规律的认识、挖掘、总结和提高。例如："仁心待人，严格待事"——瑞士劳力手表公司；"服务是人生的最高道德，人的管理是所有管理中最重要的一环"——韩国三星集团；"以科学技术为经，合理管理为纬"——日本丰田公司；"服务民生，利国利民，自强不息，人企相长。"—— 山东天元建设集团；"积极开拓、灵活经营、重视效益、稳步发展。"—— 中国对外建设工程总公司；"以德兴司、诚信为本"——河北沧州市城市建设开发有限公司等经营思想，都是对企业自身内部经营运作本质的一种揭示和提炼。

企业哲学无疑是来源于企业领导和广大员工的生活、生产实践。但由于企业哲学的特殊性，其具体的、现实的、直接的来源主要应考虑以下四个方面：

（1）企业家自身的哲学思考。企业家自身的世界观、人生观、价值观，由于被企业家自觉或不自觉地运用于企业管理和经营实践之中，容易在企业形成共识被确定为企业哲学。海尔集团总裁张瑞敏对人与企业的关系有很深的哲学思考，他曾撰文指出："现代化首先是人的现代化，现代化的主题是人，现代化的目的也是为了人，因此，人的意识和价值就有着特殊的地位，谁拥有了德才兼备的现代化的人才，谁就可以在竞争中获胜。"这对形成海尔的"把人当作主体，把人当作目的，一切以人为中心"的哲学思想起到了决定性的作用。

（2）英雄模范人物和优秀群体的世界观、人生观和价值观。由于他们的先进思想和模范行为在员工群体中有巨大的影响力和感召力，通过挖掘提炼后容易得到企业领导和员工的广泛认同和自觉接受，进而成为企业哲学。

（3）多数员工共同的哲学思维和世界观、人生观、价值观。由于平常已渗透到经营、管理、生产、生活中去了，如果在企业内已经占领了主导地位，形成了一定的氛围，那么再加以因势利导，在原有基础上修改补充，就很容易成为企业所倡导的经营哲学。

（4）社会公众、同行企业的哲学思维。中国古代哲学、马克思主义哲学、西方现代哲学中蕴藏着大量来自于经营实践的哲学理念，都可成为企业哲学的来源。

企业哲学是企业对人生、企业发展的哲学感悟，企业哲学的设计除要求语言简洁外，还要结合企业特点，体现出鲜明的特色。例如：上海大众燃气有限责任公司结合中国特色、行业特色和企业特征，将企业哲学表述为："气通人和，气盛业兴"、"正气、争气、顺气、和气"，该表述巧妙地把中国传统文化精髓的"气"和公司提供的燃"气"结合起来，使精神之气与物质之气相得益彰。

5. 企业精神的设计

人就是要有一点精神。企业存在和发展，企业员工群体也应该有一种精神。企业精神风貌是随着企业的发展而逐步形成的并固定化下来，是对企业现有的观念意识、传统习惯、行为方式、企业作风中积极因素的总结、提炼和倡导。企业精神的设计必须体现出广大员工的精神状态和作风，要恪守企业的使命与愿景、不违背企业价值观和企业哲学的主要原则；要体现时代精神，体现现代化大生产对企业员工精神面貌的总要求，方能"来源于实践又高于实践"，成为鼓舞全体员工为实现企业使命而奋斗的强大精神动力。

当前，我国正处于建立完善社会主义市场经济，不断深化企业改革阶段，这样一个社会大背景决定了我国的企业精神应具有一些民族共性和社会共性；同时现代化大生产的基本特征又决定了企业精神具有一定的时代共性。建筑行业无论是产品、还是生产方式都具有不同于其他行业的特殊性。因此，企业精神的设计一方面要突出在大背景下的共性的一面，又要体现出行业的特殊性的一面，把社会、民族、时代的共性和行业的特性、企业个性相结合，才能设计出符合实际的企业精神。

企业精神是企业理念的具体表征，一般均以简洁而富有哲理的语言形式加以概括。例如：山东天元建设集团公司的"勤奋好学，务实求精，拼搏创新，忠实奉献"的企业精神；深圳天健建设股份有限公司的"稳健中求发展，发展中不忘稳健"的企业精神。企业精神虽然要求语言简练，但形象应生动，内涵与意义丰富，也是必不可少的。例如：中国信一公司以"水"的特性象征为企业精神：

像水一样，除了流动自己以外，还带动其他物体，促进带动其他事物行动。像水一样，在遇到阻力或障碍时，反而加倍努力，放出全部能量，与障碍搏击。像水一样，虽然只是涓涓细流，但却具有坚韧不拔的意志，持之以恒，水滴石穿。像水一样，在工作中有"无孔不入"的精神，注意每一个细节。像水一样，时常涤荡各种污垢而其力不减，永远保持自洁，永远不停地自我进步改善，也尽可能地帮助别人进步改善。像水一样，不论来自哪个角落，都能朝向一个既定的目标不懈前进，经由小溪汇聚成河，经过河流汇成江湖，最终注入大海，实现自我价值。"水"的精神，形象生动，员工容易记忆；内涵丰富，涵盖了企业群体团队、服务、质量、市场精神的全部内容，不失为企业精神设计的典范。

6. 企业宗旨的制定

企业宗旨也称企业经营宗旨或企业经营要义。企业宗旨不同于企业哲学，区别主要有两个方面：一是企业宗旨是指企业为完成企业愿景（企业近期目标）所展示的具体的经营思想，这种思想是企业员工对客观发展规律的主动认识的结果。而企业哲学是指企业为实现企业使命（企业长远目标）在企业经营活动中所持有的最基本的理念，是对事物规律的客观反应。二是企业宗旨是在企业哲学的指导下形成的。企业宗旨是企业哲学的具体化，主要说明企业存在的价值和对社会的承诺。企业对内、对外都存在和承担着义务。对内，企业要保证自身的生存和发展，使员工具有生活保障，并使员工的生活福利不断得到提高和改善；还要帮助职工实现人生的价值；对外，企业要向社会要提供优质产品，提供优质的服务，满足消费者的需要，为社会做出贡献。总之，企业宗旨主要是指企业对社会、员工与消费者的经营承诺。企业宗旨必须回答的基本问题是"企业与社会的关系"、"企业与人（员工、顾客）的关系"等问题。企业对上述问题的答案就是企业宗旨。

企业宗旨一般要阐明企业经营活动、产品或产业、客户或市场、企业将对社会或员工、客户所作的贡献。例如：美国波音飞机公司的"以服务顾客为经营目标"、美国麦当劳的"保证质量，讲究卫生，服务周到，公平交易"、美国假日旅馆公司的"为顾客提供最经济、最方便、最令人舒畅的住宿条件，在'最'字上下功夫"、海尔集团的"高标准、精细化、零缺陷"、深圳彩虹投资发展有限责任公司的"彩虹就是为人类生活增添色彩"、中国建筑工程总公司的"客户在我心中，质量在我手中"、"业主第一，用户至上；以诚取信，服务为荣"、"业主、业主、再业主；用户、用户、再用户"、山东天元建设集团的"塑时代精品，造人类家园"、中建一局四公司的"至诚至信的完美服务，用户百分之百的满意"、河北沧州城建开发有限公司的"知顾客之需，供顾客之需、思顾客之想、敬顾客之喜"等经营宗旨，都是从不同角度出发对社会、员工、消费者作出的承诺。

企业宗旨是从企业内外环境出发对企业哲学的阐述，而当内外环境发生变化时，特别是企业自身发生变化时，企业宗旨业应随之修改和更新。例如：HP 公司原来的企业宗旨是："设计、制造、销售和支持高精密电子产品和系统，以收集、计算、分析资料、提供信息作为决策的依据，帮助全球的用户提高其个人和企业的效能。"1990 年公司第二任总裁 J·扬认为："以上宗旨在电子时代还可以，但在信息时代还需要修改。"于是，该公司耗资 400 万美元求助于咨询公司，对企业宗旨进行了创新设计。1992 年公司启用的新的宗旨是："创造信息产品，以便加速人类知识的进步，并企业从本质上改善个人及组织的效能。"这个宗旨既保留了企业价值观的基本信念，又体现了时代特色。促使 HP 公司更新企业宗旨的原因就是科学技术的进步带来了公司事业的发展。

7. 企业道德的定位

企业道德是指员工共同生活、生产过程中用以调节人与人、单位与单位、个人与集体、个人与社会、企业与社会之间的行为准则。制度解决的是合法的问题，道德解决的是合理的问题。企业道德主要包括：职工与职工、职工与企业、企业与社会三方面关系的行为规范。作为微观意识形态，它是企业文化的重要组成部分。例如：美国国际商用机器公司（IBM）的道德规范是："IBM 推销员在任何情况下都不可批评竞争对手的产品；如对手已获顾客的订单，切勿游说顾客改变主意；推销员决不可为了获得定单而提出贿赂"。日本妙德工业公司道德规范是："待人亲切；勤能补拙；遇有工作上的难题，虚心请教别人；今日事今日毕；批评别人之前，自己必须自我反省；决定要做的事或工作，必须全力以赴，发挥敬业精神；日常行事，严肃中不失亲切"。企业道德是社会道德在企业中的反映。企业道德所调节的关系具有复杂性，复杂性决定了企业道德理念不是单一的观念和要求，而是具有多方面、多层次的特点，是由一组道德观念因素组成的道德规范体系。

(1) 企业道德规范体系

①企业道德必须符合中华民族的优良传统道德，中国传统文化道德中的"仁、义、礼、智、信"五个字涵盖了中国人理想的人格精神。符合社会公德和家庭美德，企业员工是社会人，大部分时间是在社会上度过的，因此，企业道德的设计必须符合社会和家庭的道德规范，否则，相悖道德会使企业道德崩溃。

②突出本行业的职业道德特点，企业道德的调节主要体现在本行业生产经营活动中的人际交往之中，无一不与行业紧密相关。因此，企业道德设计应充分反映行业道德的要求。例如，山东天元建设集团把企业道德从三个方面加以概括：天元社会公德：文明礼貌、助人为乐、爱护公物、保护环境、遵纪守法；天元职业道德：爱岗敬业、诚信守法、服务顾客、服务社会；天元家庭美德：尊老爱幼、男女平等、夫妻和睦、邻里团结。这三个方面形成了具有特色的企业道德系统。

(2) 企业道德的主要内容

企业道德的主要内容有以下几方面：忠诚——忠于国家、忠于企业、忠于职守；无私——"为公、献身、奉献"；勤俭——勤劳、节俭、俭朴、节约；团结——团结、协作、齐心、和谐；廉洁——公私分明、两袖清风；自强——"惟旗是夺、无功即过"、"自强则生、平庸则亡"、"进取光荣、退缩可耻"；礼貌——礼貌待人、文明待客；遵纪——遵纪、遵规、遵章；守信——守信为本、诚信为基、信誉第一。

以上主要介绍了企业理念系统，有时为了进一步表述企业的主导理念，辅助主导理念的传播，还设计一些辅助理念，使企业理念进一步近期化、具体化。实际上，企业经营宗旨就是企业经营哲学的辅助理念，使企业哲学更加近期化和具体化。只是由于在企业理念设计中一般都将此理念无一例外地加以阐述，因此把它作为主导理念列出。主导理念可以进一步细化，例如：企业使命可以再分为远期企业使命、中期使命、近期使命等。企业哲学可进一步划分为：市场观、营销观、质量观。质量观还可以分为：科技观、环境观等等。企业管理理念可分为：人才观、分配观等。除设计企业精神外，还可以设计出辅助理念，如企业作风、企业习俗等等。MI 设计要根据企业实际和特点来设计理念指标，形成具有企业特点的理念系统，不必强求完整和效仿其他企业的设计系统。

总之，MI 指标设计并没有固定的模式，但有它基本指标和内容，"定体则无,大体则有"。在实践中,企业不必拘于形式,也不必面面俱到,应根据企业家的哲学思考,根据企业自身长期经营与管理的实践经验和企业的需要确定 MI 的设计指标就可以了。

第二节　MI 设计的科学与艺术

MI 设计要能使企业内部员工准确地领会和自觉贯彻执行,也要能够被广大社会公众认同和接受,这就提出一个企业理念设计的科学性和技巧性问题。科学性涉及到企业理念的内敛性、外张性这两部分内容,艺术性则主要是指表达技巧的问题。

一、企业理念的内敛性

企业形象首先要在企业内部树立。因此,企业理念被企业全体员工全面地领会和贯彻,是企业文化建设和企业形象塑造的重中之重。这就要求企业理念的设计要有利于企业使命的完成,在企业使命上形成合力,或是说企业一切行为都要向企业使命方向收敛。

1. 夹角假设理论

众所周知,在数学领域,夹角越小其余弦值越大,当夹角为零时,余弦值最大为 1(如图 13-1 所示)。这一理论借用到企业理念的设计上,图 13-1 中 O 代表共同的价值观,M 代表企业最高目标,OM 代表所指企业最高目标方向。OL、ON 等代表企业理念的其他要素。企业理念夹角的涵义是:理念要素应以共同价值观为出发点,以企业使命为归宿点,以产生最大的文化合力。这是企业理念内敛的基础理论。如果诸要素没有共同价值观念的基础和企业的最高目标为一致的方向,形成的合力就会减小,这是 MI 设计的基本理论和原则。

建设企业使命和企业价值观的确定应准确了解和把握好设计的理论依据。一要把握好建设行业的特征,要了解建设行业规范,在行业规范的制约下,提出企业的使命或目标。例如,2001 年 7 月 1 日起施行了《建筑企业资质管理办法规定》是我国建设行业管理的一项重大改革,核心内容是将建筑企业资质划分为施工总承包、专业承包和劳务承包三个序列进行管理,并将三个序列按照工程性质和技术特点分别划分为若干资质类别。建设企业要进行 MI 设计时,必须要考虑

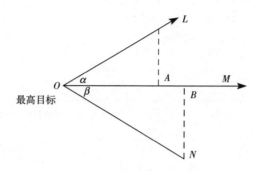

图 13-1 夹角理论示意图

到企业对此政策的适用性,否则很难准确确定事业范围和发展目标。二是要把握市场现状和趋势。MI 策划设计是市场发展的需要,其制定又必须从中吸取营养,要符合市场现状和发展趋势,这就要了解市场,预测市场的发展未来。三是企业自身状况。企业自身状况是企业 MI 设计的重要依据之一,它包括企业的历史、故事、英雄人物、劳动模范、重大事件和现状等。四是企业文化建设。即建设企业在进行 MI 设计时,要考虑企业原有文化氛围现状和特征,并在此基础上进行提炼、整理或创作。台湾东怡营造公司在进行 CI 策划时对其 10 年的企业文化进行了梳理,总结出"自由、明朗、积极、进取"的企业文化本质,并在此基础上确立了理念体系。

2. 收敛假设理论

收敛本是数学的概念,是指函数值随着自变量的变化而趋近某一固定数值。在这里我们借助来比喻企业理念的设计原理(图 13-2 所示)。O 代表企业价值观,O_1、O_2 代表不同的价值观,AB 表示某种企业理念要素对具有 O_1 价值观的员工的作用。AB 分解为横向的 AB_1 和纵向的 AB_2,AB_1 促使员工向最高使命或目标 M 努力,AB_2 促使员工向共同价值观靠拢,只有这样才能形成 O_1M 的收敛曲线,员工成长的曲线。这就是收敛理论原理。这一理论可以表述为:每一个企业理念要素都应该对员工个体产生趋向企业使命的完成或目标的实现具有推动作用。使员工的努力最终收敛于企业使命的完成或目标的实现,这是 MI 设计的又一重要理论。收敛理论同夹角理论相比更加完善,因为夹角理论假设员工具有共同的价值观念,而实际上在起始状态,不同的员工的价值观是有很大差异的,收敛理论克服了这一弱点。这一理论告诉我们:

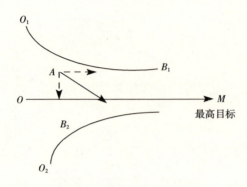

图 13-2 收敛理论示意图

(1) 企业理念系统的各要素虽然都以共同价值观为出发点,但是整个理念系统要能够对具有不同价值观的员工产生两个方向的作用,一是使员工为企业使命的实现而努力工作,二是员工在完成使命中自身的精神境界得到提高。这两种作用反映到企业领导者身上的两项任务:一是企业要完成使命。而要尽可能地满足企业员工的需要,包括物质的和精神的,为社会培养全面发展的人。我们在设计企业理念时既要反映出促进企业使命的完成,又要满足员工物质和精神文化的需要。

(2) 企业理念系统的各要素之间要和谐统一。从图 13-2 可以看出,任何一种企业理念要素都会对员工产生平行于企业使命的 AB_1 和垂直于企业使命的 AB_2 的两种作用。如果这两种作用都分别指向企业使命和共同价值观,那么这种理念就是和谐的;反之就是不和谐的,这是 MI 设计的重要原则。例如,有的企业提出"保名牌"的口号,与其企业宗旨"创优质,求生存"相抵触,在市场竞争中,不进则退,名牌是保不住的,结果这个公司的名称很久没有听说过了。

二、企业理念的外张

有企业理念的内敛,就有企业理念的外张。外张是指在时间上具有向外扩张的现象。对这种现象的认识可以帮助我们更好地理解前面讲过的一些设计原则。

1. 时间延展假设理论。如图 13-3 所示,现在的企业理念时态 Tp 是过去的理念运动变化而来,也将经过运动成为将来的企业理念时态 Tf。由企业理念时态随时间的变化构成了一条运动的轨迹,每一瞬间的状态都是和前一个瞬间的状态紧密相连的,去掉任何一个瞬间都是不行的。由于企业理念这种连续变化的特点,当时间间隔非常短时,不同瞬间的企业理念几乎是差不多的,仿佛在时间轴上进行了延展,这一现象就是企业理念设计的时间延展理论。时间延展理论告诉我们:

(1) 企业理念设计是描述将来的企业理念时态,不能割裂历史和现实,这与行为、视觉设计不同。

(2) 对企业的历史和现实了解得越清楚越全面,对企业理念发展轨迹和趋势就越看得清楚,设计出的企业使命越容易实现和完成。

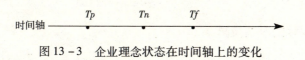

图 13-3　企业理念状态在时间轴上的变化

2. 文化力场假设理论。物理学中有引力场、电磁场等概念。假设企业理念在空间形成了一种文化力"场"。如图 13-4 所示。

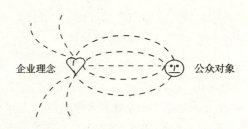

图 13-4　文化力场示意图

图 13-4 示意图中,左边的桃心圆代表在员工中形成的企业理念,右边的小太阳代表公众对象,中间的虚线代表的是企业理念与公众的相互作用力。企业理念与公众相互发生的作用力构成了文化力的"场"。文化力对空间任何公众对象都有这种文化力的作用。这就被称为"文化力场假设理论。"

由文化力场假设理论可以得出如下结论:

(1) 文化力场的核心是企业员工,企业员工是企业理念的载体。文化力最强的地方是企业内部员工的作用力。员工内部的凝聚力越强,其对外作用的能量就越大。因此,MI 设计时首先要考虑的对象是企业员工。

(2) 文化力场是一种精神的、理念的作用。因此能起作用的对象应该是有思想有文化的社会人。因此，企业 MI 设计要充分考虑社会公众的文化素质和文化需求，MI 设计越贴近公众，越能发挥作用。

（3）文化力场中的"距离"概念是指公众接受企业信息的程度。接收信息多的对象"距离"就越近，而不是空间的概念。因此，MI 设计应充分利用有效的传播渠道，增大企业信息量的传播。如果没有信息渠道，公众就会成为文化力场中的"屏蔽物"，根本受不到任何影响。

自然科学与社会科学往往有惊人的相似之处，上述的理论只是一种假设理论，对企业 MI 设计会有一定的帮助。

三、企业理念的表达技巧

企业理念的书面表达是非常重要的事情，把理念表述成简洁、规范、生动、形象，理念要进入人们的思想深处必须赋予一系列的表达技巧。

1. 企业理念口号化

口号是供口头呼喊的有纲领性和鼓动作用的简短句子。例如：大庆油田的："奋发图强，自力更生，为中国人民争气"的口号。口号具有以下特点：内容精练，重心突出；采用祈使句、感叹句，有较强的感染力和号召力；句子较短便于阅读、记忆和传播。将企业理念口号化有三层涵义：（1）将企业理念的诸要素设计成符合口号特点的语言形式。例如：北京住总的企业使命："争当建筑业排头兵"；企业哲学："视今天为落后"；企业精神："盖房人永远想着住房人"；企业经营宗旨："客户的难题就是我们服务的课题"。企业理念各要素简洁、明了、便于阅读、记忆和传播。（2）将企业理念对员工的要求用口号反映出来。例如北京住总对员工的要求是："精、严、细、实、快"。（3）将前述几种企业理念不能涵盖的而又需要员工或公众了解的观念用口号形式表达出来。这类口号由于是对 MI 的重要补充，而往往升格为企业理念的一个独立组成部分。例如：北京住总的环卫方针："创人类文明，建绿色家园"；企业激励原则："无为就是过，有为才有位"；企业品牌战略："做一件事情，创一次辉煌"等均不属于上述几种理念范畴，可作为企业理念的独立组成部分。

口号是对所表达的企业理念内容的高度浓缩和概括，企业文化深层次的生动再现，最能够体现时代的要求。因此，正确地掌握和运用口号技巧，对于企业理念的传播，树立企业观念形象有很大的帮助。

2. 企业理念人格化

企业英雄模范人物最能体现企业的精神理念，通过讲述他们的故事、宣传他们的事迹、赞扬他们的思想和精神，能够使企业理念形象化，并赋予一种人格化的力量。在第四章中我们曾经介绍了一些英雄模范人物，他们的精神和事迹充分的体现了新时代企业需要发扬的精神，是优秀企业理念的集中表现。随着社会的发展和时代的进步，必将涌现出众多的英雄人物和劳动模范，这将成为我们 MI 设计人格化创作的源泉。把宣传英雄人物事迹、灌输英雄人物精神与企业理念构建、宣传相统一，是企业 MI 设计的重要技巧，实践证明往往可以收到事半功倍的效果。

3. 企业理念艺术化

企业理念的艺术化是指将企业理念用音乐、美术等艺术形式加以表现出来，借助艺术的美来传播和推动。把企业理念融入歌曲，创建企业之歌，用歌曲表达企业理念是常见的一种艺术形式。歌曲是企业理念直接的反映，而音乐则通过其旋律、节奏等来间接体现企业理念。创造企业之歌，一般要求节奏简单、变化少、适合齐唱和合唱。企业之歌应该做到员工人人会唱，通过整齐、嘹亮的歌声，既能够增强员工的自豪感和凝聚力，又能充分反映员工的精神风貌，传达企业理念，树立企业形象。松下公司、大宇公司等日本、韩国企业公司之歌都非常有名。中国建筑企业也越来越多地采取了这一形式。例如：深圳市建设投资控股公司自 1998 年以来，积极开展创作企业之歌、演唱企业之歌、推广企业之歌的活动，其规模之大，参加人数之多，对社会的影响都是空前的。就此，2002 年 2 日，中央电视台新闻联播节目《深圳：精神文明推动经济发展》专门报道了这一情况，并给予高度评价。公司总部和所属15 个企业分别创作了《建设者之歌》、《建设者圆舞曲》、《建工情》、《勘察院之歌》、《勘察院精神之歌》、《物业之歌》、《深华之歌》等歌曲，从不同侧面反映出总公司的企业目标、价值观念、经营哲学、企业道德和公司整体形象，具有本企业特色。旋律既高昂、豪迈，又抒情、流畅，既适合于合唱，又适合独唱，既有主题歌曲，又有系列产品，形成企业之歌系统。歌曲大部分为进行曲：旋律高亢激昂，雄壮有力；有的属于抒情歌曲：旋律悠扬隽永，婉转动听；歌词简单易懂，歌曲容易上口，一学就会、人人爱唱。把企业理念寄予歌曲，是企业理念艺术化的成功经验之一。

漫画是人们普遍喜爱的一种艺术形式，用漫画（包括连环画）形式表达企业理念已被一些企业所采用。漫画以其独特的幽默把企业理念从死板的条款中解脱出来，变成生动活泼的画面形象，不但方便大家理解而且会在公众和社会中留下深刻的印象。漫画一般用在企业内部员工手册上、内部小报上，有时可以用在对外宣传画册上、招贴画上。

企业理念的设计应考虑利用具体象征物来加以表达其内涵。设计出具有象征企业理念的象征物。这是企业理念的又一艺术表达形式。这种形式在其他商业或工业中较为多见，尤其是商业，例如：麦当劳的麦克唐纳人物塑像；北京百货大楼的张秉贵雕像；也可以设计出活泼可爱的动物形象作为企业吉祥物，例如，国外有利用雄鹰、鳄鱼、狮子等最为企业理念的形象代表。目前，在中国建筑行业这种艺术的应用并不多见，但随着企业形象设计的深入开展，这种艺术形式一定会在我国建设行业得到广泛推广。

第三节 企业优秀理念的特点

根据中国企业文化发展的历史和现状，总结许多企业成功的企业宝贵经验，展望中国建筑市场国际化的发展趋势，优秀的建筑企业理念应该包括下列几种观念：

一、中华富强的共同观念

实现中华民族的伟大复兴是从鸦片战争以来中国一代代仁人志士的执着的追求，更是现在全国各族人民及全世界炎黄子孙的共同理想，理应成为所有企业共同的奋斗目标。这种理念由于企业的规模、行业的特性不同，具体表现出来的程度有一些差别，但是从以下几个方面来落实，却又是共同的：

1. 在政治上坚持建设有中国特色社会主义理论的基本路线，自觉维护国家和民族利益。

2. 坚持可持续发展的原则，努力把企业办好，在生产经营中正确处理好国家、企业、个人三者的关系；合法经营，依法纳税，为国家经济建设做出贡献。

3. 坚持"两手抓，两手都要硬"的原则，精神文明与物质文明一起抓，在提高员工生活水平的同时，提高员工的综合素质。

二、以人为本的管理思想

现代化大生产，人、资金、物质、技术、管理、信息诸生产要素缺一不可，但是，人是这些因素中起主导作用的因素。中国是十分重视人的因素的传统国家。用中国传统的方式来说，就肯定了在天地人之间以人为中心；在人与鬼之间，以人为中心，所谓"人为万物之灵"，"天地之间人为贵"就是这个思想。出色的企业具有共同的特点就要坚持"以人为本"，尊重员工、关心员工、爱护员工。员工得到热心的关怀，就会产生顺心的效果，他们才能安心地工作，激发内心的智慧，发挥潜能，取得称心的成绩，促进企业得到较大的发展。

三、科技兴企的发展思路

邓小平指出"科技是第一生产力"。这是高瞻远瞩的光辉论断。纵观人类发展的历史，科学技术对社会发展的推动作用越来越大，特别是20世纪，现代科学技术得到了前所未有的高速发展，技术进步在经济增长中所占的比重日益增加，知识经济已经出现端倪，从某种意义上讲，科技是企业持续发展的不竭能源，科技兴企是振兴企业的惟一选择。确立科技兴企的发展思路，就应该：1. 树立尊重知识、尊重人才的正确观念，并使之在企业蔚然成风；2. 坚持严谨求实的科学态度，尊重科学规律，崇尚科学精神，努力做到管理科学；3. 重视人力资源开发，加强学习和培训，不断提高管理者自身和广大员工的科学文化素质，跟上科学技术发展的步伐；4. 重视技术开发和技术改造，鼓励技术创新，使企业努力保持技术优势，成为新技术、新产品的孵化基地，为实现"科教兴国"的战略目标做出贡献。

四、开拓创新的变革精神

改革是解放生产力，改革是发展生产力。在激烈的市场经济竞争中企业只有依靠开拓创新的精神，才能维持生存和发展。深圳市光明华侨电子公司的企业哲学"开拓则生，守旧则亡"；北京城建六公司的"视今天为落后"的理念都不仅仅是经验的总结，更是竞争的法则。中国的改革已经进入一个新的阶段，要想深化企业改革，首先要进一步改变观念，彻底破除"因循守旧"、"求稳怕乱"的消极保守思想，使开拓创新成为企业全体员工的共识。变革精神意味着在管理上不断探索更有效的体制和方法,这就要求:1.领导层和管理层带头清除"不求有功,但求无过"的消极思想;2.要勇于实践,在实践中不断发现新问题、解决新问题,不要怕出现问题,领导干部要勇于承担责任;3.尊重广大员工的首创精神,不断总结和推广成功的管理经验。

五、全心全意的服务态度

服务对于企业来说,显得越来越重要,有人预言"服务制胜的时代已经来临"。闻名世界的 IBM 公司,成功的技巧就是最佳的服务,这种先进的理念在80多年前就被创始人汤姆·沃森以"服务是销售的支柱"规定下来。"全心全意为人民服务"是中国共产党的宗旨,在新中国各行各业中得到充分体现。第四代党和国家领导人结合新时期、新形势提出了:"立党为公,执政为民"的建党指导思想,正在全国各行各业得到贯彻落实。但由于我国市场经济不够发达,计划经济体制的影响还存在,"为人民服务"成为了空洞的口号,一些企业在市场经济的大潮中曾被称为"为人民币服务",使企业的经营陷入尴尬的境地。怎样处理企业发展遇到的"义利"关系?市场需要不需要诚心诚意的服务?一些明智的企业家从 IBM 等先行者身上获取了市场竞争的真谛——"顾客第一,服务制胜。"这才有了我国海尔集团"国际星级服务"的竞争优势服务意识,这意味着树立"业主或顾客是衣食父母"的观念,想用户之所想、急用户所急、认真演奏前期服务、中期服务和后期服务的"三部曲"。服务意识要从企业内部培育,领导为员工服务,二线为一线服务,职能部门为实施部门服务,上道工序为下道工序服务,只有这样才能赢来服务的保障。

六、追求卓越的竞争精神

优生劣汰是市场经济的客观规律,企业要想在市场竞争中获胜必须在质量、价格、服务、信誉上占有优势,优势的获得自在于企业领导的正确决策,靠全体员工的共同努力。从企业文化的角度看,关键是要在全员工中树立追求卓越的竞争意识。美国 IBM 公司的"追求卓越"、日本日产汽车公司的"反复改善",到韩国三星公司的"第一主义"、中国海尔公司的"要干就争第一"均把追求卓越的竞争意识列为企业文化的重要内容。树立追求卓越的竞争意识,必须形成自爱、自尊、自强的良好心理环境,鼓励自强不息的进取精神,培育强烈的集体荣誉感、责任感。

七、合法求利的效益观念

企业是一个独立的生产经营者，当然要追求利润、追求效益。随着改革开放的深入，越来越多的企业已经把合法求利的效益观念纳入企业文化的现实内容，这是一个可喜的变化。正确的效益观念包括以下几方面的内容：1. 效益观念，提高劳动生产效率、提高企业工作效率是提高经济效益的根本途径；2. 成本观念。降低成本、节能降耗是增加效益的根本途径，这已经被广大企业的实践所认同；3. 时间观念。时间观念无论是对提高生产效率、还是降低生产成本来讲都是十分重要的。日本东芝"站着开会"就是强烈的时间观念的反映，这种"只争朝夕"的精神已被许多企业家放在重要地位；4. 经济效益和社会效益并重，企业也应该"讲大局"，在有利于人民生活水平提高，社会稳定和发展的前提下合法求利。

八、艰苦奋斗的优良传统

20年的改革开放使中国的面貌发生了巨大的变化，温饱问题初步得到解决，小康目标正在逐步实现，但我国正处在并将长期处在社会主义初级阶段，初级阶段的基本国情是经济还不发达、国家和人民并不富裕，因此，我们必须大力弘扬建国初期形成的艰苦奋斗的精神，并确立它在企业文化中的重要地位。如何摆正对待艰苦奋斗传统的态度，从侧面反映了一个企业能否保持不断发展的生命力。弘扬艰苦奋斗的精神，首先是思想上要艰苦奋斗，像中国银行广告那样"富而不骄"，清除自满的小农意识。其次，要大力提倡拼搏奋斗的精神，艰苦奋斗的实质是奉献精神，在困难面前应不退缩的拼搏精神，鼓励员工知难而进、勤奋工作。第三，要把艰苦奋斗建立在科学的基础上，只有与科学精神有机的结合起来，才能避免走"人有多大胆、地有多大产"的老路，克服蛮干和盲目。第四，要提倡勤俭节约、勤俭办一切事业，要形成"节约光荣、浪费可耻"的观念，把艰苦奋斗从"节约一分钱、一度电、一滴水"做起。

九、唯物辩证的策略思维

信息时代的到来，使国际经济一体化的趋势更加明显，使市场竞争到了白热化的程度，企业决策的频率和难度都大大增加，因而作为企业家决策基础的经营哲学、战略思维越来越成为界定企业竞争成败的关键因素。在"人与物"、"利与义"、"大我与小我"、"守业与创业"、"优势与劣势"、"长远利益与眼前利益"、"中国特色与国外经验"等对立统一关系面前，企业都必须做出科学的判断，采取正确的应对措施。唯物辩证的策略思维是企业理念不可或缺的一方面。位居中国科技企业百强之首的联想集团总裁柳传志认为：企业能够一步步做大，"正是依靠科学的思维模式"。

十、走向世界的战略眼光

全球经济化趋势和实现中华民族伟大复兴的神圣使命，决定了中国企业家必须具有走向世界的战略眼光，与其使企业被动应战，不如主动挑战，这是非常宝贵的理念要素。走向世界就意味着赶超世界的先进水平，要有创办世界一流企业的志气，"匹夫不可夺志"，志气与企业兴衰荣辱息息相关。四通公司"中国的IBM，世界的四通"的宏伟目标，海尔集团"创中国的世界名牌"的发展目标，正是企业志气的充分体现。走向世界，就意味着企业要按照国际标准生产经营，只有不断改进技术和工艺，提高产品质量，才能够在国际市场上争得一席之地。走向世界意味着要有全球化的市场意识，既要胸怀远大，不计眼前之得失，实现超常规增长，又要善于捕捉世界市场信息，正确预测市场趋势，做出正确的营销决策，这样才能跻身于世界先进企业之林。

第四节　MI 理念设计案例

MI 设计是对企业文化的高度凝练和浓缩，是企业 CI 设计系统的核心和灵魂。随着社会的发展和建筑行业改革的深化，精神和文化的追求在社会需要中占有越来越重要的地位，MI 设计已成为导入 CI 的关键。下面以中国建筑总公司的 MI 设计体系为例，对 MI 设计体系进行分析，以便使读者对 MI 设计体系有一个全面具体的认识。

中国建筑总公司在长期的生产实践中形成了许多具有中建特色的价值观念和信念体系，在企业发展中发挥了激励、凝聚和辐射功能，对吸引和凝聚优秀人才，提高企业核心竞争力、增进市场对企业的信赖起到了重要的作用。

企业宗旨

以推动社会建设和发展为己任，追求人类生活的改善和员工个人价值的实现，使中国建筑成为世界知名品牌。

作为中国最大的建筑集团，作为国家确定为关系到国家安全和国民经济命脉的国有重要骨干企业，中建以此为荣。中建的发展目标是：立足世界经济，服务全球人类，传承中国建筑文明，塑造世界建筑品牌，建设一流国际的大型跨国公司。

不断为社会创造财富是我们核心的价值观。中建坚信只有把企业融入社会建设和发展事业，才能获得真正的发展。中建立足于工程开发、建筑和管理这一人类经济发展的基础产业以及相关领域，致力于通过经营质量的提升为人类的生存和生活质量的改善做出贡献。员工是企业最宝贵的财富，中建强调必须通过企业的不断发展为员工创造机遇和空间。中建深知资源是会枯竭的，惟有文化生生不息，发展中国文化艺术、创造中国建筑文化是企业发展的应有之义。中建必须把建设优秀的企业文化作为重要任务，依靠优秀的企业文化形成生生不息的发展动力。

分析：中建公司的这一理念命题，具有以下特点：（1）阐述了企业在建筑行业的特殊地位和发展目标，把企业的使命、愿景融于企业宗旨中加以表述。（2）把企业进步与社会建设和发展事业紧密结合，充分体现出企业领导把企业融入社会建设和发展事业、为人类生存和生活质量的改善做出贡献的坚强信念和社会责任感。（3）强调了必须通过企业的发展来为员工的创造机遇和空间，实现员工的个人价值。既阐述了对社会的责任又对企业员工做出了庄严的承诺，通过双重目标，将企业命运与社会、企业员工的利益紧密地联系起来，具有巨大的鼓动性和很强的吸引力。（4）"世界知名品牌"既是中建的奋斗目标，也是中建对消费者的承诺。

核心理念

业主第一，用户第一，以诚取信，服务为荣。

业主、业主、再业主；用户、用户、再用户。

中建强调在任何时候都必须坚持业主第一，用户至上。中建相信谁赢得了业主，谁感动了"上帝"，谁就拥有了市场，谁就拥有最广阔的发展前景。中建要求全体员工都必须视业主为"上帝"，想业主之所想，急业主之所急，办业主急需之事，充分体现出"适应业主、情洒业主、承诺业主、满意业主"的经营作风，切实把业主意识贯穿始终，做到项目中标前为业主服务，承建中对业主负责，交工后让业主满意。

中建把至诚至信的完美服务作为一切工作的基本出发点，把研究和把握用户的需求作为创新和提高的基本途径，把用户满意度作为衡量一切工作的最终标准，把百分之百的用户满意度作为企业的永恒追求。

社会不断发展，用户在不断进步，完美和满意的尺度在不断提高。中建的全体员工必需不断增强服务意识，加快服务创新，提高服务品质，紧紧跟上时代的脚步。

分析："核心理念"在这里是指"企业最高价值观"，是企业处理最重要、最有价值的问题的最高标准和最高行为准则，是对企业经营活动的根本出发点和落脚点。中建总公司的核心理念特点是：（1）强化了建筑企业的服务对象是业主和用户，把它们作为"上帝"，确立了适应业主、情洒业主、承诺业主、满意业主的价值理念；（2）突出了建筑行业服务的属性，明确了："诚信为本、服务是金"的企业价值原则；（3）明确了"服务贯穿于项目的始终，坚持过程服务"的价值标准。

市场观

竞争无穷，商机无限，市场为大，经营为先。

中建正视和面对竞争，中建把竞争看作是自然和人类全部最有成效的法制，是市场先进的根本，竞争为社会、企业、个人的发展创造了无限的空间和机遇。尽管市场本身在不断发展和完善的过程中，但中建认为市场是公平的，并且积极致力于市场的建设。

中建清楚，为人类、为社会、为历史做出贡献，不仅是一种责任，也是一种荣誉和机遇，需要在竞争中接受选择，需要在竞争中善于认识和抓住机遇。需要在竞争中提高自己，发展自己。中建对此有信心，中建相信：今天的质量就是明天的市场，企业的信誉就是无形的市场，用户的满意就是永恒的市场。

分析：市场观是企业价值观体系中的分观念，属于价值观的一个方面。市场观的作用是阐明如何完成企业使命，进一步对企业哲学加以诠释。本条款的特点：（1）阐述了中建总公司的市场原则：今天的质量就是明天的市场，企业的信誉就是无形的市场，用户的满意就是永恒的市场。（2）说明了企业对竞争、商机、市场、经营四要素的基本态度并说明了四要素在企业经营活动中的重要地位。

质量观

过程精品，质量重于泰山，中国建筑，服务跨越五洲。

作为经营触角横跨国内外两大市场的中国建筑工程总公司，视质量为企业生存和发展的生命线，致力于通过质量的郑重承诺、优质的过程服务和全方位的动态管理在全球范围内营造"中国建筑"的名牌效应。

质量重于泰山。我们必须遵守和实现国家和行业关于工程建设的标准和规范，但我们决不仅仅停留于此。我们秉承建筑是一门艺术的精神，认为国家标准和行业标准是最起码的标准，要努力追求更高的标准。把不断提高工程质量，塑造时代艺术精品，作为我们实现企业宗旨的基础和关键。

过程精品是我们中建的质量管理的特色和优势，它把质量重于泰山的思想落实到过程控制之中，细化到每一项制度之中，贯穿于日常管理行为之中，依靠每一道工序的高品质塑造精品工程。

中建努力把过程精品的思想渗透到员工价值观念之中，延伸到员工的一切工作和行为之中，积极培育中建人才，不断超越、尽善尽美的人格追求。

分析：质量观是企业价值观体系中的又一重要理念，是对经营哲学的进一步思考和具体化，是经营理念的重要补充。这一条款主要阐明了1.表明中建总公司要实施品牌战略，注重营造名牌效应；2.提出了中建总工司的施工标准高于国家标准和行业标准的要求；3.指出中建总公司管理的特色和优势在于：注重过程精品，实施质量过程控制管理。

人才观

以人为本，意在激活，重在培训。

人才关系到中建的兴衰。"以人为本"是企业永恒的管理思想。中建必须重视教育培训，倡导终生学习，塑造学习型组织，为员工知识更新和学习创造条件，我们认为培养一支有理想、有道德、有文化、有纪律的员工队伍，是保证企业持续发展的根本。

机制决定活力，中建主张契约性用人机制，尊重员工择业选择；中建致力于不断完善绩效为主，优胜劣汰，公开、公平、公正的人才选拔机制；致力于建立"事业留人，感情留人和待遇留人"的人才机制，创造优良的人才成长环境。

分析：人才观是企业价值观的组成部分。尤其是当今市场经济不断发展和世界经济全球化，企业竞争实质上是人才的竞争。许多企业在设计理念系统时都把人才观作为重要内容加以表述，把辅助理念变成主导理念，直接加以表述。人才观应属于管理理念范畴。中建总公司的人才观强调了对人才的重视，把人才管理作为永恒的管理思想，提出了适应市场需要的用人机制和提高培养人才途径。

环境观

坚持人文精神，营造绿色建筑，追求社区、人居和施工环境的不断改善。

坚持人文精神，是中建一以贯之的精神，要求我们在输出服务时必须坚持以人为本组织设计、施工和管理，必须遵循人类关于环保的基本认识，包括贯彻执行各类环保的政策、法规；充分利用环保的基本能力，包括建立环保体系，采用环保技术。

营造绿色建筑，是人文精神在建设工程的核心体现，要求建筑过程必须具有节能、降耗、无污染的特征；建筑材料和施工工艺必须具有环保性特征；建筑结果必须具备环保、节能、适宜性的特征。

追求社区、人居和施工环境的不断改善，是中建企业环境管理的永恒目标和必须坚持的环保观念，要求我们的环保管理必须贯穿于设计、施工、竣工到物业管理和后期维保的全过程；必须使社区环境、建筑用户、施工人员共同受益；必须坚持持续改进、永无止境。

分析：环境意识是时代进步和社会发展现代企业应具备的观念，中建公司把环境观作为一个独立的分理念加以表述，可见企业对此问题的高度重视。并从坚持以人为本的精神、营造绿色建筑、追求社区、人居和施工环境三个方面提出要求。

科技

创新支撑科技、科技支撑发展。

中建认为科技是企业立足和发展的根本，是提升核心竞争的关键。我们强调靠科技强化管理，靠科技提高素质、靠科技抢占市场，以市场为导向，通过不断创造新的技术优势，做到人无我有，人有我优，人优我新，抢占市场竞争的制高点。

创新是科技的灵魂，是我们迎接新世纪挑战的根本性举措，加快科技创新，不仅要求实现先进的科学管理，而且要求电子计算机等信息技术的发展和网络化的进程要加快，不仅需要先进的施工技术和新工艺，还包括先进的设备、机械、材料的全面开发和广泛应用。

中建要为科技的发展提供人才机制，加强引进、培养和使用，依靠一流的人才发展一流的科技。

分析：中建的科技观（1）明确了企业靠科技发展的观点，又阐述了创新科技的理念。（2）明确了科技应用的领域：科技是管理、素质、市场的重要支撑。（3）依靠科技要达到的目标：人无我有，人有我优，人优我新，强占市场竞争的制高点。科技观是中建总公司的又一重要的经营理念。

分配观

机会均等，奉献者定当回报。

中建为每一位员工的发展负责，中建必须在环境和机制上为每一位员工的发展提供均等的机会。在机会相等的条件下，奉献者定当汇报。

中建所谓的奉献包括努力工作履行岗位职责，勇于探索去创新成果，承受风险负起重要责任，资本投入集聚发展力量，同时，中建强调优秀的科技人才和专家以智力转化资本并享受回报，强调管理者应获得与其贡献和责任相当的回报。我们所谓的回报包括薪酬、荣誉、职务迁升、更大的发展机会、风险收入和资本后入等。

中建坚持效率的优先，兼顾公平的原则，中建特别声明不反对收入的差距，主张收入向做出贡献的优秀员工倾斜。中建认为员工回报的竞争力，是企业竞争力的基础。

分析：许多企业MI设计中，作为管理领域的价值观的分配观一般来说并不将其单独列出。而中建公司把它单独列出，具有深远的用意。这是因为他们充分认识到分配机制历来被广大管理者和员工所重视，建立合理的分配机制是激励企业进步的动力。单独列出是中建 MI 设计的又一特色。中建总公司的分配观在提出机会均等，奉献者定当回报的口号外，对于"奉献"和"回报"作了较为全面、详细的界定。对于树立正确的分配观，鼓舞员工工作热情，具有积极作用。

经营要义

市场决定前途，竞争决定生存，理念决定发展，人才决定兴衰。

1. 经营工作是企业的中心工作。提高发展质量是我们的综合目标，提升经营质量是提高发展质量的有效支撑和根本的经营方针。

2. 拥有市场的途径是拥有具有市场竞争优势的品牌，我们在战略上主张名牌、品牌并举，靠不断塑造名牌工程来高高托起"中国建筑"品牌。

3. 强化核心业务竞争能力，实现有限相关多元化的发展战略。

4. 企业长远的风险在于市场，潜在的风险在于竞争对手，现实的风险在于企业的资金状况和管理问题。

5. 强化管理是永恒的主题，是提升经营质量的基础和前提，强化管理重在科学规范，贵在严格认真。

6. 企业管理必须以财务管理为中心，财务管理必须以资金管理为中心，资金是生产经营的血脉，资金活，企业兴。

7. "三位一体"的项目管理模式是项目管理的综合目标；"过程精品、动态管理、认真考核、严格奖惩"是我们的质量线；"标价分离、分层负责、精耕细作、集约增效"是我们的成本线；"CI 形象、文明施工、安全生产、立体标化"是我们的形象线。

8. 把理念置于管理之中，追求管理升级；把管理寓于过程之中，确保过程控制；把过程寓于文化之中，塑造："竞争、创新、科学、团队"的企业文化。

9. 建立激活选人，激活用人，激活分配，激活精神，激活留人的新制度，提高对社会人才的竞争力，增强企业员工的凝聚力。

10. 积极在企业内部引入竞争机制，促进生产要素和资源的优化配置，推动用工制度，分配制度等改革。

11. 人力资本质量决定企业经营质量。积极推进企业人才结构的专业化、知识化、年轻化，保证企业发展的生机与活力。

12. 大力培养技术人才，加快企业科技开发，加快科技成果向现实生产力的转化，为企业发展提供重要的技术支撑。

分析："经营要义"就是企业哲学或企业宗旨的具体化。因此要义一般分为几层含义加以论述。在经营要义中，企业应把自己的感受发挥尽致。中建总公司围绕着：市场、竞争、理念、人才四个方面，分为12条款从不同的角度加以论述。

第十四章 BI 企业行为识别系统策划

理念要付诸行动,才有成效。在确定企业理念要素后,关键是如何将这些企业理念在实践中加以贯彻实施。企业 BI 策划包括对企业制度、企业风俗、员工行为规范、专题活动的设计和制定,而不是仅仅局限于策划几个内部文体活动。

第一节 BI 系统概述

一、概念

1. BI 涵义。企业行为识别设计系统(Behavior Identity System,简称为 BIS 或 BI)是在企业理念识别系统得以确立的基础上所形成的,用以规范企业内部行为、管理、教育企业员工的一切社会活动,企业行为识别系统通过所有工作的行为活动得以表达,使其成为全企业传播之手,视之可见,处之可感,把企业理念通过对内、对外的活动全面地表达、再现出来。企业行为识别系统是一种动态的识别形式,它规范着企业内部组织、管理、教育以及社会的一切活动,总之,是企业具有特色的行为运作模式。通过这种运作模式,既保证了企业理念识别系统的实现,又产生了一种识别作用,即人们通过企业行为特征去识别认知这个企业。概括地讲,就是企业生产经营过程中在企业理念的指导下对企业整体和员工行为实行系统化、标准化、规范化、约束化的设计。

2. BI 范围。企业行为识别设计是企业的全部规程和策略的总和,因此,涵盖企业经营管理的全部活动,既包括企业制度、企业习俗、员工行为规范等行为规则的设计,又包括市场营销、公共关系、新闻广告和社会公益活动等主题活动的策划和事务;既体现对内行为,又体现为对外行为;既包括了组织行为,又涵盖了员工行为。

3. BI 功能。BI 行为识别系统在 CI 设计系统中具有如下功能:
(1)实践的功能。理论是为了付诸实践、指导实践,再好的理论把它束之高阁也是无济于事。因此，企业理念系统必须落实到行动上才能为公众所接受，企业视觉系统所引导的企业视觉形象也必须落实到行动上才能被公众所认同。企业行为识别设计系统最本质的功能就是其实践功能。

（2）承上启下的功能。MI 系统是 BI 系统的指导思想，BI 系统的设计则是 MI 设计的落实和保证，他的任务是把 MI 设计理念通过动态的组织、员工行为传达出企业的 MI 识别设计理念。因此，BI 识别系统设计必须在 MI 识别系统设计的指导下进行。BI 识别系统又是 VI 识别系统的前提和基础，VI 设计得再好，与企业的行为相脱离，对企业来说也只能是无源之水，无本之木，绣花枕头，好看不中用。因此，BI 设计在 CI 设计中具有承上启下的作用。

二、特性

1. 统一性。企业行为识别系统具有统一性，它要求企业的一切活动，无论是对上还是对下，对内还是对外均表现出一致性。所谓统一性是指要求企业全体员工和各部门在开展各项活动时必须统一目的，以在社会公众中塑造出统一而良好的形象。要求企业各项活动要与企业理念系统相吻合，使其成为企业理念系统的一个动态表现。再次它要求企业所有员工在活动中的表现具有统一性，这包括语言传播的统一性、行为表现的统一性、只有这样才有利于企业整体形象地再现和社会公众对企业活动的识别与接纳。

2. 独立性。企业行为识别系统具有活动独立性，即一切行为及活动的识别应体现出企业的精神、个性，显示出与其他企业的不同风格。这种独立的表现形态是社会公众对企业及其活动识别的基础。如因特尔奔腾处理器对外传播总是以高科技、领先技术、特殊形象表现与音乐表现来再现一颗活灵活现的奔腾的"心"。无论对外传播的内容（不同产品）发生怎样的变化，这一传播主调不会发生变化，同时这一传播主调也将企业的风格、精神再现出来，表现出与众不同的基本内涵和目标追求。

3. 动态性。企业识别系统具有动态性，统一性和独立性均经过活动的动态过程得以表现。企业内部活动包括：制度化体系—组织制度、企业习俗、员工行为规范；企业外部活动包括：市场营销、公共关系、新闻广告、社会公益等活动。所有这些活动都是一个动态的活动过程。企业行为识别系统的动态性支持着企业行为识别系统统一性和独立性，统一性和独立性也通过企业内外各项活动表现出来的，其目的是为了争取社会公众的识别、认可与接纳。

三、建设企业 BI 的基本特征

企业行为是受行业特点影响的。建设企业行为具有以下特点：

1. 质量控制行为。建设企业的质量控制是公众与社会最为注重的行为，也就是直接影响企业形象的行为。这是由于建设产品与其他工业产品的最大区别在于它的惟一性和不可逆性，使得建设企业的质量控制行为成为人们关注的焦点。而建设产品的展示性和永久性又影响企业员工的荣誉感。因此，质量控制行为又成为直接影响企业员工的荣誉感的行为。

2. 安全生产行为。安全生产行为是国家法律强制约束的行为。建设企业是属于高危行业，安全事故高频发生领域，历来被国家、社会和职工及家属所重视。安全生产行为成为建设企业行为的又一特点。

3. 企业经营行为。建设经营行为是全社会共同关注的行为。当前，处于转型时期，建设市场尚未完善，整体秩序还比较混乱。建设企业经营行为缺乏规范性。例如：挂靠、转包、违法分包、贿赂招标、传统招标、偷工减料屡禁不止。这些都与腐败联系在一起，引起全社会的普遍关注，并影响着建设企业群体在公众中的形象。

第二节　企业制度系统策划

企业制度是指企业为保证生产经营管理秩序而制定的成文的工作制度。我们把企业风俗归属于企业制度设计范畴来介绍，是因为企业风俗一旦形成就将程式化和制度化。企业制度最集中地体现了企业理念对员工和企业行为要求，是企业行为识别系统的重要内容。

一、原则

1. "以人为本"的原则。建立企业制度体系最根本的是要实现管理的科学化、提高企业的效率和效益，这就要必须首先保证科学性，而企业制度无论其具体内容针对哪一方面，归根到底都是针对"人"，因此，必须充分体现"以人为本"的原则。

2. 体现企业理念原则。企业理念是企业制度的根本指导思想和最高原则，制度设计只有在企业理念的指导下使企业理念在制度中得以落实，才能保证企业理念在企业的各个领域广泛落实。

3. 立足企业实际原则。制度的建立首先应是企业生产经营的需要、企业管理的需要、企业实际工作的需要，这也是企业制度存在的价值。在制度设计中要考虑企业的实际情况、员工具体情况、实践是检验制度的惟一标准的原则。

4. 反映企业特色原则。企业制度要扎根于企业，关键是要充分体现企业的管理特色，企业制度应是企业理念、行业特点、企业规模和业务、管理水平、员工队伍状况等企业特色的直接反应，不具特色的制度就会影响企业制度作用的发挥。

二、方法

1. 方法。设计企业制度有两种方法，一种是全面创新法即对企业制度进行全面创新设计。全面创新设计必须建立在充分的调查研究的基础之上，要向相当数量的专家进行咨询。需要大量的人力、物力、财力，这种方法只有具有雄厚财力的公司，企业面临的形势又必须的情况下才使用。一般企业很难承受得了的。如具有划时代意义的企业管理制度《华为公司基本法》，邀请专家历时3年时间得以完成。第二种方法是局部创新法。局部创新法是指企业以原有制度为基础，对于与企业理念不符的制度条款进行局部性修改、并加以创新，以保证与CI的一致性和完整性。此种策划方法适合于绝大部分企业。

2. 步骤。（1）制定制度总体规划企业制度的设计必须先对制度进行总体规划，以保证能体现近期与远期目标的战略规划性和"横向到边，纵向到底"的覆盖性。避免在主要环节上出现遗漏或较大的偏差。（2）制度分类在总体规划的前提下，对总体规划中的涉及面最广、对企业运行最重要的主要制度作为重点加以设计，然后以主要制度为框架，分门别类地拟定其他次要制度和带有补充性的规定。一般情况下，无论何种行业、性质的企业，其主要制度包含企业财务制度、企业人事制度、企业经营管理制度、企业分配制度等。在这些主要制度框架下再细分为其他亚层制度，如企业管理制度可分为：安全生产制度、质量监督制度等。

3. 实施制度设计。对企业制度的设计应先对主要制度进行设计，然后再对亚层制度进行设计。

三、内容

企业制度包括一般工作制度和特殊工作制度，一般工作制度又分为战略管理制度和基础管理制度两大部分。其中基础管理制度是企业最熟悉最重视的制度。但随着市场竞争的激烈和国际一体化的格局的形成，战略管理已经上升为企业最重要的任务之一。

1. 战略管理制度设计

企业战略是企业行为识别系统与企业理念系统最接近最重要的接口，作为企业战略的概念应属于企业理念的范畴，从战略实施、战略调整、战略管理的角度看，它又十分接近行为识别系统。企业战略决定着企业的基本发展方向，在企业管理体系中属于较高层次，基础管理是战略管理的基础层次。战略管理与基础管理的关系是方向性与保证性的关系。企业战略谋划在企业理念设计阶段完成，企业行为识别的任务就是将战略管理制度化，以确保企业的运行不脱离战略管理的轨道。

战略管理制度化是对战略决策的制度化。战略决策制度应明确如下几点：

（1）战略决策的主体及责任。明确企业最高决策者（管理者）的职权和责任；建立法人治理结构或决策委员会，实现独立经验决策和民主科学决策相结合；建立咨询顾问制度，选择咨询顾问公司，实现内部决策与外部专家决策相结合。

（2）战略决策的程序。分为常规决策程序和非常规决策程序，决策程序应严格规定适用条件。

（3）战略决策的内容。内容主要包括以下几点：市场机遇的寻找、把握；市场风险预测及防范；事业领域的调整；经营布局的变更；核心竞争力的培育；重大投资事项、重大产权变更、重大人事变更；人力资源政策；企业文化重构；企业中长期纲领等，这些问题决定着企业前途、决定竞争能否取胜、决定竞争优势能否保持、决定投资能否有可靠回报、决定经营能否盈利以及盈利能否达到预期水平、能否有足够的人力资源储备，支撑企业的可持续发展，是企业发展的关键性问题。

（4）决策的快速反应机制。市场机遇稍纵即逝，又风云突变，对市场机遇的把握和对市场风险的防范务必建立快速反应机制。

2. 管理制度设计

建设企业基础管理制度主要有：营销管理制度、合同管理制度、项目管理制度、质量管理制度、安全管理制度、科技管理制度、人事管理制度、财务管理制度、物资管理制度、行政管理制度、审计监督制度等。基础管理的设计以决策为出发点和依据，对"人、财、物"等生产要素进行有效的控制。对于这些基础制度，企业都较为熟悉，在此就不一一详述了。

3. 特殊制度设计

特殊制度是企业文化建设发展到一定程度的反映，是企业文化个性特色的体现，与工作管理制度相比更能体现企业文化精神层要素，有利于塑造丰满的企业形象。不同行业，不同企业的特殊制度各有不同，简单地概括特殊制度设计的一般原则和方法是件困难的事，就一般来说包括企业根据自身的特点建立一些诸如民主评议制度、职工与领导对话制度、家庭访问制度等是企业的一般做法。

第三节　企业风俗系统策划

企业风俗是企业长期相约、约定俗成的典礼、仪式、习惯性行为、活动等等。由于企业风俗随企业不同而不同、甚至有很大差异。因而成为不同企业的显著标志之一，在企业行为识别中占有很大的比例。

一、风俗的类型、性质

1. 类型

按载体和表现形式可以分为：风俗习惯，企业长期坚持的带有风俗性质的布置、器物或是约定俗成的做法。风俗活动，企业开展的带有风俗色彩的群众性活动。

按照企业风俗的普遍程度不同可分为：一般风俗，企业中普遍具有的风俗。例如：厂庆、歌咏比赛等，这些是企业共有的风俗。还有些特殊风俗，即企业特有的风俗。例如：北京城建集团每年开展的纪念青年突击队成立周年活动，属于企业特有的风俗。

按照企业风俗对企业良好形象的相关性可分为：正相关企业风俗即对建立优

良的企业形象具有推动作用的风俗。负相关性企业风俗即对企业形象的塑造会产生不良影响的风俗。不相关性风俗即对企业形象的塑造不相关，没有任何联系，不产生任何影响的风俗。

明确企业风俗的分类对于设计企业风俗是十分有益的。

2. 性质

（1）非强制性。非强制性是企业风俗与企业制度的重要区别，企业制度具有强制性，而企业风俗则一般并不带有强制性的色彩，企业风俗相对于企业制度的"官方规则"它是一种"民间规则"。

（2）可塑性。企业风俗具有可塑性，是指经过主管策划和实际企业活动逐步形成企业风俗，也可以按照企业要求进行的内容和程式的改造使之向企业期望方向发展。

（3）程序性。企业风俗一般有固定的规矩和管理，如固定的程序，必不可少的意识、品种和样式，参加者的服装等。固定的程式会给企业造成一种特殊的环境心理定势，使参加者在其中受到感化，在心理上产生认同。日本一些企业把企业风俗还加以宗教化，使之带有神秘化的色彩，如"松下教"、"本田教"等。我们是社会主义国家，不能受资本主义国家的影响，企业风俗宗教化是绝不能允许的。

风俗的非强制性与可塑性与企业制度有不同之处，而程序性与企业制度具有相通之处。

二、企业风俗的因素

企业风俗在萌芽和形成的过程中，首先来自企业内外部的复杂因素影响。了解企业风俗的影响因素有助于企业风俗的设计和改造。

1. 民俗因素。企业所在地域民间的风俗、习惯、传统等等，他们在当地群众中具有广泛的影响。许多企业风俗都是来自民俗（常常经过必要的改造），或是受到民俗的启发而形成。

2. 组织因素。企业领导或企业上级组织对于企业风俗有决定性影响，组织因素可以促进企业一个新风俗的形成，也可以促使其改变或消亡。

3. 个人因素。企业领导、英雄人物、员工的非正式团体的"领袖"人物由于他们的特殊地位，其个人的意识、习惯、爱好、情趣、态度常常对企业风俗有着较大的影响。

三、风俗策划方法

企业风俗设计有三种方法：一是全面创新法，二是局部改造法，三是移植法。下面将分别简述如下。

1. 全面创新法

设计与培育企业风俗。如果企业还未有一个成熟的风俗，在这种情况下企业要主动地设计和培育优良的企业风俗就显得十分必要。

（1）全面创新法的目标模式：①与企业精神层理念相一致。企业精神层是企业制度层的灵魂。企业风俗往往是由比较积极向上的思想观念意识作为软支撑，有助于培育员工积极向上的追求和健康高雅的情趣。②与企业制度层相和谐。企业风俗是联系企业理念和员工意识观念行为习惯的桥梁，它和企业制度一样，对员工起着一定的约束、规范、引导作用。这就要求企业风俗要与企业制度保持和谐一致，互为补充，互相强化，以最大的合力为塑造良好的企业形象发挥作用。③与企业的物质层相适应。企业风俗的开展必须建立在一定的物质层基础之上，物质层是企业风俗最基本的物质基础。

（2）全面创新法的设计原则：设计企业风俗应坚持方向性原则、人性化原则和循序渐进原则、间接性原则、适度性原则。企业风俗设计必须符合企业预期的目标方向，又必须尊重员工的爱好，企业风俗既要走程序化和制度化但又不能操之过急。企业风俗主要靠人们的习惯、偏好等维持并充分发挥非正式组织的作用，企业风俗要适度不宜过多过滥。

2. 局部改造法

如果企业已存在某种风俗，但对企业文化关联性不高那么就要对原有的企业风俗加以改造。

（1）对企业原有风俗的辩证分析。企业要辩证地分析企业原有风俗。由于社会的发展、时代的进步，企业环境内外的变化等因素的影响，原有企业风俗可能需要改造更新，以便更有利于企业发展，这就需要对原有企业风俗的改造。改造企业风俗首先要对企业风俗进行全面的辩证分析，并应坚持以下几个原则：①对企业风俗的形成历史进行分析，正确地认识其形成的背景，把握企业风俗的发展趋势。②结合企业发展需要：分析是否有利于企业生产经营管理，是否有利于增强企业向心力和凝聚力,是否有利于企业最高目标的实现。③结合社会环境。企业风俗有很大的社会性,要从社会的大环境中考察分析企业风俗,才能看到企业风俗的社会价值和积极的进步意义。

(2) 对企业原有风俗的改造方法。①逐步推进法:采取积极的态度,通过正式或非正式组织扬长避短,有步骤地按计划逐步改造旧有风俗。②潜移默化法:在企业正式组织倡导和舆论的作用下,通过非正式组织渠道,对企业风俗进行渗透,逐步达到预期的目标。③立竿见影法:通过企业正式组织和非正式组织共同努力,对企业风俗从外到内进行脱胎换骨的改造。

3. 移植法

移植法是指企业风俗的设计要积极吸收外来企业风俗,实施"拿来主义"。例如盛行日本、韩国一些企业的"朝会"风俗,目前已被中国广大企业所选用。但移植时应注意必须符合行业、企业的实际情况,是积极吸收而不是完全照搬,有些企业的习俗可以移植,有些企业的风俗就不可以移植。

第四节 企业员工行为策划

一、员工 BI 策划的原则

员工 BI 策划的原则有以下几点:

1. 与制度一致的原则。员工行为规范是企业制度的重要补充,在设计员工行为规范时必须与企业制度相一致,不能与企业制度相抵触。

2. 普遍性原则。员工行为规范一般是针对全体员工提出的,企业各级领导都包括在内。因此,员工行为规范具有适用范围的普遍性。如企业认为要有所区别,最好针对不同的范围去制定不同的行为规范。

3. 简洁原则。员工行为规范应突出重点,不宜面面俱到。面面俱到会使员工不得要领,而且不容易记忆。行为规范表述的语言要简洁、易懂便于记忆和诵读。

4. 从实际出发原则。在对员工行为设计时,要从本企业实际出发,量力而行,不能一味地求全求高,要符合企业员工和企业的实际情况,规范不能脱离员工的客观实际而盲目追求不切实际的高标准;也不能求全,求全反而会增加规范在执行中的难度,不能急于求成,应在实践中逐步对规范进行升级,由点到面,逐步扩大成果。

二、员工 BI 策划的内容

员工行为规范的内容应涵盖员工工作行为的各个方面，包括团队准则、职业道德准则、工作程序要求、工作纪律和作风、礼仪礼貌、工作环境优化、个人素质修养等方面的内容。

1. 团队准则。在员工行为规范中必须阐明团队运行的基本法则。

2. 职业道德准则。对企业参与市场竞争和员工从事的职业工作提出自律性行业规范。

3. 工作程序要求。基本工作程序的规定应便于员工按流程开展工作，要注意，在非正常情形下对员工行为的选择也要做出明确规定。

4. 工作纪律与作风。包括工作纪律、请假纪律、保密纪律、生活纪律、相关禁令等。由于工作作风无疑要转化为员工的行为所以可作为纪律的有效补充，工作作风则可从精神层面和较宽泛的角度提出一些原则性的要求。

5. 礼仪礼貌规范。包括仪容仪表和接待礼仪。仪容仪表包括服装、发型、化妆、饰品等；接待礼仪包括电话礼仪、会议礼仪、会谈礼仪、日常交往礼仪、接待礼仪、外出访问礼仪礼及礼貌用语等。

6. 工作环境安全优化。主要是指工作环境的卫生、整洁与美化；生产场所的安全；这些对于建筑企业尤为重要。

7. 个人素质修养。提醒员工对自己负责、养成终身学习的习惯、不断提高自身素质，也要求对员工、对他人、对社会负责，追求人与人之间、人与社会之间、人与自然之间的和谐。

三、企业员工 BI 体系策划

BI 体系策划在实际操作中，对上述七种内容可以采取全面叙述法，也可以采取概括叙述法。例如中建总公司则采取全面叙述方法，以适应多级法人体制的集团企业在整合视觉要素之后进一步整合行为要素的需要，以期向社会传达统一鲜明的企业形象。

如果员工行为已经有一定的统一性，则可以采取概括叙述方法。如台湾东怡营造提出的《东怡人的礼仪规范与行为准则》即属于此种。全文如下："秉承优良传统的东怡人除了在工作岗位上，追求施工技术的改良，工程精品的提升及营建工期的警监外，最重要的是每一个东怡人在日常的生活礼仪及行为上须由个人的内在自省而影响到周围的人群，继而将此优良风气推广到整个社会。""现阶段整个社会弥漫着金钱、暴力及是非不明的状况下，东怡人除了在营造业树立优良典范的传统之外，匡正整个社会风气的责任也是我们义不容辞的使命。而此种由自我发扬到四周的行为准则，可由简单的四个字来代表那就'诚、信、精、实'，以至诚待人，坚守信誉，精益学艺，即实事求是的处世态度，配合尤为优势的礼仪规范，相信必能发扬光大东怡的传统精神，养成东怡人独特的气质与风格。"

四、企业专题活动策划

企业的专题活动是指企业在受制于制度的正常的生产经营活动之外为了特定目的而组织的活动，包括市场营销、公共关系、新闻广告、社会公益活动等等。这些活动主要是对企业外部公众（用户）而组织的活动，与对外性的制度行相比更具有识别意义。因此，要更加重视，精心策划。企业公关、新闻活动和广告活动又是重要的形象传播手段，我们在下面章节中将加以论述。在这里为了保证企业行为识别系统的完整性特将其作简要叙述。

1. 公关活动策划

（1）公关活动策划原则

公关活动的策划应坚持一下五项原则：①公众利益优先的原则。公关活动策划设计必须考虑公众利益与自身利益的关系时应始终把社会公众利益放在第一位，一味强调企业自身利益将会导致公共关系活动的失败。②尊重客观事实的原则。公共关系活动必须始终遵循客观事实，以客观事实为基础做到客观、真实、全面、公开。对处于不利状况下的企业要勇于承认不利的事实，才能得到公众的理解和支持。③防止庸俗公关原则。由于历史的原因和行业的特殊性，庸俗公关在建筑企业中很有市场。企业进行市场竞争时和形象塑造时，要尽可能地避免庸俗公关，以国家法律和行业道德为依据而开展工作。④求异创新原则。根据公众求新求异的特点公共关系活动的策划设计必须以创新为方向，才能达到较好的效果。以宣传型公关活动为例，如果企业直接对自己的产品做"王婆卖瓜，自卖自夸"的宣传，公众容易产生逆反心理。如果将宣传角度加以变化，借宣传业主来宣传自己，效果将事半功倍。⑤刚性与弹性相结合的原则。公共关系活动必须有足够的人财物作保证，按计划推进，这就是"刚性"。由于情况在不断的变化，方案的实施应根据变化保持灵活性这就是公共关系的"弹性"。

(2) 公关活动策划程序

公关活动策划设计包括五个步骤：设计主题、分析主题、选择媒介、预算经费和审定方案。①设计主题。主题是对公共关系活动目的、内容的高度概括，起着纲领性的作用。主题设计要符合企业经营管理近期急需和企业长远规划，这是确定公关活动主题的关键。②分析主题。对公众进行分析是开展公共关系活动成功的关键。既要对公众的权利和要求进行细分和鉴别，又要从中提炼，概括出公共性的要求，作为公共关系活动策划的依据。③选择媒体。选择恰当的媒体可以保证投入获得最佳的效果。因此，在选择媒体时应注意以下几点：从公共关系活动目的出发，选择具有相应功能的合适的传媒；从目标公众的爱好和需求出发，提高媒体传播信息效率；从传播的内容出发，提高公共关系活动的投入产出比；从对象公众的区域范围出发，提高传媒的针对性和实用性。④预算经费。预算是公共关系活动计划性的体现，也是公关活动顺利实施的保证。要从人力资源、成本、设施材料费、办公差旅费和项目专项费用等方面计划。⑤审定方案。策划中可以设计两个或三个方案，供企业决策层参考，一经确定，就要进入实施阶段。

2. 广告活动策划

(1) 企业广告分类

广告根据企业宣传目的的不同可分为公关广告和商品广告。前者是推销组织形象，不以盈利为目的，而后者则是以推销产品，以盈利为目的的。公关广告最基本的形式有以下四种：① 形象广告——用以提高组织的知名度，树立组织的整体形象为目的的广告。②公益广告——为社会提供服务的广告。如社会环境保护、社会安全等，以及配合组织直接参与某项公共事业而作的广告，如修建公益设施、资助慈善机构、援助受灾民众。③观念广告——通过提倡或灌输某种观念和意见，试图引导或转换公众的看法，影响公众的态度和行为的一种公关广告。④响应广告——用来表示用户与社会各界具有关联性和共同性的一种广告。如联络感情的，表达组织的祝愿、支持和赞许。也可以是社会性的，如响应和支持公众生活的重大主题，显示组织的关心、参与公众生活，向公众或其他组织表达善意和好感。

（2）建筑企业广告

广告是企业最常见的宣传促销手段和非常重要的传播方式。对建筑企业来讲由于建筑产品具有良好的展示性，"产品现场展示"成为建设企业最频繁、最经济的"广告"形式。因此，建筑企业一般将产品现场作为广告宣传的最佳方式，这是建筑企业与其他一般的工业企业广告显著的不同之处，也是建设企业宣传广告的优势所在。但由于这种广告形式具有一定的地域局限性，因此，企业利用报刊传媒作广告现在较为流行。建筑企业宣传广告主要也是公关广告，产品广告需求并不多见。

（3）广告宣传原则

广告并不是要改变什么，创新什么，关键在于准确把握公众的心理。采取最简洁的方式表达已存在公众心中的需求和愿望，从而达成企业与公众之间的良好沟通，将企业形象和品牌形象深深扎根于公众的心中。在广告具体定位时应注意四个方面的问题：

①注重奉献社会，立足情感诉求。企业广告活动应坚持以人为本，充满人情味和亲和感，同时应该将企业精神等理念、内容及视觉设计深入到生活领域中去，因为生活领域比市场领域更宽广，更有潜在影响力。

②以治理公害为己任，展示社会责任感。珍惜地球资源、治理环境保护是人类可持续发展的可靠保证，治理公害是一个国际化的课题，建筑企业在环境保护、节约资源方面肩负着更多的责任，企业如在广告宣传中具有关心社会、回报社会的责任感，并付之于行动，公众必然会对企业形成良好的形象。

③借助活动制造广告。在日益成熟的市场经济中，仍依靠传统的广告形式和几年都无差异的广告策略已不能给公众以强烈的企业形象的冲击，必须借助大型的社会或企业活动、重要事件等精心策划广告活动。

④实事求是，以诚相见。报喜不报忧是传统广告中常见的现象。公众往往对此感到厌倦，以至产生怀疑和不信任感。一旦企业隐而不报的问题出现，企业将彻底丧失信誉。企业如果站在公众的立场上，主动披露问题，并有解决问题的诚意和行动，公众必能谅解，企业形象反而能在社会公众的头脑里深深扎根，留下深刻的印象。

3. 新闻传播活动策划

依靠新闻媒介传递信息就是新闻传播，新闻传播活动是企业行为识别系统的重要组成部分，是企业行为策划中的重要内容。新闻是新鲜及时的，过时的信息就失去了它的意义，新闻又应是新奇的，人所未闻未见的，才会引起公众的强烈的兴趣；新闻还应是真实的，真实是新闻的前提和生命。掌握了新闻的三大特点，企业就可以利用新闻进行传播了。新闻传播可以根据不同的传播目的、内容采取三种传播方式。

（1）撰写新闻资料与稿件。新闻资料是指为报社、电台、电视台而编写的文字资料，它不直接与公众见面，要经过记者加工，因此，新闻资料要求不高，把新闻五要素：何时、何地、何事、何人、何因表达清即可，新闻单位就可以据此编写新闻，把信息发布出去。新闻稿适合提供给报社、电台、电视台对外发布的文字资料，它的要求是：主题突出、简明扼要、生动活泼。

（2）策划新闻事件。策划具有价值的事件也叫"制造新闻"或"策划新闻"，试图争取宣传机会的一种技巧，在宣传企业形象，建立企业行为识别系统中，起到十分重要的作用。策划、举办具有新闻价值的实践或活动，吸引新闻界和公众的注意力、制造新闻热点、争取被报道的机会，使本组织成为新闻的主角，以达到提高企业知名度、扩大社会影响的目的。策划新闻事件应遵循真实性原则，在不损害公众利益的前提下进行，这是十分重要的。再有就是突出"新"的原则，照葫芦画瓢，公众会失去兴趣，不会产生新鲜感。

（3）新闻发布会。新闻发布会是组织与公众沟通的例行方式。它是一种两极传播，先将消息告知记者，再由记者所属的大众媒介告知公众。新闻发布会的策划设计需要遵循三项原则：第一是实事求是的原则，不可文过饰非，更不能歪曲事实。第二是详细调查的原则，尤其是企业发生较严重的问题时，为了消除影响而进行的新闻发布会，要调查清楚事件的真实情况，事情发生的来龙去脉，产生的原因、造成的危害、产生的影响、采取的措施、解决问题的程度、发生变化的趋势等等，企业应了如指掌。第三是周密细致的原则，新闻发布会的策划管成包括：确定主题、邀请记者、会前准备、主持会议、收集反馈信息的工作环节，每一项工作都要经过周密的安排，一个环节失误都会影响到下一个程序进行。

第十五章　VI 企业视觉识别系统策划

VI 企业视觉识别系统是与企业文化物质层相对应的。它主要由两部分组成，一是物质条件本身，它是企业文化理念的载体；二是器物文化（应用要素文化）它是企业创造的企业理念的外化，通过物质形态反映出来的内容。VI 视觉识别系统包括企业名称、企业标识、企业生产与办公环境、应用物品视觉识别的设计。

第一节　VI 系统概述

一、涵义

视觉识别系统，英文 Visual Identity System 简称 VIS 或 VI。视觉识别系统是企业理念的外化和载体。随着我国社会主义市场经济的发展，随着社会的进步与人们对社会环境要求的提高，建设企业近年来积极引入 VI 设计，取得令人注目的效果。以前施工现场尘土飞扬、垃圾遍地、人声嘈杂、噪音充斥，自从企业导入 VI 策划后，施工现场则是围墙花草、彩旗装扮，在城市中成为一道靓丽的风景线。在社会公众中，建设企业的形象发生了翻天覆地的变化，社会大众能够感知和认同的这种变化正是建设企业纷纷引入 VI 的结果。

所谓 VI 策划是指企业通过宣传企业的各种载体、各种媒介而求得视觉传达，并有效地利用注册商标、企业标准字和企业标准色等视觉要素，从广告宣传品、包装品、企业简介、产品说明书等，直至企业及生产环境、围墙、员工服饰、交通工具、机械设备、名片、信笺、信封和票据都加以统一设计，由此求得企业具有统一的形象，从而使人们能够明确意识到某企业的存在。简言之，就是一个企业或企业集团为取得统一视觉形象而进行的视觉传达设计的统一性工作。

二、功能

VI 是以提高和统一企业形象为目的的，以企业标识、企业名称、标准字和标准色为核心的设计工作。VI 具有以下功能：

1. VI 能有效地提高企业广告效果。我们将广告的视觉传达效果列出计算公式为：广告效果＝量（广告宣传量）×质（广告质量）。由此可见，选择更合适的企业标识、标准字和标准色，将会使广告质量有所提高，广告效果也随着加倍。VI 由于采取了将各种视觉要素统一的方法，原有宣传中的分散和浪费将会大量减少，可以节约广告费用。

2. VI 可以有效地提高企业知名度和宣传企业形象。选择出符合企业特点、要求，适应社会公众、视觉冲击力强的标志、标准字、标准色并加以有效地推广使用，可以提高企业的知名度和宣传企业形象。

3. VI 能够有效地激励员工的士气。实施 VI 计划，可以使企业有面貌焕然一新的感觉，强大的视觉冲击力给人以意想不到的震撼，由此给员工精神上的鼓舞和激励，从而提高工作上的积极性和内在的凝聚力。中国建筑业协会项目管理委员会会长张青林在谈到中国建筑工程总公司实施 CI 战略后曾感慨万分地说："当在北京、上海、武汉、沈阳、福州、深圳等大中型城市看到突然冒出成百上千个以蓝白标准色装饰的中建工地的时候，连我们自己都惊讶它的规模效应、它对视觉的冲击力度和它的反复重复后造成的人们的心理感应。外界和内部的良好反应与强烈的反应更坚定了我们的信心。"这一番话语真实地说明 VI 在企业中的强大激励作用。

4. VI 能够确保和吸引人才。良好的企业视觉系统，是企业形象的外在表现，代表着企业的地位、自信和实力。具有特色的企业视觉系统具有强大的感召力和吸引力，是青年人选择工作的重要方面。

5. VI 能够给政府组织、金融机构良好的形象。VI 不仅仅给用户留下良好的印象而且还会引起政府组织和金融机构的重视，对于他们支持企业发展创造了条件。

6. VI 有利于对内部人员的管理。统一规范的标识、胸卡和服装对于建筑企业员工奠定了良好的管理基础，尤其是对于大量使用外来民工队伍建筑企业来讲，让他们统一标识、统一佩戴胸卡、统一着装，使他们无形中增加了对企业的归属感和认同感。

三、要素

VI 策划要素分为基本要素和辅助要素设计。基本要素顾名思义是指企业识别系统中最为根本的要素,策划的可识别性几乎完全体现在这一部分。其包括:企业名称、标志、标准字、标准色四大要素是企业识别系统的基本要素,是构成企业形象识觉形象的基础。这些要素应集中体现企业精神层的要求,充分体现企业的理念。

辅助要素是除了四大基本要素外的要素。有些企业往往还使用一些辅助要素,以突出企业识别系统的主题。常见的辅助要素包括辅助图案、辅助字、辅助色等等。

第二节 VI系统基础要素设计

VI系统基础要素设计包括企业名称、标示、标准字、标准色、辅助要素和整体设计几个方面的内容。

一、企业名称设计的原则

企业名称设计不但对新建企业讲是必要的,而且对于第二次创业和改组企业来讲也十分必要。在计划经济时代,我国企业名称基本上都由上级主管部门决定,企业自身没有多少发言权。不外乎有几种形式:

一是带有浓厚的政治色彩:例如北京东风建筑公司、北京红星建筑公司等等,无一不带有浓厚的政治色彩。二是以数字编号作为企业名称:如北京第一建筑公司、北京第二建筑公司等等,企业名称数字化,毫无文化气息。三是以地名为企业名称:如天津建筑公司、北京丰台建设公司等等,除能表达地域概念外,不能传达出任何文化信息。上述企业名称看不出企业的业务范围、又看不出企业的特色和优势,基本不传达任何信息,更谈不上表达企业形象了。

近年来,随着市场经济的发展和企业改革的深化,许多企业纷纷更名,用新颖的、内涵丰富的、个性鲜明的名称取代了原来陈旧的老名称,有力地推动了企业新战略的实施。我们认为,对企业的命名应坚持以下原则:

1. 名实相符原则。企业名称设计必须坚持实事求是、名实相符的原则,较好地表达企业的实态。企业名称不但要与企业规模、经营范围等相一致,而且还要与企业目标、企业宗旨、企业精神、企业道德等相协调,不可夸大、哗众取宠。

2. 民族性原则。企业名称设计要突出民族特色,充分体现民族特点。例如:清华同方是清华大学创办的高科技股份制企业,其取名"同方"来源于《诗经》,以为"有志者同方",具有深邃的民族历史文化内涵。企业要进入国际竞争的时候,要考虑名称的国际性,一般要确定一个英文的名字,例如:日本的 Sony、Panasonic;韩国的 Dawoo;中国青岛的 Haier;台湾的 Acer 等等。

3. 简易性原则。简短易记是企业名称设计的又一原则。企业的中文名称应避免生偏字,英文名称则要注意便于拼读。例如:美国的微软公司、通用汽车公司、中国的联想集团、长城公司等等都充分体现了这一原则。

二、企业标识设计

企业标识是企业的文字名称、图案或文字相结合的一种平面设计。标识是企业整体形象的浓缩和集中表现,是企业理念的高度浓缩和重要载体。企业标识一般用于企业广告、产品及其包装、旗帜及各种公共关系用品中。尽量使用企业标识,企业标识出现次数越多和频率越高,则企业就越能被广大公众所认同和接受,企业的知名度就会增强。

1. 企业标识形式

企业标识设计形式有三种:

(1)标音形式。由标识的关键字或某些字母组合而成。除上述要素外,再对其进行装饰或艺术处理,达到美观的目的。如韩国 O DYSSY—A. BP. T. Brand 标志(见书后附图1)。

(2)标形形式。有比较简明的几何图形或象形图案构成。其图案本身代表一定的含义。经过处理使其具有很强的形象感。如韩国现代建筑公司标志(见书后附图2)、日本多多工程有限公司(见书后附图3)。这种形式惟一的缺陷就是公众不容易把这个图形与企业名称联系在一起。因此,一般都把图形与企业名称同时使用,以弥补信息的不足。

(3)音形形式。将图案、字音相结合。这样的形式兼有两者的优点,又避免了各自的缺陷,广泛被企业所采用。如日本建筑及房屋开发公司标志(见书后附图4)、韩国大宇建筑公司标志(见书后附图5)。

2. 企业标识设计与使用原则

(1)艺术性原则。标志设计要有美感,讲究艺术性。应注意标志的构图均衡、轻重、动感，注意点、线、面的相互关系以及色彩的选择和搭配，要注意细节的处理。

（2）持久性原则。企业标识一般应具有长期使用的价值，不应轻易变动，不应单纯地赶时髦或流行，应树立"一百年不动摇"的思想。

（3）灵活性原则。建设企业为多级法人单位，有很多的法人，他们各自原来可能就具有自己的标志。如果各自为营就会影响到整个集团的统一识别。一般而言，对企业标志应为"共用"，但在特殊情况下，对于个别所属企业的具体情况也可以沿用原企业标志。如中国工程总公司下属的中国海外公司，是香港的上市公司，改变其企业标识会对企业有重大影响，因此维持企业原标志。

三、企业标准字设计

1. 字体与视觉感受

企业标准字设计强调整体风格和富有个性的基本形象，追求创新感、亲切感和适度美感，传达出行业、企业的特性，依照国家颁布的简化字标准，做到准确规范、可视易读。在中国的传统汉字中，宋体、楷体、黑体、隶书、魏碑、仿宋等均属于常用字体。西文主要是指起源于拉丁文的英文、德文、俄文、法文等拼音文字。除此，还有美术字。美术字富有变化、生动活泼，因而受到专家的欢迎，在广告、招贴画和公共关系用品中被大量使用。研究表明，相同的文字而采用不同的字体表述会给人以不同的联想和感受。不同字体具有时间的含义。甲骨文、篆书、隶书、魏碑等字体会给人以历史久远之感；而宋体、仿宋、黑体等字体则表明预示现代、当代；美术字则给人以前卫的印象，代表流行、时髦或未来。不同的字体轻重感、质感等也不同，甚至导致他们的不同感情色彩。隶书、魏碑、黑体、琥珀体字体笔划较粗，会给人以沉重、凝重的感觉；楷体、宋体、细圆等字体则让人觉得比较轻巧。又如，甲骨文具有龟甲、骨头粗朴的质感；隶书带有羽毛、麻、竹的枝干；魏碑体则有石头、岩石的冷、重质感；草书具备纸张、绸绢等轻、软的质感。另外，不同字体的自身笔划构成不同，也存在正式和不正式的印象。宋体、黑体、琥珀体等让人感觉比较正规、正式，而草书、行书、楷书则觉得比较随意。不同的视觉感受还会导致他们的不同感情色彩。综合一些调查表明，企业名称、标志字体不同，在社会公众中留下不同的商品种类的印象。如，棱角分明、笔划粗重的字体，一般让人想到矿石、钢铁、机械等以及其他重工业品；纤维细长或直线构成的字体，让人想到香水、化妆品、时装以及纤维制品；而笔划饱满、字形圆滑的字体，自然让人联想起糖果、糕点、玩具、肥皂等儿童用品。

就建设企业而言，建筑施工、市政企业应选用棱角分明、笔画粗重的字体，表达其凝重、正式、规范的感情色彩；建筑设计企业则最好选用纤细的曲线或直线构成的字体以表达其精细、完美、艺术的专业特征；而房地产、公用企业、物业管理企业则应选用笔画饱满、字形圆滑的字体以表达自信、圆满、安全的行业特征。选择何种字体不但要结合行业而定，而且还要根据企业自身的理念特色加以体现。上述特征，是在企业标准字的设计时必须注意的因素。

2. 标准字的设计原则

（1）易辨性原则。一要选择用公众看得懂的字体；二要避免与同行业企业或同地区企业相似的标准字；三要结构清晰、线条明晰，放大放小都清晰。例如：中国建筑工程总公司邀请著名书法家刘炳森选用隶书字体书写的企业名称，不同于北京城建集团所选用的美术字体，字体清楚，容易辨认。

（2）传达性原则。企业标准字是承传企业理念的载体，也是企业理念的外化。这就要求标准字的设计要能够在一定程度上传达企业的理念，而不能把标准字的设计看成游离于企业理念外的一项独立工作。

（3）一致性原则。标准字应与其行业的产品或服务本身的特点相一致，应体现出行业特色。另外，标准字的使用不仅仅在企业名称上，而且在建筑、商标、设备、施工现场宣传、公司用品等领域都应统一使用。

3. 标准字设计的步骤

标准字设计应遵循以下步骤：

（1）调查研究。调查的内容重点是同行业、同地区企业标准字的使用情况，以避免重复。同时，要研究本企业设计标准字的特点。

（2）设计、征集不同的方案。发挥专业与群众的积极性，设计和征集设计方案。

（3）方案评估与确定。对预选方案进行评估与筛选。对方案的评估应选择专家和群众进行综合评价，广泛征求意见，确定最终方案。

四、企业标准色的设计

标准色是指经过设计后被选定的表明企业形象的特定色彩。标准色一般是一种或多种颜色的组合，常常与企业标识、标准字共用，用于企业包装、建筑、服饰以及其他公共关系用品种。标准色设计是企业 VI 策划中最重要的基本设计要素。

1. 色彩的特点

（1）色彩三要素。色彩具有色度、明度、彩度三要素。色度就是色彩的相貌，它是区别于另一个色彩的名称，既有红色、黄色、蓝色等原色，又有橙色、绿色、黄色等混合色。明度是指色彩的明暗程度，感光度强的明度高，感光弱的明度低。例如无彩色中，白色感光度强，明度就高；黑色感光度弱，明度就低。彩度是指色彩的纯度或浓度、饱和度。从光谱分解的阳光中得到的红、橙、黄、绿、蓝等颜色就是彩度最高的纯色，纯色加白色就是清色，纯色加黑色就是暗色，纯色加灰色就是浊色。

（2）色彩的感觉。不同的色彩给人以不同的感觉。色彩具有冷暖、涨缩、轻重、进退、兴奋与沉静等不同感觉。明度高的给人以冰冷感、膨胀感、轻漂感和前进感；反之则给人予温暖感、收缩感、沉重感和后退感。例如红色、橙色、紫色等让人兴奋，绿色、蓝色等给人沉静感。

（3）色彩的心理效应。由于色彩具有不同的感觉，会使人产生各种不同的感情、情绪导致行为的变化。例如红色易引起热烈、喜悦、兴奋、忠诚、斗争的心理；橙色引起温馨、活泼、渴望、华美、成熟、自由的心理；黄色则给人以新生、单纯、庄严、高贵、和平的心理；绿色给人以生长、胜利、和平、青春、安全的心理；蓝色则给人以希望、高远、安详、寂静、清高的心理。

2. 企业标准色的设计原则

企业标准色设计主要有三条：

（1）符合企业理念内涵的原则。标准色同标准字一样，必须符合企业理念的内涵，由于色彩所引起的视觉感最为敏感，容易给人留下深刻印象，因此标准色在充分传达企业理念、展示企业形象方面具有突出的作用。中国建筑工程总公司采用蓝色作为标准色，使人联想到天空、大海，进而把中建总公司阔步世界、争创国际名牌，实现中国建筑企业的航空母舰的企业目标联系起来。

（2）突出个性的原则。色彩就那么几种，而上千上万家建设企业都要有自己的标准色，重复率和相似率是极高的。因此，既要反映出企业的个性特点，又要避免与同行业的重复或混淆。可以采用多种颜色作为标准色（一般选用三种颜色为标准色为宜），或选用辅助色加以解决。

（3）符合公众心态。要选择公众对颜色的感觉、心理效应、民族特性、公众偏爱等因素，避免采用禁忌色，选择公众比较喜爱的颜色。

五、辅助要素的设计

辅助要素包括辅助造型、辅助图形、辅助字、辅助色。辅助要素的功能与作用主要是：第一，与基本要素配合使用时，基本要素在辅助要素的衬托下更加突出。第二，可在非正式、轻松的工余场合下作为企业识别要素含蓄地传播企业形象。例如：企业的员工的休闲服、运动服、工具包、手袋、公关纪念品、宣传画上等往往是用辅助要素而不是基本要素。

1. 辅助造型。企业辅助造型（Corporate Character）是指为了强化企业性格，诉求产品特质而选择适宜的人物、动物、植物等，绘制成具体鲜活的图形用以引起人们注意，产生强烈的印象。这种造型一般均通过象征物来表现出企业特殊的形象，如海尔小兄弟、古井贡酒的一棵树等等。国外建设企业已有不少企业引入了造型设计，如日本的建筑承包商"熊谷组"的企业造型是一只"熊"；美国黑狗地产公司企业造型是一只"狗"（见书后附图6）；美国金牛建筑公司是一头"牛"（见书后附图7），美国红鹰公司的标志是一只雄"鹰"（见书后附图8）。目前，在国内建设企业对企业造型设计并未引起足够的重视。由于企业造型具有强化企业性格、突出企业产品（或服务）特征的功能，随着VI在我国的推广和发展，中国建设企业必将会对企业造型逐步产生兴趣并被广泛引入。

2. 辅助图案。辅助性图形是与标志、标准字、标准色三种基本要素构成主辅关系，增强平面设计的展开应用，为了加强企业象征形象。辅助象征图形通过丰富多样化的造型、图案、符号补充企业标志、标准字的呆板僵化的不足。加强基本要素在应用要素或传播媒体中的柔性与适应性。例如：上海建工（集团）总公司辅助图案以黑为主色，红为辅助色，图案设计为立体三阶楼梯，突出了行业特色（见书后附图9）；中国化工建设总公司辅助图案以红、浅蓝为基本标准色，图案设计为苯环，突出了化工行业的特点（见书后附图15）；中国铁路工程总公司图案标识以深蓝为基本色，设计图案为地球，在地球中央有一铁路标志，即突出了铁路的特征，又折射出中国铁路工程总公司的走向世界的全球化战略目标（见书后附图11）；北京城建集团图案标识以蓝、墨绿为主色，红为辅色，企业名称标准字为蓝色，辅助图案以墨绿为主色，以红色为基本辅助色，图案是由瓷砖拼组而成，呈 U 型。瓷砖反映建筑特征，U 型是城市的英文字头。图案上方一块小瓷砖与 U 型图案缺口相对，给人以鲜明的动感，见图思意，突出了企业城市建设的特点（见书后附图 12）。辅助性图案设计要求遵循艺术性和适应性的原则，要与企业标识、标准字相搭配。

3. 辅助字。辅助字可以单独使用，又可与图案一起使用。辅助字设计师，可选用一些轻快的美术字体，笔画要稍微细一点。如：标准字采用粗黑体或综艺体，则辅助字可选用带圆角的中圆、细圆或中黑斜体。总之要起到衬托、突出标准字的作用。

4. 辅助色。一般在标准色的对比色中选择一种颜色作为辅助色，也有个别情况采用同色系的色彩。辅助色在彩色、明度或饱和度等方面要低于标准色，这样才能既衬托出标准色，又不致产生强烈的反差。例如上海建筑集团企业标识，选用黑色为主色，红色为辅助色。红色在饱和度方面低于黑色。

六、要素整体组合设计

将企业要素按照企业制定的规则组合在一起，使之能够全方位地传达企业信息，可加强视觉冲击力，扩大宣传效果。常用组合设计有几种形式：1. 标志与企业中文标准字的组合；2. 标志与企业简称标准字的组合；3. 标志与企业品牌名称标准字的组合；4. 标志与企业英文全称标准字的组合；5. 标志与企业中文简称标准字的组合；6. 标志与企业中英文全称标准字的组合；7. 标志与企业口号、宣传标语的组合。

第三节　VI 视觉识别系统设计

建设企业视觉识别系统包括：生产现场设计、企业办公环境设计、企业应用物品设计三部分内容。由于建设行业的企业类型很多，性质又不尽相同，各有其特点，下面我们仅以施工企业为例，阐述建设企业的视觉识别系统设计。

一、生产现场设计

施工现场是施工企业的生产车间，由于许多工程项目多位于城市的显要位置，因此，这些项目的施工现场就成为施工企业向公众和社会展示自身形象的窗口，充分利用施工现场，宣传企业形象，展示企业形象，是施工企业形象宣传的得天独厚的优势。

国内外大中型企业施工现场识别设计情况不一，各具特色，各有特点。但就其主要内容来说有以下内容：施工现场大门、施工现场围墙、施工现场标牌、施工图牌（施工简介、效果图、平面图、组织机构、安全制度等）、项目经理部名牌、办公室门牌、内图牌（岗位责任制、施工网络图等）、导向牌、现场办公室、现场会议室或接待室、现场门卫室、现场宿舍用房、现场食堂、现场卫生间、现场机械设备（配电箱、混凝土储料罐、推土机、塔吊等）、施工人员着装（安全帽、工作服、胸卡等）、楼面形象（广告布、标语等）、旗帜（室外旗、室内落地旗、桌旗、彩旗）等等。

二、企业办公环境设计

1. 企业办公环境的特点

施工企业由于其行业的特点，使企业办公环境具有如下特点：

（1）企业办公地点的分散性。由于企业所属单位众多，造成办公地点很分散。为了生产经营的需要，施工企业大多会分布在国内各个省、市，有的在国外还驻有机构。各地风俗不同，进驻时间长短不一，办公条件参差不齐，这将为办公环境的策划、实施造成一定的困难。

（2）策划效果与费用的矛盾性。施工企业流动性大，办公地点时常变动，造成效果与费用的矛盾，不下功夫做，没有鲜明的统一效果，不会给社会公众留下深刻的印象，起不到宣传效果。下功夫做将要投入大量的人力、物力和财力，少则一年，多则两年，工程竣工后，需要全部拆除，浪费了人力、物力和财力。建设企业对办公环境设计应根据项目具体情况而定。一是删繁就简，选取最能体现企业形象的具有最大识别效能的策划方案。二是不作办公环境的布置，而借助在当地的施工项目现场，达到良好宣传的目的。

（3）实施企业形象设别系统的多层操作性。施工企业的分散性决定了其在实施操作时的多层次性。多层次操作，难以实施监控。这就要求在策划办公环境设计时一是要在总部成立总机构，统一对系统内的所有办公环境进行周密布置；二是做一本实用的环境策划指导手册，制定详细的评分表，利于监督和评测。

2. 企业办公环境形象策划步骤与设计

（1）选择办公环境要素。常用的要素有：企业标准色（一般是两、三种颜色搭配使用）、企业标识（可放大或缩小）、企业标准组合（企业标识与企业全称的固定组合）等。实践中标识的辅助图案和标识的轮廓等也被偶尔使用。

（2）选择要素承载物。所谓要素承载物就是使要素达到识别目的的办公环境的各具体物件和部位，如：桌椅、大厅或会议室的主墙面等等，并设计应用颜色。设计中应遵循实用性、容易统一性和易操作性原则。

（3）要素与承载物的契合。这是建设企业办公环境策划成功的关键所在。应遵循：①不影响承载物件的使用功能。②承载物对要素选择性原则，要素要有选择地搭配在承载物上，而不是全部的原则。③留有适当空白的原则。不是所有的物件都要成为要素的承载物，一般来说只选择那些比较突出，利于集中体现的物件和部位才作为要素的承载物。

三、企业日常应用物品设计

有的企业形象地把生产现场和办公环境比喻成人的外表，而日常物品则是人的骨肉，行为规范是人的血脉和神经，理念则代表人的大脑，构成了一个完整的人。虽然比喻有所牵强，但从一定程度上反映了企业 CI 中 MI、BI、VI 之间，施工现场设计、办公环境设计与日常应用物品的关系。这里所讲的日常应用物品不是指施工现场的机械工具，也不是指办公环境的桌椅、墙壁，而是企业每天运转都离不开的与企业经营管理工作密切相关的物品。

1. 企业日常应用物品的内容

日常应用物品主要包括：办公用品；礼仪用品；企业旗帜；装饰用品；员工服饰；交通工具等等。

2. 企业日常应用物品的设计原则

企业日常应用物品繁多，形状、规格、大小不一，繁杂纷纭。因此，必须体现企业形象服务统领设计思路，应符合以下四个原则：

（1）符合规范原则。设计必须遵守国家法律法规，否则不但会影响用品的实用，造成损失，而且会丧失为企业形象服务的功用。例如：信封的设计，如违反了规定的格式、规格、尺寸则将会被禁止使用。

（2）设计风格的一致性。物品的种类比较繁多，在设计中一定要注意风格的一致性，虽然应用不同的要素，但应使人极易感觉到是一家公司的用品。

（3）习惯性原则。对于生活中基本的原型物件在设计中要把握分寸，不能改变得太多，否则会在使用中感到陌生，从而拒绝接受。

（4）新颖性原则。人们习惯成自然的东西，如果不能在识别要素的使用上新颖独到，就不会给人留下深刻的印象，也达不到设计目的，所以应该有创意。

3. 企业应用物品的适用性问题

目前，建设企业和企业集团都是实行多级法人建制，这就使企业的应用物品有了使用性的问题，建议应采用如下三个原则：

（1）下级法人企业可以用上级法人企业的视觉设计标志，上级法人企业不可以用下级企业的视觉设计标志；

（2）多数场合都要使用上级法人企业的视觉设计；

（3）特殊场合，如招投标时，需要使用自己企业的招牌，只允许对标准组合进行修改，换成标志，一个建设企业最好使用统一的标志与本企业名称的组合，其他一律不变。

第四节　企业文化网络设计

企业文化的物质层中，文化传播与企业文化的其他载体相比具有突出的传播功能。企业的价值观、目标、精神、道德等精神要素主要是通过这一渠道传达到全体员工，并辐射到企业范围以外。

通常企业文化传播网络存在着两种形式：一种是正式的网络，如企业专版的刊物、报纸、闭路电视、有线广播、宣传栏目、内部局域网等等；另一种是非正式网络，如非正式团体内部的交流、企业内部的小道消息等等。从完整的意义上讲，企业文化网络设计既包括正式传播网络又包括非正式网络的建立和维护。

一、企业文化传播的正式网络

1. 企业报刊

企业报刊又称司报司刊，是企业自行创办的内部报纸或刊物。企业报刊按照报刊形式可分为企业刊物和企业报纸两种类型；按照内容可分为综合性报刊和专门性报刊；按照时间可分为定期报刊和非定期报刊；定期报刊具有固定编排，固定发行周期。按周期长短又可分为日刊、周刊、半月刊、月刊、双月刊、季刊等等。按照批准创办的机关不同，可分为企业正式报刊和非正式报刊，正式报刊是通过新闻主管部门批准的，有内部报刊准印证的企业刊物或报纸，而非正式报刊是指未经过新闻主管部门批准的、无内部报刊准印证的企业报刊。将报刊分为两类可以帮助我们了解企业报刊的形式，也有助于我们了解企业文化传播网络的重视程度和建设情况。

企业刊物的分类、形式、出版周期、印刷质量固然重要，但其内容更加重要。企业综合性报刊通常包含以下内容：企业生产经营管理方面的重大事件和重大政策、方针、决定以及企业主要领导的讲话；企业各方面各部门工作的报道和介绍；企业人物报道和专访；企业内外的各种信息和有关经验、资料；企业员工的工作体会、心得、作品；企业公共活动的消息。报刊的栏目设计、排版安排往往需要根据内容而定。

企业报刊一般不是公开出版的刊物，发行范围主要是企业内部。也有一些企业的报刊少量面向公共关系者，这时它就成为企业文化向外辐射的渠道了。

2. 企业广播电视

企业广播电视是指按照有关规定或经国家有关部门批准，企业自行开办的广播、电视节目。企业广播、电视是企业正式文化传播网络的重要渠道之一，它们与报刊相比，信息密集、内容更加丰富生动，但内容深度较差，办好节目的难度较大。

企业广播可分为有线和无线广播，这是因为有线技术要求低，投入少、见效快，只有极少数大型企业或企业集团有自己的无线广播。按照节目制作方式为录播和直播两类。录播是指播音员将节目录制好、再播出录音带，直播则是不经过录制就进行现场播音。直播对设备和播音人员的要求较高。按照播出时间可分定时和不定时广播等等。

企业电视都是闭路电视节目，尚未出现无线方式。开办电视节目从技术设备、编创制作人员、经费投入等方面都远远大于其他文化网络投入，而且办出优秀节目十分不易。

企业广播和电视的内容或栏目一般分为两大板块。一大板块是娱乐节目，例如广播站在员工休息时间播出音乐、播发闭路电视播放的影视剧节目录像。另一板块是新闻板块，它主要是报道、播发企业内外的新闻、人物介绍、实事追踪等等。从企业文化和企业形象的角度来看，新闻板块是直接的文化传播渠道，而娱乐板块则是间接式企业文化传播途径。

3. 宣传栏、广告牌

作宣传、公告、通知的橱窗、墙报（壁报）、黑板报、公告栏（牌）等宣传栏、广告牌是我国企业使用最早而且使用最多的企业文化传播的传统形式。这些宣传栏、广告牌虽然外观形状、所使用材料、制作方法不同，篇幅容量也不一样，并且各有侧重面，但它们所反映的内容确有许多相同或近似之处，归纳起来不外乎有以下几个方面：（1）宣传国家法律法规和路线、方针、政策以及上级指示精神和各种决定；（2）宣传企业的最高目标、宗旨、精神、作风以及工作的计划、经验和企业的产品、服务；（3）介绍企业和工作部门的成绩、经验和产品、服务；（4）宣传介绍企业的劳动模范、先进工作者等各类英雄人物的事迹；（5）反映员工的思想、工作、生活、学习情况；（6）发布各种消息、通知等等。

选择宣传栏、广告牌与前述的企业报刊、广播电视相比，不但具有制作容易、成本低廉、时效性强的优点，而且便于员工参与策划、创作。员工参与的过程就是很好的传播教育。但其容量较小，反映的内容难以深入。虽然宣传栏、广告牌有的在室外、有的放在室内、走廊或门厅等处，但是它们天天出现在员工周围。他们直接或间接所反映的企业文化各层次内容较易为员工在不知不觉中受到影响，并逐步深入人心。因此，宣传栏、广告牌对营造企业文化的氛围发挥着非常重要的载体和传播渠道的作用。

4. 企业文化其他传统传播形式

除企业报刊、广播、宣传栏、广告牌等类型的传播形式之外，还有以下几种传统的传播渠道：

（1）企业文化书籍。这是以专著、文集等形式编辑印刷的正式出版物或内部资料。他们在内容上主要或部分地对企业文化有较为深入的介绍和反映，对企业文化对内对外的传播都具有很大的意义。

（2）企业文化展览。指企业开辟厂史室、荣誉室等专用场所或利用其他闲置场所，以图片、文字展示和实物陈列等方式，介绍企业发展历史、先进模范事迹、企业技术特色和主要产品等等。展览的内容本身就是丰富的企业文化内涵，因而这种展览、展示也是企业文化传播的一种载体。

（3）企业画册。很多企业都印制了精美的企业宣传画册，这些画册以图片、文字的形式综合地反映企业的情况、发展、进步等概况。企业画册主要适用于公共关系方面，面向企业外部。但肯定也有一部分会在企业内部流通。

（4）企业内部信息简报。指企业编印的信息汇编材料，一般仅限于企业内部发行。企业简报虽然常常不是面向全体员工，而是局限在某一级管理人员的范围内，但他对沟通企业上下之间、不同部门之间的信息，加强内部的联系，却有着积极的作用。

（5）企业网络。自从国际互联网出现以后，许多先进的企业、特别是一些信息产业的企业纷纷建立自己的内部的计算机网络——企业局域网，使得企业文化传播网络族增添了一名新的成员。随着计算机网络技术的发展，企业局域网络不但分别实现企业报刊、广播、宣传栏、广告牌等传统的企业文化传播网络的全部功能，而且可以克服上述的各种缺陷，综合了它们的几乎全部优点。例如视频新闻就是把闭路电视新闻节目转换为数字通过局域网在计算机上播出，其图像、音响效果都不比电视节目逊色，并且可以随时观看。又如，通过局域网不但可以开办企业网络刊物，并且可以借助办公信息自动化系统建立网上的公告栏、广告栏、通知栏、建议箱等等。

企业局域网具有信息传播速度快、不受收视空间限制、信息容量大和传输的交互式、节省纸张等显著优点，以致于使越来越多的企业运用这种传播模式，已部分或全部代替传统形式。企业局域网的开通无疑使企业文化传播方式发生了质的变化。

二、企业文化传播网络的建设

企业文化传播网络的渠道中，企业组织创办的各种传播渠道构成了正式的网络。积极地建设正式网络，充分发挥他们在企业文化建设的主渠道作用，是企业的一项重要任务。在正式传播网络的建设中，企业要坚持以下五个原则。

1. 导向性原则

企业文化建设是一个改造现实文化状况、构建目标文化模式的过程，企业文化传播网络要有助于这一过程的实现。而企业文化传播网络由于受到主客观各方面因素的影响，其传播内容往往包含了较为复杂的成分，如果不加限制，难免出现一些与目标文化模式不相和谐的内容，不但无助于目标模式的实现，反而会产生消极的作用。因此，要坚持企业文化传播网络建设的导向性，旗帜鲜明地突出和强调显示企业文化中的积极因素，坚决果断地批评和抵制企业文化中的消极因素。坚持这样的态度并付诸实践，就是坚持导向性原则，可以认为，导向性原则是企业文化传播网络建设的一条最重要原则。

2. 协调性原则

从以上介绍可以看出，企业文化传播的正式网络有各种类型和方式，他们都有各自的优势和不足，协调性原则就是要求用系统的观点、全局的观点，对网络传播的各种形式进行协调，以发挥这个传播网络系统的最佳综合效果。例如：运用黑板报用大标语形式写出公司提倡作风的表述；在公司发展史展厅展出公司作风形成的有关史料和实物；利用公司报刊对公司作风、内涵进行深入、生动的文字表述阐述；利用闭路电视播放对先进工作者、劳动模范进行的专访节目；广大员工可从黑板报上对公司作风留下初步印象，在公司发展史展厅内了解到企业的发展过程；通过公司报刊得以深入了解公司情况；借助电视的传播使典型人物形象化、人格化，在这些渠道的综合作用中，员工必然会比较深入地领会企业的作风、内涵。

3. 效用性原则

在设计和建设企业文化网络时，不可能面面俱到、求大求全。选择哪些渠道，不选择哪些形式？企业总部重点抓什么？各企业分部又采取什么形式？要从企业的人力、财力、物力实际出发，从企业文化建设的需要出发，视各种传播渠道的实际效果而定，以争取投入最少的资源而获得最大的成效，这就是效能性原则。例如，在企业员工文化程度较低的劳动密集型企业，应主要办好有线广播、闭路电视，而在知识密集型高科技企业里，则可以利用局域网络作为文化传播的主渠道。施工企业属于劳动密集型企业，外来工较多，在施工现场应充分利用广告牌、黑板报、宣传栏、书籍等文字传播形式网络，鲜明的标语口号，简洁的报道能达到传播企业文化、鼓舞人心的作用。同时，在员工宿舍，有条件的企业可以努力办好有线闭路电视，达到投资少见效快的效果。建筑规划勘察设计企业属于心智型企业，应运用现代化传播网络方式如局域网作为文化传播的主渠道。其他类型的企业也应根据自身特点加以选择使用。

4. 合法性原则

这一原则是指企业文化传播渠道的开办和建设必需按照国家法律法规和地方

政府主管部门的有关规定进行。例如，开办企业内部的闭路电视系统，必须争得企业所在地政府的文化主管部门审批，并应按照要求配备必要的设备、人员。又如，企业刊物，如果要成为正式出版物，必须到新闻出版部门申请刊号或内部报刊准印号，依法进行登记注册和接受检查。

5. 参与性原则

企业文化网络建设同企业文化建设一样，是企业全员共同的责任，而不是个别部门或少数人的事情。要努力发动广大员工积极参与建设，参与的过程就是激发和释放广大员工群众的智慧和创造力的过程，也只有通过广大的员工参与，才能使企业文化传播受众的员工能主动地在思想上接受企业文化观念、在行动上体现企业文化的要求，真正建设起完善的企业文化传播网络，从而最终体现企业文化的要求，建成优秀的企业文化。这就是参与性原则。坚持这一原则，重要的是企业领导带头，海尔总裁张瑞敏、联想集团副总裁杨清源等都是各自企业文化传播网络建设的积极倡导者和领导者。

6. 持久性原则

众所周知，建设优秀的企业文化是一项长期的任务，不是一朝一夕就能完成的事情，需要不断的努力。因此，这一长期性的特点也决定了企业文化传播网络建设也必须贯彻持久性的原则。这一原则要求将企业文化传播网络作为企业文化建设工作的一个重要部分来抓，使企业文化建设计划的一部分，从计划的制定、设计、人员安排、财务投入等方面给予充分保证，使它的建设发展能够不断满足企业文化建设的需要，与企业文化建设同步，坚持不断完善传播网络、更新传播网络、发展传播网络。

三、企业文化非正式传播网络建设

企业文化传播网络中的非正式渠道又称为非正式文化网络，例如美国企业文化专家阿伦·肯尼迪和特伦斯·迪尔在《公司文化》一书中所说的"文化网络"就是这种网络。非正式网络是企业："内部联系的有力工具"，是正式渠道的重要补充，也是企业文化整个网络的重要组成部分。

无论企业规模有多大，企业文化传播的正式渠道都不可能构成一个完全覆盖的网络系统，这为非正式网络的存在提供了生存空间和外在环境。而在每一个企业里都存在着"讲故事者、教师、传教士、密探、幕后人以及小集团"，他们的传播与员工们希望更多地了解企业中的实情、满足好奇心理和主观愿望结合在一起，就形成了非正式的文化网络。这种非正式的文化网络尽管不是企业组织有意识地进行设计和建设的，但有其自身的特点和规律与现实的企业文化法则。这一非正式网络实际上是企业内部的基本联系手段，把企业所有的各个部分有机地联合起来，传播者不仅说明消息的内容，而且还为员工说明消息背后的含义。

非正式网络具有传播速度快、影响面大的特点，又存在着市场率高、甚至有误导的问题。其作用的发挥是否充分，是否具有正面影响而不是负面效果，关键取决于企业文化的优劣程度，特别是企业作风的好坏。非正式传播网络对于企业文化传播具有特殊的作用，因此积极地进行非正式网络建设是十分必要的。为此，要坚持两个原则：

第一坚持标本兼治的原则。企业非正式文化传播网络的存在，依靠企业内部的非正式组织和每一个员工。广大员工是否具有正确的价值观、远大的理想追求、积极的精神风貌、良好的企业作风，对于非正式文化传播网络发挥怎样的作用起着决定性作用；而员工的这些特点取决于企业文化的实际情况，因此企业文化和企业文化非正式传播网络是"本"与"标"的关系，只有建设优秀的企业文化，才能从根本上建设和积极完善非正式文化网络。

第二坚持重在引导原则。企业文化的核心是价值观，全体员工只有具备共同的价值观，才能自觉地成为行动的指南。企业文化的作用不是强加的，而是完全要靠外因通过内因起作用。非正式文化传播网络与企业文化的标本关系，决定了它的建设方法只能是以引导为主，通过潜移默化地影响员工的思想观念，从而改变他们的行为、习惯，达到企业所希望的目标。

第十六章　建筑企业 CI 导入效果测评

任何一个企业进行 CI 导入都需要花费一定的费用，这种投资的目的是要使企业形成良好的形象，以期获得投资回报。没有回报率的 CI 导入应该说是失败的导入。当然，CI 导入投资是一个长期的过程，不可能在短期内得到经济上的回报。因此，企业应从历史发展的角度看这一问题，不能有急功近利的思想。为使企业 CI 导入与运行效果有一个感知、视知、触知、得知，需要建立一套比较系统而又可行的评价体系，这样既有利于 CI 导入经验的总结与推广，而且又可以使企业 CI 工作者能够清楚地了解 CI 导入存在的问题并能够将问题加以解决和妥善处理，及时调整 CI 导入方案，促进提高 CI 导入的社会效益和经济效益。

第一节　企业 CI 经济效益量化评估

企业 CI 导入既是一个社会活动，又是一个经济活动。作为一种经济活动，企业期望通过社会活动本身的运作带给企业更大的收益，确保企业经济效益目标的实现。作为一种社会活动，企业期望通过 CI 运作在社会上形成一定的影响力，提高企业的知名度和美誉度，赢得社会的好感、信赖和支持，并由此转化为社会公众对企业建筑产品和企业品牌的认同与接纳，最终提高企业的经济效益。因此，必须首先考虑企业 CI 导入与运作成本投入与经济效益之间的关系。

一、CI 导入与运作成本的计算

企业导入 CI 战略就必然要面临着 CI 战略的投资，CI 的投资回报是一个渐进的过程，很难立竿见影。在 CI 的导入期，企业的投资代价较为高昂，分析 CI 成本支出的有效性，争取以最小的投资获得满意的结果。

实施 CI 战略工作分为导入期和运作期。从企业领导层做出 CI 导入的决策、进行 CI 的调研、创意、设计、策划，直到导入实施结束后为导入期。这项工作通常需要一年时间完成。运作期是指企业 CI 导入以后所进行的工作过程,具体指企业形象的传播工作、公关活动、社会公益活动、新闻发布会、媒体宣传工作等等。这一时期持续的时间较长,但一般的成本投入均以一个经营年度为计算周期。年度支出的 CI 总成本确定为 C (Cost)。其 CI 导入年度总成本如下:

$$C = C_1 + C_2 + C_3 + C_4 \qquad (1)$$

其中:

C_1 为企业实态调查费、咨询策划费、创意费等等,这一项为企业 CI 的导入费用。这一部分费用具有可控性,也较容易计算,由于投资形态是一次性的,所以在 CI 导入期,其数额一般较大。

C_2 为对员工投入的价值,含教育培训费、因导入 CI 战略而实施工时费用等。教育经费是单独计算的,比较容易计算。因导入 CI 实施而耽误工时所造成的损失费用计算起来较为困难,因为施工误时费用与没有进行 CI 导入期的施工误时费用常常混淆在一起,很难分清界限,我们只能将超过一般施工误时费用部分计入 CI 成本中。

C_3 为导入 CI 的实物投入和损耗,含统一行为识别物的制作、视觉识别系统的制作、各种手册的印制费等等。企业导入 CI 后由于指导行为和统一形象的所有物品都已不再适用了,需要重新制作。这些以实物形式出现的费用,我们可以通过核算其制作时的原始成本进行统计核算。

C_4 为导入 CI 战略后的各项推广工作,含广告、公关、媒体传播、促销等支出。对每一项支出,企业都要单独预测,分项支出,所以也比较容易核算。

美国一些 CI 专家认为:企业为了实现变革计划,在改变人的行为方面必须花费企业年度预算的 5%~10%,这种改变人的行为方面的费用包括导入费用 C_1 和对员工的培训投入 C_2。我国企业对这一部分投入费用常常表现出不情愿的态度,不情愿花这笔钱。普遍认为,要想塑造企业形象,形成企业的光环效应,离不开传播工作,不做广告、不搞公关活动、不做产品推销很难实现企业理想目标,不容易产生立竿见影的效果。因此,在 CI 成本中,C_1、C_2 费用所占比例较小,用于广告传播的 C_4 项费用最高,占 CI 总投资额的 70%~90%。就建筑行业讲,施工企业在导入 CI 战略时的 C_4 费用相对于其他工业企业低一些。这是由于其企业形象的塑造与创播主要依靠现场建筑产品这一实物,而施工的经营活动又是订制式的交易方式,无需作过多的广告,也无需作推销。而房地产企业则不同，在对待 C_4 费用的投入方面与其他工业企业相比存在着"有过之而无不及"的心理状态。因为，其面临着比一般工业企业更大的投资风险压力，往往表现出对广告宣传、推销活动加倍投入的冲动，致使 C_4 的费用更加偏高，而对 C_1、C_2 两项费用较为吝惜。

以上我们介绍了企业 CI 导入的运作成本，下面我们再来介绍如何计算 CI 导入的运作收益。

二、CI 运作经济收益计算

1. 直接经济收益和间接经济收益

企业 CI 战略的导入重要成果主要有两个方面：一方面是企业直接经济收益的提高，表现为经营收入中利润比率的上升。这是由于在 CI 导入的运作后，直接信息传递所带来的市场的扩大，业主对企业的建筑产品接受度的提高、企业的竞争优势的加强所导致的结果。另一方面是间接经济效益的提高，即企业通过社会效益的提高转化为经济效益的提高。这是因为企业知名度、信誉度、美誉度的增加，形成了更多的公众对企业、企业品牌、对企业的建筑产品的认同与接纳。间接经济效益延续性比较强。

在这里我们把企业的经济收益记为 P（Profit）。这里的企业经济效益 P 是指由于企业导入 CI 后实际收益的增加部分，它是一个增量的概念，表现为企业所获得的利润。计算企业 CI 导入的经济收益方法有三种。一是可以通过在经营收入增量中利润所占的比例计算，即经营收入增量乘以经营利润率获得；二是可以先计算企业利润增量乘以企业经营收入得到；三是通过企业经营收入额减企业经营成本额，比较两个会计周期经营收益加以计算。由于企业 CI 导入前和 CI 导入后产品的价格可能会因为品牌知名度的扩大而有所上升，使其利润率会发生一定程度的变化，为避免利润率的波动影响计算结果的准确度，我们不采用第三种计算方法，而采用第一种方法。并且在计算企业 CI 的运作收益时，统一以经营收入额作为计算的基本指标。建筑企业经营收入主要是指年度工程竣工应结算收入。按会计准则规定，还应包括年度其他业务收入、年度投资收入、年度营业外收入等等。但由于其他收入相对于工程竣工应结算收入来讲所占比例较小，所以我们在计算 CI 收益时，可以忽略不计。

企业 CI 导入的经济效益计算，受企业 CI 导入的时间限制，有些企业导入的时间短，如一年。有些企业 CI 导入的时间长，如两年以上。这样经营收益增量或利润增量肯定有较大的差异。因为企业的直接效益即期性比较强，而企业的间接效益，延期性比较强。实施 CI 导入多年的企业与实施 CI 导入一年的企业，企效益增量（收益增量和利润率增量）自然要大于实施 CI 导入一年的企业。因此，有必要分开为两种情况进行计算，即企业实施 CI 导入年度经营收益计算和企业实施 CI 以后持续多年的年度经济收益计算。

2. 实施 CI 导入年度企业经济收益的计算

（1）本经营年度开始实施 CI 导入的企业，其实施 CI 战略所带来的直接收益和间接收益统一计为 P，P 为直接收益与间接收益的总和。但在实际计算中我们很难将这两部分分开。因为间接收益最后总要化为企业的实际收益而融入总收益中。

在实施 CI 战略中，宣传、公关活动、新闻传播活动直接影响到企业的经营收益的大小，同时又对企业的形象、企业知名度、美誉度的提升产生巨大影响，从而对企业收益具有延续性的效应。对经营收益额扩大产生影响的可以直接计为本年度的经营收益之中，其延续性效益应对以后年度的经营收益产生的影响，可计入产生影响的年度内。这里我们仅就实际发生额进行统计。

我们运用上述的第一种方法对企业 CI 导入年经营收益进行计算。由于实施 CI 导入经营年的收入额与未实施 CI 导入经营年度收入额可以通过企业的统计资料和历史资料获得，所以收入额作为企业收益计算的基本指标简便易行。我们将导入 CI 后企业的经济收益增量记作 P_1，企业实际生产经营利润水平记为 R，则计算公式为：

$$P_1 = (CI 导入年度经营收入额 - CI 导入前年度经营收入额) \times R \quad (2)$$

（2）通过进一步分析我们不难发现，P_1 实际上由两个因素的变动而产生的。一个因素为价格，即由于企业 CI 的导入，使建筑产品品牌的影响力增强，承包建筑中标价格上扬，高于市场建筑产品的平均价格而给企业带来的收益；另一个因素是由于企业在市场中占有份额增大，工程承包任务量增多，竣工面积大，从而给企业带来的经济收益。

其一，从价格变动角度看，由于企业实施了 CI 战略，企业拥有了良好的企业形象，为保持这一良好的企业形象，企业必然在企业形象内涵上下功夫，建筑企业形象的基本内涵就是在建筑产品质量的不断提升，为业主提供优质的设计服务和高质量的建筑产品,优质优价,其建筑产品价值必然高出同类建筑产品的价值,企业必然会以高出同类建筑产品的价格取胜,使企业建筑产品的承包价格高于同行业同类建筑产品的平均承包价格。价格增量是企业导入 CI 的间接结果,这部分收益应归于企业 CI 导入的收益范畴内。我们将这部分收益增量记作 P_{11}。其计算公式为:

$$P_{11} = [(企业实施 CI 后建筑面积价格 - 同行业同类建筑面积平均价格) \\ \times 企业实施 CI 后的建筑竣工面积] \times R \tag{3}$$

企业实施 CI 后,建筑产品面积价格、企业的建筑竣工面积、经营利润 R 可通过企业的统计资料获得,同行业同类建筑产品平均价格可通过行业调查、咨询获得。

其二,从建筑承包任务变动的角度来分析,由于企业实施了 CI 战略,企业的媒体传播和社会公益活动的开展,将打开建筑市场,势必提高企业市场的占有率,建筑施工承包业务的进一步扩大,必然带动建筑竣工面积的上升。由于建筑竣工面积的增加而带来的收益是企业 CI 导入的直接收益,也应计入 CI 导入的收益之中。我们将 CI 导入后这部分经营收益增量记作 P_{12}。其计算公式为:

$$P_{12} = [(企业实施 CI 战略后建筑竣工面积 - 企业未实施 CI 战略前 \\ 建筑竣工面积) \times 同类建筑面积平均价格] \times R \tag{4}$$

上述公式是在建筑产品价格不变的情况下,建筑竣工面积的变化所引起的收益变化。我们假设企业实施 CI 战略前期建筑产品价格为同类建筑产品的平均价格。

需要说明的是,我们之所以将企业导入 CI 后企业收益的增加分解为建筑产品价格变动和建筑承包任务的变动两个因素,是为了判断收益的增加是由哪个因素变动所引起的。事实上这是一个市场的需求弹性问题。如果市场需求刚性较强,需求弹性不大,则价格的变动对于企业取得较好的收益则是主要的。反之,市场需求弹性大,则市场份额大而带动建筑竣工面积提升就成为企业收益的主要来源。当前,我国建筑企业迅速崛起,数量众多,建筑市场的需求弹性很小,因此,需要企业对品牌加强培育,增强业主对企业品牌的认同感,由名牌企业营造的工程即使标价高一点,社会也往往愿意接受。这说明企业的软性投资得到了硬性的回报。软性投资为形象、品牌、宣传、公关等 CI 方面的投资,硬性回报是企业收入的增加和利润的上升以及市场占有程度的加强。从以上经济收益的角度来分析，企业由于实施对 CI 的导入与运作，企业 CI 导入年经营收益状况为：
$$P_1 = P_{11} + P_{12} \tag{5}$$
在这里 P_1 表现为企业实际的经营收益增量，包含建筑平米价格变动增量和竣工面积变动增量。

3. CI 运作后企业形象资产增值计算

企业形象是企业的一种无形资产，是企业整体素质和外在反映，是企业的一种精神价值。如前所述，企业形象提升的巨大市场影响力，可以对企业收益扩大产生间接的、延续性效应，这种延续性效应最终并入企业的收益中。但在企业 CI 导入后的几年中，我们无法从其中收益额中单独地分割出企业形象的价值。因此，这里我们有必要对企业形象资产价值的增值进行专门的研究分析。

由于企业进行 CI 的导入与实施，必然带来企业形象的提升，企业品牌价值增大，从而导致企业收益的加强。在这里对无形资产的评估，我们不是应用对企业无形资产的评估的方法和手段来评价企业无形资产的价值，而是要通过计算企业形象资产的增值来确定企业实施 CI 战略带来的收益。无形资产的评估不是轻而易举之事，但我们可以通过采取超额资本利润率指标来对企业形象资产做出简单的评估。

超额资本利润率是指企业超过行业平均利润水平部分所带来的利润率。企业资本投入分为固定资本投入与变动资本投入。在一定的历史时期，企业的资本投资总额是既定的，而且在一个固定的行业中，资本利润率水平也是可以计算的，如果企业资本利润率水平高于平均资本利润率，则超出部分就形成了超额资本利润率。超额资本利润率的获得途径主要有：一是企业劳动生产率高于社会平均生产率水平。企业员工有较高的素质，有现代化的建筑机械设备和先进的建筑科技手段，有科学的施工管理方法，都可以形成这种较高的水平。二是企业市场运行状况好。这表现为企业有着优良的建筑产品和细致的过程服务，赢得了市场的信赖，具有系统的广告、公关、媒体、传播手段的相互配合。三是社会的影响力大，品牌知名度、信誉度、美誉度高，业主愿意接受企业高价值的产品和服务。三者构成了企业形象和企业无形资产形成增值的途径。

通过以上分析可以看出，资本利润率的高低是企业综合实力的反应。企业技术的先进与否、企业经营方式是否科学、员工素质的高低、产品质量的优劣、管理水平的如何、施工组织协调是否均衡、经营方式是否先进、公共关系的配合等等，都对增减变化产生强劲的影响。而超额利润恰恰反映了以上诸多方面的综合作用，是企业综合实力的直接反应。因而，从理论上讲用超值资本利润率来估算企业形象价值的增值是科学而可行的，我们设定企业超值资本收益为 P_2，其基本计算公式为：

$$P_2 = (企业实际资本利润率 - 同行业平均资本利润率) \times 企业实施 CI 后经营年度收入额 \qquad (6)$$

企业实际资本利润率、企业实施 CI 后经营年度收入额均指实施 CI 后年度内的数据指标，可以通过企业的统计资料获得；同行业平均资本利润率可通过行业统计资料获得。

通过以上计算，我们可以得出企业 CI 运行一年后企业经济收益计算公式：

$$P = P_1 + P_2 \qquad (7)$$

这里 P 代表企业 CI 运行一年后为企业带来的经济收益。

4. CI 导入以后持续多年年度经济收益的计算

企业实施 CI 战略以后，其延续效应仍然会发生作用，因为一方面企业在实际运作中仍然会按照 CI 导入的要求开展各项传播工作，收益增加；另一方面，企业无形资产通过多年的积累其价值总量会更高，如果企业品牌价值与企业形象已深入人心，由此而带来的企业市场的扩大和收益的提高，使企业的延续运作时间越长，其效果会越好。有人说 CI 导入的投资是一种延续性投资，他所带来的收益是长期的。

（1）企业实施 CI 后任何一个年度的经营收入额增加所带来的企业的经济收益可记作 P_1，其后注上某某年就可以了。如果计算 2004 年企业 CI 导入产生的直接经济收益，可记作 $P_1(2004)$；如果计算 2005 年企业 CI 导入产生的直接经济收益可记作 $P_1(2005)$。延续前面的思路，计算公式如下：

$$P_1 = (本年度经营收入额 - 上一年度经营收入额) \times R(本年度实际利润率)$$
$$\qquad (8)$$

（2）企业形象资产随着 CI 运作时间的延长，其累加价值会更高。尽管企业无形资产价值不可能当年全部实现，但它所带来的市场的扩大和收益水平的提高是显而易见的。企业无形资产的增值，我们记作 P_2，如果计算 2004 年企业的无形资产的增值可记作 $P_2(2004)$；如果计算 2005 年企业无形资产增值可记作 $P_2(2005)$。我们按企业超额资本利润率计算，企业无形资产增值所带来的经济收益

计算公式为:
$$P_2 = (企业本年度实际利润率 - 同行业本年度资本平均利润率) \times 本年度经营收入额 \tag{9}$$

在这里需要指出的是,一方面,企业无形资产的价值增值是由评估机构通过测定和评估得到的数据,这一测定数据对企业无形资产收益,即由无形资产价值转化而来的企业实际收益有着相当大的影响。但它本身价值的增大并不是企业实际收益的增加值,所以我们不能用企业形象资产价值的年度增加部分来替代无形资产所带来的实际收益增加值。另一方面,企业无形资产的评估,不可能每年都进行,一般情况下,企业可能每3~5年才评估一次,所以我们不能用企业形象资产价值的年度增加部分来替代企业无形资产所带来的实际收益增加值,因为它不具有年度的连续性,这会影响我们对资料的获取。

应当明确,企业实施 CI 导入后通过多年的实际运作,由企业形象资产的增加值而给企业带来的超额收益,是企业实施 CI 战略过程中的主要收益之一,更可以增强企业管理机构对 CI 深层的而长远的认识。综合以上分析,企业实施 CI 战略的企业经济收益为:

$$P = P_1 + P_2 \tag{10}$$

公式(7)与公式(10)表现形式相同,但说明的时间不同,公式(7)是企业 CI 导入后与未导入前的企业收益增量,而公式(10)则说明企业 CI 导入后任意年度的收益增量。前者的时间是固定的,而后者的时间随测算者之意,需要标上具体年份。

三、CI 运作后经济效益的计算

我们将企业实施 CI 战略后的经济效益记作 E(Efficiency),企业的 CI 导入后任何一个年度的经济效益为:

$$E = P - C \tag{11}$$

其中 P 和 C 的数值由公式(1)~公式(10)确定。当 $E = P - C > 0$ 时,企业 CI 战略的实施才有意义。但应当指出的是,企业实施 CI 战略是一种战略性投资,他会使企业在以后的一个很长的历史时期受益,但很难取得立竿见影的效果。因此,在 CI 导入后的第一年或较短的时期内,经济效益 E 不一定大于零,有时还会出现负数,即 $E = P - C < 0$。这主要是企业 CI 导入需要的成本很难在一

年内全部收回。如果企业CI导入得好，决策正确合理，E值出现负数的可能性比较小，即使出现也是暂时的现象，正常的情况时，一般来讲随着企业CI的实施E值应不断地扩大。企业CI导入与运作经济效益的计算是一个理论上的探讨，在实践中企业应结合实践，不断修改和完善，使其更加科学、方便。

第二节　CI导入要素设计效果评估

对于CI导入的量化指标，应按照企业CI导入的具体要素进行分析与测定，由此建立企业CI导入效果的量化评估体系。对于企业CI导入构成要素分为理念要素系统、行为识别要素系统和视觉识别要素系统。这里我们对这三大系统的具体要素进行分析与测定。对于效果的评估系统我们采取加权的方法，根据CI策划的各要素的比例，给予各要素指标以不同的权数，确定其分值。CI系统总分确定为100分，其中理念识别系统在CI系统中处于核心地位，因此确定为40%，行为系统和视觉系统各占30%。

一、理念识别系统要素测评

理念系统要素测定基本工作步骤如下：

1. 确定测定要素。把本企业理念设计分要素列为测定要素。在这里我们把理论上的要素内容作为测定指标即：（1）企业使命；（2）企业愿景；（3）企业价值观；（4）企业哲学；（5）企业精神；（6）企业宗旨；（7）企业道德，共七个部分。当然，企业在设计测评要素时，要根据企业在设计理念时的实际创意进行设置。

2. 确定要素分值。对于指标的七个要素的分值不能平均分摊。考虑到企业价值观是企业文化建设的核心要素，所以确定为7分，其余要素确定为5.5分。共计40分。

3. 确定评价依据。企业可以根据自己的要求设定评分标准，一般确定的评分标准为：语言表述是否准确、表述是否顺口、是否容易记忆、是否有新意、是否有风格。评价者对肯定的打√，否定的打×。项目的得分为：肯定数占五项评比标准的比值乘以5.5。例如企业使命，如有三个肯定结果，两个否定结果，肯定数的比值为3/5。企业使命得分数为：$3/5 \times 5.5 = 3.3$。其他要素统计同理。

4. 绘制印刷测评表（见表 16-1）。

5. 测评实施。发放表格，测评者打分，测评者可以是企业内部人员，也可以是企业外请专家。

6. 收回统计。收回测评表格，进行分数统计。

MI 导入效果量化测评表　　　　　　　　　表 16-1

各项分值项目 得分	企业 使命 5.5	企业 愿景 5.5	企业价 值观 7.0	企业 哲学 5.5	企业 精神 5.5	企业 宗旨 5.5	企业 道德 5.5	小计
1 是否准确								
2 是否顺口								
3 是否容易记忆								
4 是否有风格								
5 是否有新意								
合计								

二、行为识别系统要素测定

由于行为识别系统分为对内活动和对外活动两个方面，故分开测定。前面我们已经讲了行为识别系统测定得分比例确定为 30%，这里我们将其进行分配，对内活动为 15 分，对外活动为 15 分，并分别进行测评。

1. 对内活动测定

（1）设定对内活动的测定分要素。根据企业对内行为系统设计的内容加以设定。理论上来说我们通常把企业对内开展的活动分为：A 教育培训活动；B 科研开发活动；C 施工合理化建议活动；D 施工规章制度；E 文明礼仪规范；F 专题风俗。这六个方面基本涵盖企业行为文化的主要内容。

（2）确定分要素的得分值。这部分总分值 15 分，由于教育培训较为重要确定为 5 分，其余 5 要素平均规定为 2 分，共计 15 分。

（3）绘制印刷表格。见表 16-2。

（4）确定各项得分的评价依据。评分依据有三个方面：规定是否合理？是否具有操作性？确定的标准是否到位？肯定的打√，否定的打×。各项得分统计原理同上。

(5) 将测评表发放给测评者,进行打分。

(6) 收回测评表格,进行分数统计。

BI 导入(对内活动)量化效果测评表　　　　　　　　　表 16-2

各项所占分值 项目得分	教育培训 5	科研开发活动 2	施工合理化 2	施工规章制度 2	文明礼仪规范 2	专题风俗 2	小计
1 规定是否合理							
2 标准是否到位							
3 是否具有操作性							
合计							

2. 对外活动测评

企业对外行为识别系统测定的基本步骤为:

(1) 将企业对外活动的内容进行分要素的测定。在实际运行中,要根据企业导入 CI 的创意、策划内容进行考虑。从理论上来说,我们通常把企业对外开展的活动分为:A 建筑市场调查;B 对外传播活动;C 公共关系活动;D 社会公益活动;E 经营服务活动这五个方面。

(2) 确定分要素得分值。这部分总分值 15 分,各项分别确定为 3 分。共计 15 分。

(3) 绘制印刷表格。见表 16-3。

BI 导入(对外活动)效果测评表　　　　　　　　　表 16-3

各项占分数内容 得分	市场调查 3	对外传播 3	公共关系 3	社会公益 3	服务活动 3	小计
1 是否有新意						
2 实施过程是否合理、科学						
3 理想目标是否实现						
合计						

（4）确定各项得分的评价依据。评价依据有三个方面：A 策划、创意是否有新意？B 实施过程是否合理、科学？C 理想目标是否实现？肯定的打√，否定的打×。各项得分统计原理同上。

（5）将表格发放测评者打分，评价者可以是企业职工也可以是企业外的专家。

（6）收回测评表格，进行分数统计。

三、视觉识别系统要素测评

我们将视觉识别系统要素分为基础要素和应用要素两部分测定。基础要素和应用要素各占 15 分，总分 30 分。

1. 基础要素测定

（1）设定对内活动的测定分要素。根据企业识别系统设计的内容加以设定。我们通常把企业识别系统的基础要素定为测评内容即：A 企业名称；B 企业标志；C 企业品牌商标；D 标准字标准色；E 企业造型徽记图案这五个方面。

（2）确定分要素的得分值。这部分总分值 15 分，各项分别确定为 3 分，共计 15 分。

（3）绘制印刷表格。见表 16-4。

VI（基础要素）导入效果评价表　　　　　　　表 16-4

得分	各项占分数内容	企业名称 3	企业标志 3	企业品牌商标 3	标准字标准色 3	企业造型徽记图案 3	小计
1	是否有内涵依据						
2	是否有独特风格						
3	是否易识别						
4	是否易记忆						
	合计						

（4）确定各项得分的评价依据。评分依据有四个方面：A 是否有内涵依据？B 是否有独特风格？C 是否易识别？D 是否易记忆？肯定的打√，否定的打×。各项得分统计原理同上。

(5) 将表格发放测评者打分，评价者可以是企业职工也可以是企业外的专家。

(6) 收回测评表格，进行分数统计。

2. 应用要素测定

企业视觉识别系统的应用要素部分是指企业依据视觉识别系统的要求，在企业对外传播系统所有的可视物品中统一使用规则的表现形态。进行测定的基本工作步骤如下：

(1) 设定视觉识别系统应用要素。根据企业识别系统设计的内容加以设定。基础要素是：A 办公用品、器具；B 办公环境设计；C 施工现场宣传设计；D 交通工具；E 施工机械、工具；F 员工服饰六个方面。

(2) 确定分要素的得分值。这部分总分值15分，各项分别确定为2.5分。

(3) 绘制印刷表格。见表16-5。

(4) 确定各项得分的评价依据。各分依据有四个方面：是否简单明了？是否有独特风格？是否引人注意？是否易识别、易记忆？肯定的打√，否定的打×各项得分统计原理同上。

(5) 将表格发放测评者打分，评价者可以是企业职工也可以是企业外的专家。

(6) 收回测评表格，进行分数统计。

VI（应用要素）导入效果评价表　　　　　表16-5

得分 \ 各项内容	办公用品器具 2.5	办公环境 2.5	施工现场宣传设计 2.5	施工机械 2.5	交通工具 2.5	员工服饰 2.5	小计
1 是否简单明了							
2 是否有独特风格							
3 是否引人注意							
3 是否易识别易记忆							
合计							

四、CI 导入效果总评

以上我们对企业 CI 导入的三大部分依据其基本内容进行了效果的评估。在此基础上我们对总体评估结果进行测定和分析。

1. 首先将上述各项得分结果列入表 16-6 中。这里需要说明的是评价者排序，是按评价者人数来确定的，将评价者进行编号，将其评价结果（各项得分情况）列于项目得分相应的表格内。有多少人参加评价，则排序就为多少。

2. 在合计栏里，将评价者的打分情况进行汇总得出总分值，总分除以评价者人数计算出每一个项目的均值。

3. 对分值进行评价，找出问题所在，以利于企业对 CI 导入各项目的的修正与改革。以上这套量化系统的优点是，整体照顾到了 MI、BI、VI 的各项指标的细节。各个要素量化的比较细，同时找出了不同要素的评价依据。这说明对其中每一个要素的评价都是有具体依据的，不是无的放矢，评价既醒目也比较客观、全面、系统、科学。这种测评方法的不足之处是对评价者的要求比较高，评价者必须具备较强的 CI 理论知识，熟悉管理学、经营学、公关学、广告学、美术学等等，同时要求评价者对企业 CI 具体导入有较详细的了解。通过汇总分数，找出问题所在，以利于企业对 CI 导入各项的修改与改革。操作此套评价系统的最好办法是采用特尔非法，依靠外界专家进行背对背的评价，同时，结合企业 CI 的管理委员会成员对企业 CI 导入系统的评价。这样得出的评价结果往往较为客观、公正、科学。

企业 CI 导入效果评价总得分　　　　　　　　　表 16-6

评价者排序	MI 40	BI（内）15	BI（外）15	VI（基）15	VI（应）15	小计
1						
2						
3						
4						
合计						

第三节　CI 导入实际效果评估

前面，我们对企业 CI 的经济效果和设计要素的评价进行了介绍，但两个方面的评价并不全面。下面我们将对企业 CI 导入的推广与实施效果从直观感受到实际收获的角度进行测试与评估。

企业 CI 的推广与实施是一个从企业内部到外部的过程，因此，测评必然从内部和外部两个方面对其效果进行测评。

一、企业内部对 CI 实际效果评估

企业内部测评是企业 CI 委员会或企业最高决策层为了解考察 CI 的导入后的效果而进行的询问调查或系统调查的过程。询问调查属于日常调查，目的是随时了解企业 CI 导入后的各方面反映，及时发现问题。系统调查则是一项专题调查，主要了解企业 CI 导入后，企业 CI 整体情况或企业 CI 导入的某一方面问题进行调查，围绕主题收集信息，了解各方人员的感觉、意见和建议，以便对 CI 方案相关部分的调整。对员工作系统调查可以采取问卷形式，对管理人员可以采取座谈形式。

1. 问卷调查

由于企业员工在 CI 导入过程中所参与的程度和介入的深度有限，对 CI 内涵的理解与把握不可能很全面、系统，因此，在问卷设计时应当遵循表层化、大方向、简单、明确、有针对性的原则。在测评中调查者可先提出主题方向，然后就主题提出问题。一般调查主题有：

1. 整体印象调查（见表 16-7）。2. 理念识别系统调查（见表 16-8）。3. 行为识别系统调查（见表 16-9、表 16-10）。4. 视觉识别系统调查等等。除以上项目测评外，企业也可以就更细节的方面进行测评，例如：对企业员工培训、企业规章制度等为主题展开专项评价。

企业 CI 整体印象测评表　　　　　　　　表 16-7

	你对企业 CI 导入的整体印象如何？	是	否	一般	说明
1	CI 导入后企业各方面情况是否有了明显的改观？				
2	CI 导入，企业投入很大是否值得？				
3	对 CI 导入，各方人士是否很关心、理解和支持？				
4	企业确定的理念系统是否都知道和理解？				
5	你认为理念系统是否很有企业特色？				
6	你对企业 CI 制度是否能够认同和接纳？				
7	你对企业开展的某某活动是否有印象？活动开展得是否成功？				
8	企业 CI 导入后，企业内部各方面关系是否有新的改善？				
9	企业 CI 导入后，员工是否比以前更敬业、爱岗？				
10	你是否喜爱企业的新标志？				

企业理念系统测评表　　　　　　　　　　　　　　　　　　　表 16-8

	谈谈你对企业理念的看法	是	否	一般	说明
1	你认为企业理念系统是否具有系统性和现代感？				
2	企业理念系统是否反映出建筑企业的特征和风格？				
3	企业理念系统口号是否具有震撼力和渲染力？				
4	企业使命是否能够使你产生自豪感和使命感？				
5	企业价值观是否具有新的价值内涵？				
6	企业道德是否符合您的心愿？				
7	企业愿景是否能激发你的工作激情？				
8	企业经营哲学是否符合市场发展的要求？				
9	企业经营宗旨是否具有本企业的特色？				
10	你是否能记住企业理念的各项表述？				

企业行为系统（对内部分）测评表　　　　　　　　　　　　　表 16-9

	请谈谈你对企业对内活动内容的看法	是	否	一般	说明
1	你认为企业进行的技术培训是否做得到位？				
2	企业是否开展合理建议活动？对合理化建议是否有成效？				
3	你觉得企业技术开发工作搞得如何？				
4	企业的施工技术、施工工艺、建筑材料是否具有先进性？				
5	你觉得同事之间的文明礼貌行为是否有所提高？				
6	企业规定的文明用语有人监督落实吗？				
7	你认为企业在执行规章制度上认真吗？				
8	企业能够按照施工标准进行严格管理吗？				
9	企业开展各项传统活动是否达到了目的？				
10	企业开展的各项创优活动是否取得了应有的效果？				

企业行为系统（对外部分）测评表　　　　　　　　　　　　　表 16-10

	你对企业对外活动有何看法？	是	否	一般	说明
1	企业 CI 新闻发布会及相关的传播活动是否有效？				
2	企业的公共关系活动是否良好？				
3	建筑产品的后期服务工作是否到位？				
4	企业的社会服务活动是否受到社会的关注？				
5	企业的市场调研是否有利于企业发展？				

2. 座谈调查

座谈调查可在企业内部管理层、决策层进行。可就企业 CI 导入的所有方面进行调查，这种方法可以收集到各种不同意见，既有正面的意见，也有反面的意见，且内容生动、具体、形象，是一种深层次 CI 的调研方法。

二、企业外部对 CI 实际效果评估

企业外部测评是选择与企业有关的，对企业 CI 导入有所了解或熟悉的人士对企业 CI 的实施效果进行测评，了解外部社会公众对于企业 CI 导入的看法，对企业形象的认知、识别和赞美程度，以把握企业 CI 外部推广效果。

1. 确定调查与测评对象

在企业内外部环境中，与企业有关的单位和人士很多。就建筑企业讲，直接相关与间接相关人员企业外部大致包括：业主或投资者、规划勘察设计者、材料供应商、分包商、专业承包商、监理公司、质检单位……企业内部包括：企业股东、员工等等。见图 16－1 所示。

企业在选择测评人员时，应将其进行排序，可以作如下排序：重要相关者如建设单位、企业股东等。由于这部分人直接接收企业 CI 导入的影响从而对企业产生态度和行为上的变化。此部分人乐意接受企业测评。次要相关者是指不是直接而是间接接受影响的人。如勘察设计、材料供应商、分包单位、监理单位、质检单位、同行业人士等。如果企业 CI 做得好，这部分人士对企业可能提供很大的帮助，对其可以作为测评的对象，也可以不作为测评的对象。边缘性相关者则不关心企业的 CI 战略如国际市场、社会团体、政府机构等，测评可以不选取这些人士。

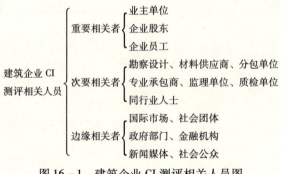

图 16－1　建筑企业 CI 测评相关人员图

2. 选择调查方法和内容

测评方法与前述一样，可以选择问卷调查、座谈调查和访问调查等方法。主要内容如同前面所述，内容基本相同，就企业所关心的 CI 导入效果设计提问。测评的表格设计可以采取显现企业主体或隐去企业主体的设计方式进行。显现企业主体就是把企业名称写出，专门对本企业的 CI 状况进行测评；而隐形方式就是多选择几家企业，将本企业隐含在这几家企业之中，同时征询测评者对这几家企业 CI 导入的意见和看法。这种方法较为可观，还可以进行跟踪测评，几年以后再做一次测评，两者进行比较。

3. 调查与测评实施

设计的问卷对调查者进行发放、回收、统计、汇总、整理、发现企业存在的问题和 CI 导入效果以及整体形象状况，并对其进行定性分析和定量综合分析。最后撰写测评报告。

参考书目

1. 《企业文化概论》张仁德、霍洪喜. 南开大学出版社，2000
2. 《企业文化》（第三版）刘光明. 经济管理出版社，2002
3. 《企业 CIS 战略的策划与实施》王秀英. 首都经济贸易的学出版，2000
4. 《企业文化与 CI 策划》张德、吴建平. 清华大学出版社，2000
5. 《现代企业文化概论》奚从清、谢健. 浙江大学出版社，2001
6. 《企业文化建设的运作》郝真. 中国经济出版社，1995
7. 《跨国战略—国际工商管理》中国对外经济贸易出版社，1999
8. 《中国建筑业的兴起》傅仁章. 中国建筑工业出版社，1996
9. 《WTO 与中国建筑业》王孟钧、杨承析. 中国建材工业出版社，2002
10. 《建筑企业形象策划》刘杰. 中国建筑工业出版社，2002
11. 《国际工程风险管理与保险》雷胜强. 中国建筑工业出版社，1996
12. 《建筑施工项目管理》从培经. 中国环境出版社，2003
13. 《建筑企业管理学》田金信. 中国建筑工业出版社，1998
14. 《第五项修炼》彼德·圣洁著. 东方编译所编译. 上海三联出版社，1994
15. 《新世纪中国企业文化》华锐. 企业管理出版社，2000

16. 《国际工程项目实施模式的变化及其思考》陈建国. 建筑经济，2000
17. 《中国工程总承包离世界还有多远》王宁、逢宗展、张秀东. 中国建设报，2003
18. 《中日建筑企业制管理之比较》一局发展. 中国建设报，2004
19. 《全国建设系统首届企业文化建设论坛文集》中国建设职工思想政治工作研究会，2003
20. 企业文化案例学习出版社. 中国建设职工思想政治工作研究会，2004

附录一　建筑企业文化案例选编

构筑优秀企业文化　增强企业核心竞争力
山东建工集团企业文化建设案例

企业文化是凝聚人心、整合和推动企业生产力，有效提升企业核心竞争力的有力武器。

山东建工集团成立于1979年，经过27年的艰苦创业，目前已发展成为具有施工总承包、专业承包和劳务分包九个独立资质，23项增项资质的跨地区、跨行业、跨所有制乃至跨国经营的大型企业集团。2005年，集团实现企业总产值40亿元，其中施工产值25.5亿元，实现利税1.77亿元，连续六年工程优良品率保持在80%以上，并荣列2003～2004年度中国建筑业领先企业，资产总额、实现利润均位居全国同行业第37位，综合实力位居第39位，产值位居第49位。集团先后荣获中国先进施工企业、中国质量效益型先进企业、全国推广鲁布革管理经验典型企业、中国质量信誉保证企业、中国工程建设社会信用AAA级企业、全国建设系统企业文化建设优秀单位、山东省思想政治工作优秀企业、山东省文明单位、山东省企业文化建设示范单位等荣誉称号。2005年集团成功晋升为房屋建筑工程施工总承包特级资质企业。这是房屋建筑领域最高级别的资质，也是济南市惟一获得房屋建筑工程施工总承包特级资质的企业。最近集团又分别荣获由中国建筑业协会和中国施工企业管理协会颁发的"全国建筑业企业工程总承包先进企业"和"全国优秀施工企业"、"全国用户满意施工企业"三项国家大奖。

山东建工集团能够在激烈的市场竞争中，立于不败之地，一个重要原因是山东建工集团能以科学的发展观构筑具有山东建工特色的优秀企业文化，从而为企业高速稳定发展提供了强大的精神动力和智力支持。

一、山东建工集团的企业文化内容及定位

企业文化的核心是企业精神。良好的企业精神包括以厂为家的主人翁精神，拼搏向上的创业精神，忘我工作的奉献精神，团结奋进的协作精神。山东建工集团在企业文化建设的实践中，坚持"艰苦奋斗，努力拼搏，讲求实效，争创一流"的企业精神，结合企业所处建筑行业这一特殊实际提出"创造建筑典范，奉献社会"的经营理念，将企业市场目标定位为"建精品工程，创名牌企业"，提出了山东建工价值观：对社会：提供优良的建筑产品；对公司：忠诚、勤奋、奉献；对用户：信守合同，竭诚服务；对同仁：敬业乐群，笃诚守信，团结友爱，共同前进。在企业文化的建设上突出行业特色。山东建工文化把职工与企业紧紧联系在一起，把企业与市场紧紧联系在一起，增强了企业的凝聚力、向心力。

二、实施人才强企战略，建立企业文化作用机制

小公司做事，大公司做人，人才是利润最高的商品，能够经营好人才的企业才是大赢家。山东建工集团通过实施人才战略，建立有效的人才竞争和管理机制，营造良好的人才使用和培养环境，从而推进人力资源的优化整合。

在干部选拔任用上，本着任人惟贤、德才兼备的原则，不断改进选任方法，激活干部源头活水。一是引入竞争机制，彻底打破论资排辈的传统观念，不拘一格选人才。二是坚持动态任用，对全体管理干部一律实行聘用制。对全体管理干部，每年都进行定员定编，通过公开岗位，现场答辩，竞争上岗。企业为员工搭设施展个人才华的舞台，所有员工按照自己的意愿、能力选择自己的岗位，有利于优秀人才脱颖而出。通过竞争上岗的人员亦非常珍惜自己的岗位，使"今天工作不努力，明天努力找工作"的观念深入人心，从而极大程度地发挥了职工的工作潜能，使人才资源得到了动态调整和一定程度的合理配置。通过公开、平等、竞争、择优地用人，有效地遏制了用人上的不正之风。三是坚持"四化"标准，大胆启用年轻干部。近几年来，集团坚持贯彻"革命化、年轻化、知识化、专业化"的方针，大胆启用年轻干部，把有发展潜力和培养前途的青年人才选拔充实到各级领导班子之中，仅2002年以来集团就选拔了70多名具有大专以上学历、工作成绩突出的年轻干部到中层领导工作岗位上，还有4名近几年进厂的大学生

被选拔到集团领导岗位,使集团的干部队伍结构进一步趋向合理。

为了提高管理人员的整体工作能力,集团十分重视在岗人员的培训工作,与山东建工学院联合组建了山东建工培训中心,组织集团内部质量、安全、预算、统计、会计、微机等各类培训班,全员培训率达到68%,提高了各类专业人员的专业技能和理论水平,为企业整体管理水平的提高奠定了坚实的基础。

三、以项目文化为主线,将企业文化"三个延伸"战略落到实处

工程项目是建筑企业利润的源泉,拥有众多优秀项目必然显示的是企业的雄厚实力和竞争优势,而项目文化是建筑企业文化不可或缺的一部分,如同企业文化是企业管理的灵魂一样,项目文化是项目管理的灵魂,是建筑企业项目管理走向理性化的标志,项目文化已经成为建筑企业竞争市场的通行证,成为占领业主市场的支撑点。只有将经营理念寓于项目管理之中,才能确保施工过程的全方位控制进而实现管理升级,才能树立良好的项目形象进而树立良好的企业形象,也才能赢得业主,占领市场。基于此种认识,集团提出了"创新项目文化,占领业主市场"的理念,并从项目管理文化、项目制度文化、项目精神文化、项目现场文化和项目业主文化五方面构筑项目文化的基本框架,在此基础上实施企业文化向全体员工延伸、企业文化向分包队伍延伸、企业文化向工程项目延伸的"三个延伸"发展战略。

一是通过开展各种宣传教育活动,推动企业文化向全体员工的延伸。为了认真贯彻落实党的十六大精神,提高员工素质,使其更好地适应社会发展的新形势,2003年以来集团党委在全体员工中开展了"创建学习型企业"活动,并利用业余党校、党员活动室等教育阵地举办了多层次、不同形式的培训班,同时在员工中开展了"每天一小时,每月一本书"的读书活动,在集团上下形成了"学习工作化,工作学习化"的良好氛围。

为了树立山东建工的诚信品牌,集团党委提出了打造"诚信山东建工"的目标,出台了企业信用评价制度,建立了中层干部诚信档案,在全体员工中开展了"诚信宣传教育活动",在集团内部大力倡导"对企业负责,对领导负责,对工程项目负责,对全体员工负责,对社会负责"的五负责理念,每月定期对诚信活动的落实情况进行检查总结,把不诚信的行为记入信用档案,并进行处罚,激发了员工的爱岗敬业意识,增强了诚信观念和主人翁责任感。在2006年召开的

党建思想政治工作会议上集团党委又提出将2006年定为"山东建工诚信年",并在全体员工中开展"山东建工诚信年"宣传教育活动和"争当山东建工诚信十佳标兵"活动,为此集团举行了诚信年活动签名仪式,下发了倡议书,出台了一系列诚信年活动考核办法,集团党委书记、董事局主席李宪之向全体员工发出倡议:诚实守信,开拓奋进,争当诚信十佳标兵。现在诚信年各项活动都在紧锣密鼓地进行。

为了激发员工的爱岗敬业精神,集团党委还在全体员工中开展了"珍惜改制成果,奉献山东建工"的大讨论和"向济钢总公司学习"等活动,对全体员工进行艰苦创业教育,激发了员工的主人翁意识,为集团各项任务的完成奠定了良好的基础。

2005年,集团按照上级要求在广大党员中轰轰烈烈的开展了党员先进性教育活动,通过学习动员、分析评议、整改提高三个阶段各种活动的开展,将先进性教育与生产经营密切结合,不仅使广大党员普遍受到了一次深刻教育,增强了党性观念,而且也带动了全体员工积极投身到企业改革和生产经营的各项工作中去。

在搞好各种宣传教育活动的同时,集团还坚持对员工进行企业文化培训,在每年的新分大学生培训班、项目经理培训班和入党积极分子培训班上进行企业文化知识的培训,对员工进行爱岗敬业、企业文化教育,从而增强了员工的品牌意识、事业心、责任心,激发了广大员工无私奉献的精神,营造了企业文化的良好氛围。在2005年度山东省企业文化年会上集团喜获2005年度全省优秀企业文化综合成果优秀奖,并囊括报刊杂志类、文化手册类、多媒体类三项单项优秀奖。

二是加强对分包队伍的教育和培训,推动企业文化向分包队伍的延伸。为了进一步提高分包队伍人员的素质,使其与山东建工集团的企业文化相融合,集团制定了《企业文化建设向分包队伍延伸》的意见,按管理层次分别吸纳外来务工人员参加集团不同类型的会议,进行工作部署,树立全厂一盘棋的思想。集团还吸收外来务工人员参加集团各种形式的培训班和各类文体活动,组织外来务工人员开展形式多样的劳动竞赛,同时启动了"山东建工外来务工青年评选活动",对集团涌现出的外来务工青年典型除进行表彰奖励外,还利用《山东建工报》、山东建工内部网站及新闻媒体进行大张旗鼓的宣传。集团先后涌现出省级优秀外来务工青年李翔,市级优秀外来务工青年周飞。为弘扬他们的模范事迹,集团还专门召开表彰会，对省级优秀外来务工青年和市级优秀外来务工青年进行表彰，并分别奖励现金 5000 元、3000 元。每逢重大节日，集团党委、董事局领导都要到工地对外来务工人员进行慰问，并送去慰问品，从而使外来务工人员深切地感受到集团领导对他们的关怀。

为更好地维护外来务工人员的合法权益，提高其整体素质，2004 年集团又在济南市国际会展中心工地成立了济南市首家由民工参会的工会联合会，截止目前集团已建立项目工会联合会 16 家，入会民工达 4040 人，这是积极探索在外来务工队伍中组建工会组织的有效形式。集团还与团市委联合成立了"鲁班"夜校山东建工分校，并举办了第一期培训班，对外来务工人员进行了职业道德、现场安全防护等内容的培训，为提高外来务工人员的综合素质，增强其社会适应力、生存力及竞争力奠定了基础。

三是积极开展"创建山东建工项目文化示范点"活动，推动企业文化向工程项目的延伸。为了将企业文化向工程项目的延伸落到实处，集团在各大施工现场开展了"创建山东建工项目文化示范点"活动，要求项目部建立健全质量、安全等各项规章制度，优化现场宣传环境、工作环境、卫生环境、人际环境，建"花园式"工地，施工现场实施微机监控管理，设有项务公开栏，做好项目部人员的思想政治工作，抓好工程项目的质量管理和回访服务，从而使每一项工程成为项目和企业的品牌，使企业品牌深深扎根在业主心中，成为"质量最优、服务最好、业内最棒"的象征！为保证这一活动取得预期的效果，集团党委还召开了山东建工"项目文化示范点"观摩会，组织集团各工地的项目经理和各单位政工干事到创建工作比较突出的施工现场进行观摩学习。集团每年都进行项目文化示范点的评比和表彰，并为济南大学、山东建工·明珠国际商务港等 9 个项目部举行"山东建工项目文化示范点"的挂牌仪式。通过这一活动的开展，进一步提高了现场整体管理水平，增强了项目部的凝聚力，提升了山东建工的整体形象。项目文化已成为促进企业生产经营和各项改革的催化剂。

四、坚持人本管理，实施爱心工程，构建和谐山东建工

以人为本，科学发展，是企业发展的根本之道。山东建工集团领导班子精诚团结，廉洁奉公，在较好发挥整体功能的同时，始终坚持以人为本，把创建"和谐企业"，实现好、维护好、发展好最广大人民群众的根本利益作为目标。

一是集团党政工领导定期深入工地,每年夏季集团领导班子成员都要到施工现场慰问一线员工,为他们送去防暑降温用品,并坚持"五一"、"十一"、"春节"等重大节日的慰问制度。

二是为解除职工的后顾之忧,集团党委主张喜事、丧事新办,成立了"红白理事会",设立了为大龄青年介绍对象的"红娘奖",集团广大员工踊跃当"红娘"为大龄青年牵线搭桥。仅2004年一年,"理事会"就组织参加了52对青年员工的新婚庆典仪式,并代表集团为新人赠送贺礼共26000元。

三是随着企业的发展,集团党委把关心弱势群体提到议事日程,在济南市率先提出了创建"无特困职工企业"的奋斗目标。集团坚持每年举行一次"全员爱心募捐活动",并已形成制度,截止2006年扶贫基金总额已高达132万元;在扶贫基金的使用上,坚持制度化、规范化、公开化。通过各项帮扶措施的落实和动态管理,集团2003年提前三个月实现了创建无特困职工企业的目标。同时建立长效帮扶机制,采取救助、无息贷款的形式,尽最大努力避免新的特困职工的出现,巩固"无特困职工企业"的成果。集团被济南市总工会授予"无特困职工企业"称号。集团各二级单位也积极开展献爱心活动,为家遭突发事件的特殊困难职工捐款捐物6万余元,使他们度过生活难关。

四是积极支持社会慈善公益事业,2002年9月,集团为帮助济南近郊灾区人民度过难关,积极开展"慈善一日捐"活动,将企业一天的利润和职工一天的收入共69810元捐出,向灾区人民献出了一片爱心。2003年5月,集团在非典肆虐的危急关头,向历下区防非指挥部捐款12万元,成为济南市首家驻区单位向驻区政府用于防非工作捐款的单位。集团还向济南市总工会困难帮扶中心捐款6万元。同年10月,集团组织向东明灾区捐款,职工慷慨解囊,踊跃捐款,共筹集善款76160元。2004年,集团向济南市总工会困难帮扶中心捐款10万元。2005年1月,集团为印度洋海啸灾区捐赠现金74720元。同年4月集团向历下区慈善总会捐款10万元。最近集团又向历下区慈善总会捐款10万元。至此集团已向社会捐款70多万元,较好地发扬了人道主义精神,为社会慈善公益事业的发展做出了贡献,也为构建和谐企业营造了良好的环境。

五是为改善职工的文化、娱乐环境,集团投资近200万元改建了礼堂,新建了灯光球场,重新装修了职工娱乐中心,更新了文化设施。在机关大院建起《世纪风》雕塑,设立了旗杆,每逢重大节日集团都举行升旗仪式,通过创办《山东建工报》、举办黑板报比赛、出宣传栏和对外宣传报道等形式,宣传企业品牌和各类先进模范人物,营造了团结奋进、昂扬向上的良好氛围。集团党委还定期开展丰富多彩的娱乐活动,如庆"七一"大型歌咏比赛、金秋职工篮球赛、中秋节联欢晚会、扑克、象棋比赛等,丰富了职工的业余文化生活,激发了职工的工作热情,增强了企业的凝聚力、向心力,促进了各项经济技术指标的完成。

文化力:企业持续发展的必由之路
——中天集团企业文化调查

10多年前,中天建设集团还只是一家年产值不到2000万元,处于亏损状态的老企业。如今,这家企业已经发展成为年经营规模超过150亿元的中国企业500强之一,年递增速度为40%;并由当初单一的房建施工,发展成为以房屋建筑、房产开发、交通路桥为主要经营板块的大型企业集团;七大区域公司在全国形成区域化经营的格局;获得鲁班奖、白玉兰奖等省部级以上重要建筑大奖400多项。中天集团可谓"如日中天"。为什么"中天现象"会持续地引起人们的关注?我们认为,其秘密就在于逐渐形成的具有中天特色的"中天文化",也就是自觉地用文化力引领企业持续发展。

一、文化力的自觉

在竞争日趋激烈的市场上,一个快速发展的企业靠什么赢得持久发展?靠什么赢得社会信任?又靠什么使企业不断获得生机与活力?这是中国许多高速发展的企业面临的共同问题。

现代企业文化认为:在物质资本、人力资本、自然资本这些传统资本之外,还有第四种资本,这就是文化资本。在发展过程中,企业必须汲取既定文化背景中的积极因素,诸如外部优秀文化成果,整合成一个充满生机的局部文化环境,同时,通过凝结在商品和劳务中的文化价值,传递给消费者,这种文化价值,不仅激励、凝聚职工提高劳动生产率,而且大大提升商品满足需求的能力,成为推动经济增长和企业成长的强大力量。当一个企业处于生命周期的成长期的时候,有没有这种文化自觉,最终将决定企业未来的成败。

两三年前,稳健发展的中天集团开始向房地产市场进军,虽然起步比较晚,但如今房地产已经为中天贡献了将近一半的效益。前年,中天在湖北、山东并购了两家路桥公司。到目前,市政路桥的产值已经在中天的业务总量中占了15%。从自身的实际出发,遵循规模、结构、质量、效益协调发展的原则,按照规模适度扩张,进一步优化产业结构的思路,企业摆脱了单一的规模强势和产品形式,盈利水平明显提高,支撑能力显著改善。就在中天集团进入中国最大企业集团500强的时候,总裁楼永良却认为,中天集团仍然处在第二平台,因为建筑市场将由机会市场走向能力市场;而摆脱单一的规模强势或产品形式的竞争,则更多地体现在企业战略决策与企业价值观等方面。他指出,企业长期竞争力比的不仅仅是规模、资金实力、市场占有率、核心技术等硬竞争力,更重要的是品牌、企业文化、企业制度、优秀人才、有效管理等软竞争力。在新的条件下,中天集团再想做大做强,必须从经营机会向经营能力转变,企业可持续发展战略就成为首要目标,而支撑企业战略的文化力也在这一背景上凸现出来。2004年,在全面检视和总结多年来企业文化建设经验的基础上,中天集团制定了《中天集团企业文化建设纲要》,这是中天集团企业文化建设的纲领性文件,体现了一个正在成熟的企业对文化力建设的高度自觉。

  这种文化力的自觉使中天人清醒地意识到,不注重自我改造,不经历一个变革、扬弃的过程,企业就无法实现长期持续健康发展,同样地,不了解世界最先进的技术,就无法为企业确定下一步战略方向。2005年7月,楼永良率领七大区域公司老总,考察了日本著名的建筑企业熊谷组和前田建设。这两家国际著名建设集团只有两三千职工,但是,他们项目总承包的能力不仅涉及前期规划、开发,工程设计、施工,而且包括后期运营。在多个领域建设能力都非常强,日本主要的港口、道路桥梁和主要的标志性建筑都能看到他们的身影,在国外还承揽了许多重要项目。建筑施工设计已经进入到技术竞争的领域,包括工业所有权、著作权、计算机软件开发等技术成果已经纳入到经营范围。他们将制造业的理念和方法导入建筑业,大量采用预制件,工地如工厂。在安全领域,熊谷组500个工地去年没有死亡事故,而且向社会开放,允许市民进入参观。

  这次考察让中天人感受到中国建筑企业与世界先进水平之间的差距,更看到了在强大的企业竞争力之中,日本企业在世界市场得以立足的独特的企业文化的力量。一系列重大问题也随之摆在中天人的面前:中国低人力成本的竞争优势会不会丧失?日本先进的施工工艺会不会为中国的业主所接受?更重要的是,中国建筑业在未来5~10年内将面临第二次巨变，建筑企业将面临着大洗牌，中天未来的发展战略是什么？

中天人的共识是：提高企业国际竞争力迫在眉睫，而竞争力的取得，必须依赖企业整体文化力的提升。

二、文化力与企业竞争力

从国际和国内市场的大局出发，中天集团领导深刻认识到，在企业发展成为一个跨区域的大集团、从建筑领域向建设领域拓展的关键时刻，必须十分重视并提升三种能力：战略管理能力、精细管理能力、诚信创新能力。这三种能力都离不开文化力。不能低估文化力在以上三种能力中的影响力、渗透力。

战略管理能力是一个企业能力和禀赋，既文化力的集中体现。在这个发展方向中，"品牌中天"是中天的企业目标，因为品牌所蕴含的文化价值，代表着一种文化的认同，虽然中天的品牌已经有了一定的知名度，但是在核心竞争力上，在社会认同的广度和深度上还有待进一步提高。正是这种自觉的文化意识，促使中天集团在2004~2006中期发展规划中，力求通过三年的努力，把中天集团建设成国内知名的工程承包商和开发商，建设成对人才有很强吸引力和凝聚力，有先进健康的企业文化，有较高品格和享有盛誉的一流企业。

精细管理能力是企业发展不可或缺的一种竞争力，而文化力所起到的作用决定了精细管理能力的质量。它不仅涉及到管理体制的变革、制度建设，同时也包括一系列科学技术的应用。很难想像一个没有文化力的企业能够完成这样一个艰巨的系统工程。2004年9月，中天集团获得了全国质量管理奖，成为全国第二家获此殊荣的建设企业。但是在创奖过程中，中天的领导层看到了企业的战略缺乏有力的支撑，管理中集体企业运作中的弊端还存在，一些大企业病的苗头已经初显端倪。因此，在获得全国质量管理奖之后，立刻对集团的管理模式进行改革，实行了流程再造工程，将组织架构按照流程重新设计，按照大企业规模和小企业速度的要求，提高企业的管理效率和相应市场变化的速度。在人力资源管理制度上，中天集团采取了末位淘汰制。而在以"以人为本"享誉国内的中天集团，这样做是要承担一定风险的。2004年度绩效考核出来以后，按照绩效结果，有5%的员工属于末位淘汰对象，有6位主管和11名管理人员被换岗、降职、留用察看或辞退。末位淘汰制的实施，给以人为本的人力资源管理注入了新的内涵，正是要通过末位淘汰，使人力资源体系更健康、更有活力。"用人重品质，升迁看业绩"，这有力地促进了员工行为和能力与企业同步、同向发展，不断进步成为企业文化力中的一个核心内容。

诚信创新能力是企业文化力的折射。中天集团是从一个小企业，在夹缝中生存，靠着自己的诚信和不断创新发展起来的。企业规模扩大了，市场知名度提高了，也面临着更大的挑战和考验。中天集团将诚信作为企业的核心理念，在细微处不断强化，成为每一位中天员工的守则。对内，他们善待每一位员工，许多员工多年来一直随中天集团南北征战，成了铁杆的职工。对外，中天集团奉行"用户至上"，坚守"真心缔造美好家园"的企业使命。尤其是对处在市场经济最前沿的项目经理，要求他们一言一行代表中天形象。在这种文化的熏陶下，中天的项目部经理都形成了讲诚信、重质量、抓安全的良好作风，取得了客户的信赖。西安的一位项目经理说："信用是中天的法宝，就是亏本也要做好"。另外，中天还制定了严厉的惩罚措施，坚决避免违反诚信的事件发生。2004年年底，中天集团对11位不讲诚信的项目经理进行了清理。诚信做人，诚信做事，中天的诚信文化给企业带来了巨大的效应。从中，他们看到了一个企业文化力的巨大作用。因此，在提高企业发展的驾驭能力、科学管理能力、资源整合能力和人才聚集能力方面，他们更自觉地将文化力的建设摆在企业发展的核心地位。

三、文化力的建设

文化是价值观、伦理、知识、行为方式的总和，对一个企业来说，首先是确立企业的核心价值观，用富有文化精神的价值观把企业引领到同一方向、同一志向，这才有利于资源整合，有利于人才的集聚，有利于健康持续，有利于内部和谐，总之，有利于企业的发展。而在当前市场竞争激烈、社会价值观多元化、企业发展高速化的时候，共同的价值观、信仰和行为准则对一个企业来说，更是一种迫在眉睫的选择。10多年来，中天集团形成了"诚信、务实、创新、领先"的核心价值观，对客户讲诚信，对社会讲责任，对工人讲尊重，集中强化责任文化，提倡执行文化，营造创业文化，创建学习文化，将文化力建设一步步落到实处。

中天人一直认为，认真做好一个企业，本身就是对社会负责的表现；同时也认为，只有重视社会责任的企业，才能获得持久的生命力，才能最有竞争力。中天的责任文化是在一项项工程中锻造出来的，它不仅体现为企业内部经营者管理权利和责任的统一，而且也体现为公共产品的制造者，社会责任的承担者，建设和谐社会的参与者的企业公民身份的统一。

中天集团形成了每建必优、精细管理的管理方针，自觉地将自己看成"社会公共产品制造者"，以产品的质量、安全和人文关怀体现出企业的社会责任，每一幢楼宇都承载了向社会负责的精神品质和文化内涵。中天人认为，今后住房的竞争已经不再是价格竞争，而是品质的竞争，文化的竞争。社会对房地产的功能、品质、环保的需求都在不断提高，中天市场运作的终极目标就是要从社会需求出发，打造同时期、同价格、同成本、同地段、同类型的高品质产品。在建设节约型社会的今天，中天人还领先一步想到了诸如墙体、窗户、卫浴等建材、建筑方面的节能，在西安、杭州和上海的一些项目中率先采用了这些先进技术。"社会公共产品制造者"的理念所在，就是让中天的产品充分体现出相应的社会责任，就是强化中天文化力竞争的特征。

在企业工人的劳动、环境、健康和安全这些"企业社会责任"面前，中天集团体现了深厚的文化力量，发挥了中国传统文化中"义利并重"的巨大能量。中天每年在建项目有 400 多个，几万农民工分散在国内的上海、杭州、西安、武汉、广州和国外的项目部。许多民工跟随了中天十几年。这是因为中天从来不拖欠他们的工资，他们在这里受到了应有的尊重，得到了各种保障。从许多年前开始，中天在安全施工、住宿、饮食、医疗、文化娱乐活动每年都有新的举措，每个项目部都有民工学校、基层党校，都开设了阅览室、活动室，置办了篮球、乒乓球等设施，举办各种业务培训和文艺娱乐活动。为解决职工的后顾之忧和当地学生读高中难问题，中天集团在 10 年前企业还不是十分宽裕的情况下，毅然出资 6000 多万元创办了现在已经成为浙江省重点中学的中天高级中学。在忽聚忽散的农民工市场上，他们靠关心和尊重赢得了凝聚力和归属感、认同感。正是靠着这种深厚的文化力，中天集团自觉地参与了建设和谐社会的伟大进程。

效率是企业的生命。效率观念是在一种先进的生产力环境中培养出来的，一个企业的快速发展，必须体现在各个方面工作的效率上，而执行力就是效率观念的具体体现。在中天，提升执行力所遵行的方针就是"制度第一，总经理第二"，靠制度先行提升执行力。执行文化的提出，反映了中天集团在规模、人员、项目扩大以后出现的新的协调文化，同时也提升了领导层和执行层的能力。中天集团将执行力的培养作为企业文化的重要内容，并且在去年开始执行的"竞争力工程"中着重体现，在全集团的各个分公司、子公司开展执行能力的培训，要求每一个中天人都必须服从统一制度，在规范操作的前提下，自觉地生产最好的产品。

作为一个从艰苦环境中奋斗出来的企业，中天集团高度重视创业和创新，努力建设一个健康发展的、充满活力的现代企业。在"活力中天"的理念下，他们着力打造一种不断进取的学习型企业。中天集团共有各类专业技术人员3000多人，包括24名拥有博士硕士学历的教授级职称者。这些人才都以管理入股或者技术入股，充分体现了集团总裁楼永良"财散人聚，财聚人散"的经营哲学。在人才的使用上，中天集团创造了"到观众席上找人才"，每年引进的上百名大学生，先进行3个月的集中培训与学习，然后分配到施工第一线，实行拜师制，由一位有经验的管理人员传、帮、教。公司管理层的核心管理任务就是经常举办新员工和项目经理的培训班，从外面聘请或者由企业高层领导讲课。在工地开办民工学校，围绕争创鲁班奖，请技术人员为民工讲解施工中的技术问题，对其中的优秀人才加以提拔重用。几年前引进的青年大学生，全部走上管理岗位和技术岗位，集团部门以上负责人和主要项目经理人，80%是30多岁左右有专业水平的年轻人。学习型企业的建设，使中天集团成了一所名副其实的大学校。2005年中天集团以其卓越的经营理念和管理，取得了物质文明和精神文明的双丰收，成为全国文明单位，为构建和谐社会践行着"真心缔造美好家园"的企业使命。

我们看到，在中天集团，文化力引领企业成长已经不仅仅停留在概念上，而是实实在在地体现在中天人的一言一行上。中天人以稳健的企业文化建设，逐步使自身从粗放转向精细，从无序变成规范，借高速发展培育人才，以兼收并蓄增强内功，凭文化实力成就卓越，从而实现企业持续健康的成长。它给我们这样一个深刻启示：在世界市场进入文化力竞争时代的今天，文化力就是企业的核心竞争力，提升文化力更是企业持续发展的必由之路。

（中天集团供稿）

百年天元的文化创建
山东天元建设集团

面对21世纪世界经济一体化、知识化、网络化的大趋势，面对中国加入

WTO后国际国内形势的复杂变化，面对激烈的市场竞争的严峻考验，大力发展企业文化是贯彻落实"三个代表"重要思想的必然要求，并已成为前瞻企业家的第一要义。

天元集团独具特色的企业文化，是文明天元人价值理念的真实放映，是文明天元人自强不息的精神展现、是文明天元人恪守不渝的行为规范，是牢固支撑天元大厦的坚强柱石。集团在今后的发展进程中，将继续营造浓郁的积极向上的文明氛围，继续培育特色鲜明的天元文化，不断创新与时俱进的企业文化，建设一个更加科学、更加完整的天元文化系统、并真正发挥核心竞争力的作用。文化立企、文化兴企，这是我们追求的目标和远景。

一、"创新文化"的提升

山东天元建设集团是随着新中国的诞生而成立的。天元人从"一架独轮车，几把瓦刀"起步，在长达50多年的生产经营活动中，培育和践行"勤奋好学、务实求精、拼搏创新、忠诚奉献"的企业精神。天元集团逐步发展壮大为国有大型一档施工企业，形成了独具特色的天元文化。然而进入新世纪后，面对中国加入WTO后，建筑业遇到了前所未有的挑战，如果不开拓创新，随时都有被淘汰出局的危险。天元集团审时度势，及时确立了天元文化的核心竞争力地位，提出必须以提升核心竞争力的"不变"，应对市场竞争的"万变"。

天元集团决策层确立以创新天元作提升核心竞争力的切入点，用与时俱进的企业理念统领员工的思想和行为。党委、总经理张桂玉说："要想使企业做强做大，永远保持竞争优势，必须摆脱计划经济时期形成的旧文化的束缚；建设有时代特色、天元特色和创新特色的企业文化，提升企业核心竞争力。"

2001年天元集团充实调整了由党政领导负责，党政工团齐抓共管的企业文化建设工作机构，成立了"创新企业文化"课题组，对原来已经形成的企业精神、企业目标、企业哲学、企业发展宗旨、企业经营理念等用创新的观念进行了审视。通过征集整理，提交员工讨论，再进一步整合提炼，专家论证，完善了天元集团的企业文化体系，从总经理到员工达成共识，确认天元文化为天元的核心竞争力。企业发展目标定位为"建百年企业，做一流现代企业集团"；天元核心价值理念为"立业报国为本，管理以人为本，服务诚信为本"。与时俱进、独具特色的天元文化在天元集团得到了巩固和升华。

理念是指导思想，也是行动纲领。天元集团全方位地对员工进行企业文化教育培养，统一思想，用共同的价值理念指导工作。全体员工万众一心，投入到集团的第二次创业和跨越式发展中来。

新世纪开局，天元集团在新的理念指导下，克服了"小富即安，小成即满"的传统观念，以"超越、创新、与时俱进"的发展观，加快实施"立足山东、面向全国、走向世界"的发展战略，保证了天元集团快速发展目标的实现。

天元集团根据市场和自身发展的需要，积极引入创新技术、生产新产品，培养新的经济增长点。近几年来，为实现企业的跨越式发展，先后投资近亿元，建成了鲁南第一家预搅水泥公司，机制 GRC 墙板生产线、H 型钢生产线现已正式投产，市场前景看好，取得了很好的经济效益。

二、"三本文化"的支撑

天元人认为，企业文化的核心是价值观，而观念和精神的载体是人。企业文化就是企业人格化的文化，对员工的心理、行为和对企业整体的价值取向起导向作用，对员工产生强大的凝聚力，并转化为生产力。经过多年的积累，天元集团形成了以"立业报国为本，管理以人为本、服务诚信为本"为主要内容的天元企业文化，它是天元企业文化的核心，它支撑天元自强不息，天元人称之为"文化立企、文化兴业"。

立业报国为本——天元哲学理念核心。立业报国是天元发展的目标追求，企业在创造财富发展自己的同时，也要为社会的发展做出贡献。50多年来，天元集团为社会奉献的千万座大大小小的建筑，使千家万户安居乐业，是天元立业报国的直接表现形式。

天元集团认为，社会给了他们发展的空间，他们就应该回报社会。重教办学、援助贫困大学生是他们立业报国的又一举措。他们先后拿出 120 万元，在临沂市希望工程办公室、山东科技大学、临沂师范学院设立了"天元奖学金"。近几年，天元共向社会捐献各种款达 1000 多万元。

管理以人为本——天元管理理念核心。一是企业即人。天元集团把建设"三本"文化的过程看成是人格塑造、人性养成的过程。管理一个企业，像培养一个人，讲人性、讲感情、讲平等，赋予人性化的内容，使企业真正像人一样有"思维"、有"灵性"，始终充满鲜活的生命力。二是企业为人。天元集团坚持谋利为民的原则。对员工在政治上关心、生活上体贴。要求领导干部对员工做到"八必访"（对员工病伤住院、家庭困难、家属去世、家庭不幸、家庭纠纷、逢年过节、员工生日、婚嫁要做好访问工作）；"八必做"（对员工情绪反常、工作效率低、员工之间发生矛盾、申请入党入团、发生危机、接受重要任务、工作调动、批评处分做好谈心工作）。三是企业靠人。天元集团认为"只有无用的管理，没有无用的人才"在企业内部建立了"三制一，动态"的良性用人管理机制。即领导干部民主选举制、管理人员竞争上岗制、普通员工效绩评价制，优胜劣汰、动态管理机制。使员工和企业形成了"企业靠我发展、我靠企业生存"的相互依存关系。四是企业育人。天元人为企业不仅要出产品、更要出人才，员工要做文明天元人。为吸纳人才，自1996年以来，他们引入了近千名大中专生。为使他们尽快成才，天元集团建立了完善的培训制度。走出去，选拔一些骨干到高等院校、国外学习，现在已经有两名集团领导获得了MBA工商管理硕士学位；请进来，定期不定期的请专家教授讲课；岗位培训，自1996年以来共培训员工8000多人次，培训率达到96%，天元集团现已形成了全员培训终生教育的良性机制；继承发扬师傅带徒弟的传统做法，创建了天元新老帮带制度；进行学历教育，联办、自办了中专、大专、本科班，已经有900多名学员毕业，这些学员大都成为了第一线生产的骨干；校企共建，天元集团与山东科技大学等高等院校联合，推进科技进步，培养科技人才。

服务诚信为本——天元服务理念核心。天元集团奉行"诚信为本、顾客至上"的服务宗旨，企业发展实践使他们认识到："诚信为本、信用千金"，诚信是现代文明的核心，诚信是把企业做大做强的基石，是企业的无形资产。为打造诚信天元，他们从工程质量和诚信服务上作为突破口。在施工过程中严把质量关，追求过程精品，工程优良率达到86%以上，获多项鲁班工程奖。集团近几年来，进一步明确了"以顾客为中心"的天元诚信服务体系。他们制定了规范的服务制度，明确了"超前服务、过程服务、售后服务"的诚信服务标准，得到社会和顾客的广泛认可。

过硬的质量、良好的服务赢得了用户，赢得了市场。天元集团的知名度和美誉度进一步提升。天元品牌已深深地烙在用户心中，扎根于社会。在青岛开发区、海尔工业区几项大工程的投标中，天元集团脱颖而出，连中三元。在房地产开发中，只要是天元集团承建的工程，就成为抢手房，这一事实在社会上被称为

"天元现象"。

三、"特色文化"的与时俱进

天元文化是历史的积淀和几代天元人共同培育的成果。独具特色的天元企业文化有三个方面的基本内容，即：天元特色的物质形象文化、天元特色的制度行为文化、天元特色的精神理念文化。

天元特色物质形象文化是天元最直接的文化存在，它存在于企业文化的最表层，与中层的制度行为文化构成了天元表象。然而任何表象都受核心的制约，深层次的精神文化最重要，它决定和制约着企业文化的另外两个方面。这三个方面互相渗透，各成体系，但他们的有机结合，构成了天元文化的有机整体。从这一辩证关系出发，天元集团坚持特色文化一体化、特色化一起抓的工作思路，取得了显著成果。

天元特色物质形象文化——构筑天元的时代大厦。天元产品——天元建造的工程是展现天元企业形象的窗口，是天元人形象的使者——它记载着天元发展的历程，传颂着天元丰绩的乐章，罗织着天元在华夏乃至世界各地新老朋友的网络。党委书记、总经理张桂玉说得好"建一座工程，树一座丰碑，交一批朋友"。

运用文化理念塑造企业形象。90年代中期，他们开始导入CI，在生产经营实践中，逐步形成和总结出独具特色的天元文化，并修订了《天元文化》手册。统一了视觉识别系统，规范了企业名称、企业标志、企业标识、企业标准色四大基本要素；设计了集团旗帜，制定了物质环境的统一标准，严格了产品包装，加强了企业文化传播网络建设。天元的产品和天元的视觉识别系统构筑了天元的物质文化，塑造了天元的企业形象。

天元特色的制度行为文化——保证天元的健康运转。天元集团十分重视现代企业制度建设，现代公司治理结构已经形成，集团实行董事会决策负责制，下属50多家企业实行母子公司制和经理负责制。

现代企业必须有规范的管理制度。天元集团为了适应市场竞争，现已建立起经营管理、工程技术和质量管理、财务和成本管理、安全管理、安全文明施工管理、材料设备管理、人力资源管理、监查审计管理、法律事务和工程款清欠管理、民主管理、服务工作管理十大管理体系。同时，与国际市场接轨，自1997年以来，先后通过SIO9002质量体系、SIO14000环境管理体系和OHSASI8000职业健康安全管理体系认证,并在集团范围实施有效运行。天元集团在重视企业制度和规章建设的同时,也重视企业和员工行为规范的建立和养成,先后制定了《天元集团员工行为规范》、《天元集团员工职业道德规范》、《天元集团诚信服务规范》等。

为使规范深入人心,天元集团采取多种形式,将制度贯彻到行动中去。在党委的统一领导下,围绕行为文化开展了一系列活动。如学法规、比质量、赛技术、创一流;争创青年文明号、文明职工、文明家庭等。这些活动是制度行为文化的具体体现,将制度和行为寓教于乐。由于制度行为文化的有效积累,天元集团的企业形象得到了提升。施工中的工程,即使不挂天元集团的牌子,了解天元的人也知道是天元的队伍在施工,这就无形中用天元的文化影响了社会。

天元特色精神理念文化——天元发展的不懈动力。精神文化在企业文化的结构中处于决定性地位,它是企业文化的支柱和核心,天元集团精神文化主要体现在它的价值理念系统上。20世纪80年代中期他们提出了"勤奋好学、务实求精、忠诚奉献"的企业精神。它是企业文化的精髓和灵魂。这一企业精神是天元人在长期的经营实践中培育起来的群体意识,是企业发展的不竭动力。

在企业精神的支撑下,天元人提出了"创世纪天元、建百年企业,做一流现代化集团"的企业发展目标;确立了"服务民生、利国利民、自强不息、人企相长"的企业哲学;形成了"质量+服务+市场=成功"的经营理念;培养了"惟实争先"的天元作风;产生了企业的座右铭,即"六个意识"(危机、成本、质量、服务、创新、全局),"四爱"(爱党、爱国、爱企、爱岗),"五更"(更新、更高、更有、更强)。它是企业进程中的经验总结,对企业的发展起着导航作用。

企业价值理念的形成和提升丰富了天元企业文化。企业文化又转化成生产力和企业的核心竞争力,使天元集团在险象环生的市场经济风浪中,一步一个脚印地走过了50多年的风雨历程,成为行业的排头兵。独具特色的天元文化和天元集团的发展证明:企业文化建设要与时俱进,企业文化是企业发展的原动力,是企业的灵魂。

附录二　关于加强全国建设系统企业文化建设的指导意见

为了深入贯彻党的十六大和十六届三中、四中全会精神，认真落实以人为本和全面、协调、可持续的科学发展观，充分发挥企业文化在建设系统改革发展中的积极作用，努力构建社会主义和谐社会，现就建设系统进一步加强和推进企业文化建设提出如下意见。

一、充分认识加强企业文化建设的重要性

建设系统企业文化建设经过20年的实践、认识、再实践，已经积累了不少经验，取得了明显成效，且发展势头良好。但有的行业和企业，至今仍对企业文化建设的重要性认识不足，工作不到位，发展也很不平衡。

加强企业文化建设，是贯彻党的十六大精神的具体行动。党的十六大报告指出："当今世界，文化与经济和政治相互交融，在综合国力竞争中的地位和作用越来越突出。文化的力量，深深熔铸在民族的生命、创造力和凝聚力之中。"建设系统各行业，既有国民经济的支柱行业，又有与人民生活息息相关的窗口行业，在综合国力竞争中具有举足轻重的地位和作用。搞好建设系统的企业文化建设，对于促进国民经济的发展，提高综合国力至关重要。

加强企业文化建设，是构建社会主义和谐发展的内在要求。构建和谐社会，首先就要在构建和谐行业、和谐企业上下功夫。建设系统的工作多是政策性、服务性和群众性很强的工作，城乡规划、房地产、市政公用设施建设与管理、工程建设与质量安全等都涉及到人民群众的切身利益，影响稳定的因素多，是社会矛盾易发、高发领域。加强建设系统企业文化建设，最大限度地构筑以人为本的生存"软环境"以及和谐共存的"精神生态"，这对于维护人民群众的根本利益，保持社会稳定具有重要意义。

加强企业文化建设，是提升企业核心竞争力的重要途径。在全球经济日益一体化的今天，企业间的竞争力已经逐步从价格竞争、质量竞争、服务竞争走向更高层次的文化竞争。企业文化在未来十年中将成为企业兴衰的关键因素。只有建设优秀且强势的企业文化，才能凝聚员工，内强素质，外树形象，赢得市场，进而提升企业核心竞争力。

加强企业文化建设，是实现思想政治工作创新的突破口。多年来，建设系统广大政工干部就思想政治工作如何创新，如何更好地为经济建设服务进行了积极探索。长期实践证明，加强企业文化建设是在现代化企业制度下对思想政治工作的创新，它能够实现思想政治工作与经济工作、管理工作的有机结合，更好地为经济工作服务。

二、企业文化建设的指导思想、总体目标与基本内容

企业文化建设的指导思想：以邓小平理论和"三个代表"重要思想为指导，认真贯彻落实党的十六大和十六届三中、四中全会精神，牢固树立以人为本和全面、协调、可持续的科学发展观，在弘扬中华民族优秀传统文化的基础上，积极吸收借鉴国外现代管理的优秀成果，坚持以人为本、全员参与、突出个性、避免雷同，立足实际、注重实效，努力建设符合中国特色社会主义先进文化前进方向，具有鲜明时代特征和建设系统行业特色的企业文化，促进建设系统企业和行业协调健康发展。

企业文化建设的总体目标：以构建社会主义和谐社会为总目标，力争用三年左右的时间，初步建立起适应改革开放和社会主义市场经济发展要求，符合建设系统企业发展战略，体现员工根本利益，具有建设系统各行业特色的企业文化体系。企业管理达到现代化水平，员工的潜力能得到发挥，实现企业文化与企业战略的和谐一致；企业发展与员工发展的和谐一致；企业文化优势与竞争优势的和谐一致；企业健康与人的健康和协一致。

企业文化建设的基本内容：加强精神文化的提炼、制度文化的创新、行为文化的倡导和物质文化的构建。具体内容是总结、提炼、培育鲜明的企业精神；树立以人为本，促进经济社会和人的全面发展的经营理念；建立以市场为导向的经营哲学；形成以诚信经营为核心的职业道德；构建符合企业文化理念的各项管理制度、操作规程、工作职责、行为规范；导入企业视觉识别系统，建立企业标识体系；加强企业文化设施建设，优化企业环境，营造浓厚的文化氛围；实施名牌战略，打造企业品牌，增强企业的市场占有率；提升企业的知名度、信誉度和美誉度,树立企业良好的公众形象。

三、企业文化建设的组织实施

企业文化建设的工作思路:采取全员参与同专家论证相结合的办法,对传统的企业文化要弘扬先进的、更新滞后的、摒弃落后的。在企业改革改制、资产重组中,要认真搞好企业文化的整合和优化,继承传统经验,借鉴成功经验,总结新鲜经验。要通过整合优化,努力把企业文化建设成个性鲜明的特色文化、整体优化的系统文化、与时俱进的创新文化、卓越超群的品牌文化。

企业文化建设的规划与发展。要特别重视企业文化建设规划的制定,针对本企业的实际情况,在广泛调研、充分论证的基础上,制定符合实际、科学合理、便于操作、长远目标与阶段性目标相结合的企业文化建设规划,为企业文化建设工作提供有针对性的指导。

加强企业文化载体与阵地建设。载体与阵地是企业文化赖以存在和发挥作用的物质手段,是开展企业文化建设的重要保证。一方面可以运用诸如 CIS 等技术性手段,通过理念识别、行为识别、视觉识别等一系列方法来整合企业资源,从整体上提升企业形象;另一方面组织开展健康向上、特色鲜明、形式多样,寓教于乐的群众性业余文化活动,普及科学知识,抵御各种错误和腐朽思想的侵蚀,营造健康、祥和、温馨的文化氛围,满足员工的精神生活和文化生活的需求,形成企业文化建设的合力,展现建设系统广大干部职工昂扬向上、奋发有为、务实求真、追求卓越的精神风貌。

四、加强对企业文化建设的领导

高度重视企业文化建设。"管行业必须管行业的思想政治工作"。各级建设行业主管部门要加强对企业文化建设的指导。企业领导人是企业文化建设的倡导者和指挥者,在企业文化建设中起关键作用。领导者要以高度的自觉,着眼于企业长远发展,要用战略的眼光,出思路,出对策,提出正确的经营哲学和价值观念,并以身作则,率先垂范。要带领员工进行企业的体制创新、制度创新和管理创新,把全体员工认同的文化理念用制度规定下来,渗透到企业经营管理的全过程。

建立健全企业文化建设的领导体制。建设先进的企业文化是企业党政领导的重要职责。企业党政领导要站在企业发展的战略高度重视企业文化建设，把企业文化建设纳入重要的议事日程，与企业其他工作同部署、同检查、同考核、同奖惩。要明确企业文化建设的决策机构、主管部门和领导责任，分工合作、责任到人。企业党委（党组）要加强对企业文化建设的领导，主动承担起企业文化建设的组织、研究、协调工作，把提高经营管理者抓企业文化建设的能力作为班子建设的重要内容来抓，构筑党组织领导、经营管理者主导、工团组织参与、有关部门紧密配合齐抓共管的企业文化建设组织体制。企业文化是企业主要经营者所恪守和倡导的文化，他们是第一责任人，在企业文化建设中起到主导作用，自觉担负起企业文化建设设计者、领唱者、带头实践者的担子。

不断完善企业文化建设的运行机制。要明确工作机制，建立权责明确、分工负责、上下贯通、关系协调的企业文化建设体系，保证企业文化建设工作的顺畅运作。要建立考核评价和激励机制，把企业文化建设纳入企业经营者的业绩考核体系，定期对企业文化建设的成效进行考评和奖惩。要建立保障机制，设立企业文化建设专项经费。加大企业文化建设软硬件的投入，为企业文化建设提供必要的资金支持和物质保证。

坚持结合，注重实效。把企业文化和企业思想政治工作有机地结合在一起。要用企业文化建设的方式方法，改进传统的思想政治工作，提高思想政治的针对性、时效性和时代性，增强说服力和感染力。大兴求真务实之风，将企业文化建设与生产经营管理融为一体，立足企业实际，符合企业定位，扎实有效地创建特色鲜明的企业文化体系。要围绕中心、服务大局，不但追求企业的经济效益，而且要追求企业的社会效益和员工的切身利益。

加强对企业文化建设的指导。中国建设职工政研会要发挥研究策划咨询职能，组织专门人员帮助企业搞好企业文化建设的宣传策划；举办企业文化建设专业培训班，培训骨干；加强企业文化建设调研，总结交流推广企业文化建设新鲜经验，推动建设系统企业文化建设不断向纵深发展。

中华人民共和国建设部
二〇〇五年九月二十八日

附录三　建筑企业标识设计

附图1　韩国O'Dyssey——A.P.T.Brand

附图2　韩国现代建筑公司

附图3　日本多多工程有限公司

附图4　日本Haseko建筑及房地产开发公司

附图5　韩国大宇建筑公司

附图6　美国黑狗地产公司

附图7　美国金牛建筑公司

附图8　美国红鹰标志

附图9　上海建工（集团）公司

附图10　中国化学工程总公司

附图11　中国铁路工程总公司

附图12　北京城建集团

附图13　美国房地产开发公司，美国

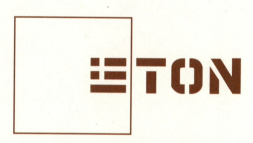
附图14　艾顿财产，中国香港

附图15　中国化工建设总公司

附图16　中国石油工程建设（集团）公司